COMENTÁRIOS À LEI DE CUSTEIO DA SEGURIDADE SOCIAL
lei nº 8.212/91

Alexandre Rossato da Silva Ávila

COMENTÁRIOS À LEI DE CUSTEIO
DA SEGURIDADE SOCIAL
lei nº 8.212/91

CASA DO
DIREITO

Copyright © 2023 by Editora Letramento
Copyright © 2023 by Alexandre Rossato da Silva Ávila

Diretor Editorial Gustavo Abreu
Diretor Administrativo Júnior Gaudereto
Diretor Financeiro Cláudio Macedo
Logística Daniel Abreu e Vinícius Santiago
Comunicação e Marketing Carol Pires
Assistente Editorial Matteos Moreno e Maria Eduarda Paixão
Designer Editorial Gustavo Zeferino e Luís Otávio Ferreira

Conselho Editorial Jurídico

Alessandra Mara de Freitas Silva	Edson Nakata Jr	Luiz F. do Vale de Almeida Guilherme
Alexandre Morais da Rosa	Georges Abboud	Marcelo Hugo da Rocha
Bruno Miragem	Henderson Fürst	Nuno Miguel B. de Sá Viana Rebelo
Carlos María Cárcova	Henrique Garbellini Carnio	Onofre Alves Batista Júnior
Cássio Augusto de Barros Brant	Henrique Júdice Magalhães	Renata de Lima Rodrigues
Cristian Kiefer da Silva	Leonardo Isaac Yarochewsky	Salah H. Khaled Jr
Cristiane Dupret	Lucas Moraes Martins	Willis Santiago Guerra Filho

Todos os direitos reservados. Não é permitida a reprodução desta obra sem aprovação do Grupo Editorial Letramento.

Dados Internacionais de Catalogação na Publicação (CIP)
Bibliotecária Juliana da Silva Mauro - CRB6/3684

A958c   Ávila, Alexandre Rossato S.
           Comentários à lei de custeio da seguridade social : Lei nº 8.212/91 /
        Alexandre Rossato S. Ávila. - Belo Horizonte : Casa do Direito, 2023.
        426 p. ; 15,5cm x 22,5 cm.

        Inclui bibliografia.
        ISBN 978-65-5932-438-5

        1. Seguridade social. 2. Custeio. 3. Lei nº 8.212/91. 4. Direito constitucional. I. Título.

        CDU: 364.3
        CDD: 368.3

Índices para catálogo sistemático:
1. Previdência social 364.3
2. Previdência social 368.3

LETRAMENTO EDITORA E LIVRARIA
Caixa Postal 3242 – CEP 30.130-972
r. José Maria Rosemburg, n. 75, b. Ouro Preto
CEP 31.340-080 – Belo Horizonte / MG
Telefone 31 3327-5771

É O SELO JURÍDICO DO
GRUPO EDITORIAL LETRAMENTO

ALEXANDRE ROSSATO DA SILVA ÁVILA

é juiz federal de vara especializada em Direito Tributário na 4ª Região. Seguidamente convocado para integrar o Tribunal em Turma da mesma matéria, é professor de Direito Tributário na Escola da Magistratura Federal e em cursos de especialização. É Mestre em Ciências Jurídicas e Sociais e Especialista em Direito e Economia nos Sistemas Agroindustriais. Foi Advogado e Promotor de Justiça em Santa Catarina. É membro da Fundação Escola Superior de Direito Tributário e do Instituto de Estudos Tributários.

Dedico este livro ao amor transformador da minha vida, Thais Helena Della Giustina; ao meu filho de sangue, Bruno, e à Luísa, filha do meu coração.

SUMÁRIO

LEI 8.212, DE 24 DE JULHO DE 1991.
LEI ORGÂNICA DA SEGURIDADE SOCIAL   27

TÍTULO I
CONCEITUAÇÃO E PRINCÍPIOS CONSTITUCIONAIS   28

28   **ART. 1º**

28   **1. ORDEM SOCIAL**

29   **2. CONTRIBUIÇÕES SOCIAIS GERAIS**

30   **3. CONTRIBUIÇÕES PARA A SEGURIDADE SOCIAL**

31   **4. PRINCÍPIOS DO CUSTEIO DA SEGURIDADE SOCIAL**

31   4.1. PRINCÍPIO DA LEGALIDADE

32   4.2. PRINCÍPIO DA ANTERIORIDADE NONAGESIMAL

33   4.3. PRINCÍPIO DA IRRETROATIVIDADE

34   4.4. PRINCÍPIO DA EQUIDADE

34   4.5. PRINCÍPIO DA CAPACIDADE CONTRIBUTIVA

34   4.6. PRINCÍPIO DA DIVERSIDADE DA BASE DE FINANCIAMENTO

35   **5. PRINCÍPIOS E DIRETRIZES DO PLANO DE BENEFÍCIOS**

TÍTULO II
DA SAÚDE   36

36   **ART. 2º**

36   **1. SISTEMA DE SEGURIDADE SOCIAL**

37   **2. SOLIDARIEDADE DOS ENTES POLÍTICOS NA COBERTURA DO DIREITO À SAÚDE**

TÍTULO III
DA PREVIDÊNCIA SOCIAL   38

38   **ART. 3º**

38   **1. REGIME GERAL DE PREVIDÊNCIA SOCIAL**

39   **2. REGIME PRÓPRIO DE PREVIDÊNCIA SOCIAL**

39   **3. REGIME DE PREVIDÊNCIA COMPLEMENTAR**

TÍTULO IV
DA ASSISTÊNCIA SOCIAL 41

41 **ART. 4º**

41 **1. ASSISTÊNCIA SOCIAL**

TÍTULO V
DA ORGANIZAÇÃO DA SEGURIDADE SOCIAL 43

43 **ART. 5º**

43 **1. ORGANIZAÇÃO DO SISTEMA NACIONAL DE SEGURIDADE SOCIAL**

44 **ART. 6º**

44 **ART. 7º**

45 **ART. 8º**

45 **1. PROPOSTA ORÇAMENTÁRIA**

45 **ART. 9º**

46 **1. LEIS ESPECÍFICAS DO SISTEMA DE SEGURIDADE SOCIAL**

TÍTULO VI
DO FINANCIAMENTO DA SEGURIDADE SOCIAL
INTRODUÇÃO 47

47 **ART. 10.**

47 **1. PRINCÍPIO DA SOLIDARIEDADE SOCIAL**

48 **ART. 11.**

48 **1. PROPOSTA ORÇAMENTÁRIA**

48 **2. PLANO PLURIANUAL**

49 **3. LEI DE DIRETRIZES ORÇAMENTÁRIAS**

49 **4. LEI ORÇAMENTÁRIA ANUAL**

50 **5. AS CONTRIBUIÇÕES INSTITUÍDAS**

CAPÍTULO I
DOS CONTRIBUINTES
SEÇÃO I
DOS SEGURADOS 52

52 **ART. 12.**

58 **1. FILIAÇÃO AO SISTEMA DE CUSTEIO**

58 **2. ATIVIDADES CONCOMITANTES**

59 3. CLASSES DE SEGURADOS OBRIGATÓRIOS

60 3.1. EMPREGADOS

60 3.1.1. EMPREGADO URBANO OU RURAL

61 3.1.2. DIRETOR EMPREGADO

61 3.1.3. EMPREGADO TEMPORÁRIO

62 3.1.4. BRASILEIRO OU ESTRANGEIRO DOMICILIADO E CONTRATADO NO BRASIL PARA TRABALHAR COMO EMPREGADO EM SUCURSAL OU AGÊNCIA DE EMPRESA NACIONAL NO EXTERIOR

63 3.1.5. BRASILEIRO OU ESTRANGEIRO DOMICILIADO E CONTRATADO NO BRASIL PARA TRABALHAR COMO EMPREGADO EM EMPRESA DOMICILIADA NO EXTERIOR, CUJA MAIORIA DO CAPITAL VOTANTE PERTENÇA A EMPRESA BRASILEIRA DE CAPITAL NACIONAL

63 3.1.6. EMPREGADOS DE MISSÃO DIPLOMÁTICA OU REPARTIÇÃO CONSULAR

64 3.1.7. BRASILEIRO CIVIL QUE TRABALHA PARA A UNIÃO NO EXTERIOR

65 3.1.8. SERVIDOR PÚBLICO COMISSIONADO OU SERVIDOR OCUPANTE DE EMPREGO PÚBLICO

66 3.1.9. EMPREGADO DE ORGANISMO OFICIAL INTERNACIONAL OU ESTRANGEIRO EM FUNCIONAMENTO NO BRASIL, SALVO QUANDO COBERTO POR REGIME PRÓPRIO DE PREVIDÊNCIA SOCIAL

67 3.1.10. AGENTES POLÍTICOS

68 3.2. EMPREGADO DOMÉSTICO

68 3.3. CONTRIBUINTE INDIVIDUAL

69 3.3.1. PRODUTOR RURAL PESSOA FÍSICA

70 3.3.2. GARIMPEIRO

70 3.3.3. MINISTROS RELIGIOSOS

71 3.3.4. BRASILEIRO CIVIL QUE TRABALHA NO EXTERIOR PARA ORGANISMO OFICIAL INTERNACIONAL EM QUE O BRASIL É MEMBRO EFETIVO

71 3.3.5. EMPRESÁRIOS, SÓCIOS, DIRETORES E ADMINISTRADORES

72 3.3.6. DIRETORES ASSOCIADOS DE COOPERATIVA OU ENTIDADES

72 3.3.7. SÍNDICOS E ADMINISTRADORES DE CONDOMÍNIOS

72 3.3.8. TRABALHADORES EVENTUAIS

73 3.3.9. TRABALHADORES AUTÔNOMOS

73 4. OUTROS CONTRIBUINTES INDIVIDUAIS

73 4.1. APOSENTADO CLASSISTA

74 4.2. ASSOCIADOS DE COOPERATIVAS

74	4.3. MICROEMPREENDEDOR INDIVIDUAL - MEI
74	4.4. MÉDICOS DE PROGRAMAS GOVERNAMENTAIS
75	4.5. CONDUTOR AUTÔNOMO DE VEÍCULO RODOVIÁRIO E AUXILIAR
76	4.6. COMERCIANTE AMBULANTE
76	4.7. MEMBRO DE CONSELHO FISCAL
76	4.8. DIARISTAS E ASSEMELHADOS
77	4.9. NOTÁRIOS, TABELIÃES E OFICIAIS REGISTRAIS
77	4.10. FEIRANTE
77	4.11. CONSTRUTOR CIVIL
77	4.12. MÉDICO RESIDENTE
78	4.13. PESCADOR
79	4.14. INCORPORADOR DE IMÓVEIS - PESSOA FÍSICA
79	4.15. BOLSISTA DA FUNDAÇÃO HABITACIONAL DO EXÉRCITO
80	4.16. ÁRBITROS E AUXILIARES
80	4.17. MEMBRO DE CONSELHO TUTELAR
80	4.18. INTERVENTORES E LIQUIDANTES
80	4.19. TRANSPORTADORES AUTÔNOMOS E AUXILIARES
81	4.20. REPENTISTAS
81	4.21. ARTESÃOS
81	**5. TRABALHADOR AVULSO**
84	**6. APOSENTADO**
85	**7. DIRIGENTE SINDICAL**
85	**8. SEGURADO ESPECIAL**
90	8.1. INSCRIÇÃO NO CNIS
90	8.2. CONTRIBUIÇÃO COMO FACULTATIVO
91	**ART. 13.**
91	**1. SERVIDORES CIVIS E MILITARES COM REGIME PRÓPRIO**
92	**ART. 14.**
92	**1. SEGURADO FACULTATIVO**

SEÇÃO II
DA EMPRESA E DO EMPREGADOR DOMÉSTICO 94

94 **ART. 15.**

94 **1. GENERALIDADES**

95 **2. EMPRESA**

96 **3. EQUIPARADOS À EMPRESA**

98 **4. EMPREGADOR DOMÉSTICO**

CAPÍTULO II
DA CONTRIBUIÇÃO DA UNIÃO 99

99 **ART. 16.**

99 **1. CONTRIBUIÇÃO DA UNIÃO**

100 **ART. 17.**

100 **1. REGIME PRÓPRIO DE PREVIDÊNCIA SOCIAL**

100 **ART. 18.**

101 **1. DESPESAS COM PESSOAL E ADMINISTRATIVAS**

101 **ART. 19.**

101 **1. REPASSES DO TESOURO NACIONAL**

CAPÍTULO III
DA CONTRIBUIÇÃO DO SEGURADO
SEÇÃO I
DA CONTRIBUIÇÃO DOS SEGURADOS EMPREGADO, EMPREGADO DOMÉSTICO E TRABALHADOR AVULSO 102

102 **ART. 20.**

103 **1. SUJEITOS PASSIVOS**

103 **2. BASE DE CÁLCULO**

104 **3. ALÍQUOTAS PROGRESSIVAS**

107 **4. EMPREGADOS E AVULSOS DE EMPRESAS OPTANTES PELO SIMPLES**

SEÇÃO II
DA CONTRIBUIÇÃO DOS SEGURADOS CONTRIBUINTE INDIVIDUAL E FACULTATIVO. (REDAÇÃO DADA PELA LEI N.º 9.876, DE 1999) 109

109 **ART. 21.**

110 **1. CONTRIBUINTE INDIVIDUAL**

111 **2. SISTEMA ESPECIAL DE INCLUSÃO PREVIDENCIÁRIA – PLANO SIMPLIFICADO DE PREVIDÊNCIA**

112 2.1. CONTRIBUINTE INDIVIDUAL – EXCLUSÃO DO DIREITO À APOSENTADORIA POR TEMPO DE CONTRIBUIÇÃO

112 2.2. MICROEMPREENDEDOR INDIVIDUAL – EXCLUSÃO DO DIREITO À APOSENTADORIA POR TEMPO DE CONTRIBUIÇÃO

114 2.3. FACULTATIVO – EXCLUSÃO DO DIREITO À APOSENTADORIA POR TEMPO DE CONTRIBUIÇÃO

115 2.4. CÔMPUTO DO TEMPO DE CONTRIBUIÇÃO

CAPÍTULO IV
DA CONTRIBUIÇÃO DA EMPRESA 117

117 **ART. 22.**

120 **1. CONTRIBUIÇÃO DA EMPRESA E EQUIPARADOS SOBRE A FOLHA DE SALÁRIOS DOS EMPREGADOS E AVULSOS**

121 1.1. BASE DE CÁLCULO E ALÍQUOTA

122 **2. CONTRIBUIÇÃO ADICIONAL DAS INSTITUIÇÕES FINANCEIRAS E ASSEMELHADOS**

125 **3. CONTRIBUIÇÃO AO SEGURO-ACIDENTE DO TRABALHO**

126 3.1. FATOR ACIDENTÁRIO DE PREVENÇÃO

128 3.2. ADICIONAL AO SEGURO-ACIDENTE DO TRABALHO PARA CUSTEAR AS APOSENTADORIAS ESPECIAIS

129 3.2.1. ADICIONAL DAS COOPERATIVAS DE PRODUÇÃO

130 **4. ESTÍMULO ÀS EMPRESAS QUE SE UTILIZAM DE EMPREGADOS PORTADORES DE DEFICIÊNCIA**

131 **5. CONTRIBUIÇÃO SOBRE A REMUNERAÇÃO PAGA AO CONTRIBUINTE INDIVIDUAL**

132 **6. CONTRIBUIÇÃO DE 15% SOBRE O VALOR BRUTO DA NOTA FISCAL OU FATURA DE PRESTAÇÃO DE SERVIÇOS, RELATIVAMENTE A SERVIÇOS PRESTADOS POR COOPERATIVAS DE TRABALHO**

134 **7. CLUBES DE FUTEBOL PROFISSIONAL**

136 7.1. SOCIEDADE ANÔNIMA DE FUTEBOL

137 **8. CONTRIBUIÇÃO PREVIDENCIÁRIA DAS DEMAIS ASSOCIAÇÕES DESPORTIVAS**

137 **9. CONTRIBUIÇÃO PREVIDENCIÁRIA SOBRE O FRETE**

139 **10. CONTRIBUIÇÃO PREVIDENCIÁRIA DE ENTIDADES RELIGIOSAS**

141 **11. CONTRIBUIÇÃO SUBSTITUTIVA DO § 13º DO ART. 195 DA CF**

142 **ART. 22A.**

144 **1. ANÁLISE LEGISLATIVA**

144 **2. CONTRIBUIÇÃO DO PRODUTOR RURAL PESSOA JURÍDICA - LEI N.º 8.870/94**

145 2.1. OPÇÃO DE SUBSTITUIÇÃO DA CONTRIBUIÇÃO SOBRE A FOLHA DE SALÁRIOS PELA CONTRIBUIÇÃO SOBRE A RECEITA BRUTA - LEI N.º 8.870/94

147 2.1.1. EXCLUSÕES DA BASE DE CÁLCULO - LEI N.º 8.870/94

147 **3. CONTRIBUIÇÃO DA AGROINDÚSTRIA - HISTÓRICO LEGISLATIVO**

149 3.1. CONTRIBUIÇÃO SUBSTITUTIVA DA AGROINDÚSTRIA

151 3.2. SUJEITOS PASSIVOS EXCLUÍDOS DO DIREITO À CONTRIBUIÇÃO SUBSTITUTIVA

151 3.3. REMISSÃO DOS CRÉDITOS DAS AGROINDÚSTRIAS

152 **4. IMUNIDADE**

153 **ART. 22B.**

153 **1. CONSÓRCIO SIMPLIFICADO DE TRABALHADORES RURAIS**

153 **ART. 23.**

154 **1. PIS/COFINS**

154 **2. CONTRIBUIÇÃO SOCIAL SOBRE O LUCRO**

CAPÍTULO V
DA CONTRIBUIÇÃO DO EMPREGADOR DOMÉSTICO 155

155 **ART. 24.**

155 **1. EMPREGADOR DOMÉSTICO**

CAPÍTULO VI
DA CONTRIBUIÇÃO DO PRODUTOR RURAL E DO PESCADOR (ALTERADO PELA LEI N.º 8.398, DE 7.1.92) 157

157 **ART. 25.**

159 **1. EXTINÇÃO DO FUNRURAL**

160 **2. SEGURADO ESPECIAL**

162 **3. EMPREGADOR RURAL PESSOA FÍSICA**

165 3.1. ASPECTOS VIGENTES DA CONTRIBUIÇÃO DO EMPREGADOR RURAL PESSOA FÍSICA

166 3.2. CONTRIBUIÇÃO SUBSTITUTIVA

168 **4. BASE DE CÁLCULO**

171   4.1. EXCLUSÕES DA BASE DE CÁLCULO DA RECEITA BRUTA

173   **5. SUBSISTEMA DOS PRODUTORES RURAIS FILIADOS A COOPERATIVAS**

176   5.1. LEI INTERPRETATIVA

177   **6. IMUNIDADE**

178   **ART. 25A.**

178   **1. CONSÓRCIO E CONDOMÍNIO DE TRABALHADORES RURAIS**

179   **2. CONSÓRCIO SIMPLIFICADO DE PRODUTORES RURAIS**

180   **3. CONDOMÍNIO DE PRODUTORES RURAIS**

CAPÍTULO VII
DA CONTRIBUIÇÃO SOBRE A RECEITA DE CONCURSOS DE PROGNÓSTICOS 182

182   **ART. 26.**

182   **1. RECEITAS DE CONCURSOS DE PROGNÓSTICOS**

CAPÍTULO VIII
DAS OUTRAS RECEITAS 186

186   **ART. 27.**

186   **1. RECEITAS DE OUTRAS FONTES**

187   1.1. BENS DE TRÁFICO DE DROGAS E TRABALHO ESCRAVO

189   1.2. RECEITA DE LEILÕES DE BENS APREENDIDOS PELA RFB

189   1.3. PRÊMIO DO SEGURO OBRIGATÓRIO

CAPÍTULO IX
DO SALÁRIO-DE-CONTRIBUIÇÃO 190

190   **ART. 28.**

194   **1. SALÁRIO DE CONTRIBUIÇÃO**

195   **2. EMPREGADOS E TRABALHADOR AVULSO**

196   **3. EMPREGADO DOMÉSTICO**

197   **4. CONTRIBUINTE INDIVIDUAL**

197   4.1. CONTRIBUINTE INDIVIDUAL QUE PRESTAR SERVIÇOS A ENTIDADE BENEFICENTE IMUNE

198   4.2. CONTRIBUINTE INDIVIDUAL E COOPERATIVAS

199   **5. ATIVIDADES CONCOMITANTES**

199   **6. BASE DE CÁLCULO**

199   6.1. EXCLUSÕES DA BASE DE CÁLCULO

202	6.1.1.	BENEFÍCIOS PREVIDENCIÁRIOS
202	6.1.1.1.	APOSENTADORIAS E PENSÃO
202	6.1.1.2.	SALÁRIO-MATERNIDADE
203	6.1.1.3.	AUXÍLIO-ACIDENTE
204	6.1.1.4.	AUXÍLIO-DOENÇA
204	6.1.1.5.	SALÁRIO-FAMÍLIA
205	6.1.1.6.	AUXÍLIO-RECLUSÃO
205	6.1.2.	AJUDA DE CUSTO DE AERONAUTA
205	6.1.3.	PROGRAMA DE ALIMENTAÇÃO DO TRABALHADOR
206	6.1.4.	AUXÍLIO-ALIMENTAÇÃO
206	6.1.5.	FÉRIAS INDENIZADAS E ADICIONAL CONSTITUCIONAL
207	6.1.6.	INDENIZAÇÃO DO FGTS DO ART. 10, I, DO ADCT
207	6.1.7.	INDENIZAÇÃO ANTERIOR AO FGTS
207	6.1.8.	INDENIZAÇÃO NA DESPEDIDA SEM JUSTA CAUSA
207	6.1.9.	INDENIZAÇÃO AO SAFRISTA
207	6.1.10.	VALORES A TÍTULO DE INCENTIVOS À DEMISSÃO
208	6.1.11.	ABONO DE FÉRIAS
208	6.1.12.	GANHOS EVENTUAIS E ABONOS
208	6.1.13.	LICENÇA-PRÊMIO INDENIZADA
208	6.1.14.	INDENIZAÇÃO ADICIONAL NA DESPEDIDA SEM JUSTA CAUSA
208	6.1.15.	VALE-TRANSPORTE
209	6.1.16.	AJUDA DE CUSTO
209	6.1.17.	DIÁRIAS
209	6.1.18.	BOLSA EDUCACIONAL DE ESTAGIÁRIO
210	6.1.19.	PARTICIPAÇÃO NOS LUCROS
211	6.1.20.	ABONO DO PIS/PASEP
211	6.1.21.	VALORES DE TRANSPORTE, ALIMENTAÇÃO E HABITAÇÃO PARA TRABALHADOR CONTRATADO PARA TRABALHAR EM CANTEIRO DE OBRAS
211	6.1.22.	COMPLEMENTAÇÃO DO AUXÍLIO-DOENÇA
212	6.1.23.	PARCELAS ASSISTENCIAIS AO TRABALHADOR CANAVIEIRO
212	6.1.24.	CONTRIBUIÇÕES A PROGRAMA DE PREVIDÊNCIA COMPLEMENTAR

213	6.1.25.	ASSISTÊNCIA MÉDICA OU ODONTOLÓGICA
214	6.1.26.	VESTUÁRIO E EQUIPAMENTOS FORNECIDOS AO EMPREGADO
214	6.1.27.	RESSARCIMENTO PELO USO DE VEÍCULO E REEMBOLSO-CRECHE
215	6.1.28.	BOLSA DE ESTUDOS DE EDUCAÇÃO BÁSICA
216	6.1.29.	BOLSA APRENDIZAGEM
217	6.1.30.	VALOR DE CESSÃO DE DIREITOS AUTORAIS
217	6.1.31.	MULTA PELA EXTINÇÃO DO CONTRATO DE TRABALHO
217	6.1.32.	VALE-CULTURA
218	6.1.33.	PRÊMIOS E ABONOS
218	6.1.34.	PLANO DE OPÇÃO DE COMPRA DE AÇÕES – "STOCK OPTION"
220	6.1.35.	BOLSA-ATLETA
220	6.1.36.	EXCLUSÕES POR INTERPRETAÇÃO DO SUPERIOR TRIBUNAL DE JUSTIÇA
220	6.1.36.1.	VALORES PAGOS PELA EMPRESA NOS 15 DIAS ANTERIORES AO AUXÍLIO-DOENÇA
220	6.1.36.2.	FOLGAS NÃO GOZADAS
221	6.1.36.3.	LICENÇA-PRÊMIO NÃO USUFRUÍDA
221	6.1.36.4.	AVISO PRÉVIO INDENIZADO
222	6.2.	INCLUSÕES NA BASE DE CÁLCULO
222	6.2.1.	GANHOS HABITUAIS
222	6.2.2.	DÉCIMO TERCEIRO SALÁRIO
223	6.2.3.	TERÇO CONSTITUCIONAL DE FÉRIAS USUFRUÍDAS
223	6.2.4.	BENEFÍCIOS DIVERSOS COM NATUREZA REMUNERATÓRIA
224	6.3.	DIRIGENTE SINDICAL
224	6.4.	CONDUTORES AUTÔNOMOS
225	**ART. 29.**	

<h1 style="text-align:center">CAPÍTULO X</h1>

DA ARRECADAÇÃO E RECOLHIMENTO DAS CONTRIBUIÇÕES   226

226	**ART. 30.**
229	**1. SUJEIÇÃO PASSIVA DIRETA E INDIRETA**
231	**2. RESPONSABILIDADE TRIBUTÁRIA E CONVENÇÕES PARTICULARES**
231	**3. SOLIDARIEDADE**
234	**4. CONTRIBUIÇÕES DA EMPRESA**
236	**5. SEGURADO FACULTATIVO**

236 **6. CONTRIBUINTE INDIVIDUAL**

237 6.1. RETENÇÃO DA CONTRIBUIÇÃO PREVIDENCIÁRIA DO CONTRIBUINTE INDIVIDUAL

240 6.2. AJUSTES DE COMPLEMENTAÇÃO OU AGRUPAMENTO DE CONTRIBUIÇÕES

240 6.3. ATIVIDADES CONCOMITANTES

241 6.4. DISPENSA DE RETENÇÃO DA CONTRIBUIÇÃO DO CONTRIBUINTE INDIVIDUAL

242 **7. CONTRIBUIÇÃO DO EMPREGADOR RURAL PESSOA FÍSICA E DO SEGURADO ESPECIAL**

245 **8. EMPREGADOR DOMÉSTICO**

246 **9. OBRA DE CONSTRUÇÃO CIVIL**

248 **10. EMPRESAS INTEGRANTES DE GRUPO ECONÔMICO**

251 **ART. 31.**

252 **1. RETENÇÃO DA CONTRIBUIÇÃO PREVIDENCIÁRIA NA CESSÃO DE MÃO DE OBRA**

259 1.1. RETENÇÃO DAS OPTANTES PELO SIMPLES

259 1.2. IMUNIDADE E RETENÇÃO

259 1.3. COOPERATIVAS DE TRABALHO E RETENÇÃO

260 **ART. 32.**

261 **1. OBRIGAÇÕES PRINCIPAIS E ACESSÓRIAS**

262 **2. AUTOLANÇAMENTO**

263 **3. DIVERGÊNCIA NA GFIP**

263 **4. DENÚNCIA ESPONTÂNEA E GFIP**

264 **5. FALTA DE ENTREGA DA GFIP E CERTIDÃO DE REGULARIDADE FISCAL**

265 **ART. 32-A.**

265 **1. INFRAÇÕES RELACIONADAS À GFIP**

266 1.1. FALTA DE ENTREGA DA DECLARAÇÃO

267 1.2. ENTREGA DA DECLARAÇÃO FORA DO PRAZO OU COM ERROS OU OMISSÕES

268 1.3. ANISTIA DA LEI N.º 14.397/22

268 **ART. 32-B.**

269 **1. OBRIGAÇÕES ACESSÓRIAS DE ÓRGÃOS DA ADMINISTRAÇÃO PÚBLICA**

269 **ART. 32-C.**

271 **1. OBRIGAÇÕES PRINCIPAIS E ACESSÓRIAS DO SEGURADO ESPECIAL**

273 **ART. 33.**

274 **1. ATRIBUIÇÕES ADMINISTRATIVAS DE FISCALIZAÇÃO E LANÇAMENTO**

275 **2. CONTRIBUIÇÃO SUBSTITUTIVA**

275 **3. CONTRIBUIÇÕES AOS TERCEIROS**

276 **4. DECADÊNCIA E PRESCRIÇÃO**

276 **5. LANÇAMENTO POR HOMOLOGAÇÃO E PRAZO DECADENCIAL**

278 **6. LANÇAMENTO DE OFÍCIO E PRAZO DECADENCIAL**

279 6.1. ARBITRAMENTO

279 6.2. OBRAS DE CONSTRUÇÃO CIVIL

281 **7. INTERRUPÇÃO DO PRAZO DECADENCIAL**

281 **8. ANTECIPAÇÃO DO PRAZO DECADENCIAL**

282 **9. PRESCRIÇÃO**

283 9.1. INTERRUPÇÃO DA PRESCRIÇÃO

285 **10. PODERES DE FISCALIZAÇÃO**

286 **11. ATRIBUIÇÃO DE RESPONSABILIDADE TRIBUTÁRIA**

287 **12. OMISSÃO DE RECEITAS**

288 **13. ATRASO OU FALTA DE PAGAMENTO**

288 **ART. 34.**

288 **ART. 35.**

289 **1. SANÇÕES PECUNIÁRIAS PELA FALTA DE PAGAMENTO**

289 1.1. JUROS DE MORA

290 1.2. MULTA DE MORA

290 **ART. 35-A.**

290 **1. MULTAS DE OFÍCIO**

291 1.1. MULTA ORDINÁRIA

292 1.2. MULTA MAJORADA

293 1.3. MULTA QUALIFICADA

295 **2. REDUÇÕES DAS MULTAS**

296 **ART. 36.**

296 **ART. 37.**

296 **1. AUTO DE INFRAÇÃO**

297 ART. 38.

297 ART. 39.

298 1. INSCRIÇÃO EM DÍVIDA ATIVA E EXECUÇÃO FISCAL

298 2. ENCARGO LEGAL E EXCLUSÃO DOS HONORÁRIOS ADVOCATÍCIOS

299 3. PROTESTO DA CDA E OUTRAS MEDIDAS ADMINISTRATIVAS

300 4. AUTOLANÇAMENTO

301 ART. 40.

301 ART. 41.

301 ART. 42.

301 1. RESPONSABILIDADE DE ADMINISTRADORES DE ÓRGÃOS PÚBLICOS

302 ART. 43.

303 1. CONTRIBUIÇÕES PREVIDENCIÁRIAS NAS RECLAMATÓRIAS TRABALHISTAS

305 1.1. ASPECTO TEMPORAL DO FATO GERADOR

307 ART. 44.

307 ART. 45.

308 1. LEI COMPLEMENTAR PARA REGULAR DECADÊNCIA E PRESCRIÇÃO

309 2. INDENIZAÇÃO DO TEMPO DE CONTRIBUIÇÃO

313 3. DIREITO INTERTEMPORAL

313 ART. 46.

CAPÍTULO XI
DA PROVA DE INEXISTÊNCIA DE DÉBITO 314

314 ART. 47.

316 1. CERTIDÃO DE REGULARIDADE FISCAL

319 2. REGULARIDADE FISCAL DAS EMPRESAS

321 3. OPTANTES DO SIMPLES

322 4. OBRA DE CONSTRUÇÃO CIVIL

324 5. RECEBIMENTO DE RECURSOS PELO MUNICÍPIO

324 6. FRAUDE À EXECUÇÃO FISCAL

324 ART. 48.

325 1. RESPONSABILIDADE SOLIDÁRIA RELACIONADA À CERTIDÃO DE REGULARIDADE FISCAL

327 2. NULIDADE DE ATOS JURÍDICOS

328 3. LIQUIDAÇÃO EXTRAJUDICIAL

TÍTULO VII
DAS DISPOSIÇÕES GERAIS   329

329 ART. 49.

330 1. IDENTIFICAÇÃO DOS SUJEITOS PASSIVOS

331 2. OBRAS DE CONSTRUÇÃO CIVIL

331 3. COMPARTILHAMENTO DE DADOS

332 ART. 50.

332 1. RELAÇÃO DE ALVARÁS DE HABITE-SE

332 ART. 51.

333 1. CONCURSO DE CREDORES

333 2. EXECUÇÃO FISCAL E RECUPERAÇÃO JUDICIAL

334 3. EXECUÇÃO FISCAL E FALÊNCIA

337 3.1. PEDIDO DE RESTITUIÇÃO NA FALÊNCIA

337 ART. 52.

338 1. SANÇÕES PARA EMPRESAS COM DÉBITOS TRIBUTÁRIOS

339 2. SANÇÕES POLÍTICAS

339 ART. 53.

340 1. INSCRIÇÃO EM DÍVIDA ATIVA E EXECUÇÃO FISCAL

340 2. RITO DA EXECUÇÃO FISCAL

342 3. PENHORA DE ATIVOS E PARCELAMENTO

342 4. EMBARGOS À EXECUÇÃO FISCAL E GARANTIA DO JUÍZO

343 5. REDIRECIONAMENTO DA EXECUÇÃO FISCAL

345 6. FRAUDE À EXECUÇÃO

347 ART. 54.

347 1. REMISSÃO DE CRÉDITOS

348 ART. 55.

348 1. IMUNIDADE DAS CONTRIBUIÇÕES DE SEGURIDADE SOCIAL

351 2. REMISSÃO DAS CONTRIBUIÇÕES PREVIDENCIÁRIAS DAS ENTIDADES IMUNES

352 3. IMPENHORABILIDADE DE BENS DE HOSPITAIS FILANTRÓPICOS E SANTAS CASAS DE MISERICÓRDIA

353 ART. 56.

353 1. REGULARIDADE FISCAL DAS PESSOAS POLÍTICAS

355 ART. 57.

355 1. DÉBITOS RENEGOCIADOS

356 ART. 58.

356 1. PARCELAMENTO DOS DÉBITOS DAS PESSOAS POLÍTICAS

357 ART. 59.

358 1. CONTROLE INFORMATIZADO

358 ART. 60.

358 1. PAGAMENTO DE BENEFÍCIOS

359 ART. 61.

359 1. RESERVA TÉCNICA

360 ART. 62.

360 1. CONTRIBUIÇÃO PARA A FUNDACENTRO

TÍTULO VIII
DAS DISPOSIÇÕES FINAIS E TRANSITÓRIAS
CAPÍTULO I
DA MODERNIZAÇÃO DA PREVIDÊNCIA SOCIAL   362

362 ART. 63.

362 ART. 64.

362 ART. 65.

363 ART. 66.

363 ART. 67.

363 1. CADASTRO NACIONAL DE INFORMAÇÕES SOCIAIS (CNIS)

364 ART. 68.

365 1. INTEGRAÇÃO E COMPARTILHAMENTO DE DADOS

367 2. OBRIGAÇÕES DO TITULAR DO CARTÓRIO DE REGISTRO CIVIL

368 3. AÇÃO REGRESSIVA

368 ART. 68-A.

369 1. ISENÇÃO DE CUSTAS E EMOLUMENTOS

369 ART. 69.

372	1. PROGRAMA PERMANENTE DE REVISÃO DA CONCESSÃO E DA MANUTENÇÃO DOS BENEFÍCIOS.
373	2. SUSPENSÃO E CESSAÇÃO DO BENEFÍCIO
374	3. PROVA DE VIDA
375	4. INTERCÂMBIO DE INFORMAÇÕES
375	ART. 70.
375	1. OBRIGAÇÕES DOS APOSENTADOS POR INVALIDEZ
376	ART. 71.
377	1. REVISÃO DE BENEFÍCIOS PREVIDENCIÁRIOS
377	ART. 72.
377	1. REVISÃO DE BENEFÍCIOS ACIDENTÁRIOS
378	ART. 73.
378	1. CONTROLE ADMINISTRATIVO DE BENEFÍCIOS
378	ART. 74.
378	1. CRUZAMENTO DE INFORMAÇÕES
379	ART. 75.
379	ART. 76.
379	1. RECADASTRAMENTO DOS BENEFICIÁRIOS
381	2. RESPONSABILIDADE DAS INSTITUIÇÕES FINANCEIRAS
381	ART. 77.
381	ART. 78.
381	1. CONTROLE DAS CONTAS DO INSS
382	ART. 79.
382	ART. 80.
383	1. OBRIGAÇÕES ATRIBUÍDAS AO INSS
384	ART. 81.
384	ART. 82.
384	1. AUDITORIAS INTERNAS
386	ART. 83.
386	1. PROGRAMA DE QUALIFICAÇÃO DE SERVIDORES
386	ART. 84.

CAPÍTULO II
DAS DEMAIS DISPOSIÇÕES 387

387 **ART. 85.**

387 **1. INSTALAÇÃO DO CNSS**

387 **ART. 85-A.**

387 **1. TRATADOS INTERNACIONAIS**

388 **ART. 86.**

388 **ART. 87.**

388 **1. LEI ORÇAMENTÁRIA ANUAL**

389 **ART. 88.**

389 **1. PRESCRIÇÃO TRIBUTÁRIA E ADMINISTRATIVA**

390 **ART. 89.**

391 **1. PAGAMENTO INDEVIDO: RESTITUIÇÃO E COMPENSAÇÃO**

392 1.1. RESTITUIÇÃO DO INDÉBITO

393 1.2. COMPENSAÇÃO

396 1.2.1. MULTA PELA FALSIDADE DA DECLARAÇÃO

397 1.3. LEGITIMIDADE PARA POSTULAR A RESTITUIÇÃO OU COMPENSAÇÃO

398 1.4. PRAZO PARA A RESTITUIÇÃO OU COMPENSAÇÃO

401 1.5. PEDIDO ADMINISTRATIVO E INTERRUPÇÃO DA PRESCRIÇÃO

401 1.6. PRAZO PARA A AÇÃO ANULATÓRIA QUE NEGOU
A RESTITUIÇÃO OU COMPENSAÇÃO

402 1.7. CUMPRIMENTO DA SENTENÇA

403 1.8. COMPENSAÇÃO DE OFÍCIO

404 1.9. ATUALIZAÇÃO MONETÁRIA NA RESTITUIÇÃO OU COMPENSAÇÃO

405 1.10. REEMBOLSO DO SALÁRIO-FAMÍLIA E SALÁRIO-MATERNIDADE

405 **ART. 90.**

405 **1. LEVANTAMENTO DE DÍVIDAS DA UNIÃO**

406 **ART. 91.**

406 **1. DÍVIDAS DE BENEFÍCIOS IRREGULARES**

408 **ART. 92.**

408 **1. MULTAS PELO DESCUMPRIMENTO DE OBRIGAÇÕES ACESSÓRIAS**

409 **ART. 93.**

409	ART. 94.
409	ART. 95.
410	1. SANÇÕES ADMINISTRATIVAS
412	ART. 96.
412	1. PROJEÇÕES ATUARIAIS
413	ART. 97.
413	1. GESTÃO DE IMÓVEIS DO INSS
414	ART. 98.
415	1. REGRAS ESPECIAIS NA EXECUÇÃO FISCAL
419	ART. 99.
419	1. VENDA ADMINISTRATIVA DE BENS DO INSS
421	ART. 100.
421	ART. 101.
421	ART. 102.
422	1. REAJUSTE DOS BENEFÍCIOS
422	2. REAJUSTE DO SALÁRIO DE CONTRIBUIÇÃO
422	3. MULTAS RELACIONADAS À GFIP
422	ART. 103.
422	1. REGULAMENTO DA LEI
423	ART. 104.
423	1. DATA DE VIGÊNCIA DA LEI
423	ART. 105.
423	1. REVOGAÇÃO DAS LEIS EM CONTRÁRIO
424	BIBLIOGRAFIA

LEI 8.212, DE 24 DE JULHO DE 1991. LEI ORGÂNICA DA SEGURIDADE SOCIAL

TÍTULO I
CONCEITUAÇÃO E PRINCÍPIOS CONSTITUCIONAIS

ART. 1º

A Seguridade Social compreende um conjunto integrado de ações de iniciativa dos poderes públicos e da sociedade, destinado a assegurar o direito relativo à saúde, à previdência e à assistência social.

Parágrafo único. A Seguridade Social obedecerá aos seguintes princípios e diretrizes:

a) universalidade da cobertura e do atendimento;

b) uniformidade e equivalência dos benefícios e serviços às populações urbanas e rurais;

c) seletividade e distributividade na prestação dos benefícios e serviços;

d) irredutibilidade do valor dos benefícios;

e) equidade na forma de participação no custeio;

f) diversidade da base de financiamento;

g) caráter democrático e descentralizado da gestão administrativa com a participação da comunidade, em especial de trabalhadores, empresários e aposentados.

1. ORDEM SOCIAL

O Título VIII da Constituição Federal é dedicado à Ordem Social, a qual tem como base o primado do trabalho, e como objetivo o bem-estar e a justiça sociais[1]. Dentro da Ordem Social, a Seguridade Social é tratada no Capítulo II e abrange ações que agregam o poder público e

---

1 Art. 193, "caput", da CF.

a sociedade, voltadas a assegurar os direitos relativos à saúde, à previdência e assistência social[2].

O conjunto integrado de ações de iniciativa do poder público e da sociedade, com a necessidade de a Seguridade Social ser financiada por toda a sociedade, de forma direta e indireta, e por recursos orçamentários de todos os entes políticos, consoante previsto no "caput" do art. 195 da CF, revela o princípio fundamental do sistema: a solidariedade. Todos os distintos segmentos da sociedade, na medida da sua capacidade contributiva e fundados na diversidade da base de financiamento do sistema, com o poder público, são responsáveis pela sua manutenção e expansão, a fim de assegurar a todas as gerações o pagamento de benefícios sociais indispensáveis à preservação da dignidade humana. A solidariedade entre as gerações, passadas, presentes e futuras, é o principal caminho para alcançar a justiça social. Os custos são de todos os setores da sociedade, embora nem todos sejam beneficiários do sistema, uma vez que não existe contrapartida simétrica entre contribuintes e benefícios[3].

A Constituição Federal, no art. 149, outorga competência para a União instituir diversas espécies de contribuições, as quais servem de instrumento para o alcance de determinadas finalidades específicas constitucionalmente previstas. No que se refere às contribuições para financiar o custeio das ações estatais na Ordem Social, uma vez que compete à União o planejamento das políticas sociais, com a participação da sociedade na sua formulação, monitoramento, controle e avaliação[4], o texto constitucional atribui-lhe a competência exclusiva para instituir as contribuições sociais gerais[5] e contribuições de Seguridade Social[6].

2. CONTRIBUIÇÕES SOCIAIS GERAIS

As contribuições sociais gerais são de competência exclusiva da União e podem ser instituídas sempre que a União atuar na Ordem Social, a fim de alcançar os objetivos do bem-estar e justiça social. Estas contribuições sociais gerais atuam em âmbito material diverso das contribuições de Seguridade Social e se sujeitam aos princípios da anterioridade

---

2 Art. 194, "caput", da CF.

3 STF, RE 599.309.

4 Art. 193, parágrafo único, da CF.

5 Art. 149, "caput", da CF.

6 Art. 195, da CF.

de exercício financeiro e de 90 dias[7], sem exceções, como ocorre com os demais tributos em geral. A contribuição ao salário-educação, por exemplo, prevista no art. 212, § 5º, da CF, é uma contribuição social, mas não é para a Seguridade Social. Assim, ocorrendo aumento desta contribuição, deverão ser observados os princípios da anterioridade de exercício financeiro e nonagesimal e não apenas o princípio da anterioridade especial de 90 dias, aplicado exclusivamente às contribuições de Seguridade Social. Ainda a título de exemplo, as contribuições sociais que haviam sido criadas pela LC n.º 110/01[8] não eram destinadas à Seguridade Social, razão por que deveriam ficar sujeitas à anterioridade de exercício financeiro (ainda não havia o princípio da anterioridade nonagesimal do art. 150, III, "c", uma vez que este foi acrescentado em 2003 pela EC 42) e não ao princípio da anterioridade especial de 90 dias[9].

3. CONTRIBUIÇÕES PARA A SEGURIDADE SOCIAL

As contribuições para a Seguridade Social, por sua vez, estão no Capítulo II do Título VIII da Ordem Social da Constituição Federal e destinam-se a financiar as ações da União nas áreas de saúde, previdência e assistência social, possuindo esta especificidade constitucional que as distingue das demais contribuições sociais. Ou seja, são contribuições para manutenção e expansão do sistema de Seguridade Social, conhecidas também como contribuições previdenciárias. Possuem destinação constitucional mais rigorosa, qualificando-se como modalidades autônomas de tributos, especialmente vinculadas ao financiamento da Seguridade Social[10].

A União, os Estados, o Distrito Federal e os Municípios podem instituir contribuições para custear o seu regime próprio de previdência social[11],

---

7 Art. 150, III, "b" e "c", da CF.

8 LC n.º 110/01: "Art. 1º Fica instituída contribuição social devida pelos empregadores em caso de despedida de empregado sem justa causa, à alíquota de dez por cento sobre o montante de todos os depósitos devidos, referentes ao Fundo de Garantia do Tempo de Serviço – FGTS, durante a vigência do contrato de trabalho, acrescido das remunerações aplicáveis às contas vinculadas. Art. 2º Fica instituída contribuição social devida pelos empregadores, à alíquota de cinco décimos por cento sobre a remuneração devida, no mês anterior, a cada trabalhador, incluídas as parcelas de que trata o art. 15 da Lei n.º 8.036, de 11 de maio de 1990".

9 STF, ADI 2.556.

10 STF, ADC 8.

11 Art. 40, "caput", da CF.

cobrada dos seus servidores ativos, aposentados e pensionistas[12], assim como contribuições extraordinárias, por período determinado, quando houver déficit atuarial não equacionado com a contribuição ordinária de aposentados e pensionistas[13], conforme redação conferida ao art. 149 pela EC n.º 103/19. Tais contribuições são para o custeio do denominado regime próprio de previdência social das pessoas políticas e não devem ser confundidas com as contribuições para o custeio do regime geral, objeto do estudo desta lei.

As contribuições para a Seguridade Social possuem natureza tributária, razão por que devem obedecer aos princípios constitucionais que fundamentam o poder de tributar e às normas gerais de Direito Tributário do Código Tributário Nacional.

4. PRINCÍPIOS DO CUSTEIO DA SEGURIDADE SOCIAL

4.1. PRINCÍPIO DA LEGALIDADE

O princípio da legalidade é previsto no art. 150, I, da CF. Os tributos são legitimamente instituídos nos exatos limites da lei. No caso das contribuições previdenciárias, como regra geral, cabe à lei ordinária da União definir todos os seus elementos essenciais: contribuintes, fato gerador, base de cálculo e alíquota[14]. É claro que as modificações destes elementos substanciais, a favor ou contra o contribuinte, também devem ser veiculadas por lei de competência da União.

---

12 Art. 149, § 1º, da CF: "A União, os Estados, o Distrito Federal e os Municípios instituirão, por meio de lei, contribuições para custeio de regime próprio de previdência social, cobradas dos servidores ativos, dos aposentados e dos pensionistas, que poderão ter alíquotas progressivas de acordo com o valor da base de contribuição ou dos proventos de aposentadoria e de pensões".

13 Art. 149, § 1º-A, da CF. "Quando houver deficit atuarial, a contribuição ordinária dos aposentados e pensionistas poderá incidir sobre o valor dos proventos de aposentadoria e de pensões que supere o salário mínimo.§ 1º-B. Demonstrada a insuficiência da medida prevista no § 1º-A para equacionar o deficit atuarial, é facultada a instituição de contribuição extraordinária, no âmbito da União, dos servidores públicos ativos, dos aposentados e dos pensionistas.§ 1º-C. A contribuição extraordinária de que trata o § 1º-B deverá ser instituída simultaneamente com outras medidas para equacionamento do deficit e vigorará por período determinado, contado da data de sua instituição".

14 Acerca da atualização monetária da base de cálculo vide comentários ao art. 20.

As medidas provisórias têm força de lei e por isto são instrumentos normativos legítimos para instituir ou majorar as contribuições previdenciárias, exceto se a contribuição depender de lei de natureza complementar. A Constituição Federal proíbe que medida provisória contenha matéria reservada à lei complementar[15]. Por sua vez, a lei complementar é exigida apenas para a instituição de novas fontes destinadas a garantir a manutenção ou expansão do sistema de Seguridade Social, conforme prevê o § 4º do art. 195 da CF[16].

4.2. PRINCÍPIO DA ANTERIORIDADE NONAGESIMAL

A instituição ou aumento das contribuições previdenciárias devem ainda observar o princípio da anterioridade especial de 90 dias, também chamado de nonagesimal ou noventena, previsto no § 6º do art. 195 da CF. Trata-se de princípio exclusivo das contribuições para o sistema de Seguridade Social e não comporta exceções. A lei regerá os fatos que ocorrerem a partir do 91º dia após a sua publicação. Se o aumento ou a instituição de uma contribuição para o sistema de Seguridade Social for veiculada por medida provisória, o prazo da anterioridade especial de 90 dias deverá ser computado a partir da data da sua publicação e não na data em que houver a sua conversão em lei. No entanto, se a majoração tiver sido estabelecida apenas na lei de conversão, o termo inicial da anterioridade especial será da data da conversão da medida provisória em lei[17].

O princípio da anterioridade é voltado para o futuro, a fim de permitir que os contribuintes não sejam surpreendidos e possam planejar as suas atividades e os seus negócios em conformidade com a carga tributária majorada[18]. A anterioridade adensa os princípios da segurança

---

[15] Art. 62, § 1º, III, da CF.

[16] Vide comentários ao art. 22 sobre a necessidade de lei complementar para as contribuições de Seguridade Social.

[17] Tema 278 do STF: "A contribuição social para o Programa de Integração Social (PIS) submete-se ao princípio da anterioridade nonagesimal (Constituição Federal, art. 195, §6º), e, nos casos em que a majoração de alíquota tenha sido estabelecida somente na lei de conversão, o termo inicial da contagem é a data da conversão da medida provisória em lei".

[18] PANDOLFO, Rafael. Jurisdição Constitucional Tributária. São Paulo: Noeses, 2020. p. 120.

jurídica e da não surpresa, razão por que também deve ser observada quando houver majoração indireta do tributo[19].

O princípio da anterioridade especial de 90 dias não se aplica quando a lei ou medida provisória reduzir o valor da contribuição, seja mediante diminuição da alíquota ou exclusões da base de cálculo. A redução tem efeito imediato, salvo disposição de lei em contrário. A modificação do seu prazo para pagamento também não se sujeita ao princípio da anterioridade especial de 90 dias, já que não se trata de instituição ou aumento de contribuição[20].

4.3. PRINCÍPIO DA IRRETROATIVIDADE

O princípio da irretroatividade impede que a norma tributária que tenha instituído ou aumentado uma contribuição previdenciária produza os seus efeitos para o passado, apanhando fatos geradores ocorridos antes da data da publicação da lei. A irretroatividade, agregada à segurança jurídica, impede que a norma mais gravosa deite os seus efeitos para os fatos pretéritos, estabelecendo "consequências mais gravosas, relativamente à disciplina anterior, aos atos de disposição de direitos fundamentais realizados antes da sua entrada em vigor"[21].

Por outro lado, a norma mais benéfica quanto à carga tributária, assim considerada a que promova a redução do valor da contribuição previdenciária, operada por lei que determine exclusões da base de cálculo ou que simplesmente reduza a alíquota, não se sujeita ao princípio da irretroatividade. A irretroatividade obstaculiza o agravamento do ônus tributário, mas não a sua atenuação. Entretanto, advirta-se que isto não significa que a norma tributária, por ser mais benéfica ao contribuinte, alcance automaticamente os fatos anteriores à sua publicação. Apenas se a lei for expressa acerca da sua retroatividade é que poderá produzir efeitos para o passado. Caso contrário, ainda que reduza o ônus tributário, alcançará apenas os fatos futuros, a partir da sua publicação. A retroatividade da norma tributária benigna é restrita às hipóteses previstas no art. 106 do CTN: normas interpretativas ou

---

19 STF, ADI 7.181.

20 Súmula Vinculante n.º 50 do STF: "Norma legal que altera o prazo de recolhimento de obrigação tributária não se sujeita ao princípio da anterioridade".

21 MENKE, Cassiano. Irretroatividade tributária material: definição, conteúdo e eficácia. São Paulo: Malheiros, 2015, p. 219.

normas que excluem as infrações ou reduzam as multas, sejam moratórias ou punitivas.

4.4. PRINCÍPIO DA EQUIDADE

O princípio da equidade na forma de participação de custeio, também referido no inciso V do parágrafo único do art. 194 da CF, autoriza a modulação diferenciada das contribuições previdenciárias para que a manutenção e expansão do sistema de Seguridade Social ocorra de maneira mais justa e equilibrada. Com isto, o legislador possui margem de liberdade para calibrar de forma particularizada segmentos da atividade econômica que revelam maior capacidade contributiva, concretizando, sob o ponto de vista material, o princípio da isonomia.

4.5. PRINCÍPIO DA CAPACIDADE CONTRIBUTIVA

O princípio da capacidade contributiva, previsto na CF em relação aos impostos, os quais devem ser modulados de acordo com a capacidade econômica do contribuinte[22], também tem sido aplicado às contribuições previdenciárias. Com isto, justifica-se a adoção de alíquotas diversas, sob a forma de adicional, para contribuintes que revelem maior capacidade econômica, como ocorre com as instituições financeiras, conforme comentários ao art. 22, § 1º desta lei[23].

4.6. PRINCÍPIO DA DIVERSIDADE DA BASE DE FINANCIAMENTO

O princípio da diversidade da base de financiamento, previsto no inciso VI do art. 194 da CF, significa que o Sistema de Seguridade Social, que deve ser custeado por toda a sociedade[24], possui múltiplas fontes de financiamento e que estão mencionadas nos diversos incisos e parágrafos do art. 195 da CF, assim como no art. 239, uma vez que a contribuição ao PIS/PASEP ali referida também possui natureza previdenciária.

O sistema é mantido pelas empresas, mediante contribuições sobre a folha de salários dos seus empregados e trabalhadores que lhe prestam serviços, mesmo sem vínculo empregatício, sobre a receita ou faturamento e o lucro. Os trabalhadores urbanos contribuem com alíquotas variáveis sobre

---

22 Art. 145, § 1º, da CF.

23 STF, RE 598.572 e RE 599.309.

24 Vide comentários ao art. 10.

os seus salários. Os trabalhadores rurais contribuem sobre o resultado da comercialização da produção rural. As contribuições incidem na importação de bens ou serviços do exterior. Parte das receitas de concursos de prognósticos é direcionada para a manutenção do sistema de Seguridade Social, assim como receitas dos orçamentos das pessoas políticas. Trata-se de "uma partição social do ônus de sustento financeiro da Seguridade Social: tem-se a contribuição do Estado (proveniente de seu orçamento fiscal), contribuições ao encargo das empresas e empregadores, dos próprios segurados e atribuídas às sociedades em geral"[25].

A EC n.º 103/19 alterou a redação do inciso VI do art. 194 da CF, para acrescentar que devem ser identificadas, em rubricas contábeis específicas para cada área, as receitas e despesas vinculadas às ações de saúde, previdência e assistência social, preservado o caráter contributivo da previdência social. Trata-se de uma medida de controle político-financeiro, a fim de que possa ser identificado com maior precisão o controle das receitas e despesas do sistema de Seguridade Social.

5. PRINCÍPIOS E DIRETRIZES DO PLANO DE BENEFÍCIOS

A universalidade da cobertura e do atendimento; a uniformidade e equivalência dos benefícios e serviços às populações urbanas e rurais; a seletividade e distributividade na prestação dos benefícios e serviços e a irredutibilidade do valor dos benefícios não são princípios de natureza tributária, relacionados ao custeio do sistema, mas sim princípios ou diretrizes que devem ser observadas pelo legislador ao instituir e disciplinar os benefícios relativos à saúde, previdência e assistência social.

---

25 FORTES, Simone Barbisan; PAULSEN, Leandro. Direito da Seguridade Social. Porto Alegre: Livraria do Advogado, 2005. p. 37.

TÍTULO II
DA SAÚDE

ART. 2º

A Saúde é direito de todos e dever do Estado, garantido mediante políticas sociais e econômicas que visem à redução do risco de doença e de outros agravos e ao acesso universal e igualitário às ações e serviços para sua promoção, proteção e recuperação.

Parágrafo único. As atividades de saúde são de relevância pública e sua organização obedecerá aos seguintes princípios e diretrizes:

a) acesso universal e igualitário;

b) provimento das ações e serviços através de rede regionalizada e hierarquizada, integrados em sistema único;

c) descentralização, com direção única em cada esfera de governo;

d) atendimento integral, com prioridade para as atividades preventivas;

e) participação da comunidade na gestão, fiscalização e acompanhamento das ações e serviços de saúde;

f) participação da iniciativa privada na assistência à saúde, obedecidos os preceitos constitucionais.

1. SISTEMA DE SEGURIDADE SOCIAL

O sistema de Seguridade Social abrange previdência, saúde e assistência social[26]. Enquanto o sistema previdenciário é marcado pelo seu caráter contributivo, a saúde e a assistência não se vinculam a qualquer tipo de contraprestação por parte dos seus usuários[27].

---

[26] Vide comentários ao art. 5º.

[27] STF, RE 636.941.

2. SOLIDARIEDADE DOS ENTES POLÍTICOS NA COBERTURA DO DIREITO À SAÚDE

O direito à saúde deve ser garantido por políticas sociais e econômicas que visem à redução do risco de doença e outros agravos à saúde, nos termos do art. 196, da CF. O mesmo preceito também assegura o acesso universal e igualitário às ações e serviços para promover, proteger e recuperar a saúde.

As ações e serviços de saúde integram um sistema único, mediante uma rede regionalizada e hierarquizada, que é financiado com recursos do orçamento da Seguridade Social e dos orçamentos de todas as pessoas políticas[28].

Como os entes políticos são solidários no financiamento, também devem sê-lo nas obrigações decorrentes dos serviços de saúde. Para o STF, "o tratamento médico adequado aos necessitados se insere no rol dos deveres do Estado, porquanto responsabilidade solidária dos entes federados. O polo passivo pode ser composto por qualquer um deles, isoladamente ou conjuntamente". Por isto, o STF fixou o entendimento de que "os entes da Federação, em decorrência da competência comum, são solidariamente responsáveis nas demandas prestacionais na área da saúde e, diante dos critérios constitucionais de descentralização e hierarquização, compete à autoridade judicial direcionar o cumprimento conforme as regras de repartição de competências e determinar o ressarcimento a quem suportou o ônus financeiro"[29].

O Sistema Único de Saúde é regulado pela Lei n.º 8.080/90.

---

[28] Art. 198, § 1º, da CF.

[29] STF, RE 855.178 – Tema 739.

TÍTULO III
DA PREVIDÊNCIA SOCIAL

ART. 3º

A Previdência Social tem por fim assegurar aos seus beneficiários meios indispensáveis de manutenção, por motivo de incapacidade, idade avançada, tempo de serviço, desemprego involuntário, encargos de família e reclusão ou morte daqueles de quem dependiam economicamente.

Parágrafo único. A organização da Previdência Social obedecerá aos seguintes princípios e diretrizes:

a) universalidade de participação nos planos previdenciários, mediante contribuição;

b) valor da renda mensal dos benefícios, substitutos do salário-de--contribuição ou do rendimento do trabalho do segurado, não inferior ao do salário mínimo;

c) cálculo dos benefícios considerando-se os salários-de-contribuição, corrigidos monetariamente;

d) preservação do valor real dos benefícios;

e) previdência complementar facultativa, custeada por contribuição adicional.

1. REGIME GERAL DE PREVIDÊNCIA SOCIAL

A Previdência Social é organizada sob a forma de regime geral (RGPS – Regime Geral de Previdência Social), de caráter contributivo e filiação obrigatória[30]. A previdência social nada mais é do que um seguro social obrigatório, razão por que a concessão do benefício exige a contrapartida pecuniária do beneficiário. Sem contribuição não há benefício previdenciário. A filiação é o vínculo que se estabelece entre a previdência social e a pessoa que contribui para o sistema. O vínculo gera direitos e obrigações. A filiação decorre automaticamente do exercício da atividade remunerada para os denominados segurados obrigatórios.

---

[30] Art. 201, "caput", da CF.

2.   REGIME PRÓPRIO DE PREVIDÊNCIA SOCIAL

Além do regime geral (RGPS), cujo custeio é objeto deste estudo, o texto constitucional prevê no art. 40, "caput", e no 149, § 1º a § 1º-C, o denominado Regime Próprio de Previdência Social (RPPS), mantido por contribuições ordinárias ou extraordinárias cobradas dos servidores das entidades políticas para o custeio do respectivo regime previdenciário.

As regras gerais para os regimes próprios de previdência social dos servidores públicos estão previstas na Lei n.º 9.717/98. Cada entidade política detém competência tributária para a instituição do respectivo regime previdenciário, observadas as normas gerais da lei federal.

3.   REGIME DE PREVIDÊNCIA COMPLEMENTAR

O art. 202, da CF, trata do regime de previdência privada, de caráter complementar e facultativo, organizado de forma autônoma em relação ao RGPS.

A Constituição Federal também prevê a instituição, por lei, de regime de previdência complementar para os servidores públicos ocupantes de cargo efetivo[31].

A LC n.º 108/01 traz as normas gerais que disciplinam as entidades fechadas de previdência complementar patrocinadas pelo poder público e suas empresas.

A LC n.º 109/01 regula o regime de previdência complementar, operado por entidades de previdência complementar fechadas ou abertas. As entidades fechadas[32] são acessíveis aos empregados de uma empresa ou grupo de empresas e aos servidores da União, dos Estados, do Distrito Federal e dos Municípios, entes denominados patrocinadores, e aos associados ou membros de pessoas jurídicas de caráter profissional, classista ou setorial, denominadas instituidores. As entidades abertas[33] são constituídas unicamente sob a forma de sociedades anônimas e têm por objetivo instituir e operar planos de benefícios de caráter previdenciário concedidos em forma de renda continuada ou pagamento único, acessíveis a quaisquer pessoas físicas.

---

31 Art. 40, § 14º, da CF.

32 Art. 31, da LC n.º 109/01.

33 Art. 36, da LC n.º 109/01.

O regime de previdência complementar para os servidores públicos, referido no art. 40, § 14º, da CF, foi instituído pela Lei n.º 12.618/12, a qual autorizou a criação de três entidades fechadas de previdência complementar: Fundação de Previdência Complementar do Servidor Público Federal do Poder Executivo (Funpresp-Exe), Fundação de Previdência Complementar do Servidor Público Federal do Poder Legislativo (Funpresp-Leg) e a Fundação de Previdência Complementar do Servidor Público Federal do Poder Judiciário (Funpresp-Jud).

TÍTULO IV
DA ASSISTÊNCIA SOCIAL

ART. 4º

> A Assistência Social é a política social que provê o atendimento das necessidades básicas, traduzidas em proteção à família, à maternidade, à infância, à adolescência, à velhice e à pessoa portadora de deficiência, independentemente de contribuição à Seguridade Social.
>
> Parágrafo único. A organização da Assistência Social obedecerá às seguintes diretrizes:
>
> a) descentralização político-administrativa;
>
> b) participação da população na formulação e controle das ações em todos os níveis.

1. ASSISTÊNCIA SOCIAL

A assistência social deve ser prestada a quem necessitar, independentemente de contribuição à Seguridade Social[34]. Segundo o STF, a assistência social beneficia brasileiros natos, naturalizados e estrangeiros residentes no país, atendidos os requisitos constitucionais e legais[35]. A assistência social, portanto, tem no caráter não contributivo a sua característica fundamental.

A assistência social atua de forma subsidiária ao sistema de proteção conferido pela previdência social. Enquanto a assistência social é direcionada para o segmento mais carente da população e que presumidamente não possui o mínimo necessário para prover a própria subsistência e que dispensa, portanto, contribuição, o âmbito normativo de proteção previdenciário, conferido pelos diversos benefícios previstos na legislação, é circunscrito aos segurados que são contribuintes do sistema.

---

34 Art. 203, "caput", da CF.

35 STF, RE 587.970.

A assistência social não tem apenas o objetivo de conferir proteção social para garantir o direito à vida, à redução de danos e à prevenção da incidência de riscos, mas envolve a vigilância socioassistencial e a defesa de direitos. As ações de vigilância são necessárias para que possa ser identificada a capacidade de proteção de cada família no respectivo âmbito territorial, analisando as múltiplas vulnerabilidades a que estão sujeitas. As ações assistenciais na defesa de direitos devem garantir o pleno acesso dos vulneráveis às provisões socioassistenciais destinadas a garantir o atendimento às necessidades básicas do cidadão.

As ações na área de assistência social são realizadas com recursos do orçamento da Seguridade Social e compreendem um conjunto integrado de ações de iniciativa pública e da sociedade, incluindo entidades e organizações de assistência social que não possuem fins lucrativos e que prestam atendimento às famílias e indivíduos em situações de vulnerabilidade ou risco social e pessoal, ou que atuam na defesa e garantia de direitos[36].

A assistência social é regulada pela Lei n.º 8.742/93.

---

[36] Art. 204, "caput", da CF.

TÍTULO V
DA ORGANIZAÇÃO DA
SEGURIDADE SOCIAL

ART. 5º

As ações nas áreas de Saúde, Previdência Social e Assistência Social, conforme o disposto no Capítulo II do Título VIII da Constituição Federal, serão organizadas em Sistema Nacional de Seguridade Social, na forma desta Lei.

1. ORGANIZAÇÃO DO SISTEMA NACIONAL DE SEGURIDADE SOCIAL

A Ordem Social consta no Título VIII da Constituição Federal, o qual possui oito Capítulos.

O Capítulo I contém o preceito geral da Ordem Social, dizendo que esta tem como fundamento o primado do trabalho, e como objetivo o bem-estar e a justiça social[37].

O Capítulo II trata da Seguridade Social e possui quatro seções.

A Seção I traz as disposições gerais, estabelecendo que as ações de iniciativa dos poderes públicos e da sociedade, todos responsáveis pelo aporte de recursos destinados ao financiamento do sistema, devem formar um conjunto integrado de iniciativas destinadas a assegurar os direitos relativos à saúde, previdência e assistência social[38].

A Seção II disciplina os preceitos acerca das ações e serviços de saúde, considerada como direito de todos e dever do Estado[39].

---

[37] Art. 193, da CF.

[38] Art. 194, "caput", da CF.

[39] Art. 196, da CF.

A Seção III contém as normas que regulam a previdência social, organizada sob a forma de regime geral, de caráter contributivo e filiação obrigatória[40], assim como a previdência privada, de caráter facultativo, complementar e autônomo em relação ao regime geral[41], aplicável também aos servidores públicos ocupantes de cargo efetivo[42].

A Seção IV, por fim, regula a assistência social, a qual possui como característica fundamental a benemerência, uma vez que deve ser prestada a quem necessitar, independentemente de contribuição[43].

Como se vê da organização constitucional, portanto, o Sistema de Seguridade é composto por três áreas: saúde, previdência e assistência social.

O Capítulo III regula a educação, cultura e desporto. O Capítulo IV trata da ciência, tecnologia e inovação. O Capítulo V disciplina a comunicação social, o VI o meio ambiente, o VII a família, criança, adolescente, jovem e o idoso, e o Capítulo VIII os indígenas.

ART. 6º

(Revogado pela Medida Provisória n.º 2.216-37, de 2001)

ART. 7º

(Revogado pela Medida Provisória n.º 2.216-37, de 2001)

---

40 Art. 201, da CF.

41 Art. 202, da CF.

42 Art. 40, § 15º, da CF.

43 Art. 203, da CF.

ART. 8º

As propostas orçamentárias anuais ou plurianuais da Seguridade Social serão elaboradas por Comissão integrada por 3 (três) representantes, sendo 1 (um) da área da saúde, 1 (um) da área da previdência social e 1 (um) da área de assistência social.

1. PROPOSTA ORÇAMENTÁRIA

A proposta de orçamento da Seguridade Social deve ser elaborada de forma integrada pelos órgãos responsáveis pela saúde, previdência social e assistência social, conforme estabelece o §2º do art. 195 da CF.

O compartilhamento de informações entre tais órgãos é essencial para a elaboração da lei de diretrizes orçamentárias, tendo em vista as metas e prioridades nela estabelecidas, assegurando-se a cada área a gestão de seus recursos.

O caráter democrático e descentralizado da administração da Seguridade Social conta com a participação dos trabalhadores, dos empregadores, dos aposentados e do governo, através do Conselho Nacional de Previdência, criado pela Lei n.º 8.213/91, consoante dispõe o inciso VII do art. 194 da CF.

Compete ao Conselho Nacional de Previdência, entre outras atribuições, apreciar e aprovar as propostas orçamentárias da Previdência Social, antes de sua consolidação na proposta orçamentária da Seguridade Social[44].

ART. 9º

As áreas de Saúde, Previdência Social e Assistência Social são objeto de leis específicas, que regulamentarão sua organização e funcionamento.

---

[44] Vide comentários ao art. 85.

COMENTÁRIOS À LEI DE CUSTEIO DA SEGURIDADE SOCIAL

1. LEIS ESPECÍFICAS DO SISTEMA DE SEGURIDADE SOCIAL

O Sistema de Seguridade Social é um conjunto integrado de ações destinadas a assegurar os direitos relativos à saúde, previdência e assistência social. Cada uma destas áreas é regulada por lei específica.

As ações e serviços de saúde são reguladas pela Lei n.º 8.080/90.

A assistência social, direito do cidadão e dever do Estado, e que tem como característica o caráter não contributivo, é regida pela Lei n.º 8.742/93.

No caso da previdência, esta Lei n.º 8.212/91 regula as fontes de custeio e a Lei n.º 8.213/91 os benefícios previdenciários.

TÍTULO VI
DO FINANCIAMENTO DA
SEGURIDADE SOCIAL
INTRODUÇÃO

ART. 10.

> A Seguridade Social será financiada por toda a sociedade, de forma direta e indireta, nos termos do art. 195 da Constituição Federal e desta Lei, mediante recursos provenientes da União, dos Estados, do Distrito Federal, dos Municípios e de contribuições sociais.

1. PRINCÍPIO DA SOLIDARIEDADE SOCIAL

A Constituição Federal, ao dispor que a Seguridade Social será financiada por toda a sociedade, de forma direta e indireta, fundou o sistema com base no princípio da solidariedade social.

Ao alicerçar o financiamento da Seguridade Social no princípio da solidariedade social, o legislador constitucional impôs a toda sociedade, sobretudo aos agentes econômicos, públicos ou privados, a responsabilidade de aportar os recursos destinados a garantir a manutenção e a expansão do sistema de seguridade, na forma da lei.

O princípio da solidariedade social obstaculiza pretensões destinadas à exclusão do dever de contribuir sob o fundamento de não haver relação de pertinência entre a obrigação e o benefício a ser usufruído[45].

As receitas dos Estados, do Distrito Federal e dos Municípios destinadas à Seguridade Social constarão dos respectivos orçamentos, não integrando o orçamento da União[46].

---

45 STF, AgRg no AI 764.794.

46 Art. 195, § 1º, da CF.

ART. 11.

> No âmbito federal, o orçamento da Seguridade Social é composto das seguintes receitas:
>
> I - receitas da União;
>
> II - receitas das contribuições sociais;
>
> III - receitas de outras fontes.
>
> Parágrafo único. Constituem contribuições sociais:
>
> a) as das empresas, incidentes sobre a remuneração paga ou creditada aos segurados a seu serviço;
>
> b) as dos empregadores domésticos;
>
> c) as dos trabalhadores, incidentes sobre o seu salário-de-contribuição;
>
> d) as das empresas, incidentes sobre faturamento e lucro;
>
> e) as incidentes sobre a receita de concursos de prognósticos.

1. PROPOSTA ORÇAMENTÁRIA

A proposta de orçamento da Seguridade Social deve ser elaborada de forma integrada pelos órgãos responsáveis pela saúde, previdência social e assistência social, tendo em vista as metas e prioridades estabelecidas na lei de diretrizes orçamentárias, assegurada a cada área a gestão de seus recursos[47].

A Constituição Federal prevê três instrumentos para o planejamento fiscal, complementados pela Lei de Responsabilidade Fiscal: o Plano Plurianual (PPA), a Lei de Diretrizes Orçamentárias (LDO) e a Lei Orçamentária Anual (LOA)[48].

2. PLANO PLURIANUAL

O plano plurianual estabelece, de forma regionalizada, as diretrizes, objetivos e metas da administração pública federal para as despesas de capital e outras delas decorrentes, e para as relativas aos programas de

---

[47] Art. 195, § 2º, da CF.

[48] Art. 165, I, II e III, da CF.

duração continuada[49]. A União deve organizar e manter registro centralizado de projetos de investimento contendo, por Estado ou Distrito Federal, pelo menos, análises de viabilidade, estimativas de custos e informações sobre a execução física e financeira[50].

3. LEI DE DIRETRIZES ORÇAMENTÁRIAS

A lei de diretrizes orçamentárias estrutura e organiza os orçamentos. Compreende as metas e prioridades da administração pública federal, estabelece as diretrizes de política fiscal e respectivas metas, em consonância com trajetória sustentável da dívida pública, orienta a elaboração da lei orçamentária anual, dispõe sobre as alterações na legislação tributária e estabelece a política de aplicação das agências financeiras oficiais de fomento[51]. É lei em sentido formal, mas não material, uma vez que serve "como simples orientação ou sinalização"[52]. Não revoga e nem retira a eficácia da lei de custeio, limitando-se a fixar diretrizes de caráter geral e específicas para todos os Poderes da União, incluindo o Ministério Público Federal e Defensoria Pública da União.

No que se refere ao orçamento da Seguridade Social, a administração tem o dever de executar as programações orçamentárias, adotando os meios e as medidas necessárias, com o propósito de garantir a efetiva entrega de bens e serviços à sociedade[53]. A Lei de Diretrizes Orçamentárias para 2023 é a Lei n.º 14.436/22, cujo art. 2º traz a meta de déficit primário para os orçamentos fiscal e da Seguridade Social, sendo que o art. 46 trata do orçamento da Seguridade Social.

4. LEI ORÇAMENTÁRIA ANUAL

A Lei Orçamentária Anual estima as receitas e despesas que a administração está autorizada a realizar em um determinado exercício financeiro[54]. Compreende: I – o orçamento fiscal referente aos Poderes da

---

49 Art. 165, § 1º, da CF.

50 Art. 165, § 15º, da CF.

51 Art. 165, § 2º, da CF, com a redação conferida pela EC 109/21.

52 TORRES, Ricardo Lobo. Tratado de Direito Constitucional Financeiro e Tributário; volume V. São Paulo/Rio de Janeiro: Renovar. 2000, p. 67.

53 Art. 165, §§ 10º e 13º, da CF.

54 A Lei Orçamentária de 2023 é a Lei n.º 14.535/23.

União, seus fundos, órgãos e entidades da administração direta e indireta, inclusive fundações instituídas e mantidas pelo Poder Público; II – o orçamento de investimento das empresas em que a União, direta ou indiretamente, detenha a maioria do capital social com direito a voto; III – o orçamento da Seguridade Social, abrangendo todas as entidades e órgãos a ela vinculados, da administração direta ou indireta, bem como os fundos e fundações instituídos e mantidos pelo Poder Público[55].

O art. 167, XI, da CF, proíbe a utilização dos recursos provenientes das contribuições sociais mencionadas no art. 195, I, "a", e II, para a realização de despesas distintas do pagamento de benefícios do regime geral de previdência social de que trata o art. 201.

5. AS CONTRIBUIÇÕES INSTITUÍDAS

A contribuição da empresa, assim como do empregador e da entidade equiparada à empresa, incidente sobre a folha de salários e demais rendimentos do trabalho pagos ou creditados, a qualquer título, à pessoa física que lhe preste serviço, mesmo sem vínculo empregatício, tem a sua outorga de competência prevista no art. 195, I, "a", da CF, sendo regulada pelo art. 22 desta lei.

O fundamento constitucional da contribuição do empregador doméstico é o art. 195, I, "a", da Constituição Federal (contribuição do empregador sobre a folha de salários do seu empregado). O empregador doméstico contribui com o sistema, mediante a incidência de alíquotas definidas na lei sobre o salário de contribuição do seu empregado doméstico, tal como comentado no art. 24.

A competência constitucional para a instituição da contribuição dos trabalhadores e demais segurados da Previdência Social é prevista no art. 195, II, da CF. O art. 20 desta lei instituiu a contribuição dos empregados, do trabalhador doméstico e do avulso. A EC n.º 103/19 alterou a redação do inciso II do art. 195 da CF, autorizando a instituição de alíquotas progressivas de acordo com o valor do salário de contribuição[56].

As contribuições das empresas incidentes sobre o faturamento e o lucro encontram previsão constitucional no art. 195, I, "b" e "c", da CF e estão disciplinadas em leis específicas.

---

[55] Art. 165, § 5º, I, II e III, da CF.

[56] Vide comentários ao art. 20.

A contribuição sobre a receita ou faturamento, com supedâneo no art. 195, I, "b", da CF, é denominada de COFINS. A contribuição ao PIS, prevista no art. 239, da CF, também incide sobre a mesma base de cálculo. Ambas as contribuições estão sujeitas a dois sistemas legais de apuração: cumulativo e não cumulativo. No sistema cumulativo, as contribuições ao PIS/COFINS são reguladas pela Lei n.º 9.718/98. A apuração não cumulativa tem fundamento constitucional no § 12º do art. 195 da CF e está regulamentada, quanto ao PIS, na Lei n.º 10.637/02, e, quanto à COFINS, na Lei n.º 10.833/03. Também há casos em que a lei prevê a tributação monofásica do PIS/COFINS.

A contribuição social sobre o lucro é normatizada pela Lei n.º 7.689/88.

A contribuição sobre o concurso de prognósticos, a que se refere o inciso III do art. 195 da CF, é regulada pelo art. 26 desta lei.

CAPÍTULO I
DOS CONTRIBUINTES
SEÇÃO I
DOS SEGURADOS

ART. 12.

São segurados obrigatórios da Previdência Social as seguintes pessoas físicas:

I - como empregado:

a) aquele que presta serviço de natureza urbana ou rural à empresa, em caráter não eventual, sob sua subordinação e mediante remuneração, inclusive como diretor empregado;

b) aquele que, contratado por empresa de trabalho temporário, definida em legislação específica, presta serviço para atender à necessidade transitória de substituição de pessoal regular e permanente ou a acréscimo extraordinário de serviços de outras empresas;

c) o brasileiro ou estrangeiro domiciliado e contratado no Brasil para trabalhar como empregado em sucursal ou agência de empresa nacional no exterior;

d) aquele que presta serviço no Brasil a missão diplomática ou a repartição consular de carreira estrangeira e a órgãos a ela subordinados, ou a membros dessas missões e repartições, excluídos o não brasileiro sem residência permanente no Brasil e o brasileiro amparado pela legislação previdenciária do país da respectiva missão diplomática ou repartição consular;

e) o brasileiro civil que trabalha para a União, no exterior, em organismos oficiais brasileiros ou internacionais dos quais o Brasil seja membro efetivo, ainda que lá domiciliado e contratado, salvo se segurado na forma da legislação vigente do país do domicílio;

f) o brasileiro ou estrangeiro domiciliado e contratado no Brasil para trabalhar como empregado em empresa domiciliada no exterior, cuja maioria do capital votante pertença a empresa brasileira de capital nacional;

g) o servidor público ocupante de cargo em comissão, sem vínculo efetivo com a União, Autarquias, inclusive em regime especial, e Fundações Públicas Federais; (Alínea acrescentada pela Lei n° 8.647, de 13.4.93)

h) (Execução suspensa pela Resolução do Senado Federal n.º 26, de 2005)

i) o empregado de organismo oficial internacional ou estrangeiro em funcionamento no Brasil, salvo quando coberto por regime próprio de previdência social; (Incluído pela Lei n° 9.876, de 1999)

j) o exercente de mandato eletivo federal, estadual ou municipal, desde que não vinculado a regime próprio de previdência social; (Incluído pela Lei n° 10.887, de 2004)

II - como empregado doméstico: aquele que presta serviço de natureza contínua a pessoa ou família, no âmbito residencial desta, em atividades sem fins lucrativos;

III - (Revogado pela Lei n.º 9.876, de 1999)

IV - (Revogado pela Lei n.º 9.876, de 1999)

V - como contribuinte individual: (Redação dada pela Lei n.º 9.876, de 1999)

a) a pessoa física, proprietária ou não, que explora atividade agropecuária, a qualquer título, em caráter permanente ou temporário, em área superior a 4 (quatro) módulos fiscais; ou, quando em área igual ou inferior a 4 (quatro) módulos fiscais ou atividade pesqueira, com auxílio de empregados ou por intermédio de prepostos; ou ainda nas hipóteses dos §§ 10 e 11 deste artigo; (Redação dada pela Lei n.º 11.718, de 2008)

b) a pessoa física, proprietária ou não, que explora atividade de extração mineral - garimpo, em caráter permanente ou temporário, diretamente ou por intermédio de prepostos, com ou sem o auxílio de empregados, utilizados a qualquer título, ainda que de forma não contínua; (Redação dada pela Lei n.º 9.876, de 1999)

c) o ministro de confissão religiosa e o membro de instituto de vida consagrada, de congregação ou de ordem religiosa; (Redação dada pela Lei n.º 10.403, de 2002)

d) revogada; (Redação dada pela Lei n.º 9.876, de 1999)

e) o brasileiro civil que trabalha no exterior para organismo oficial internacional do qual o Brasil é membro efetivo, ainda que lá domiciliado e contratado, salvo quando coberto por regime próprio de previdência social; (Redação dada pela Lei n.º 9.876, de 1999)

f) o titular de firma individual urbana ou rural, o diretor não empregado e o membro de conselho de administração de sociedade anônima, o sócio solidário, o sócio de indústria, o sócio gerente e o sócio cotista que recebam remuneração decorrente de seu trabalho em empresa urbana ou rural, e o associado eleito para cargo de direção em cooperativa, associação ou entidade de qualquer natureza ou finalidade,

bem como o síndico ou administrador eleito para exercer atividade de direção condominial, desde que recebam remuneração; (Incluído pela Lei n.º 9.876, de 1999)

g) quem presta serviço de natureza urbana ou rural, em caráter eventual, a uma ou mais empresas, sem relação de emprego; (Incluído pela Lei n.º 9.876, de 1999)

h) a pessoa física que exerce, por conta própria, atividade econômica de natureza urbana, com fins lucrativos ou não; (Incluído pela Lei n.º 9.876, de 1999)

VI - como trabalhador avulso: quem presta, a diversas empresas, sem vínculo empregatício, serviços de natureza urbana ou rural definidos no regulamento;

VII - como segurado especial: a pessoa física residente no imóvel rural ou em aglomerado urbano ou rural próximo a ele que, individualmente ou em regime de economia familiar, ainda que com o auxílio eventual de terceiros a título de mútua colaboração, na condição de: (Redação dada pela Lei n.º 11.718, de 2008)

a) produtor, seja proprietário, usufrutuário, possuidor, assentado, parceiro ou meeiro outorgados, comodatário ou arrendatário rurais, que explore atividade: (Incluído pela Lei n.º 11.718, de 2008)

1. agropecuária em área de até 4 (quatro) módulos fiscais; ou (Incluído pela Lei n.º 11.718, de 2008)

2. de seringueiro ou extrativista vegetal que exerça suas atividades nos termos do inciso XII do caput do art. 2º da Lei n.º 9.985, de 18 de julho de 2000, e faça dessas atividades o principal meio de vida; (Incluído pela Lei n.º 11.718, de 2008)

b) pescador artesanal ou a este assemelhado, que faça da pesca profissão habitual ou principal meio de vida; e (Incluído pela Lei n.º 11.718, de 2008)

c) cônjuge ou companheiro, bem como filho maior de 16 (dezesseis) anos de idade ou a este equiparado, do segurado de que tratam as alíneas a e b deste inciso, que, comprovadamente, trabalhem com o grupo familiar respectivo. (Incluído pela Lei n.º 11.718, de 2008)

§ 1º Entende-se como regime de economia familiar a atividade em que o trabalho dos membros da família é indispensável à própria subsistência e ao desenvolvimento socioeconômico do núcleo familiar e é exercido em condições de mútua dependência e colaboração, sem a utilização de empregados permanentes. (Redação dada pela Lei n.º 11.718, de 2008)

§ 2º Todo aquele que exercer, concomitantemente, mais de uma atividade remunerada sujeita ao Regime Geral de Previdência Social é obrigatoriamente filiado em relação a cada uma delas.

§ 3º (Revogado): (Redação dada pela Lei n.º 11.718, de 2008).

I - (revogado); (Redação dada pela Lei n.º 11.718, de 2008).

II - (revogado). (Redação dada pela Lei n.º 11.718, de 2008).

§ 4º O aposentado pelo Regime Geral de Previdência Social - RGPS que estiver exercendo ou que voltar a exercer atividade abrangida por este Regime é segurado obrigatório em relação a essa atividade, ficando sujeito às contribuições de que trata esta Lei, para fins de custeio da Seguridade Social. (Parágrafo acrescentado pela Lei n.º 9.032, de 28.4.95).

§ 5º O dirigente sindical mantém, durante o exercício do mandato eletivo, o mesmo enquadramento no Regime Geral de Previdência Social - RGPS de antes da investidura. (Parágrafo acrescentado pela Lei n.º 9.528, de 10.12.97)

§ 6º Aplica-se o disposto na alínea g do inciso I do caput ao ocupante de cargo de Ministro de Estado, de Secretário Estadual, Distrital ou Municipal, sem vínculo efetivo com a União, Estados, Distrito Federal e Municípios, suas autarquias, ainda que em regime especial, e fundações. (Incluído pela Lei n.º 9.876, de 1999)

§ 7º Para serem considerados segurados especiais, o cônjuge ou companheiro e os filhos maiores de 16 (dezesseis) anos ou os a estes equiparados deverão ter participação ativa nas atividades rurais do grupo familiar. (Incluído pela Lei n.º 11.718, de 2008)

§ 8º O grupo familiar poderá utilizar empregados contratados por prazo determinado ou trabalhador de que trata a alínea g do inciso V do caput deste artigo, à razão de no máximo 120 (cento e vinte) pessoas por dia no ano civil, em períodos corridos ou intercalados ou, ainda, por tempo equivalente em horas de trabalho, não sendo computado nesse prazo o período de afastamento em decorrência da percepção de auxílio-doença. (Redação dada pela Lei n.º 12.873, de 2013)

§ 9º Não descaracteriza a condição de segurado especial: (Incluído pela Lei n.º 11.718, de 2008)

I - a outorga, por meio de contrato escrito de parceria, meação ou comodato, de até 50% (cinquenta por cento) de imóvel rural cuja área total não seja superior a 4 (quatro) módulos fiscais, desde que outorgante e outorgado continuem a exercer a respectiva atividade, individualmente ou em regime de economia familiar; (Incluído pela Lei n.º 11.718, de 2008)

II - a exploração da atividade turística da propriedade rural, inclusive com hospedagem, por não mais de 120 (cento e vinte) dias ao ano; (Incluído pela Lei n.º 11.718, de 2008)

III - a participação em plano de previdência complementar instituído por entidade classista a que seja associado, em razão da condição de trabalhador rural ou de produtor rural em regime de economia familiar; (Incluído pela Lei n.º 11.718, de 2008)

IV - ser beneficiário ou fazer parte de grupo familiar que tem algum componente que seja beneficiário de programa assistencial oficial de governo; (Incluído pela Lei n.º 11.718, de 2008)

V - a utilização pelo próprio grupo familiar, na exploração da atividade, de processo de beneficiamento ou industrialização artesanal, na forma do § 11º do art. 25 desta Lei; e (Incluído pela Lei n.º 11.718, de 2008)

VI - a associação em cooperativa agropecuária ou de crédito rural; e (Redação dada pela Lei n.º 13.183, de 2015)

VII - a incidência do Imposto Sobre Produtos Industrializados - IPI sobre o produto das atividades desenvolvidas nos termos do § 14º deste artigo. (Incluído pela Lei n.º 12.873, de 2013) (Produção de efeito)

VIII - a participação em programas e ações de pagamento por serviços ambientais. (Incluído pela Lei n.º 14.119, de 2021)

§ 10º Não é segurado especial o membro de grupo familiar que possuir outra fonte de rendimento, exceto se decorrente de: (Incluído pela Lei n.º 11.718, de 2008)

I - benefício de pensão por morte, auxílio-acidente ou auxílio-reclusão, cujo valor não supere o do menor benefício de prestação continuada da Previdência Social; (Incluído pela Lei n.º 11.718, de 2008)

II - benefício previdenciário pela participação em plano de previdência complementar instituído nos termos do inciso IV do § 9º deste artigo; (Incluído pela Lei n.º 11.718, de 2008)

III - exercício de atividade remunerada em período não superior a 120 (cento e vinte) dias, corridos ou intercalados, no ano civil, observado o disposto no § 13º deste artigo; (Redação dada pela Lei n.º 12.873, de 2013)

IV - exercício de mandato eletivo de dirigente sindical de organização da categoria de trabalhadores rurais; (Incluído pela Lei n.º 11.718, de 2008)

V - exercício de mandato de vereador do município onde desenvolve a atividade rural, ou de dirigente de cooperativa rural constituída exclusivamente por segurados especiais, observado o disposto no § 13º deste artigo; (Incluído pela Lei n.º 11.718, de 2008)

VI - parceria ou meação outorgada na forma e condições estabelecidas no inciso I do § 9º deste artigo; (Incluído pela Lei n.º 11.718, de 2008)

VII - atividade artesanal desenvolvida com matéria-prima produzida pelo respectivo grupo familiar, podendo ser utilizada matéria-prima de outra origem, desde que a renda mensal obtida na atividade não exceda ao menor benefício de prestação continuada da Previdência Social; e (Incluído pela Lei n.º 11.718, de 2008)

VIII - atividade artística, desde que em valor mensal inferior ao menor benefício de prestação continuada da Previdência Social. (Incluído pela Lei n.º 11.718, de 2008)

§ 11. O segurado especial fica excluído dessa categoria: (Incluído pela Lei n.º 11.718, de 2008)

I - a contar do primeiro dia do mês em que: (Incluído pela Lei n.º 11.718, de 2008)

a) deixar de satisfazer as condições estabelecidas no inciso VII do caput deste artigo, sem prejuízo do disposto no art. 15 da Lei n.º 8.213, de 24 de julho de 1991, ou exceder qualquer dos limites estabelecidos no inciso I do § 9º deste artigo; (Incluído pela Lei n.º 11.718, de 2008)

b) enquadrar-se em qualquer outra categoria de segurado obrigatório do Regime Geral de Previdência Social, ressalvado o disposto nos incisos III, V, VII e VIII do § 10º e no § 14º deste artigo, sem prejuízo do disposto no art. 15 da Lei n.º 8.213, de 24 de julho de 1991; (Redação dada pela Lei n.º 12.873, de 2013)

c) tornar-se segurado obrigatório de outro regime previdenciário; e (Redação dada pela Lei n.º 12.873, de 2013)

d) participar de sociedade empresária, de sociedade simples, como empresário individual ou como titular de empresa individual de responsabilidade limitada em desacordo com as limitações impostas pelo § 14º deste artigo; (Incluído pela Lei n.º 12.873, de 2013) (Produção de efeito)

II - a contar do primeiro dia do mês subsequente ao da ocorrência, quando o grupo familiar a que pertence exceder o limite de: (Incluído pela Lei n.º 11.718, de 2008)

a) utilização de trabalhadores nos termos do § 8º deste artigo; (Incluído pela Lei n.º 11.718, de 2008)

b) dias em atividade remunerada estabelecidos no inciso III do § 10º deste artigo; e (Incluído pela Lei n.º 11.718, de 2008)

c) dias de hospedagem a que se refere o inciso II do § 9º deste artigo. (Incluído pela Lei n.º 11.718, de 2008)

§ 12º Aplica-se o disposto na alínea a do inciso V do caput deste artigo ao cônjuge ou companheiro do produtor que participe da atividade rural por este explorada. (Incluído pela Lei n.º 11.718, de 2008)

§ 13º O disposto nos incisos III e V do § 10º e no § 14º deste artigo não dispensa o recolhimento da contribuição devida em relação ao exercício das atividades de que tratam os referidos dispositivos. (Redação dada pela Lei n.º 12.873, de 2013)

§ 14º A participação do segurado especial em sociedade empresária, em sociedade simples, como empresário individual ou como titular de empresa individual de responsabilidade limitada de objeto ou âmbito agrícola,

agroindustrial ou agroturístico, considerada microempresa nos termos da Lei Complementar n.º 123, de 14 de dezembro de 2006, não o exclui de tal categoria previdenciária, desde que, mantido o exercício da sua atividade rural na forma do inciso VII do caput e do § 1º, a pessoa jurídica componha-se apenas de segurados de igual natureza e sedie-se no mesmo Município ou em Município limítrofe àquele em que eles desenvolvam suas atividades. (Incluído pela Lei n.º 12.873, de 2013) (Produção de efeito)

§ 15º (VETADO). (Incluído pela Lei n.º 12.873, de 2013) (Produção de efeito).

1. FILIAÇÃO AO SISTEMA DE CUSTEIO

A obtenção dos diversos benefícios previdenciários pelos sujeitos ativos da relação de proteção, uma vez cumpridos os requisitos previstos na Lei de Benefícios[57], exige que estes contribuam com a manutenção do sistema. Os sujeitos ativos que podem ser titulares dos diversos benefícios previdenciários são considerados sujeitos passivos das obrigações de natureza tributária, as quais têm como sujeito ativo a União.

Este artigo 12 enumera as diversas classes de segurados obrigatórios que, sob a relação de custeio, são os contribuintes das contribuições previdenciárias, ou seja, das obrigações tributárias principais e as acessórias previstas na legislação.

A filiação ao sistema previdenciário é de natureza compulsória, ocorre diante do exercício de atividade remunerada e respectiva contribuição. Aquele que não exercer atividade remunerada poderá se filiar de modo facultativo[58].

2. ATIVIDADES CONCOMITANTES

O exercício concomitante de atividades vincula o filiado em relação a cada uma delas, conforme prevê o §2º. Há tantas filiações obrigatórias quantos forem os exercícios das atividades remuneradas. Não há necessidade de que o exercício da atividade ocorra dia a dia ou hora a hora. Cada atividade gera um vínculo obrigacional, sendo a contribuição devida na forma prevista pela lei. O contribuinte individual pode exercer atividade por conta própria e, ao mesmo tempo, prestar serviços a uma ou mais empresas, sem vínculo de emprego, ou também ser empregado, inclusive em mais de uma empresa. Ficará obrigado o

---

57 Lei n.º 8.213/91.

58 Vide comentários ao art. 21.

recolhimento das contribuições previdenciárias em todas as situações, na forma prevista em lei. No caso do empregado, a multiplicidade de empregos também gera mais de um vínculo e a contribuição é devida em relação a cada um deles.

Embora as múltiplas vinculações do segurado obrigatório previstas na lei sejam combináveis entre si, deve ser observado que o salário de contribuição está sempre sujeito ao limite máximo previsto no § 5º do art. 28. O salário de contribuição tem um teto porque o salário de benefício a ser usufruído pelo beneficiário também tem limite máximo. Por isto, a existência de mais de um vínculo de filiação obrigatória implica necessária observância ao limite máximo do salário de contribuição, considerados todos os vínculos. Não há fundamento legal para que o mesmo segurado contribua acima do limite máximo do salário de contribuição, ainda que esteja obrigatoriamente filiado a mais de uma atividade. Sejam quantos ou quais forem os vínculos que impõem a filiação obrigatória, não pode haver contribuição mensal além do teto do salário de contribuição. "A alíquota para o cálculo da contribuição será estabelecida em função do montante percebido em todas as empresas e não em cada uma separadamente"[59].

As técnicas de atribuição de responsabilidade tributária, necessariamente previstas em lei, muitas vezes impõem a terceiros o dever de proceder à retenção e recolhimento das contribuições devidas pelos segurados obrigatórios, de acordo com os comentários acerca dos artigos 20, 21 e 30. Não devem ser confundidas as obrigações tributárias próprias com as relações jurídicas de responsabilidade tributária.

3. CLASSES DE SEGURADOS OBRIGATÓRIOS

Os segurados obrigatórios são divididos em cinco classes:
1. empregados;
2. empregado doméstico;
3. contribuinte individual;
4. trabalhador avulso;
5. segurado especial.

---

[59] CASTRO, Alberto Pereira de; LAZZARI, João Batista. Manual de Direito Previdenciário. 3ª ed. São Paulo: LTR, 2002, p. 199.

3.1. EMPREGADOS

Os empregados compreendem diversas espécies, indicadas nas alíneas "a" a "j" do inciso I.

3.1.1. EMPREGADO URBANO OU RURAL

É considerado empregado aquele que presta serviço de natureza urbana ou rural à empresa, em caráter não eventual, sob sua subordinação e mediante remuneração (alínea "a" do inciso I). Serviço prestado em caráter não eventual é aquele relacionado direta ou indiretamente com as atividades normais da empresa[60].

Empregado é toda pessoa física que prestar serviços de natureza não eventual a empregador, sob a dependência deste e mediante salário[61]. As características da relação de emprego previstas no art. 3º da CLT são as mesmas da Lei de Custeio: pessoa física, pessoalidade, subordinação, onerosidade e não eventualidade.

O Regulamento enquadra como empregado "aquele contratado como trabalhador intermitente para a prestação de serviços, com subordinação, de forma não contínua, com alternância de períodos de prestação de serviços e de inatividade", em conformidade com o disposto no § 3º do art. 443 da Consolidação das Leis do Trabalho[62].

Os trabalhadores rurais empregados não devem ser confundidos com os empregadores rurais e nem com os segurados especiais.

O empregado rural é toda pessoa física que, em propriedade rural ou prédio rústico, presta serviços de natureza não eventual a empregador rural, sob a dependência deste e mediante salário[63]. Por sua vez, o produtor rural pessoa física com empregados é considerado contribuinte individual, tal como previsto no inciso V, enquanto o segurado especial é definido no inciso VII, ambos deste artigo, os quais contribuem na forma disciplinada no art. 25.

As normas que regulam o trabalho rural estão previstas na Lei n.º 5.889/73 e, naquilo que não dispuser em contrário, na CLT e normas especiais.

---

60 Art. 9º, §4º, do Decreto n.º 3.048/99.

61 Art. 3º, "caput", da CLT.

62 Art. 9º, I, "s", do Decreto n.º 3.048/99.

63 Art. 2º, da Lei n.º 5.889/73, regulamentada pelo Decreto n.º 10.854/21.

O trabalhador rural ou urbano que prestar serviços em caráter eventual, sem relação de emprego, não é empregado, mas sim contribuinte individual[64].

O brasileiro contratado no exterior e que trabalha como empregado de empresa privada no exterior não goza de proteção previdenciária no Brasil, salvo se houver acordo internacional de reciprocidade. Portanto, não é arrolado como contribuinte obrigatório.

3.1.2. DIRETOR EMPREGADO

O diretor empregado é aquele que, participando ou não do risco econômico do empreendimento, seja contratado ou promovido para cargo de direção das sociedades anônimas, mantendo as características inerentes à relação de emprego[65]. O diretor que não for considerado empregado será incluído na classe de contribuinte individual.

A nacionalidade do empregado ou do diretor empregado é irrelevante na relação de custeio, bastando que seja enquadrado na definição legal.

3.1.3. EMPREGADO TEMPORÁRIO

As relações do trabalho temporário são reguladas pela Lei n.º 6.019/74. Trabalho temporário é aquele prestado por pessoa física contratada por uma empresa de trabalho temporário que a coloca à disposição de uma empresa tomadora de serviços, para atender à necessidade de substituição transitória de pessoal permanente ou à demanda complementar de serviços[66]. O Regulamento trata como trabalhador temporário "aquele que, contratado por empresa de trabalho temporário, na forma prevista em legislação específica, por prazo não superior a cento e oitenta dias, consecutivos ou não, prorrogável por até noventa dias, presta serviço para atender à necessidade transitória de substituição de pessoal regular e permanente ou a acréscimo extraordinário de serviço de outras empresas"[67]. Ou seja, o trabalhador temporário é empregado da empresa de trabalho temporário. Empresa de trabalho temporário é a pessoa jurídica, devidamente registrada no Ministério

---

64 Vide comentários ao art. 12, V.

65 Art. 9º, §2º, do Decreto n.º 3.048/99.

66 Art. 2º, da Lei n.º 6.019/74, na redação conferida pela Lei n.º 13.429/17.

67 Art. 9º, I, b, do Decreto n.º 3.408/99.

do Trabalho, responsável pela colocação de trabalhadores à disposição de outras empresas temporariamente[68].

O trabalhador temporário goza da proteção previdenciária, consoante prevê o art. 12, "h", da Lei n.º 6.019/74, motivo pelo qual é contribuinte obrigatório do sistema na classe de empregado.

3.1.4. BRASILEIRO OU ESTRANGEIRO DOMICILIADO E CONTRATADO NO BRASIL PARA TRABALHAR COMO EMPREGADO EM SUCURSAL OU AGÊNCIA DE EMPRESA NACIONAL NO EXTERIOR

Tanto o brasileiro quanto o estrangeiro, desde que tenham domicílio no Brasil, uma vez aqui contratados para trabalharem como empregados de sucursais ou empresa nacional no exterior, serão segurados obrigatórios na condição de empregados.

O Código Civil considera nacional a sociedade organizada de conformidade com a lei brasileira e que tenha no País a sede de sua administração[69]. Para o STJ, a origem do capital é irrelevante para a definição de uma empresa como brasileira, bastando que seja atendido ao disposto no Código Civil[70].

A situação jurídica dos trabalhadores contratados no Brasil ou transferidos por seus empregadores para prestar serviço no exterior é regulada pela Lei n.º 7.064/90. O Ministério do Trabalho é que possui competência para autorizar a transferência do trabalhador, na forma prevista no Decreto n.º 10.854/21.

Assim, celebrado o contrato de trabalho no território nacional, sendo contratante a empresa nacional, e contratados o brasileiro ou estrangeiro aqui domiciliados, para que trabalhem na filial da empresa

---

68 Art. 4º, da Lei n.º 6.019/74, na redação conferida pela Lei n.º 13.429/17.

69 Art.1.126, do Código Civil.

70 STJ, MS 19.088: "Com a revogação explícita do art. 171 da Constituição pela EC 6/1995, caíram as discriminações contra empresas brasileiras fundadas na origem do seu capital, salvo raros casos objeto de tratamento constitucional específico. A partir desse momento, a lei não mais pode discriminar empresa brasileira de capital nacional de empresa brasileira de capital estrangeiro, ou seja, desde que uma empresa seja brasileira (constituída no Brasil e sujeita às leis brasileiras) a origem do seu capital é irrelevante. A discriminação só seria possível, hoje, nos casos previstos na própria Constituição, como ocorre com as empresas jornalísticas e de radiodifusão sonora e de sons e imagens, objeto de tratamento especial no artigo 222 da Carta".

nacional no exterior, está configurada a relação de custeio, tendo por contribuintes tanto a empresa, nos termos do art. 22, quanto os empregados que trabalham no exterior (alínea "c").

3.1.5. BRASILEIRO OU ESTRANGEIRO DOMICILIADO E CONTRATADO NO BRASIL PARA TRABALHAR COMO EMPREGADO EM EMPRESA DOMICILIADA NO EXTERIOR, CUJA MAIORIA DO CAPITAL VOTANTE PERTENÇA A EMPRESA BRASILEIRA DE CAPITAL NACIONAL

Também é considerado contribuinte obrigatório, na classe de empregado, o brasileiro ou estrangeiro domiciliado e contratado no Brasil para trabalhar como empregado em empresa domiciliada no exterior, desde que a maioria do capital votante pertença a empresa brasileira de capital nacional.

O preceito regula a hipótese de empregados domiciliados e contratados no Brasil para trabalhar em empresa de propriedade de empresa brasileira de capital nacional, mas que possui domicílio no exterior. A empresa está situada no exterior e os serviços serão lá prestados, embora o contrato de trabalho tenha sido aqui realizado com brasileiro ou estrangeiro também aqui domiciliados.

O trabalhador contratado no Brasil por empresa estrangeira domiciliada no exterior, para trabalhar no exterior, não é segurado obrigatório. Neste caso, o trabalhador poderá filiar-se como facultativo.

3.1.6. EMPREGADOS DE MISSÃO DIPLOMÁTICA OU REPARTIÇÃO CONSULAR

Aquele que presta serviço no Brasil à missão diplomática ou a repartição consular de carreira estrangeira e a órgãos a elas subordinados, ou a membros dessas missões e repartições, é contribuinte obrigatório como empregado. É excluído o estrangeiro sem residência permanente no Brasil, assim como o brasileiro que esteja amparado pela legislação previdenciária no país da respectiva missão diplomática ou repartição consular.

A Convenção de Viena sobre Relações Diplomáticas[71] dispõe que "o agente diplomático estará, no tocante aos serviços prestados ao Estado acreditante, isento das disposições sobre seguro social que possam vigorar no Estado acreditado". Esta isenção também se aplica aos "criados particulares que se acham ao serviço exclusivo do agente di-

---

71 Art. 33, do Decreto n.º 56.435/65.

plomático, desde que: a) Não sejam nacionais do Estado acreditado nem nele tenham residência permanente; e b) Estejam protegidos pelas disposições sobre seguro social vigentes no Estado acreditado ou em terceiro estado". No entanto, o agente diplomático que empregue pessoas a quem não se aplique a isenção prevista no § 2º do art. 33 deverá respeitar as obrigações impostas aos patrões pelas disposições sobre seguro social vigentes no Estado acreditado. O mesmo preceito é previsto na Convenção sobre Relações Consulares[72].

A missão diplomática e a repartição consular de carreira estrangeiras, por sua vez, são equiparadas à empresa pelo parágrafo único do art. 15 e ficariam obrigadas não apenas ao recolhimento da sua contribuição previdenciária, na forma prevista no art. 22, como também a descontar e recolher as contribuições dos segurados a seu serviço. No entanto, devem prevalecer as normas especiais previstas nas Convenções.

3.1.7. BRASILEIRO CIVIL QUE TRABALHA PARA A UNIÃO NO EXTERIOR

O brasileiro civil que trabalha para a União, no exterior, em organismos oficiais brasileiros ou internacionais dos quais o Brasil seja membro efetivo, ainda que lá domiciliado e contratado, salvo se segurado na forma da legislação vigente do país do domicílio, é considerado empregado (alínea "e").

O brasileiro civil, domiciliado ou não no Brasil, contratado por organismo oficial internacional do qual o Brasil seja membro efetivo, se não estiver a serviço do Brasil, não está coberto pelo RGPS.

A lei especifica o brasileiro civil. O brasileiro militar não é considerado empregado do RGPS, uma vez que está sujeito a regime próprio de Previdência Social. A proteção previdenciária, portanto, é para o brasileiro civil que trabalha para a União em organismo internacional do qual a União seja membro, pouco importando que o brasileiro tenha domicílio no estrangeiro ou que lá seja contratado. Apenas não será contribuinte obrigatório se estiver protegido pelo sistema previdenciário do país onde domiciliado.

---

[72] Art. 48, do Decreto n.º 61.078/67.

3.1.8. SERVIDOR PÚBLICO COMISSIONADO OU SERVIDOR OCUPANTE DE EMPREGO PÚBLICO

O art. 1º da Lei n.º 8.647/93 tornou obrigatória a vinculação ao Regime Geral de Previdência Social do servidor público civil ocupante de cargo em comissão, sem vínculo efetivo com a União, autarquias, inclusive em regime especial, e fundações públicas federais. Ao mesmo tempo, o seu art. 3º acrescentou a alínea "g" em comento, tornando-o segurado obrigatório na classe dos empregados.

O art. 40, § 13º da CF, com a redação atribuída pela EC n.º 103/19, dispôs que se aplica o Regime Geral de Previdência Social ao agente público ocupante, exclusivamente, de cargo em comissão declarado em lei de livre nomeação e exoneração, de outro cargo temporário, inclusive mandato eletivo, ou de emprego público.

Agente público, nos termos do art. 2º da Lei n.º 8.429/92, é "todo aquele que exerce, ainda que transitoriamente ou sem remuneração, por eleição, nomeação, designação, contratação ou qualquer outra forma de investidura ou vínculo, mandato, cargo, emprego ou função" na administração direta, indireta ou fundacional de qualquer dos Poderes da União, dos Estados, do Distrito Federal, dos Municípios, de Território, de empresa incorporada ao patrimônio público ou de entidade para cuja criação ou custeio o erário haja concorrido ou concorra com mais de cinquenta por cento do patrimônio ou da receita anual.

Os agentes públicos comissionados, de livre nomeação e exoneração para cargos de confiança vagos, e que não possuam vínculo com a União, suas autarquias e fundações públicas federais, ou contratados por tempo determinado, na forma da Lei n.º 8.745/93, são considerados contribuintes do RGPS na condição de empregados.

O empregado público é uma espécie de agente administrativo e pode ser contratado pelo regime da CLT para ocupar emprego público. Assim, o servidor da União, Estado, Distrito Federal ou Município, incluídas suas autarquias e fundações, ocupante de emprego público, sujeita-se ao regime geral de Previdência Social como empregado.

O servidor da União nomeado em caráter efetivo, ainda que exerça cargo em comissão, não se vincula ao RGPS porque integra plano próprio de previdência social, nos termos do art. 40, "caput", da CF, art. 231, § 2º, da Lei n.º 8.112/90 e art. 2º da Lei n.º 8.688/93.

Também são considerados empregados, nos termos do § 6º, o ocupante de cargo de Ministro de Estado, de Secretário Estadual, Distrital ou Municipal, sem vínculo efetivo com as entidades políticas, suas autarquias, ainda que em regime especial, e fundações. Se houver vínculo, ficará sujeito ao regime previdenciário próprio da entidade. Não existindo regime próprio, ficará vinculado ao regime geral como empregado.

Em síntese, todos os agentes públicos e servidores públicos comissionados que não tenham vínculo com as entidades políticas, os que ocupam cargo temporário, nos termos da Lei n.º 8.745/93, ou emprego público, vinculam-se ao RGPS na classe de empregados.

3.1.9. EMPREGADO DE ORGANISMO OFICIAL INTERNACIONAL OU ESTRANGEIRO EM FUNCIONAMENTO NO BRASIL, SALVO QUANDO COBERTO POR REGIME PRÓPRIO DE PREVIDÊNCIA SOCIAL

Organizações internacionais são fruto da vontade de Estados soberanos, criadas por meio de tratados ou convenções e possuem personalidade internacional[73].

Os organismos oficiais internacionais ou estrangeiros que funcionem no território nacional podem contratar empregados para o regular funcionamento das suas atividades. Os empregados contratados são filiados como segurados obrigatórios na classe de empregados, salvo se estiverem protegidos por regime próprio de previdência social do contratante.

---

[73] MELLO, Celso D. de Albuquerque: "As organizações internacionais, apesar de serem uma realidade na sociedade internacional, não possuem uma definição fornecida por uma norma internacional. As definições de organizações internacionais são dadas pela doutrina. As organizações internacionais são criadas por meio de tratados ou convenções. Todavia, elas, uma vez criadas, não se limitam aos Estados signatários do tratado; pelo contrário, novos Estados podem se tornar seus membros, bem como aqueles podem perder estes status. As organizações têm, assim, uma composição variável". Segundo o autor, são exemplos de organizações internacionais: Organização Internacional do Trabalho (OIT), Organização das Nações Unidas para Alimentação e Agricultura (FAO), Organização Mundial da Saúde (OMS), Banco Internacional para Reconstrução e Desenvolvimento (BIRD) etc. Curso de Direito Internacional Público. 15ª ed., São Paulo/Rio de Janeiro: Ed. Renovar, Volume I, p. 603/605.

3.1.10. AGENTES POLÍTICOS

A Lei n.º 9.506/97 extinguiu o Instituto de Previdência dos Congressistas e incluiu o exercente de mandato eletivo federal, estadual ou municipal, desde que não vinculado a regime próprio de previdência social, como segurado obrigatório do RGPS na classe de empregados, mediante a inclusão da alínea "g" ao inciso I deste art. 12.

Na época em que foi promovida tal alteração pela Lei n.º 9.506/97, a redação original da CF outorgava competência tributária para a instituição da contribuição do empregador sobre a folha de salários (art. 195, I) e contribuição de responsabilidade dos trabalhadores (art. 195, II). Como os detentores de mandato eletivo não recebem salários, mas subsídios, e são considerados agentes políticos, e não trabalhadores, o STF entendeu que se tratava de uma nova fonte de custeio ao sistema de Seguridade Social, que exigia lei de natureza complementar, nos termos do art. 195, § 4º, da CF, reconhecendo a inconstitucionalidade formal da alínea "g" do inciso I do art. 12 da Lei n.º 8.212/91[74].

Posteriormente, a EC n.º 20, de 15 de dezembro de 1998, ou seja, posterior à Lei n.º 9.506/97, alargou as competências tributárias do art. 195, da CF. As contribuições deixaram de ficar restritas à folha de salários, podendo também tomar como base material de incidência "os demais rendimentos do trabalho pagos ou creditados, a qualquer título, à pessoa física que lhe preste serviço, mesmo sem vínculo empregatício", tendo como sujeito passivo não apenas o trabalhador, mas "os demais segurados da previdência social", conforme a redação conferida ao art. 195, I, "a" e II.

Ampliada a competência tributária, a Lei n.º 10.887/04 incluiu a alínea "j" ao artigo em comento, exatamente com a mesma redação da alínea "h", reputada inconstitucional do STF, mas agora autorizada pela redação do art. 195, I, "a", II, da CF, conferida pela EC n.º 20/98.

Por isto, o STF decidiu que "incide contribuição previdenciária sobre os rendimentos pagos aos exercentes de mandato eletivo, decorrentes da prestação de serviços à União, a Estados e ao Distrito Federal ou a Municípios, após o advento da Lei n.º 10.887/2004, desde que não vinculados a regime próprio de previdência"[75].

Portanto, os agentes políticos que exercem mandato eletivo, como um vereador, prefeito, deputado estadual, por exemplo, desde que não

---

[74] STF, RE 351.717.

[75] STF, Tema 691.

estejam atrelados a regime próprio de previdência social, vinculam-se obrigatoriamente ao RGPS na classe de empregados.

3.2. EMPREGADO DOMÉSTICO

O empregado doméstico é aquele que presta serviço de natureza contínua a pessoa ou família, no âmbito residencial desta, em atividades sem fins lucrativos. Se os serviços forem prestados em ambiente residencial, mas a atividade tiver finalidade lucrativa, como a cozinheira que prepara pratos congelados que serão vendidos, o segurado perde a condição de empregado doméstico e passa a ser concebido como empregado ou contribuinte individual que exerce atividade por conta própria.

O art. 1º, "caput", da LC n.º 150/15 classifica como empregado doméstico "aquele que presta serviços de forma contínua, subordinada, onerosa e pessoal e de finalidade não lucrativa à pessoa ou à família, no âmbito residencial destas, por mais de 2 (dois) dias por semana". Se o serviço for prestado até dois dias por semana, o segurado é enquadrado como contribuinte individual[76].

O empregado doméstico sujeita-se à mesma base de cálculo e alíquotas dos segurados empregados, na forma prevista no art. 20. O salário de contribuição possui os limites mínimo e máximo e as alíquotas são progressivas.

A contribuição do empregado doméstico é retida e recolhida pelo empregador doméstico, tal como o disposto no inciso V do art. 30.

A contribuição do empregador doméstico está prevista no art. 24.

3.3. CONTRIBUINTE INDIVIDUAL

O contribuinte individual contempla sete espécies de segurados, previstas nas alíneas "a" a "h" do inciso V deste artigo. Não se trata de rol exaustivo e o regulamento inclui como contribuinte individual segurados que exercem outras atividades remuneradas.

O princípio da solidariedade no financiamento do sistema de Seguridade Social permite que seja enquadrado como contribuinte individual qualquer pessoa física que exerça, por conta própria, atividade econômica remunerada de natureza urbana ou rural, tenha ou não finalidade lucrativa. Estão nesta classe, entre outros, desde que não exista vínculo empregatício, nos termos da legislação trabalhista, o piloto de aeronave, a pedicure, manicure, cabeleireiro, esteticista, fisioterapeuta, programador de computador, de

---

[76] Vide comentários ao artigo seguinte.

software, jogos e outros produtos desenvolvidos para a web, "youtuber" e "influencer" que recebam remuneração, ainda que indireta etc. Se a atividade não for remunerada, não será segurado obrigatório, mas o interessado poderá filiar-se ao sistema na condição de segurado facultativo.

A base de cálculo da contribuição do contribuinte individual, ou seja, o salário de contribuição, é prevista no inciso III do art. 28: a) a remuneração auferida em uma ou mais empresas ou; b) pelo exercício da atividade por conta própria, observando-se sempre os limites mínimo e máximo do salário de contribuição.

A alíquota da contribuição previdenciária devida pelo contribuinte individual encontra previsão legal no art. 21, variando entre 20%, 11% ou 5%, dependendo da situação concreta[77].

No caso de o contribuinte individual ser remunerado por empresa ou equiparado, ficará sujeito à retenção da contribuição[78]. Na hipótese de exercer atividade por conta própria, deverá recolher a sua contribuição, nos termos do que prevê o art. 30, II.

A lei e o regulamento denominam como contribuinte individual os seguintes segurados:

3.3.1. PRODUTOR RURAL PESSOA FÍSICA

A contribuição previdenciária do produtor rural pessoa física é polêmica e a distinção entre os diversos sujeitos passivos (produtor rural sem empregados, produtor rural com empregados e segurado especial) é fundamental na determinação da materialidade da incidência da contribuição previdenciária[79].

Por ora, sublinhe-se que o produtor rural pessoa física que possuir empregados – empregador rural – é equiparado à empresa pelo art. 15, parágrafo único. Por isto, também ficará sujeito ao recolhimento das contribuições previstas no art. 22, as quais poderão ser substituídas pelas contribuições do art. 25. Logo, serão duas obrigações tributárias distintas: uma como contribuinte individual, cuja responsabilidade pelo recolhimento é regulada pelo art. 30, III e IV, e outra como equiparado à empresa. Se o produtor rural pessoa física não tiver empregados, será tido como segurado especial. Note-se que, se a atividade rural for exer-

---

77 Vide comentários ao art. 20.

78 Vide comentários ao art. 30, §4º.

79 Vide comentários ao art. 25.

cida por pessoa jurídica e não pela pessoa física, o sujeito passivo será a pessoa jurídica, sujeitando-se a outras formas de recolhimento[80].

O cônjuge ou companheiro do produtor rural que participe da atividade por este explorada também é denominado como contribuinte individual, segundo prevê o § 12.

3.3.2. GARIMPEIRO

A pessoa física, proprietária ou não, que explora atividade de extração mineral – garimpo, em caráter permanente ou temporário, diretamente ou por intermédio de prepostos, com ou sem o auxílio de empregados, utilizados a qualquer título, ainda que de forma não contínua.

O garimpeiro, que explora atividade de extração mineral, ainda que tenha empregados, seja proprietário ou não da área explorada, é contribuinte individual. Por ser equiparado à empresa pelo art. 15, parágrafo único, ficará também sujeito ao recolhimento das contribuições previstas no art. 22 quando tiver empregados. Entretanto, ao contrário do empregador rural pessoa física, não tem a opção de contribuir sobre a receita obtida com a comercialização da produção garimpeira.

3.3.3. MINISTROS RELIGIOSOS

O ministro de confissão religiosa e o membro de instituto de vida consagrada, de congregação ou de ordem religiosa. Trata-se de levar em conta os padres, pastores, rabinos, freis, missionários e outras pessoas físicas integrantes de congregações ou ordens religiosas como contribuintes individuais.

Os valores despendidos pelas entidades religiosas e instituições de ensino vocacional com ministro de confissão religiosa, membros de instituto de vida consagrada, de congregação ou de ordem religiosa em face do seu mister religioso ou para sua subsistência, desde que fornecidos em condições que independam da natureza e da quantidade do trabalho executado, não são denominados como remuneração direta ou indireta[81]. Por causa disso, o salário de contribuição destes contribuintes individuais será o valor por eles declarado, observados os limites mínimo e máximo, e não o valor auferido da entidade, seja qual for o seu título (proventos pastorais, renda eclesiástica, prebenda etc.).

---

[80] Vide comentários ao art. 22-A.

[81] Vide comentários ao art. 22, §§13 a 16.

3.3.4. BRASILEIRO CIVIL QUE TRABALHA NO EXTERIOR PARA ORGANISMO OFICIAL INTERNACIONAL EM QUE O BRASIL É MEMBRO EFETIVO

O brasileiro civil que trabalha no exterior para organismo oficial internacional do qual o Brasil é membro efetivo, ainda que lá domiciliado e contratado, salvo quando coberto por regime próprio de previdência social. O brasileiro que prestar serviços no exterior para organismo oficial internacional que o Brasil seja membro, como a ONU, OMC e OIT, por exemplo, ainda que tenha domicílio no exterior e lá tenha sido contratado, é considerado contribuinte individual e não empregado. Apenas não será contribuinte obrigatório se tiver proteção previdenciária no exterior.

3.3.5. EMPRESÁRIOS, SÓCIOS, DIRETORES E ADMINISTRADORES

Desde que receba remuneração decorrente de trabalho na empresa: o empresário individual e o titular de empresa individual de responsabilidade limitada, urbana ou rural; o diretor não empregado e o membro de conselho de administração de sociedade anônima; o sócio de sociedade em nome coletivo; e o sócio solidário, o sócio gerente, o sócio cotista e o administrador, quanto a este último, quando não for empregado em sociedade limitada, urbana ou rural.

O titular de firma individual urbana ou rural é o empresário individual. O Código Civil qualifica como empresário quem exerce profissionalmente atividade econômica organizada para a produção ou a circulação de bens ou de serviços[82]. A empresa individual de responsabilidade limitada é constituída por uma única pessoa titular da totalidade do capital social, devidamente integralizado, que não pode ser inferior a 100 (cem) vezes o maior salário mínimo vigente no País[83].

O diretor não empregado é aquele que, participando ou não do risco econômico do empreendimento, seja eleito, por assembleia geral dos acionistas, para cargo de direção das sociedades anônimas, não mantendo as características inerentes à relação de emprego[84]. O diretor que for empregado contribui na classe dos empregados.

---

[82] Art. 966, do CC.

[83] Art. 980-A, do CC.

[84] Art. 9º, §3º, do Decreto n.º 3.048/99.

3.3.6. DIRETORES ASSOCIADOS DE COOPERATIVA OU ENTIDADES

O associado eleito para o cargo de direção em cooperativa, associação ou entidade de qualquer natureza ou finalidade, desde que receba remuneração, também é contribuinte individual.

O vínculo com o sistema de custeio ocorre se a atividade for remunerada, ainda que de forma indireta. Caso não receba remuneração não é segurado obrigatório, mas poderá filiar-se como segurado facultativo.

3.3.7. SÍNDICOS E ADMINISTRADORES DE CONDOMÍNIOS

O síndico ou administrador eleito para exercer a direção de condomínio será considerado contribuinte individual se receber remuneração.

A remuneração indireta recebida pelo síndico, como nos casos em que deixa de pagar a respectiva quota condominial como retribuição pelo exercício do cargo, caracteriza o seu salário de contribuição, na forma prevista no art. 28, III.

O condomínio, por sua vez, é uma associação ou entidade de qualquer natureza ou finalidade, sendo equiparado à empresa pelo parágrafo único do art. 15, ficando sujeito às contribuições do art. 22.

3.3.8. TRABALHADORES EVENTUAIS

Trabalhador eventual. O trabalhador que prestar serviço de natureza urbana ou rural, em caráter eventual, a uma ou mais empresas, sem relação de emprego, é considerado contribuinte individual. Trata-se de um trabalhador atípico. Mesmo subordinado e remunerado, o serviço é prestado algumas vezes, de modo transitório.

O serviço prestado a uma ou mais empresas em caráter descontínuo ou esporádico não caracteriza a relação jurídica de emprego porque não estão presentes os requisitos cumulativos previstos na CLT: subordinação, recebimento de salário, pessoalidade e não eventualidade na prestação dos serviços. Não há relação de emprego quando o serviço é prestado de modo eventual. Falta a habitualidade ou continuidade. O prestador do serviço eventual, seja de natureza urbana ou rural, nesta condição, será enquadrado como contribuinte individual, na forma prevista na alínea "g" deste preceito.

O trabalhador eventual não se confunde com o avulso, que possui enquadramento específico no inciso VI. O avulso também presta serviços sem relação de emprego, mas necessariamente conta com a intermediação do sindicato ou do órgão gestor de mão de obra[85].

3.3.9. TRABALHADORES AUTÔNOMOS

É considerado contribuinte individual o chamado trabalhador autônomo, ou seja, a pessoa física que exerce, por conta própria, atividade econômica de natureza urbana, com fins lucrativos ou não. São contribuintes individuais o médico, advogado, arquiteto, pedreiro, pintor, eletricista etc., sempre que a atividade for urbana e exercida por conta própria.

Para efeitos de enquadramento como contribuinte individual, não há diferença entre o autônomo e o eventual.

Quando houver a prestação do serviço para uma ou mais empresas, o contribuinte individual ficará sujeito à retenção da sua contribuição previdenciária pelo contratante, tal como dispõe o § 4º do art. 30.

Se o exercício da atividade econômica for de natureza rural, o enquadramento poderá ser de contribuinte individual, na espécie de produtor rural pessoa física, ou na classe de segurado especial, previstas, respectivamente, na alínea "a" do inciso V e no inciso VII deste artigo.

4. OUTROS CONTRIBUINTES INDIVIDUAIS

Além destes contribuintes individuais arrolados pela lei, o Decreto n.º 3.048/99 equiparou ao contribuinte individual outros segurados que exercem atividade por conta própria, em caráter eventual ou não, marcada sempre pela ausência dos elementos que caracterizam a relação jurídica de emprego[86].

4.1. APOSENTADO CLASSISTA

O aposentado de qualquer regime previdenciário nomeado magistrado classista temporário da Justiça do Trabalho, na forma dos incisos II do § 1º do art. 111 ou III do art. 115, ou do parágrafo único do art. 116 da Constituição Federal, ou nomeado magistrado da Justiça Eleitoral, na forma dos incisos II do art. 119 ou III do § 1º do art. 120 da Constituição Federal, são enquadrados como contribuintes individuais. Aqui se trata da nomeação de

---

85 Vide comentários acerca do trabalhador avulso.

86 Art. 9º, §15, do Decreto n.º 3.048/99.

aposentado para o extinto cargo de magistrado classista temporário da Justiça do Trabalho ou da nomeação de aposentado para o cargo de juiz eleitoral.

O magistrado da Justiça Eleitoral nomeado pelo Presidente da República mantém o mesmo enquadramento de antes da investidura do cargo.

4.2. ASSOCIADOS DE COOPERATIVAS

Não existe vínculo empregatício entre a cooperativa e seus associados, nem entre estes e os tomadores de serviços daquela[87]. Com isso, os cooperados não são enquadrados como empregados, mas contribuintes individuais[88].

Sendo contribuintes individuais, os cooperados das cooperativas de trabalho devem recolher a sua própria contribuição, cujo salário de contribuição será o valor recebido pela prestação dos serviços a terceiros, sejam empresas ou pessoas físicas, por intermédio da cooperativa, calculado com a alíquota de 20%, observado o limite máximo do salário de contribuição. Como a empresa contratante dos serviços da cooperativa de trabalho não tem a obrigação de recolher a contribuição que era prevista no inciso IV do art. 22, o cooperado não poderá se valer da dedução prevista no art. 30, § 5o[89]. No caso das cooperativas de produção, o cooperado que prestar serviços à cooperativa e dela receber remuneração também é contribuinte individual, mas a sua alíquota será de 11%, por conta do sistema de dedução da contribuição recolhida pela cooperativa[90].

4.3. MICROEMPREENDEDOR INDIVIDUAL – MEI

O Microempreendedor Individual – MEI de que tratam os arts. 18-A e 18-C da Lei Complementar no 123, de 14 de dezembro de 2006, que opte pelo recolhimento dos impostos e contribuições abrangidos pelo Simples Nacional em valores fixos mensais.

4.4. MÉDICOS DE PROGRAMAS GOVERNAMENTAIS

O médico participante do Projeto Mais Médicos para o Brasil, instituído pela Lei n.º 12.871, de 22 de outubro de 2013, exceto na hipótese de co-

---

[87] Art. 442, parágrafo único, da CLT.

[88] Vide comentários ao art. 28, III.

[89] Vide comentários ao art. 22.

[90] Vide comentários ao art. 22, item 6, e ao art. 30, §4º.

bertura securitária específica estabelecida por organismo internacional ou filiação a regime de Seguridade Social em seu país de origem, com o qual a República Federativa do Brasil mantenha acordo de Seguridade Social.

O médico em curso de formação no âmbito do Programa Médicos pelo Brasil, instituído pela Lei n.º 13.958, de 18 de dezembro de 2019, também é contribuinte individual.

4.5. CONDUTOR AUTÔNOMO DE VEÍCULO RODOVIÁRIO E AUXILIAR

O condutor autônomo de veículo rodoviário, inclusive aquele que trabalha como taxista ou motorista de transporte remunerado privado individual de passageiros, ou como operador de trator, máquina de terraplenagem, colheitadeira e assemelhados, sem vínculo empregatício. Trata-se do condutor autônomo, como o motorista de caminhão, de van, micro-ônibus, colheitadeira etc. O art. 1º da Lei n.º 7.290/84 considera "transportador rodoviário autônomo de bens a pessoa física, proprietário ou coproprietário de um só veículo, sem vínculo empregatício, devidamente cadastrado em órgão disciplinar competente que, com seu veículo, contrate serviço de transporte a frete, de carga ou de passageiro, em caráter eventual ou continuado, com empresa de transporte rodoviário de bens, ou diretamente com os usuários desse serviço". Nos termos do art. 2º da mesma lei, a prestação de serviços compreende o transporte efetuado pelo contratado ou seu preposto, em vias públicas ou rodovias. Todavia, o fato de ser proprietário de mais de um veículo, como uma van e um automóvel, por exemplo, por si só, não retira o enquadramento de contribuinte individual. O que importa é que o condutor não tenha empregados, pois, neste caso, será equiparado à empresa pelo art. 15, parágrafo único.

A pessoa que exerce atividade de auxiliar de condutor autônomo de veículo rodoviário, em automóvel cedido em regime de colaboração, nos termos da Lei n.º 6.094, de 30 de agosto de 1974. O condutor autônomo de veículo rodoviário pode ceder o seu automóvel, em regime de colaboração a, no máximo, dois outros profissionais. Não existe vínculo de emprego nas relações entre o autônomo e os auxiliares, conforme disposto no art. 1º e seu § 2º da Lei n.º 6.094/74. Os auxiliares, como não são empregados, enquadram-se como contribuintes individuais[91].

---

91 Art. 1º, §1º, da Lei n.º 6.094/74: "Art. 1º É facultada ao Condutor Autônomo de Veículo Rodoviário a cessão do seu automóvel, em regime de colaboração, no máximo a dois outros profissionais. §1º Os auxiliares de condutores autônomos

4.6. COMERCIANTE AMBULANTE

A pessoa física que, por conta própria e a seu risco, exerce pequena atividade comercial em via pública ou de porta em porta, como comerciante ambulante, nos termos da Lei n.º 6.586, de 6 de novembro de 1978. A Lei n.º 6.586/78 classifica como comerciante ambulante aquele que, pessoalmente, por conta própria e a seus riscos, exercer pequena atividade comercial em via pública, ou de porta em porta[92]. Se a atividade caracterizar relação de emprego com o fornecedor dos produtos, deixa de ser contribuinte individual para tornar-se segurado obrigatório como empregado[93].

4.7. MEMBRO DE CONSELHO FISCAL

O membro de conselho fiscal de sociedade por ações é contribuinte individual quando receber remuneração. A Lei n.º 6.404/76 dispõe que a companhia deve ter um conselho fiscal, cujos membros são escolhidos em assembleia-geral. A remuneração dos membros do conselho fiscal é fixada pela assembleia-geral[94].

4.8. DIARISTAS E ASSEMELHADOS

A pessoa física que presta serviço de natureza não contínua, por conta própria, a pessoa ou família, no âmbito residencial desta, em atividade sem fins lucrativos, até dois dias por semana. O preceito regula o enquadramento de segurados que trabalham por conta própria e prestam serviços à pessoa ou família, no âmbito residencial, sem fins lucrativos. É o caso da diarista, piscineiro, jardineiro, faxineiro, cuidadora de idosos etc., que prestam seus serviços à pessoa ou às residências familiares, sem relação de emprego. Se os serviços forem prestados de forma contínua, subordinada, onerosa e pessoal e de finalidade não lucrativa à pessoa ou à família, no âmbito residencial destas, por mais de 2 (dois) dias por semana, o segurado é tido como empregado doméstico[95], nos termos do

---

de veículos rodoviários contribuirão para o Regime Geral de Previdência Social de forma idêntica à dos contribuintes individuais".

[92] Art. 1º, da Lei n.º 6.586/78.

[93] Art. 2º, da Lei n.º 6.586/78.

[94] Art. 162, § 3º, da Lei n.º 6.404/76.

[95] Art. 1º, da LC n.º 150/15.

art. 15, II, sujeitando-se ao recolhimento na forma prevista no art. 20 e o empregador à contribuição do art. 20.

4.9. NOTÁRIOS, TABELIÃES E OFICIAIS REGISTRAIS

A CF prevê que os serviços notariais e registrais são exercidos em caráter privado, por delegação do poder público[96].

O notário ou tabelião e o oficial de registros ou registrador, titular de cartório, que detêm a delegação do exercício da atividade notarial e de registro, não remunerados pelos cofres públicos, admitidos a partir de 21 de novembro de 1994, são contribuintes individuais.

A Lei n.º 8.935/94 regula os serviços notariais e registrais, cujo ingresso depende de concurso público. A referente lei dispõe que os notários, oficiais de registro, escreventes e auxiliares são vinculados à previdência social como contribuintes individuais, sendo-lhes assegurada a contagem recíproca do tempo de serviço[97]. Se forem remunerados pelo Estado, ficarão sujeitos ao regime próprio da entidade política à qual estejam vinculados. Por sua vez, tais segurados, em relação aos empregados que lhes prestam serviços, são equiparados à empresa pelo art. 15, parágrafo único, sujeitando-se também às contribuições do art. 22.

4.10. FEIRANTE

A pessoa física que, na condição de pequeno feirante, compra para revenda produtos hortifrutigranjeiros ou assemelhados.

4.11. CONSTRUTOR CIVIL

A pessoa física que edifica obra de construção civil. Trata-se do construtor civil pessoa física, tenha ou não empregados. Se tiver empregados, é equiparado à empresa pelo art. 15, parágrafo único, ficando também sujeito às contribuições do art. 22.

4.12. MÉDICO RESIDENTE

O médico residente de que trata a Lei n.º 6.932, de 7 de julho de 1981. A residência médica é modalidade de ensino de pós-graduação destinada a médicos, sob a forma de cursos de especialização, caracterizada por

---

96 Art. 236, da CF.

97 Art. 40, "caput", da Lei n.º 8.935/94.

treinamento em serviço, funcionando sob a responsabilidade de instituições de saúde, universitárias ou não, sob a orientação de profissionais médicos. O médico residente tem direito a uma bolsa, fixada em valor monetário e, nos termos do art. 4º, § 1º, da Lei 6.932/81, é filiado ao RGPS como contribuinte individual. A base de cálculo da contribuição do médico residente corresponde ao valor da bolsa fixada na lei[98].

4.13. PESCADOR

O pescador que trabalha em regime de parceria, meação ou arrendamento, em embarcação de médio ou grande porte, nos termos da Lei n.º 11.959, de 2009.

O preceito trata da contribuição previdenciária do pescador profissional que atua em parceria, meação ou arrendamento. Equipara-se ao pescador profissional que exerce atividade por conta própria, o qual é considerado contribuinte individual[99]. O pescador profissional, assim tratada a pessoa física, brasileiro ou estrangeiro residente no País, é aquele que, uma vez licenciado pelo órgão competente, exerce a pesca com fins comerciais[100].

O pescador artesanal, que exerce a atividade de forma autônoma ou em regime de economia familiar, podendo atuar desembarcado ou utilizar embarcação de pesca com arqueação bruta menor ou igual 20[101], é segurado especial[102]. A embarcação de pesca é aquela que, uma vez permissionada e registrada perante as autoridades competentes, na forma da legislação específica, opera, com exclusividade, em uma ou mais das seguintes atividades: pesca, aquicultura, conservação do pescado, processamento do pescado, transporte do pescado e na pesquisa de recursos pesqueiros[103]. A embarcação de médio porte é a que possui

---

98 Lei n.º 6.932/81: "Art. 4º. Ao médico-residente é assegurado bolsa no valor de R$ 2.384,82 (dois mil, trezentos e oitenta e quatro reais e oitenta e dois centavos), em regime especial de treinamento em serviço de 60 (sessenta) horas semanais. § 1º O médico-residente é filiado ao Regime Geral de Previdência Social – RGPS como contribuinte individual".

99 Art. 12, V, a.

100 Art. 2º, XXII, da Lei n.º 11.959/09.

101 Art. 2º, I, do Decreto n.º 8.425/15.

102 Art. 12, VII, b.

103 Art. 10, da Lei n.º 11.959/09.

arqueação bruta maior que 20 e menor que 100 e a de grande porte possui arqueação bruta igual ou maior que 100[104].

4.14. INCORPORADOR DE IMÓVEIS - PESSOA FÍSICA

A Lei n.º 4.591/64 rege as incorporações imobiliárias, assim considerada a atividade exercida com o intuito de promover e realizar a construção, para alienação total ou parcial, de edificações ou conjunto de edificações compostas de unidades autônomas[105].

O incorporador pessoa física, reputado contribuinte individual, é aquele que, sendo comerciante ou não, "embora não efetuando a construção, compromisse ou efetive a venda de frações ideais de terreno objetivando a vinculação de tais frações a unidades autônomas, em edificações a serem construídas ou em construção sob regime condominial, ou que meramente aceite propostas para efetivação de tais transações, coordenando e levando a termo a incorporação e responsabilizando-se, conforme o caso, pela entrega, a certo prazo, preço e determinadas condições, das obras concluídas"[106].

O incorporador de imóveis pessoa física, caso tenha empregados ou contribuintes individuais que lhe prestem serviços, também ficará sujeito às contribuições do art. 22, uma vez que é equiparado à empresa pelo parágrafo único do art. 15.

4.15. BOLSISTA DA FUNDAÇÃO HABITACIONAL DO EXÉRCITO

O bolsista da Fundação Habitacional do Exército contratado em conformidade com a Lei n.º 6.855, de 18 de novembro de 1980. A Fundação Habitacional do Exército pode conceder bolsa de complementação educacional ou bolsa de iniciação profissional e o bolsista será considerado contribuinte individual[107].

---

104 Art. 10, §1º, II e III, da Lei n.º 11.959/09.

105 Art. 28, parágrafo único, da Lei n.º 4.591/64.

106 Art. 29, "caput", da Lei n.º 4.591/64.

107 Art. 22, "caput" e parágrafo único, da Lei n.º 6.855/80.

4.16. ÁRBITROS E AUXILIARES

O árbitro e seus auxiliares que atuam em conformidade com a Lei n.º 9.615, de 24 de março de 1998. Os árbitros e auxiliares de arbitragem são contribuintes individuais[108].

4.17. MEMBRO DE CONSELHO TUTELAR

O membro de conselho tutelar de que trata o art. 132 da Lei n.º 8.069, de 13 de julho de 1990, quando remunerado. O Conselho Tutelar é órgão permanente e autônomo, não jurisdicional, encarregado pela sociedade de zelar pelo cumprimento dos direitos da criança e do adolescente[109]. A lei municipal poderá dispor acerca da remuneração do conselheiro tutelar, ao qual é assegurado o direito à cobertura previdenciária[110]. Não sendo remunerado, poderá filiar-se ao RGPS na classe de segurado facultativo. O conselheiro tutelar que, nos termos da lei municipal, for vinculado ao regime próprio da Previdência Social (RPPS), não será contribuinte individual no regime geral (RGPS) e não poderá filiar-se como facultativo.

4.18. INTERVENTORES E LIQUIDANTES

O interventor, o liquidante, o administrador especial e o diretor fiscal de instituição financeira, empresa ou entidade referida no § 6º do art. 201 do Decreto n.º 3.048/99 (banco comercial, banco de investimento, banco de desenvolvimento, caixa econômica, sociedade de crédito, financiamento e investimento, sociedade de crédito imobiliário, inclusive associação de poupança e empréstimo, sociedade corretora, distribuidora de títulos e valores mobiliários, inclusive bolsa de mercadorias e de valores, empresa de arrendamento mercantil, cooperativa de crédito, empresa de seguros privados e de capitalização, agente autônomo de seguros privados e de crédito e entidade de previdência privada, aberta e fechada).

4.19. TRANSPORTADORES AUTÔNOMOS E AUXILIARES

O transportador autônomo de cargas e o transportador autônomo de cargas auxiliar, nos termos do disposto na Lei n.º 11.442, de 5 de janeiro de 2007.

---

108 Art. 88, "caput" e parágrafo único, da Lei n.º 9.615/98.

109 Art. 131, da Lei n.º 8.069/90.

110 Art. 134, I, da Lei n.º 8.069/90.

A Lei n.º 11.442/07 disciplina o Transporte Rodoviário de Cargas – TRC realizado em vias públicas, no território nacional, por conta de terceiros e mediante remuneração. O transportador autônomo de cargas (TAC) é a pessoa física cuja atividade profissional é o transporte rodoviário de cargas.

O auxiliar do transportador também é contribuinte individual e não existe relação de emprego com o transportador autônomo[111].

4.20. REPENTISTAS

O repentista de que trata a Lei n.º 12.198, de 14 de janeiro de 2010, desde que não se enquadre na condição de empregado, prevista no inciso I do caput, em relação à referida atividade.

4.21. ARTESÃOS

O artesão de que trata a Lei n.º 13.180, de 22 de outubro de 2015, desde que não se enquadre em outras categorias de segurado obrigatório do RGPS em relação à referida atividade.

O artesão exerce a sua atividade de forma predominantemente manual.

5. TRABALHADOR AVULSO

O art. 7º, XXXIV, da Constituição Federal, resguarda a igualdade de direitos entre o trabalhador com vínculo empregatício permanente e o trabalhador avulso.

O inciso VI do preceito em comento considera como trabalhador avulso quem presta serviços de natureza urbana ou rural, a diversas empresas, sem vínculo empregatício. O Decreto n.º 3.048/99 conceituou o trabalhador avulso como aquele que, sindicalizado ou não, presta serviço de natureza urbana ou rural, a diversas empresas, ou equiparados, sem vínculo empregatício, com a intermediação obrigatória do órgão gestor de mão de obra, nos termos da Lei n.º 8.630, de 25 de fevereiro de 1993, ou do sindicato da categoria[112].

A Lei n.º 8.630/93 foi revogada pela Lei n.º 12.815/13, cujo art. 32 trata do órgão gestor da mão de obra do trabalho portuário (OGMO). OGMO deve ser constituído em cada porto organizado pelos operadores portuários. O operador portuário é a pessoa jurídica que exerce as

---

111 Art. 4º, §5º, da Lei n.º 11.442/07.

112 Art. 9º, VI, "a", do Decreto n.º 3.048/90.

atividades de movimentação de passageiros ou movimentação e armazenagem de mercadorias destinadas ou provenientes de transporte aquaviário, dentro da área do porto organizado[113].

O que caracteriza o trabalhador avulso é o fato de prestar serviços com a intermediação obrigatória do sindicato da sua categoria ou do órgão gestor de mão de obra. O trabalhador será considerado avulso ainda que não seja sindicalizado. O que a lei exige é que o serviço seja prestado com a intermediação obrigatória do sindicato da sua categoria profissional, ou do órgão gestor de mão de obra, e o trabalho poderá ser urbano ou rural. Distingue-se do eventual porque este presta os serviços sem a intermediação do sindicato ou órgão gestor de mão de obra.

O trabalhador avulso não tem vínculo empregatício com os intermediadores obrigatórios do serviço e nem com as empresas onde este é prestado. O sindicato ou o órgão gestor intermedeiam os serviços prestados pelo trabalhador avulso aos respectivos tomadores de serviços, de quem recebem os valores e repassam ao trabalhador avulso.

O Regulamento estabelece como trabalhador avulso: o trabalhador que exerce atividade portuária de capatazia, estiva, conferência e conserto de carga, vigilância de embarcação e bloco; o trabalhador de estiva de mercadorias de qualquer natureza, inclusive carvão e minério; o trabalhador em alvarenga (embarcação para carga e descarga de navios); o amarrador de embarcação; o ensacador de café, cacau, sal e similares; o trabalhador na indústria de extração de sal; o carregador de bagagem em porto; o prático de barra em porto; o guindasteiro; e o classificador, o movimentador e o empacotador de mercadorias em portos. O Decreto n.º 3.048/99[114] arrola ainda como trabalhador avulso aquele que "exerça atividade de movimentação de mercadorias em geral, nos termos do disposto na Lei n.º 12.023, de 27 de agosto de 2009[115], em áreas urbanas ou rurais, sem vínculo empregatício, com intermediação obrigatória do sindicato da categoria, por meio de acordo ou convenção coletiva de trabalho, nas atividades de: 1. cargas e descargas de mercadorias a granel e ensacados, costura, pesagem, embalagem, enlonamento, ensaque, arrasto, posicionamento, acomodação, reordenamento, reparação de carga, amostragem, arrumação,

---

[113] Art. 2º, X, da Lei n.º 12.815/13.

[114] Art. 9º, VI, "b", do Decreto n.º 3.048/99.

[115] A Lei n.º 12.023/09 dispõe sobre as atividades de movimentação de mercadorias em geral e sobre o trabalho avulso.

remoção, classificação, empilhamento, transporte com empilhadeiras, paletização, ova e desova de vagões, carga e descarga em feiras livres e abastecimento de lenha em secadores e caldeiras; 2. operação de equipamentos de carga e descarga; e 3. pré-limpeza e limpeza em locais necessários às operações ou à sua continuidade".

Por outro lado, o art. 40 da Lei n.º 12.815/13 conceitua as diversas atividades do trabalho portuário: capatazia: atividade de movimentação de mercadorias nas instalações dentro do porto, compreendendo o recebimento, conferência, transporte interno, abertura de volumes para a conferência aduaneira, manipulação, arrumação e entrega, bem como o carregamento e descarga de embarcações, quando efetuados por aparelhamento portuário; estiva: atividade de movimentação de mercadorias nos conveses ou nos porões das embarcações principais ou auxiliares, incluindo o transbordo, arrumação, peação e despeação, bem como o carregamento e a descarga, quando realizados com equipamentos de bordo; conferência de carga: contagem de volumes, anotação de suas características, procedência ou destino, verificação do estado das mercadorias, assistência à pesagem, conferência do manifesto e demais serviços correlatos, nas operações de carregamento e descarga de embarcações; conserto de carga: reparo e restauração das embalagens de mercadorias, nas operações de carregamento e descarga de embarcações, reembalagem, marcação, remarcação, carimbagem, etiquetagem, abertura de volumes para vistoria e posterior recomposição; vigilância de embarcações: atividade de fiscalização da entrada e saída de pessoas a bordo das embarcações atracadas ou fundeadas ao largo, bem como da movimentação de mercadorias nos portalós, rampas, porões, conveses, plataformas e em outros locais da embarcação; bloco: atividade de limpeza e conservação de embarcações mercantes e de seus tanques, incluindo batimento de ferrugem, pintura, reparos de pequena monta e serviços correlatos.

No caso de trabalho portuário, cabe ao operador portuário recolher ao órgão gestor de mão de obra (OGMO) os valores devidos pelos serviços executados, acrescidos dos encargos previdenciários[116]. O OGMO tem a incumbência de efetuar o pagamento da remuneração pelos serviços executados diretamente ao trabalhador avulso[117]. Por ser equiparado à empresa pelo art. 15, II, o OGMO deve arrecadar e descontar

---

[116] Art. 2º, I, da Lei n.º 9.719/98.

[117] Art. 2º, II, da Lei n.º 9.719/98.

COMENTÁRIOS À LEI DE CUSTEIO DA SEGURIDADE SOCIAL **83**

a contribuição previdenciária do trabalhador avulso[118]. A lei dispõe que o operador portuário e o órgão gestor de mão de obra são solidariamente responsáveis pelo pagamento dos encargos trabalhistas, das contribuições previdenciárias e demais obrigações, inclusive acessórias, devidas à Seguridade Social, vedada a invocação do benefício de ordem[119]. Embora o sujeito passivo direto da contribuição incidente sobre a remuneração paga ao trabalhador avulso que lhe presta serviços seja o operador portuário, frente ao inciso I do art. 22, a responsabilidade pelo recolhimento foi atribuída pela lei ao OGMO[120], a quem o operador portuário repassa o valor correspondente à contribuição previdenciária[121].

Os trabalhadores avulsos ficam sujeitos à contribuição previdenciária cuja base de cálculo está definida no art. 28, I, desta lei, e alíquotas progressivas iguais a dos segurados empregados, previstas no art. 28 da EC n.º 103/19.

6. APOSENTADO

A EC n.º 103/19 alterou a redação do inciso II do art. 195 da CF, permitindo a adoção de alíquotas progressivas para a contribuição previdenciária, mas manteve a imunidade da contribuição sobre os proventos de aposentadoria e pensão concedidos pelo Regime Geral de Previdência Social. Ao dispor que a contribuição "não incide", o legislador constitucional impôs limites ao exercício material da competência tributária, outorgando autêntica imunidade.

O benefício constitucional é de natureza objetiva: refere-se aos proventos de aposentadoria e pensão concedidos pelo Regime Geral de Previdência Social. Não é imunidade subjetiva, outorgada tendo em vista a condição pessoal de aposentado ou pensionista. Por isto, se o aposentado continuar exercendo ou voltar a exercer atividade compreendida no regime geral, será segurado obrigatório em relação à respectiva atividade, conforme previsto no § 4º deste artigo. Assim, o beneficiário de aposentadoria ou pensão que exercer atividade que o enquadre como segurado obrigatório, na condição, por exemplo, de

---

[118] O art. 211, da IN n.º 2.110/22 regulamenta as obrigações do OGMO.

[119] Art. 2º, §4º, da Lei n.º 9.719/98.

[120] Art. 32, VII, da Lei n.º 12.815/13 e art. 2º, I e IV, da Lei n.º 9.719/98.

[121] Art. 214, §1º, I, da IN n.º 2.110/22.

contribuinte individual ou empregado, ficará sujeito ao recolhimento das respectivas contribuições previdenciárias. Se houver o exercício concomitante das atividades, o salário de contribuição deverá observar o limite máximo previsto em lei, desprezando-se os proventos de aposentadoria ou pensão, os quais são imunes.

O STF decidiu que a contribuição previdenciária do aposentado que retorna à atividade está amparada no princípio da universalidade do custeio da previdência social[122].

7.   DIRIGENTE SINDICAL

O dirigente sindical, durante o exercício do mandato eletivo, mantém o mesmo enquadramento no Regime Geral de Previdência Social de antes da investidura, consoante prevê o § 5º deste artigo.

O salário de contribuição do dirigente sindical é a remuneração efetivamente auferida na entidade sindical ou empresa de origem[123], uma vez que o dirigente sindical, mediante acordo ou convenção coletiva, pode receber salário pago pela empresa. Como deve ser mantido o mesmo enquadramento de antes da investidura, na hipótese de a remuneração ser paga pelo sindicato, o dirigente sindical será visto como empregado e não contribuinte individual[124]. As contribuições serão devidas pelo sindicato, na forma prevista no art. 22, I e II, visto que este é equiparado à empresa pelo parágrafo único do art. 15, assim como pelo dirigente na qualidade de empregado, nos termos do art. 20, com as alíquotas progressivas previstas no art. 28 da EC n.º 103/19.

8.   SEGURADO ESPECIAL

O produtor, o parceiro, o meeiro e o arrendatário rurais e o pescador artesanal, como também os respectivos cônjuges, que exerçam suas atividades em regime de economia familiar, sem empregados permanentes, devem contribuir para a Seguridade Social mediante a aplicação de uma alíquota sobre o resultado da comercialização da

---

122 STF, RE 437.640.

123 Vide comentários ao art. 28, §10.

124 Vide comentários ao art. 12, V, f.

produção[125], caso em que farão jus aos benefícios previstos na Lei n.º 8.213/91, consoante estabelece o § 8º do art. 195 da CF.

A lei aponta como segurado especial a pessoa física residente em imóvel rural ou em aglomerado urbano ou rural próximo a ele que, individualmente ou em regime de economia familiar, ainda que com o auxílio eventual de terceiros a título de mútua colaboração, na condição de: a) produtor, seja proprietário, usufrutuário, possuidor, assentado, parceiro ou meeiro outorgados, comodatário ou arrendatário rurais, que explore atividade: 1. agropecuária em área de até 4 (quatro) módulos fiscais; ou 2. de seringueiro ou extrativista vegetal que exerça suas atividades nos termos do caput do art. 2º da Lei n.º 9.985, de 18 de julho de 2000, e faça dessas atividades o principal meio de vida; b) pescador artesanal ou a este assemelhado, que faça da pesca profissão habitual ou principal meio de vida; e c) cônjuge ou companheiro, bem como filho maior de 16 (dezesseis) anos de idade ou a este equiparado, do segurado de que tratam os itens a e b anteriores, desde que, comprovadamente, trabalhem com o grupo familiar respectivo.

No caso do produtor rural que explora atividade agropecuária individualmente, embora a lei leve em conta como segurado especial o produtor rural sem empregados que exerça a atividade em área de até quatro módulos fiscais, o STF entendeu que é segurado especial o produtor rural que não tiver empregados. Para a Corte, portanto, o segurado especial é o produtor rural sem empregados e aquele que exerce atividade em regime de economia familiar[126], sujeitando-se ambos à contribuição prevista no art. 25.

O regime de economia familiar é entendido como a atividade em que o trabalho dos membros da família é indispensável à própria subsistência e ao desenvolvimento socioeconômico do núcleo familiar, sendo exercido em condições de mútua dependência e colaboração, sem a utilização de empregados (§ 1º).

O segurado especial, ainda que exerça a atividade de forma individual, pode contar com o auxílio eventual de terceiros, a título de mútua colaboração, sobretudo no período da safra. Entende-se como auxílio eventual de terceiros o que é exercido ocasionalmente, em condições de mútua colaboração, não existindo subordinação nem remu-

---

125 Vide comentários ao art. 25.

126 Vide comentários ao art. 25.

neração[127]. Ocorrendo o auxílio de terceiros que caracterize relação de emprego, na forma prevista na CLT, perde o segurado a sua condição de especial e passa a figurar como empregador rural pessoa física. A participação de outras pessoas, que apenas prestam auxílio esporádico para a realização das atividades agropecuárias ou de pesca, não descaracteriza a condição de segurado especial.

O cônjuge ou companheiro e os filhos maiores de 16 anos, como também os a estes equiparados, para que sejam qualificados como segurados especiais, deverão ter participação ativa nas atividades rurais do grupo familiar (§ 7°). O grupo familiar poderá utilizar empregados contratados por prazo determinado ou trabalhador tido como contribuinte individual, previsto na alínea "g" do inciso V do caput deste artigo, à razão de no máximo 120 (cento e vinte) pessoas por dia no ano civil, em períodos corridos ou intercalados ou, ainda, por tempo equivalente em horas de trabalho, não sendo computado nesse prazo o período de afastamento em decorrência da percepção de auxílio-doença (§ 8°)[128].

A lei dispõe que não perde a condição de segurado especial: I – a outorga, por meio de contrato escrito de parceria, meação ou comodato, de até 50% (cinquenta por cento) de imóvel rural cuja área total não seja superior a 4 (quatro) módulos fiscais, desde que outorgante e outorgado continuem a exercer a respectiva atividade, individualmente ou em regime de economia familiar; II – a exploração da atividade turística da propriedade rural, inclusive com hospedagem, por não mais de 120 (cento e vinte) dias ao ano; III – a participação em plano de previdência complementar instituído por entidade classista a que seja associado, em razão da condição de trabalhador rural ou de produtor rural em regime de economia familiar; IV – ser beneficiário ou fazer parte de grupo familiar que tem algum componente que seja beneficiário de programa assistencial oficial de governo; V – a utilização pelo próprio grupo familiar, na exploração da atividade, de processo de beneficiamento ou industrialização artesanal, na forma do § 11 do art. 25 desta Lei; VI – a associação em cooperativa agropecuária ou de crédito rural; e VII – a incidência do Imposto Sobre Produtos Industrializados – IPI sobre o produto das atividades desenvolvidas nos

---

127 Art. 9°, § 6°, do Decreto 3.048/99.

128 Vide comentários ao art. 32-C.

termos do § 14 deste artigo; VIII – a participação em programas e ações de pagamento por serviços ambientais[129].

A lei descaracteriza como segurado especial o membro de grupo familiar que possuir outra fonte de rendimento, exceto se decorrer das seguintes hipóteses taxativas: I – benefício de pensão por morte, auxílio-acidente ou auxílio-reclusão, cujo valor não supere o do menor benefício de prestação continuada da Previdência Social; II – benefício previdenciário pela participação em plano de previdência complementar instituído nos termos do inciso IV do § 9º, ou seja, ser beneficiário de programa assistencial oficial do governo como, por exemplo, o bolsa-família (incisos I e II do § 10).

Também não perde a condição de segurado especial o membro de grupo familiar nas seguintes situações: a) tiver exercido atividade remunerada em período não superior a 120 (cento e vinte) dias, corridos ou intercalados, no ano civil; b) exercido o mandato eletivo de dirigente sindical de organização da categoria de trabalhadores rurais; c) exercido o mandato de vereador do município onde desenvolve a atividade rural, ou de dirigente de cooperativa rural constituída exclusivamente por segurados especiais (incisos III, IV e V do § 10). Nestes casos, o membro do grupo familiar, ainda que mantenha a sua condição de segurado especial, não ficará dispensado do recolhimento das contribuições previdenciárias devidas pelo exercício das atividades que exigem a filiação obrigatória, quer na condição de empregado ou contribuinte individual, a depender da situação concreta (§ 13).

Nos termos legais, mantém a condição de segurado especial o membro do grupo familiar que possuir fonte de rendimento decorrente de: a) contrato de parceria ou meação, observado o disposto no inciso I do § 9º; b) atividade artesanal desenvolvida com matéria-prima produzida pelo respectivo grupo familiar, podendo ser utilizada matéria-prima de outra origem, desde que a renda mensal obtida na atividade não exceda ao menor benefício de prestação continuada da Previdência Social; c) atividade artística, desde que em valor mensal inferior ao menor benefício de prestação continuada da Previdência Social (incisos VI, VII e VIII do § 10).

---

[129] A Política Nacional de Pagamento por Serviços Ambientais foi instituída pela Lei n.º 14.119/21.

A lei prevê determinadas situações de exclusão da categoria de segurado especial, fixando dois momentos da sua ocorrência: primeiro dia do mês ou primeiro dia do mês subsequente.

A exclusão será computada a contar do primeiro dia do mês quando o segurado: a) deixar de satisfazer as condições estabelecidas no inciso VII do caput, sem prejuízo do disposto no art. 15 da Lei n.º 8.213, de 24 de julho de 1991, ou exceder qualquer dos limites estabelecidos no inciso I do § 9º (alínea "a" do inciso I do § 11); b) enquadrar-se em qualquer outra categoria de segurado obrigatório do Regime Geral de Previdência Social, ressalvado o disposto nos incisos III, V, VII e VIII do § 10 e no § 14, sem prejuízo do disposto no art. 15 da Lei n.º 8.213, de 24 de julho de 1991.

O art. 15 da Lei n.º 8.213/91 trata dos casos em que é mantida a qualidade de segurado, independentemente de contribuições; c) tornar-se segurado obrigatório de outro regime previdenciário; d) participar de sociedade empresária, de sociedade simples, como empresário individual ou como titular de empresa individual de responsabilidade limitada em desacordo com as limitações impostas pelo § 14.

A exclusão será verificada do primeiro dia do mês subsequente ao da ocorrência, quando o grupo familiar a que pertença exceder o limite de: a) 120 trabalhadores mencionados no § 8º (alínea "a" do inciso II do § 11); b) 120 dias de atividade remunerada, corridos ou intercalados, no ano civil (alínea "b" do inciso II do § 11); c) 120 dias de hospedagem ao ano na exploração da atividade turística da propriedade rural (alínea "c" do inciso II do § 11).

A participação do segurado especial em sociedade empresária, em sociedade simples, como empresário individual ou como titular de empresa individual de responsabilidade limitada de objeto ou âmbito agrícola, agroindustrial ou agroturístico, vista como microempresa nos termos da Lei Complementar n.º 123/2006, não o exclui de tal categoria previdenciária, desde que, mantido o exercício da sua atividade rural na forma do inciso VII do caput e do § 1º, a pessoa jurídica componha-se apenas de segurados de igual natureza e sedie-se no mesmo Município ou em Município limítrofe àquele em que eles desenvolvam suas atividades (§ 14).

Nos termos da Lei n.º 8.213/91, a inscrição do segurado especial será feita de forma a vinculá-lo ao respectivo grupo familiar e conterá, além das informações pessoais, a identificação da propriedade em que desenvolve a atividade e a que título, se nela reside ou o Município onde reside e, quando for o caso, a identificação e inscrição da pessoa responsável pelo grupo familiar. O segurado especial integrante de grupo familiar que não seja proprietário ou dono do imóvel rural em que desenvolve sua atividade deverá informar, no ato da inscrição, conforme o caso, o nome do parceiro ou meeiro outorgante, arrendador, comodante ou assemelhado[130].

8.1. INSCRIÇÃO NO CNIS

O Ministério da Economia, consoante o disposto na Lei n.º 8.213/91, deve manter sistema de cadastro dos segurados especiais no Cadastro Nacional de Informações Sociais (CNIS), e poderá firmar acordo de cooperação com o Ministério da Agricultura, Pecuária e Abastecimento e com outros órgãos da administração pública federal, estadual, distrital e municipal para a manutenção e a gestão do sistema de cadastro, atualizado anualmente até 30 de junho do ano subsequente, e contendo as informações necessárias à caracterização da condição de segurado especial, nos termos do disposto no regulamento. O INSS, no ato de habilitação ou de concessão de benefício, deverá verificar a condição de segurado especial e, se for o caso, o pagamento da contribuição previdenciária prevista nesta lei, tendo em vista, dentre outros, o que consta do Cadastro Nacional de Informações Sociais (CNIS). O INSS utilizará as informações constantes do cadastro para fins de comprovação do exercício da atividade e da condição do segurado especial e do respectivo grupo familiar[131]. Para efeitos do custeio, o segurado especial deve inscrever-se no CAEPF[132].

8.2. CONTRIBUIÇÃO COMO FACULTATIVO

O segurado especial, além da contribuição obrigatória que incide sobre a receita bruta proveniente da comercialização da sua produção, conforme previsto no art. 25, I e II, poderá contribuir como segurado facultativo, na forma regulada pelos artigos 14 e 21. Com isto, poderá obter benefício previdenciário em valor superior ao do salário mínimo.

---

[130] Art. 17, §§ 4º e 5º, da Lei n.º 8.213/91.

[131] Art. 38-A e 38-B, da Lei n.º 8.213/91.

[132] Vide comentários ao art. 49.

ART. 13.

O servidor civil ocupante de cargo efetivo ou o militar da União, dos Estados, do Distrito Federal ou dos Municípios, bem como o das respectivas autarquias e fundações, são excluídos do Regime Geral de Previdência Social consubstanciado nesta Lei, desde que amparados por regime próprio de previdência social. (Redação dada pela Lei n.º 9.876, de 1999)

§ 1º Caso o servidor ou o militar venham a exercer, concomitantemente, uma ou mais atividades abrangidas pelo Regime Geral de Previdência Social, tornar-se-ão segurados obrigatórios em relação a essas atividades. (Incluído pela Lei n.º 9.876, de 1999).

§ 2º Caso o servidor ou o militar, amparados por regime próprio de previdência social, sejam requisitados para outro órgão ou entidade cujo regime previdenciário não permita a filiação nessa condição, permanecerão vinculados ao regime de origem, obedecidas as regras que cada ente estabeleça acerca de sua contribuição. (Incluído pela Lei n.º 9.876, de 1999)

1. SERVIDORES CIVIS E MILITARES COM REGIME PRÓPRIO

Os servidores civis ou militares das entidades políticas que estiverem amparados pelo respectivo regime previdenciário próprio estão excluídos do RGPS. Possuindo regime próprio, também não podem contribuir com o RGPS na condição de segurado facultativo, frente à vedação do § 5º do art. 201 da CF.

Entretanto, pode acontecer que o servidor amparado por regime próprio venha a exercer atividade que exige vinculação obrigatória ao RGPS. Neste caso, ficará sujeito ao recolhimento da contribuição para o RGPS. É o caso, por exemplo, de servidores públicos médicos, policiais ou outros, e que possuem regime próprio de previdência, mas que também exercem atividade remunerada na condição de empregados ou de contribuintes individuais prestadores de serviços.

No caso de o servidor, civil ou militar, amparado por regime próprio, ser requisitado para outro órgão ou entidade cujo regime previdenciário não permita a filiação nesta condição, a fim de que não fique desamparado, permanecerá vinculado ao regime de origem. A sua contribuição deverá obedecer às regras que forem estabelecidas pelos entes.

ART. 14.

É segurado facultativo o maior de 14 (quatorze) anos de idade que se filiar ao Regime Geral de Previdência Social, mediante contribuição, na forma do art. 21, desde que não incluído nas disposições do art. 12.

1. SEGURADO FACULTATIVO

A pessoa física que exercer atividade que não determine vinculação obrigatória à Previdência, desde que seja maior de 16 anos, uma vez que a Constituição Federal proíbe o trabalho a menores de 16 anos[133], salvo na condição de aprendiz, pode vincular-se ao Regime Geral de Previdência Social na classe de segurado facultativo.

Não pode ser filiado como facultativo o segurado que exerce atividade remunerada que o enquadre como segurado obrigatório. Se é obrigatório, não pode ser facultativo.

Da mesma forma, como dito nos comentários ao artigo anterior, o participante de regime próprio de Previdência Social está impedido de filiar-se ao Regime Geral de Previdência Social na qualidade de facultativo, consoante dispõe o § 5º do art. 201 da Constituição Federal. É o caso de servidores públicos ou militares que possuam regime próprio de previdência. Não podem se filiar ao regime geral como facultativos.

A pessoa física que estiver desempregada e pretender manter a sua condição de segurada, ou que não exercer atividade ou exercê-la de forma remunerada sem que se enquadre como segurado obrigatório, tem a faculdade de inscrever-se no Regime Geral como segurado facultativo, ficando obrigada ao recolhimento da respectiva contribuição, na forma prevista no art. 21.

O segurado poderá contribuir facultativamente durante os períodos de afastamento ou de inatividade, desde que não receba remuneração

---

133 Art. 7º, XXX, III, da CF.

nesses períodos e não exerça outra atividade que o vincule ao RGPS ou a regime próprio de previdência social[134].

O Decreto n.º 3.048/99 permite, de modo exemplificativo, a filiação como facultativo: I – aquele que se dedique exclusivamente ao trabalho doméstico no âmbito de sua residência. É a situação das donas de casa.

II – o síndico de condomínio, quando não remunerado. Se for remunerado, será enquadrado como segurado obrigatório.

III – o estudante;

IV – o brasileiro que acompanha cônjuge que presta serviço no exterior;

V – aquele que deixou de ser segurado obrigatório da previdência social. O desempregado, por exemplo, poderá manter a sua condição de segurado, contribuindo como facultativo;

VI – o membro de conselho tutelar de que trata o art. 132 da Lei n.º 8.069, de 13 de julho de 1990, quando não esteja vinculado a qualquer regime de previdência social;

VII – o estagiário que preste serviços a empresa nos termos do disposto no art. 12, § 2º, da Lei n.º 11.788, de 2008;

VIII – o bolsista que se dedique em tempo integral à pesquisa, curso de especialização, pós-graduação, mestrado ou doutorado, no Brasil ou no exterior, desde que não esteja vinculado a qualquer regime de previdência social;

IX – o presidiário que não exerce atividade remunerada nem esteja vinculado a qualquer regime de previdência social;

X – o brasileiro residente ou domiciliado no exterior;

XI – o segurado recolhido à prisão sob regime fechado ou semiaberto, que, nesta condição, preste serviço, dentro ou fora da unidade penal, a uma ou mais empresas, com ou sem intermediação da organização carcerária ou entidade afim, ou que exerce atividade artesanal por conta própria;

XII – o atleta beneficiário da Bolsa-Atleta não filiado a regime próprio de previdência social ou não enquadrado em uma das hipóteses previstas no art. 9º do Decreto n.º 3.048/99.

---

[134] Art. 11, § 5º, do Decreto n.º 3.048/99.

SEÇÃO II
DA EMPRESA E DO
EMPREGADOR DOMÉSTICO

ART. 15.

Considera-se:

I - empresa - a firma individual ou sociedade que assume o risco de atividade econômica urbana ou rural, com fins lucrativos ou não, bem como os órgãos e entidades da administração pública direta, indireta e fundacional;

II - empregador doméstico - a pessoa ou família que admite a seu serviço, sem finalidade lucrativa, empregado doméstico.

Parágrafo único. Equiparam-se a empresa, para os efeitos desta Lei, o contribuinte individual e a pessoa física na condição de proprietário ou dono de obra de construção civil, em relação ao segurado que lhe presta serviço, como também a cooperativa, a associação ou a entidade de qualquer natureza ou finalidade, a missão diplomática e a repartição consular de carreira estrangeiras. (Redação dada pela Lei n.º 13.202, de 2015)

1. GENERALIDADES

A relação jurídica de custeio possui natureza tributária. Os polos desta relação jurídica são ocupados pelos sujeitos ativo e passivo. O sujeito ativo é o credor da prestação. No caso das contribuições previdenciárias, o credor é a União. O sujeito passivo é a pessoa obrigada ao seu cumprimento, tanto na condição de sujeito passivo direto, ou contribuinte, quanto indireto, também chamado de responsável tributário.

O art. 195, I, da CF, ao outorgar competência tributária para a União instituir contribuições sociais sobre as bases materiais previstas nas alíneas "a", "b" e "c", desde logo arrola os sujeitos passivos das obrigações: o empregador, a empresa e a entidade a ela equiparada na forma da lei. Na redação original do art. 195, I, da CF, era mencionado apenas o empregador. O STF, no entanto, entendeu que o termo "empregador" não poderia ser interpretado restritivamente, na forma prevista na CLT, mas sim flexibilizado de modo a compreender o maior universo possível de contribuintes. O caso julgado referia-se à pessoa jurídica que, não possuindo empregados, pretendia não ser considerada empregadora e, com isto, sujeito passivo da contribuição incidente sobre o faturamento, que era mencionada no art. 195, I, da CF, mas acabou não obtendo êxito[135].

Frente ao princípio da solidariedade pelo financiamento do sistema de Seguridade Social, todos os atores sociais, de forma direta e indireta, podem ser colocados na condição de contribuintes, excetuados aqueles que a Constituição Federal outorga imunidade das contribuições previdenciárias[136].

Enquanto os contribuintes obrigatórios mencionados no art. 12 são pessoas físicas, sujeitas às contribuições dos artigos 20, 21 e 25, este artigo 15 trata das empresas e equiparados, enquadrando-os na sujeição passiva direta, com o empregador doméstico.

As empresas e equiparados são contribuintes obrigatórios das contribuições cujas materialidades e demais elementos essenciais das hipóteses de incidências estão definidos no art. 22.

A contribuição do empregador doméstico está capitulada no art. 24.

2. EMPRESA

A lei concebe empresa como a firma individual ou sociedade que assume o risco de atividade econômica urbana ou rural, tendo ou não fins lucrativos.

Os órgãos e entidades da administração pública direta, indireta e fundacional também são vistos como empresa. No âmbito federal, a administração direta é constituída pelos serviços integrados na estrutura administrativa da Presidência da República e dos Ministérios[137]. A

---

[135] STF, RE 500.121, RE 396.048, RE 585.181, AgRg no AI 764.794.

[136] Art. 195, §7º, da CF.

[137] Art. 4º, I, do DL n.º 200/67.

administração indireta compreende as autarquias, empresas públicas, sociedades de economia mista e fundações públicas[138].

Os órgãos e entidades da administração pública direta, indireta e fundacional apenas estão obrigados ao pagamento das contribuições previdenciárias do regime geral se os seus servidores não possuírem regime próprio de previdência social.

3. EQUIPARADOS À EMPRESA

A lei equipara à empresa certas pessoas físicas e outras entidades. Ao fazê-lo, submete os equiparados às mesmas contribuições que são devidas pela empresa e que estão previstas no art. 22.

A lei equipara à empresa:

a. o contribuinte individual em relação ao segurado que lhe presta serviço. Assim, na hipótese de o contribuinte individual, um empregador rural pessoa física, por exemplo, contratar um veterinário para prestar-lhe serviços, ficará sujeito ao recolhimento da contribuição com alíquota de 20% sobre o valor total que lhe for pago, fundada no inciso III do art. 22.

b. a pessoa física na condição de proprietário ou dono de obra de construção civil em relação ao segurado que lhe presta serviços. A contratação deve ser feita diretamente pela pessoa física e os serviços prestados na obra, caso em que o proprietário ou dono deverá recolher a contribuição do inciso III do art. 22 ou dos incisos I e II quando se tratar de empregados ou avulsos.

c. a cooperativa[139]. As cooperativas ficam sujeitas às contribuições da mesma forma que as demais empresas em relação à folha de salários dos seus empregados e avulsos, como também dos contribuintes individuais que lhe prestem serviços[140]. As cooperativas não são equiparadas às empresas em relação aos seus cooperados, exceto quando estes prestarem serviços à própria cooperativa. Os cooperados que prestam serviços à cooperativa de produção e dela recebem remuneração são denominados contribuintes individuais, enquadrando-se na alínea "h" do inciso V do art. 12. O associado eleito para o cargo de direção em cooperativa, desde que receba

---

138 Art. 4º, II, do DL n.º 200/67.

139 Vide comentários ao art. 12, V.

140 Vide comentários ao art. 22.

remuneração, também é visto como contribuinte individual pela alínea "f" do inciso V do art. 12. Em ambos os casos, a cooperativa ficará sujeita à contribuição do art. 22, III.

d. a associação ou entidade de qualquer natureza ou finalidade. Não importa que a associação ou entidade tenha ou não finalidade lucrativa, salvo se for entidade beneficente de assistência social, à saúde ou educação. Neste caso, uma vez cumpridos os requisitos legais, terá direito à imunidade das contribuições previdenciárias prevista no § 7º do art. 195, segundo comentários acerca do art. 55.

e. a missão diplomática e a repartição consular de carreira estrangeira. As Convenções de Viena sobre Relações Diplomáticas[141] e sobre Relações Consulares[142] prescrevem que para os empregados contratados localmente devem ser cumpridas as obrigações impostas aos empregadores pelas disposições da Previdência Social do Estado receptor. Como visto, são segurados obrigatórios como empregados aqueles que prestam serviços no Brasil à missão diplomática ou repartição consular de carreira estrangeira e a órgãos a ela subordinados, ou a membros dessas missões e repartições, excluído o não brasileiro sem residência permanente no Brasil. Assim, a missão diplomática ou repartição consular são equiparadas à empresa, ficando sujeitas ao recolhimento das contribuições previdenciárias do art. 22 em relação aos empregados, avulsos e contribuintes individuais que lhe prestem serviços. O brasileiro que estiver amparado pela legislação previdenciária do país da respectiva missão diplomática ou repartição consular é excluído da condição de segurado obrigatório.

A empresa e equiparados devem recolher as contribuições previdenciárias previstas no art. 22, dependendo do enquadramento dos segurados como empregados e avulsos (incisos I e II) ou contribuintes individuais (inciso III). Estas contribuições não devem ser confundidas com as contribuições dos próprios segurados obrigatórios.

Alguns doutrinadores denominam estas contribuições da empresa como patronais, uma vez que são de responsabilidade do empregador

---

141 O Decreto n.º 56.435/65 promulgou a Convenção de Viena sobre Relações Diplomáticas. A responsabilidade pelas contribuições previdenciárias está prevista no art. 33, §3º e 41.

142 O Decreto n.º 61.078/67 promulgou a Convenção de Viena sobre Relações Consulares. A responsabilidade pelas contribuições previdenciárias está prevista no art. 48 e 55.

e incidem sobre a folha de salários dos seus empregados. Por força das normas de atribuição de responsabilidade tributária previstas no art. 30, as empresas e equiparados são responsáveis pelo desconto e recolhimento das contribuições dos empregados, avulsos e, em alguns casos, dos contribuintes individuais que lhes prestem serviços.

4. EMPREGADOR DOMÉSTICO

O empregador doméstico é quem contrata o empregado doméstico. O empregado doméstico é tido como aquele que presta serviços de forma contínua, subordinada, onerosa e pessoal e de finalidade não lucrativa à pessoa ou à família, no âmbito residencial destas, por mais de 2 (dois) dias por semana[143].

O empregador doméstico é sujeito passivo das contribuições previdenciárias que incidem sobre o salário de contribuição do empregado doméstico, que é a remuneração anotada na CTPS[144].

O empregador doméstico deve recolher a sua contribuição previdenciária, definida no art. 24, assim como descontar e recolher a contribuição do empregado doméstico a seu serviço, tal como prevê o inciso V do art. 30.

---

[143] Art. 1º, "caput", da LC n.º 150/15.

[144] Vide comentários ao art. 24.

CAPÍTULO II
DA CONTRIBUIÇÃO DA UNIÃO

ART. 16.

> A contribuição da União é constituída de recursos adicionais do Orçamento Fiscal, fixados obrigatoriamente na lei orçamentária anual.
>
> Parágrafo único. A União é responsável pela cobertura de eventuais insuficiências financeiras da Seguridade Social, quando decorrentes do pagamento de benefícios de prestação continuada da Previdência Social, na forma da Lei Orçamentária Anual.

1. CONTRIBUIÇÃO DA UNIÃO

A lei orçamentária anual compreende o orçamento da Seguridade Social, abrangendo todas as entidades e órgãos a ela vinculados, da administração direta ou indireta, como também os fundos e fundações instituídos e mantidos pelo Poder Público[145].

A circunstância de ser atribuída à Secretaria da Receita Federal a administração e fiscalização das contribuições previdenciárias não compromete a autonomia do orçamento da Seguridade Social, consoante decidiu o STF na ADI 1.417.

A insuficiência financeira da Seguridade Social para arcar com os benefícios de prestação continuada é coberta com recursos do Tesouro Nacional, na forma prevista na lei orçamentária anual.

---

[145] Vide comentários ao art. 11.

ART. 17.

> **Para pagamento dos encargos previdenciários da União, poderão contribuir os recursos da Seguridade Social referidos na alínea "d" do parágrafo único do art. 11 desta Lei, na forma da Lei Orçamentária anual, assegurada a destinação de recursos para as ações desta Lei de Saúde e Assistência Social.** (Redação dada pela Lei n.º 9.711, de 1998).

1. REGIME PRÓPRIO DE PREVIDÊNCIA SOCIAL

A União possui regime próprio de previdência social dos seus servidores públicos civis e militares, pagando-lhes benefícios como aposentadorias e pensões. Além disso, é responsável pelo pagamento de outros benefícios previstos em leis especiais como, por exemplo, a pensão mensal vitalícia de um salário mínimo a crianças com microcefalia decorrente do "zika" vírus, prevista na Lei n.º 13.985/20, ou da pensão especial às pessoas atingidas por hanseníase, instituída pela Lei n.º 11.520/07.

Para o pagamento destas despesas, tidas como encargos previdenciários da União, podem ser utilizados os recursos das contribuições das empresas que incidem sobre o faturamento e o lucro, conforme dispuser a lei orçamentária anual, desde que sejam garantidos os recursos direcionados à saúde e assistência social.

ART. 18.

> **Os recursos da Seguridade Social referidos nas alíneas "a", "b", "c" e "d" do parágrafo único do art. 11 desta Lei poderão contribuir, a partir do exercício de 1992, para o financiamento das despesas com pessoal e administração geral apenas do Instituto Nacional do Seguro Social-INSS, do Instituto Nacional de Assistência Médica da Previdência Social-INAMPS, da Fundação Legião Brasileira de Assistência-LBA e da Fundação Centro Brasileira para Infância e Adolescência.**

1. DESPESAS COM PESSOAL E ADMINISTRATIVAS

As despesas com pessoal e administração geral de autarquias e fundações públicas devem ser pagas com os recursos gerais dos respectivos orçamentos.

Este preceito está revogado porque se tornou incompatível com o art. 167, XI, da CF, incluído pela EC n.º 20/98, o qual proíbe a utilização dos recursos provenientes das contribuições sociais de que trata o art. 195, I, a, e II, para a realização de despesas distintas do pagamento de benefícios do regime geral de previdência social de que trata o art. 201.

ART. 19.

> **O Tesouro Nacional repassará mensalmente recursos referentes às contribuições mencionadas nas alíneas "d" e "e" do parágrafo único do art. 11 desta Lei, destinados à execução do Orçamento da Seguridade Social.** (Redação dada pela Lei n.º 9.711, de 1998).
>
> **§ 1º Decorridos os prazos referidos no caput deste artigo, as dotações a serem repassadas sujeitar-se-ão a atualização monetária segundo os mesmos índices utilizados para efeito de correção dos tributos da União.**
>
> **§ 2º Os recursos oriundos da majoração das contribuições previstas nesta Lei ou da criação de novas contribuições destinadas à Seguridade Social somente poderão ser utilizados para atender as ações nas áreas de saúde, previdência e assistência social.**

1. REPASSES DO TESOURO NACIONAL

Originariamente, algumas contribuições previdenciárias eram arrecadadas pelo INSS e outras pela União. As contribuições previdenciárias das empresas, incidentes sobre o faturamento e o lucro[146], assim como a incidente sobre a receita de concursos prognósticos, eram arrecadadas pela União e os recursos deveriam ser repassados ao orçamento da Seguridade Social. Atualmente, toda a arrecadação, fiscalização e cobrança fica a cargo da União e os recursos integram o orçamento da Seguridade Social.

---

146 COFINS, PIS/PASEP e Contribuição social sobre o lucro.

CAPÍTULO III
DA CONTRIBUIÇÃO DO SEGURADO

SEÇÃO I
DA CONTRIBUIÇÃO DOS SEGURADOS EMPREGADO, EMPREGADO DOMÉSTICO E TRABALHADOR AVULSO

ART. 20.

A contribuição do empregado, inclusive o doméstico, e a do trabalhador avulso é calculada mediante a aplicação da correspondente alíquota sobre o seu salário-de-contribuição mensal, de forma não cumulativa, observado o disposto no art. 28, de acordo com a seguinte tabela: (Redação dada pela Lei nº 9.032, de 28.4.95)   (Vide Lei Complementar n.º 150, de 2015)

Salário-de-contribuição	Alíquota em %
até 249,80	8,00
de 249,81 até 416,33	9,00
de 416,34 até 832,66	11,00

(Valores e alíquotas dados pela Lei n.º 9.129, de 20.11.95) 4

§ 1º Os valores do salário-de-contribuição serão reajustados, a partir da data de entrada em vigor desta Lei, na mesma época e com os mesmos índices que os do reajustamento dos benefícios de prestação continuada da Previdência Social. (Redação dada pela Lei nº 8.620, de 5.1.93)

> **§ 2° O disposto neste artigo aplica-se também aos segurados empregados e trabalhadores avulsos que prestem serviços a microempresas.** (Parágrafo acrescentado pela Lei n° 8.620, de 5.1.93)

1. SUJEITOS PASSIVOS

A Constituição Federal, no art. 195, II, outorga competência tributária para que a União institua contribuição de Seguridade Social, elegendo como sujeitos passivos o trabalhador e demais segurados da previdência social.

A EC n.º 103/19 alterou a redação do art. 195, II, da CF, acrescentando que podem ser adotadas alíquotas progressivas de acordo com o valor do salário de contribuição. Ao mesmo tempo, a própria EC n.º 103/19 fixou os novos salários de contribuição e respectivas alíquotas progressivas, até que a lei viesse a dispor sobre a matéria. Assim, o salário de contribuição e as alíquotas previstas no artigo em comento estão revogados pelo art. 28 da EC n.º 103/19.

Este artigo define as contribuições que são devidas por três classes de segurados obrigatórios: a) empregados; b) trabalhadores avulsos e; c) domésticos. As contribuições destes segurados obrigatórios ficam sujeitas à técnica de retenção e recolhimento prevista no art. 30, I, "a", "b" e V.

2. BASE DE CÁLCULO

A base de cálculo da contribuição dos empregados, incluindo o doméstico, e dos trabalhadores avulsos, é o salário de contribuição definido no art. 28 e devem sempre ser observados os limites mínimo e máximo[147]. O valor que exceder ao limite máximo do salário de contribuição ficará fora da hipótese de incidência. Se o valor máximo do salário de contribuição for R$5 mil e a remuneração do empregado corresponder a R$10 mil, a sua contribuição será calculada sobre os R$5 mil, segundo as alíquotas progressivas do art. 28 da EC n.º 103/19, enquanto a contribuição do empregador sobre a folha de salários, fundada no art. 22, I, tomará por base o total da remuneração paga.

---

147 Vide comentários ao art. 28.

3. ALÍQUOTAS PROGRESSIVAS

Antes da alteração da EC n.º 103/19, a contribuição dos mencionados segurados obrigatórios era calculada mediante a aplicação da alíquota sobre o salário de contribuição, de forma não cumulativa. As alíquotas progressivas variavam entre 8%, 9% e 11%, dependendo do salário de contribuição. O recolhimento era efetuado de modo integral, de acordo a alíquota fixada para cada faixa de valores, sem qualquer dedução na passagem de uma faixa para outra. O STF, por sua vez, tinha admitido a progressividade simples, decidindo que era "constitucional a expressão 'de forma não cumulativa' constante no *caput* do art. 20 da Lei n.º 8.212/91"[148].

De acordo com o art. 28 da EC n.º 103/19, enquanto outra lei não alterar as alíquotas previstas no artigo em comento, as alíquotas variam entre 7,5%, 9%, 12% e 14% e devem ser aplicadas de forma progressiva sobre o salário de contribuição do segurado, incidindo cada alíquota sobre a faixa de valores compreendida nos respectivos limites. A progressividade agora é gradual. Isto significa que a contribuição previdenciária que incide sobre o salário de contribuição que for superior ao salário mínimo não é o resultado da mera incidência da alíquota sobre a base de cálculo, mas sim que a apuração deve ser efetuada por faixas, observados os limites e respectivas alíquotas.

Embora a base de cálculo e as alíquotas devam ficar sujeitas ao princípio da legalidade, não há restrição para que o próprio legislador constitucional discipline a matéria, de modo definitivo ou temporário, tal como autorizado pelo "caput" do art. 28 da EC n.º 103/19.

As novas alíquotas são devidas a partir do dia 1º de março de 2020[149] nos seguintes termos previstos no art. 28 da EC n.º 103/19:

Salário de contribuição = Base de cálculo	Alíquota
Até um salário mínimo	7,5%
Acima de um salário mínimo até R$2.000,00	9%
de R$2.000,01 até R$3.000,00:	12%
de R$3.000,01 até o limite máximo do salário de contribuição	14%

---

[148] STF, Tema 833.

[149] Art. 36, I, da EC n.º 103/19: "Art. 36. Esta Emenda Constitucional entra em vigor: I – no primeiro dia do quarto mês subsequente ao da data de publicação desta Emenda Constitucional, quanto ao disposto nos arts. 11, 28 e 32".

A partir da data em que entrou em vigor a Emenda Constitucional n.º 103, os valores supramencionados devem ser reajustados na mesma data e com o mesmo índice em que se der o reajuste dos benefícios do Regime Geral[150], ou seja, com base na variação do INPC[151]. No mês de maio de 2023, os valores da tabela correspondiam ao mínimo de R$1.320,00 e ao máximo a R$7.507,49.

A atualização do valor monetário da base de cálculo da contribuição previdenciária, desde que limitada por índice oficial de inflação, pode ser efetuada por portaria ou outro ato normativo infralegal, visto que não se trata de aumento de tributo, a exigir lei prevista no art. 150, I, da CF, tal como preconizado pelo art. 97, §2º do CTN[152]. A atualização monetária da base de cálculo deve ficar limitada a índice oficial de inflação, sob pena de impor-se, por via oblíqua, o aumento da contribuição sem o amparo de lei.

A adoção de alíquotas progressivas implementada pela EC n.º 103/19 atende ao princípio da capacidade contributiva, aplicável às contribuições sociais, como tem entendido o STF[153]. Os segurados que possuem maior salário de contribuição submetem-se às alíquotas progressivas até o limite de 14%. A circunstância de o contribuinte, dependendo do valor da sua remuneração, também ficar sujeito à incidência do imposto de renda, não significa que a contribuição previdenciária com a maior alíquota de 14% tenha caráter confiscatório. A base de cálculo para a incidência do imposto de renda é obtida após a dedução da contribuição previdenciária. Com isso, se a renda for de R$5.000,00, a contribuição previdenciária de 14% corresponde a R$525,90, visto que as alíquotas progressivas incidem sobre as respectivas faixas de valores previstos na tabela. Não havendo outras deduções, a base de cálculo para o imposto de renda corresponde a R$4.474,10, sendo devido o

---

150 Art. 36, §2º, da EC n.º 103/19.

151 Art. 41-A, da Lei n.º 8.213/91: "Art. 41-A. O valor dos benefícios em manutenção será reajustado, anualmente, na mesma data do reajuste do salário mínimo, *pro rata*, de acordo com suas respectivas datas de início ou do último reajustamento, com base no Índice Nacional de Preços ao Consumidor – INPC, apurado pela Fundação Instituto Brasileiro de Geografia e Estatística – IBGE".

152 Art. 97, II e §2º, do CTN: "Art. 97. "Somente a lei pode estabelecer: II – a majoração de tributos, ou sua redução, ressalvado o disposto nos artigos 21, 26, 39, 57 e 65; …§2º Não constitui majoração de tributo, para os fins do disposto no inciso II deste artigo, a atualização do valor monetário da respectiva base de cálculo".

153 STF, RE 598.572, RE 656.089, ADI 2898.

imposto de R$370,54, tendo em vista a tabela vigente em maio/23. A soma dos dois tributos perfaz R$896,44, ou seja, o valor total da carga tributária relativa ao mesmo sujeito passivo é inferior a 20% do total da renda auferida, o que certamente não representa confisco.

Como dito, as alíquotas devem ser aplicadas de forma progressiva e gradual sobre o salário de contribuição. Cada alíquota incide sobre a faixa de valores compreendida nos respectivos limites. Em alguns casos, em comparação com o sistema anterior, haverá redução no valor da contribuição; em outros, aumento.

No sistema legal anterior, se o salário de contribuição fosse de um salário mínimo, correspondente a R$1.320,00, a contribuição com alíquota de 8% era de R$104,16. Depois da EC n.º 103/19, a contribuição deve ser apurada com alíquota de 7,5%, ou seja, R$99,00.

No caso em que o salário de contribuição era de R$5.000,00, a contribuição ficava sujeita à alíquota de 11%, correspondendo a R$550,00. Pelo novo sistema da EC n.º 103/19, haverá a incidência da alíquota de 7,5% até um salário mínimo. Tendo por base o salário mínimo de R$1.320,00 em maio de 2023, a contribuição previdenciária com a alíquota de 7,5% é de R$99,00. Acima de R$1.320,01 até R$2.571,29, a alíquota é de 9% (R$2.571,29 − R$1.320,00 = R$1.251,29 x 9% = R$112,61). Na faixa subsequente é 12% (R$3.856,94 − R$2.571,30 = R$1.285,64 x 12% = 154,27) e sobre o valor que exceder a R$3.856,95 até R$7.507,49, que é o limite máximo do salário de contribuição em maio de 2023, a alíquota é de 14% (No caso, R$5.000,00 − R$3.856,95 = R$1.143,05 x 14% = R$160,02). No sistema atual, a contribuição devida passou a ser de R$525,90 (R$99,00+ 112,61 + 154,27 + 160,02).

As contribuições do regime próprio de Previdência Social também podem ter alíquotas progressivas, de acordo com a alteração efetuada pela EC n.º 103/19 no § 1º do art. 149 da CF. O STF tem reconhecido a constitucionalidade de leis estaduais anteriores à EC nº 103/19 que haviam majorado de forma escalonada as alíquotas das contribuições previdenciárias de servidores públicos estaduais ativos, inativos, pensionistas e militares, entendendo haver razoabilidade e proporcionalidade, sem natureza confiscatória[154], além de não atentar contra o princípio da irredutibilidade remuneratória[155].

Portanto, as contribuições previdenciárias dos segurados empregados, doméstico e avulsos do regime geral e daqueles vinculados ao regime próprio de previdência social, ficaram sujeitas às alíquotas progressivas, as quais são idênticas até o limite máximo do salário de contribuição do regime geral, variando entre 7,5%, 9%, 12% e 14%. No regime próprio, como as contribuições também incidem sobre o valor que exceder ao limite máximo do salário de contribuição, as alíquotas subsequentes são 14,5%, 16,5%, 19% e 22%. No caso dos servidores da União, as alíquotas progressivas e respectiva base de cálculo foram fixadas no art. 11 da EC n.º 103/19[156].

4. EMPREGADOS E AVULSOS DE EMPRESAS OPTANTES PELO SIMPLES

A Constituição Federal atribui à lei complementar a competência para instituir um tratamento tributário diferenciado e favorecido para as microempresas e empresas de pequeno porte, abrangendo inclusive as contribuições previdenciárias[157].

A LC n.º 123/06 criou o denominado SIMPLES Nacional, disciplinando o tratamento tributário simplificado para as pessoas jurídicas optantes. A opção permite o recolhimento mensal, mediante documento único, de alguns tributos, entre eles a contribuição previdenciária

---

154 STF, ADI 5.994: "A majoração escalonada de 11% para 14% da alíquota de contribuição previdenciária de servidores públicos estaduais ativos, inativos e pensionistas, e de militares, destinada a custear o Regime Próprio de Previdência Social, revela-se razoável e proporcional, de modo que não ofende o princípio tributário da vedação ao confisco".

155 STF, ADI 2.521: "A majoração da alíquota para o custeio do Regime Próprio de Previdência Social de servidores públicos estaduais de 10% para 13,50% e, posteriormente, para 14%, revela-se razoável e proporcional, de modo que não produz efeito confiscatório nem atenta contra o princípio da irredutibilidade remuneratória".

156 A constitucionalidade da progressividade das alíquotas da contribuição previdenciária dos servidores públicos é objeto do Tema 1226, do STF, pendente de julgamento.

157 Art. 146, III, d, da CF.

patronal do art. 22 desta lei, exceto para as prestadoras de serviços mencionadas no § 5º-C do art. 18 da LC n.º 123/06[158].

A opção ao SIMPLES, todavia, não abrange a contribuição previdenciária dos próprios empregados e avulsos que prestem serviços ao contribuinte optante. Por isto, o contribuinte que aderiu ao SIMPLES está obrigado a reter e recolher a contribuição previdenciária dos seus empregados e avulsos, na forma prevista no art. 28 da EC n.º 103/19, como também dos contribuintes individuais que lhe prestem serviços, como acima fora explicitado.

---

158 Art. 18, §5º-C, da LC n.º 123/06: "§ 5º-C – Sem prejuízo do disposto no § 1º do art. 17 desta Lei Complementar, as atividades de prestação de serviços seguintes serão tributadas na forma do Anexo IV desta Lei Complementar, hipótese em que não estará incluída no Simples Nacional a contribuição prevista no inciso VI do caput do art. 13 desta Lei Complementar, devendo ela ser recolhida segundo a legislação prevista para os demais contribuintes ou responsáveis: I – construção de imóveis e obras de engenharia em geral, inclusive sob a forma de subempreitada, execução de projetos e serviços de paisagismo, bem como decoração de interiores; ... VI – serviço de vigilância, limpeza ou conservação; VII – serviços advocatícios.

SEÇÃO II
DA CONTRIBUIÇÃO DOS SEGURADOS CONTRIBUINTE INDIVIDUAL E FACULTATIVO. (REDAÇÃO DADA PELA LEI N.º 9.876, DE 1999)

ART. 21.

A alíquota de contribuição dos segurados contribuinte individual e facultativo será de vinte por cento sobre o respectivo salário-de-contribuição. (Redação dada pela Lei n.º 9.876, de 1999)

I - revogado; (Redação dada pela Lei n.º 9.876, de 1999)

II - revogado. (Redação dada pela Lei n.º 9.876, de 1999)

§ 1º Os valores do salário-de-contribuição serão reajustados, a partir da data de entrada em vigor desta Lei, na mesma época e com os mesmos índices que os do reajustamento dos benefícios de prestação continuada da Previdência Social. (Redação dada pela Lei n.º 9.711, de 1998) (Renumerado pela Lei Complementar n.º 123, de 2006)

§ 2º No caso de opção pela exclusão do direito ao benefício de aposentadoria por tempo de contribuição, a alíquota de contribuição incidente sobre o limite mínimo mensal do salário de contribuição será de: (Redação dada pela Lei n.º 12.470, de 2011)

I - 11% (onze por cento), no caso do segurado contribuinte individual, ressalvado o disposto no inciso II, que trabalhe por conta própria, sem relação de trabalho com empresa ou equiparado e do segurado facultativo, observado o disposto na alínea b do inciso II deste parágrafo; (Incluído pela Lei n.º 12.470, de 2011).

II - 5% (cinco por cento): (Incluído pela Lei n.º 12.470, de 2011)

a) no caso do microempreendedor individual, de que trata o art. 18-A da Lei Complementar no 123, de 14 de dezembro de 2006; **e** (Incluído pela Lei n.º 12.470, de 2011) (Produção de efeito)

b) do segurado facultativo sem renda própria que se dedique exclusivamente ao trabalho doméstico no âmbito de sua residência, desde que pertencente à família de baixa renda. (Incluído pela Lei n.º 12.470, de 2011).

§ 3° O segurado que tenha contribuído na forma do § 2° deste artigo e pretenda contar o tempo de contribuição correspondente para fins de obtenção da aposentadoria por tempo de contribuição ou da contagem recíproca do tempo de contribuição a que se refere o art. 94 da Lei n.º 8.213, de 24 de julho de 1991, **deverá complementar a contribuição mensal mediante recolhimento, sobre o valor correspondente ao limite mínimo mensal do salário-de-contribuição em vigor na competência a ser complementada, da diferença entre o percentual pago e o de 20% (vinte por cento), acrescido dos juros moratórios de que trata o § 3°** do art. 5o da Lei n.º 9.430, de 27 de dezembro de 1996. (Redação dada pela Lei n.º 12.470, de 2011) (Produção de efeito).

§ 4° Considera-se de baixa renda, para os fins do disposto na alínea b do inciso II do § 2° deste artigo, a família inscrita no Cadastro Único para Programas Sociais do Governo Federal – CadÚnico cuja renda mensal seja de até 2 (dois) salários mínimos. (Redação dada pela Lei n.º 12.470, de 2011).

§ 5° A contribuição complementar a que se refere o § 3° deste artigo será exigida a qualquer tempo, sob pena de indeferimento do benefício. (Incluído pela Lei n.º 12.507, de 2011)

1. CONTRIBUINTE INDIVIDUAL

O contribuinte individual é uma das classes de segurados obrigatórios. A lei e o regulamento arrolam as diversas espécies de segurados que são tidos como contribuintes individuais[159].

Os contribuintes individuais poderão exercer atividade por conta própria ou prestar serviços a uma ou mais empresas ou equiparados. A base de cálculo do contribuinte individual está definida no art. 28, III: a) a remuneração auferida em uma ou mais empresas ou; b) pelo exercício de sua atividade por conta própria, durante o mês. A alíquota do contribuinte individual, como regra, é de 20%, segundo previsto no "caput" deste artigo.

---

[159] Vide comentários ao art. 12, V.

Entretanto, existem situações especiais de apuração diferenciada da base de cálculo, alíquotas e técnicas de arrecadação da contribuição devida pelo contribuinte individual, de acordo com os comentários relacionados aos artigos 28 e 30. Neste preceito, será analisado o sistema especial de inclusão previdenciária que deve ser aplicado quando existir a opção pela exclusão do direito ao benefício de aposentadoria por tempo de contribuição.

2. SISTEMA ESPECIAL DE INCLUSÃO PREVIDENCIÁRIA – PLANO SIMPLIFICADO DE PREVIDÊNCIA

A EC n.º 41/03 acrescentou o § 12 ao art. 201 da CF, atribuindo à lei competência para dispor sobre um sistema especial de inclusão previdenciária para trabalhadores de baixa renda, garantindo-lhes acesso a benefícios de valor igual a um salário mínimo, exceto aposentadoria por tempo de contribuição.

A EC n.º 47/05 deu nova redação ao preceito, incluindo os trabalhadores sem renda própria que se dedicassem exclusivamente ao trabalho doméstico no âmbito de sua residência, desde que pertencentes à família de baixa renda. Ao mesmo tempo, acrescentou o § 13 ao art. 201 da CF, dispondo que o sistema especial de inclusão previdenciária "terá alíquotas e carências inferiores às vigentes para os demais segurados do regime geral de Previdência Social".

A EC n.º 103/19 voltou a conferir nova redação aos §§ 12º e 13º do art. 201, da CF. No § 12º manteve o sistema especial de inclusão previdenciária, com alíquotas diferenciadas, "para atender aos trabalhadores de baixa renda, inclusive os que se encontram em situação de informalidade, e àqueles sem renda própria que se dediquem exclusivamente ao trabalho doméstico no âmbito de sua residência, desde que pertencentes a famílias de baixa renda". No § 13º dispôs que a aposentadoria concedida ao segurado do sistema especial de inclusão previdenciária terá o valor de um salário mínimo.

No plano infralegal, o sistema especial de inclusão previdenciária foi instituído pela Lei n.º 12.470/11, a qual alterou este artigo em comento, sendo denominado de Plano Simplificado de Previdência. O Plano Simplificado permite ao contribuinte individual e ao facultativo optarem pela exclusão do direito à aposentadoria por tempo de contribuição, hipótese em que a base de cálculo e a alíquota serão reduzidas, na forma prevista na lei.

2.1. CONTRIBUINTE INDIVIDUAL – EXCLUSÃO DO DIREITO À APOSENTADORIA POR TEMPO DE CONTRIBUIÇÃO

O contribuinte individual que trabalhar por conta própria, sem relação de trabalho com empresa ou equiparado, pode optar pela exclusão do seu direito à aposentadoria por tempo de contribuição, aderindo ao denominado Plano Simplificado de Previdência.

O plano simplificado é apenas para o contribuinte individual que exerça atividade por conta própria, sem relação de trabalho com empresa ou equiparados à empresa. O exercício de atividades concomitantes[160] não permite que o contribuinte individual opte pelo plano simplificado de Previdência Social. No plano simplificado, o seu salário de contribuição corresponderá ao salário mínimo e o recolhimento das contribuições poderá ocorrer de forma trimestral[161] e a alíquota será reduzida para 11%.

2.2. MICROEMPREENDEDOR INDIVIDUAL – EXCLUSÃO DO DIREITO À APOSENTADORIA POR TEMPO DE CONTRIBUIÇÃO

No caso do microempreendedor individual, existe um subsistema específico para o recolhimento das contribuições previdenciárias, previsto na LC n.º 123/06.

O microempreendedor individual (MEI) representa uma modalidade de microempresa e pode optar pelo sistema tributário simplificado previsto na LC n.º 123/06, mediante o pagamento de valores fixos mensais, independentemente da receita bruta auferida no mês, tal como previsto no art. 18 da LC n.º 123/06. O objetivo da criação do MEI é o de formalizar os pequenos empreendimentos e promover a inclusão social e previdenciária[162].

A LC n.º 123/06 caracteriza como microempreendedor individual quem tenha auferido receita bruta, no ano-calendário anterior, de até R$ 81.000,00 (oitenta e um mil reais), que seja optante pelo Simples

---

160 Vide comentários ao art. 12.

161 Art. 216, §15, do Decreto n.º 3.048/99.

162 Art. 18-E, "caput", da LC n.º 123/06.

Nacional e que não esteja impedido de optar pela sistemática recolhimento prevista no art. 18-A da LC n.º 123/06[163], e seja empresário individual que se enquadre na definição do art. 966 Código Civil[164]. Também é denominado MEI o empreendedor que exerça: I – as atividades de que trata o § 4º-A do art. 18-A da LC n.º 123/06[165]; II – as atividades de que trata o § 4º-B do art. 18-A da LC n.º 123/06[166], estabelecidas pelo CGSN; e III – as atividades de industrialização, comercialização e prestação de serviços no âmbito rural. Esta definição foi conferida pela LC n.º 188/21, a qual incluiu o § 1º e os incisos I, II e III ao art. 18-A da LC n.º 123/06.

O microempreendedor individual que optar pelo SIMPLES ficará sujeito ao recolhimento da sua contribuição previdenciária com alíquota de 5% sobre o valor mínimo do salário de contribuição, ou seja, sobre o salário mínimo, excluindo-se o seu direito à aposentadoria por tempo de contribuição[167].

A LC n.º 123/06 também permite o enquadramento como MEI do "empresário individual ou o empreendedor que exerça as atividades de industrialização, comercialização e prestação de serviços no âmbito rural que possua um único empregado que receba exclusivamente um salário mínimo ou o piso salarial da categoria profissional". Neste caso, a contribuição previdenciária incidente sobre a remuneração do

---

163 Art. 18-A, da LC n.º 123/06: "Art. 18-A. O Microempreendedor Individual – MEI poderá optar pelo recolhimento dos impostos e contribuições abrangidos pelo Simples Nacional em valores fixos mensais, independentemente da receita bruta por ele auferida no mês, na forma prevista neste artigo".

164 Art. 966, do CC: "Art. 966. Considera-se empresário quem exerce profissionalmente atividade econômica organizada para a produção ou a circulação de bens ou de serviços".

Parágrafo único. Não se considera empresário quem exerce profissão intelectual, de natureza científica, literária ou artística, ainda com o concurso de auxiliares ou colaboradores, salvo se o exercício da profissão constituir elemento de empresa.

165 Art. 18-A, §4º-A, da LC n.º 123/06: "Art. 18-A, §4º-A. Observadas as demais condições deste artigo, poderá optar pela sistemática de recolhimento prevista no caput o empresário individual que exerça atividade de comercialização e processamento de produtos de natureza extrativista".

166 Art. 18-A, §4º-B, da LC n.º 123/06: "Art. 18-A, §4º-B. O CGSN determinará as atividades autorizadas a optar pela sistemática de recolhimento de que trata este artigo, de forma a evitar a fragilização das relações de trabalho, bem como sobre a incidência do ICMS e do ISS".

167 Art. 18-A, §3º, IV, da LC n.º 123/06.

empregado será calculada com a alíquota de 3%[168]. Esta contribuição não deve ser confundida com a contribuição do próprio MEI, apurada com a alíquota de 5% sobre o salário mínimo, excluindo-se o direito à aposentadoria por tempo de contribuição.

O MEI que tenha contribuído por esta forma simplificada poderá optar pela complementação da contribuição para fins de obter aposentadoria por tempo de contribuição ou contagem recíproca, tal como é comentado no item "cômputo do tempo de contribuição".

No caso de transportador autônomo inscrito como microempreendedor individual, na forma prevista no art. 18-A da LC n.º 123/06, a sua contribuição previdenciária, na qualidade de contribuinte individual, observado o disposto no art. 18-F da LC n.º 123/06, deverá corresponder a 12% do salário mínimo mensal[169].

2.3. FACULTATIVO – EXCLUSÃO DO DIREITO À APOSENTADORIA POR TEMPO DE CONTRIBUIÇÃO

O segurado facultativo refere-se a qualquer pessoa maior de 16 anos de idade e que não se enquadre em uma das classes de segurado obrigatório[170].

O segurado facultativo pode optar pela exclusão do direito ao benefício de aposentadoria por tempo de contribuição, caso em que ficará sujeito ao recolhimento da sua contribuição com alíquota de 11%, incidente sobre o limite mínimo mensal do salário de contribuição.

O facultativo que não possua renda própria e que se dedique exclusivamente ao trabalho doméstico no âmbito da sua residência, desde que pertencente a família de baixa renda, tem o benefício de contribuir com a alíquota de 5% sobre o valor mínimo do salário de contribuição, desde que também tenha optado pela exclusão do direito ao benefício de aposentadoria por tempo de contribuição.

O § 4º do preceito em comento qualifica como de baixa renda a família inscrita no Cadastro Único para Programas Sociais do Governo Federal – CadÚnico, instituído pelo art. 6º-F da Lei n.º 8.742/93, cuja renda mensal seja de até dois salários mínimos.

---

168 Art. 18-C, §1º, III, da LC n.º 123/06.

169 Art. 18-F, III, da LC n.º 123/06.

170 Vide comentários ao art. 14.

O CadÚnico é regulado pelo Decreto n.º 11.017/22 e "é instrumento de coleta, processamento, sistematização e disseminação de informações, com a finalidade de realizar a identificação e a caracterização socioeconômica das famílias de baixa renda que residem no território nacional". É obrigatoriamente utilizado para selecionar beneficiários e integrar os programas sociais do Governo Federal.

Portanto, o facultativo inscrito no CadÚnico, optando pela exclusão do direito ao benefício de aposentadoria por tempo de contribuição, ficará sujeito ao recolhimento da sua contribuição previdenciária com alíquota de 5%. Não sendo inscrito no CadÚnico, mas tendo optado pela exclusão do direito ao benefício de aposentadoria por tempo de contribuição, a alíquota deverá ser a de 11%. Em ambos os casos, a base de cálculo será o limite mínimo mensal do salário de contribuição.

2.4. CÔMPUTO DO TEMPO DE CONTRIBUIÇÃO

A contribuição previdenciária com a alíquota reduzida de 11% sobre o valor mínimo do salário de contribuição, para o contribuinte individual que trabalhe por conta própria, sem relação de trabalho com empresa ou equiparado, ou das alíquotas de 11% ou 5% do segurado facultativo, assim como a de 5% do microempreendedor individual, aplica-se quando o segurado tiver optado pela exclusão da aposentadoria por tempo de contribuição.

Tais segurados que recolheram a contribuição com as alíquotas mínimas, uma vez que haviam optado pela exclusão do direito à aposentadoria por tempo de contribuição, podem ter interesse na aposentadoria por tempo de contribuição ou na contagem recíproca prevista no art. 94 da Lei n.º 8.213/91[171].

---

[171] Art. 94, da Lei n.º 8.213/91: "Art. 94. Para efeito dos benefícios previstos no Regime Geral de Previdência Social ou no serviço público é assegurada a contagem recíproca do tempo de contribuição na atividade privada, rural e urbana, e do tempo de contribuição ou de serviço na administração pública, hipótese em que os diferentes sistemas de previdência social se compensarão financeiramente. § 1º A compensação financeira será feita ao sistema a que o interessado estiver vinculado ao requerer o benefício pelos demais sistemas, em relação aos respectivos tempos de contribuição ou de serviço, conforme dispuser o Regulamento. § 2º Não será computado como tempo de contribuição, para efeito dos benefícios previstos em regimes próprios de previdência social, o período em que o segurado contribuinte individual ou facultativo tiver contribuído na forma do § 2º do art. 21 da Lei n.º

Nestes casos, o segurado deverá proceder ao recolhimento da diferença da alíquota de 5% ou 11%, conforme o caso, para 20%, pois esta é a alíquota ordinária do contribuinte individual, prevista no art. 21. A contribuição será de natureza complementar, correspondente à diferença entre o percentual pago e o de 20%. A base de cálculo será o valor do salário mínimo vigente no mês da competência a ser complementada, acrescido de juros pela taxa SELIC, calculados a partir do primeiro dia do segundo mês subsequente.

A contribuição complementar é uma indenização do tempo de contribuição para fins de obtenção da aposentadoria por tempo de contribuição no regime geral ou no regime próprio, mediante contagem recíproca, assegurada pelo § 9º do art. 201 da CF, com a redação conferida pela EC n.º 103/19: "Para fins de aposentadoria, será assegurada a contagem recíproca do tempo de contribuição entre o Regime Geral de Previdência Social e os regimes próprios de previdência social, e destes entre si, observada a compensação financeira, de acordo com os critérios estabelecidos em lei".

Como possui natureza jurídica de indenização para assegurar o cômputo do tempo de contribuição, a diferença pode ser recolhida a qualquer tempo, não se cogitando de prazo decadencial para o lançamento destinado a constituir os créditos tributários das contribuições.

É nula a aposentadoria concedida por regime próprio de previdência social com contagem recíproca do Regime Geral sem a correspondente indenização pelo segurado, segundo prevê o § 3º do art. 25 da EC n.º 103/19[172].

8.212, de 24 de julho de 1991, salvo se complementadas as contribuições na forma do § 3º do mesmo artigo".

172 Vide comentários ao art. 45-A.

CAPÍTULO IV
DA CONTRIBUIÇÃO
DA EMPRESA

ART. 22.

A contribuição a cargo da empresa, destinada à Seguridade Social, além do disposto no art. 23, é de:

I - vinte por cento sobre o total das remunerações pagas, devidas ou creditadas a qualquer título, durante o mês, aos segurados empregados e trabalhadores avulsos que lhe prestem serviços, destinadas a retribuir o trabalho, qualquer que seja a sua forma, inclusive as gorjetas, os ganhos habituais sob a forma de utilidades e os adiantamentos decorrentes de reajuste salarial, quer pelos serviços efetivamente prestados, quer pelo tempo à disposição do empregador ou tomador de serviços, nos termos da lei ou do contrato ou, ainda, de convenção ou acordo coletivo de trabalho ou sentença normativa. [Redação dada pela Lei n.º 9.876, de 1999).

II - para o financiamento do benefício previsto nos arts. 57 e 58 da Lei n.º 8.213, de 24 de julho de 1991, e daqueles concedidos em razão do grau de incidência de incapacidade laborativa decorrente dos riscos ambientais do trabalho, sobre o total das remunerações pagas ou creditadas, no decorrer do mês, aos segurados empregados e trabalhadores avulsos: (Redação dada pela Lei n.º 9.732, de 1998).

a) 1% (um por cento) para as empresas em cuja atividade preponderante o risco de acidentes do trabalho seja considerado leve;

b) 2% (dois por cento) para as empresas em cuja atividade preponderante esse risco seja considerado médio;

c) 3% (três por cento) para as empresas em cuja atividade preponderante esse risco seja considerado grave.

III - vinte por cento sobre o total das remunerações pagas ou creditadas a qualquer título, no decorrer do mês, aos segurados contribuintes individuais que lhe prestem serviços; (Incluído pela Lei n.º 9.876, de 1999)

IV - [Execução suspensa pela Resolução do Senado Federal n.º 10, de 2016)

§ 1º No caso de bancos comerciais, bancos de investimentos, bancos de desenvolvimento, caixas econômicas, sociedades de crédito, financiamento e investimento, sociedades de crédito imobiliário, sociedades corretoras, distribuidoras de títulos e valores mobiliários, empresas de arrendamento mercantil, cooperativas de crédito, empresas de seguros privados e de capitalização, agentes autônomos de seguros privados e de crédito e entidades de previdência privada abertas e fechadas, além das contribuições referidas neste artigo e no art. 23, é devida a contribuição adicional de dois vírgula cinco por cento sobre a base de cálculo definida nos incisos I e III deste artigo. (Redação dada pela Lei n.º 9.876, de 1999). (Vide Medida Provisória n.º 2.158-35, de 2001)

§ 2º Não integram a remuneração as parcelas de que trata o § 9º do art. 28.

§ 3º O Ministério do Trabalho e da Previdência Social poderá alterar, com base nas estatísticas de acidentes do trabalho, apuradas em inspeção, o enquadramento de empresas para efeito da contribuição a que se refere o inciso II deste artigo, a fim de estimular investimentos em prevenção de acidentes.

§ 4º O Poder Executivo estabelecerá, na forma da lei, ouvido o Conselho Nacional da Seguridade Social, mecanismos de estímulo às empresas que se utilizem de empregados portadores de deficiências física, sensorial e/ou mental com desvio do padrão médio.

§ 5º (Revogado pela Lei n.º 10.256, de 2001).

§ 6º A contribuição empresarial da associação desportiva que mantém equipe de futebol profissional destinada à Seguridade Social, em substituição à prevista nos incisos I e II deste artigo, corresponde a cinco por cento da receita bruta, decorrente dos espetáculos desportivos de que participem em todo território nacional em qualquer modalidade desportiva, inclusive jogos internacionais, e de qualquer forma de patrocínio, licenciamento de uso de marcas e símbolos, publicidade, propaganda e de transmissão de espetáculos desportivos. (Parágrafo acrescentado pela Lei n.º 9.528, de 10.12.97)

§ 7º Caberá à entidade promotora do espetáculo a responsabilidade de efetuar o desconto de cinco por cento da receita bruta decorrente dos espetáculos desportivos e o respectivo recolhimento ao Instituto Nacional do Seguro Social, no prazo de até dois dias úteis após a realização do evento. (Parágrafo acrescentado pela Lei n.º 9.528, de 10.12.97)

§ 8º Caberá à associação desportiva que mantém equipe de futebol profissional informar à entidade promotora do espetáculo desportivo todas as receitas auferidas no evento, discriminando-as detalhadamente. (Parágrafo acrescentado pela Lei n.º 9.528, de 10.12.97)

§ 9º No caso de a associação desportiva que mantém equipe de futebol profissional receber recursos de empresa ou entidade, a título de patrocínio, licenciamento de uso de marcas e símbolos, publicidade, propaganda e transmissão de espetáculos, esta última ficará com a responsabilidade de reter e recolher o percentual de cinco por cento da receita bruta decorrente do evento, inadmitida qualquer dedução, no prazo estabelecido na alínea "b", inciso I, do art. 30 desta Lei. (Parágrafo acrescentado pela Lei n.º 9.528, de 10.12.97)

§ 10º Não se aplica o disposto nos §§ 6º ao 9º às demais associações desportivas, que devem contribuir na forma dos incisos I e II deste artigo e do art. 23 desta Lei. (Parágrafo acrescentado pela Lei n.º 9.528, de 10.12.97)

§ 11º O disposto nos §§ 6º ao 9º deste artigo aplica-se à associação desportiva que mantenha equipe de futebol profissional e atividade econômica organizada para a produção e circulação de bens e serviços e que se organize regularmente, segundo um dos tipos regulados nos arts. 1.039 a 1.092 da Lei n.º 10.406, de 10 de janeiro de 2002 - Código Civil. (Redação dada pela Lei n.º 11.345, de 2006)

§ 11º-A. O disposto no § 11 deste artigo aplica-se apenas às atividades diretamente relacionadas com a manutenção e administração de equipe profissional de futebol, não se estendendo às outras atividades econômicas exercidas pelas referidas sociedades empresariais beneficiárias. (Incluído pela Lei n.º 11.505, de 2007)

§ 12º (VETADO) (Incluído pela Lei n.º 10.170, de 2000).

§ 13º Não se considera como remuneração direta ou indireta, para os efeitos desta Lei, os valores despendidos pelas entidades religiosas e instituições de ensino vocacional com ministro de confissão religiosa, membros de instituto de vida consagrada, de congregação ou de ordem religiosa em face do seu mister religioso ou para sua subsistência desde que fornecidos em condições que independam da natureza e da quantidade do trabalho executado. (Incluído pela Lei n.º 10.170, de 2000).

§ 14º Para efeito de interpretação do § 13º deste artigo: (Incluído pela Lei n.º 13.137, de 2015).

I - os critérios informadores dos valores despendidos pelas entidades religiosas e instituições de ensino vocacional aos ministros de confissão religiosa, membros de vida consagrada, de congregação ou de ordem religiosa não são taxativos e sim exemplificativos; (Incluído pela Lei n.º 13.137, de 2015).

II - os valores despendidos, ainda que pagos de forma e montante diferenciados, em pecúnia ou a título de ajuda de custo de moradia, transporte, formação educacional, vinculados exclusivamente à atividade religiosa não configuram remuneração direta ou indireta. (Incluído pela Lei n.º 13.137, de 2015).

§ 15º Na contratação de serviços de transporte rodoviário de carga ou de passageiro, de serviços prestados com a utilização de trator,

> máquina de terraplenagem, colheitadeira e assemelhados, a base de cálculo da contribuição da empresa corresponde a 20% (vinte por cento) do valor da nota fiscal, fatura ou recibo, quando esses serviços forem prestados por condutor autônomo de veículo rodoviário, auxiliar de condutor autônomo de veículo rodoviário, bem como por operador de máquinas. (Incluído pela Lei n.º 13.202, de 2015).
>
> § 16° Conforme previsto nos <u>arts. 106</u> e <u>110 da Lei n.º 5.172, de 25 de outubro de 1966</u> (Código Tributário Nacional), o disposto no § 14° deste artigo aplica-se aos fatos geradores anteriores à data de vigência da <u>Lei n.º 13.137, de 19 de junho de 2015</u>, consideradas nulas as autuações emitidas em desrespeito ao previsto no respectivo diploma legal. (Incluído pela Lei n.º 14.057, de 2020).

1. CONTRIBUIÇÃO DA EMPRESA E EQUIPARADOS SOBRE A FOLHA DE SALÁRIOS DOS EMPREGADOS E AVULSOS

A Constituição Federal outorga competência tributária para a União instituir contribuições de responsabilidade do empregador, da empresa e da entidade a ela equiparada na forma da lei, incidentes sobre a folha de salários e demais rendimentos do trabalho pagos ou creditados, a qualquer título, à pessoa física que lhe preste serviço, mesmo sem vínculo empregatício[173]. Dispõe ainda que os ganhos habituais do empregado, a qualquer título, serão incorporados ao salário para efeito de contribuição previdenciária e consequente repercussão em benefícios, nos casos e na forma da lei[174].

O art. 15, I, define a empresa e o seu parágrafo único trata dos equiparados à empresa, ficando todos sujeitos às contribuições previstas neste art. 22[175].

Não se deve confundir estas contribuições que tem a empresa como sujeito passivo direto com as contribuições devidas pelos demais segurados obrigatórios e que a empresa atua apenas como responsável tributária, possuindo o dever legal de reter e recolher as contribuições[176].

O inciso I do "caput" deste artigo instituiu a contribuição previdenciária de responsabilidade das empresas sobre a folha de salários dos seus empregados e trabalhadores avulsos que lhes prestem serviços, também chamada de contribuição patronal ou contribuição sobre a folha de pagamentos.

---

173 Art. 195, I, a, da CF.

174 Art. 201, §11°, da CF.

175 A referência feita à empresa abrange os contribuintes a ela equiparados.

176 Vide comentários ao art. 30, I, "a", "b".

1.1. BASE DE CÁLCULO E ALÍQUOTA

A base de cálculo da contribuição da empresa sobre a folha de salários dos seus empregados e trabalhadores avulsos, prevista no inciso I, corresponde ao total das remunerações pagas, devidas ou creditadas a qualquer título, durante o mês, "destinadas a retribuir o trabalho, qualquer que seja a sua forma, inclusive as gorjetas, os ganhos habituais sob a forma de utilidades e os adiantamentos decorrentes de reajuste salarial, quer pelos serviços efetivamente prestados, quer pelo tempo à disposição do empregador ou tomador de serviços, nos termos da lei ou do contrato ou, ainda, de convenção ou acordo coletivo de trabalho ou sentença normativa".

A contribuição da empresa tem como suporte a remuneração destinada a retribuir o trabalho, incluindo as gorjetas e outros ganhos habituais, e deve ser integrada pelo comando inserto no art. 28, que trata do salário de contribuição dos empregados e trabalhador avulso, uma vez que possui a mesma identidade material. A redação do inciso I deste artigo é igual à redação do inciso I do art. 28, que trata da base de cálculo dos empregados e trabalhadores avulsos. Entretanto, existe uma diferença fundamental no aspecto material: a base cálculo da contribuição da empresa não tem limite máximo, ao contrário do que a lei prevê em relação aos demais segurados obrigatórios, cuja base de cálculo está sempre limitada pelo valor máximo do salário de contribuição. Ademais, enquanto as alíquotas são variáveis para os mencionados segurados, para a empresa a alíquota da sua contribuição sobre a folha de salários dos seus empregados e avulsos é sempre de 20%. Frente à simetria material da base de cálculo, todas as exclusões do salário de contribuição previstas no § 9º do art. 28 também não integram a remuneração para fins de incidência da contribuição da empresa, como prevê o § 2º deste artigo[177].

As cooperativas são equiparadas às empresas pelo art. 15, razão por que estão obrigadas ao pagamento das contribuições previdenciárias sobre a folha de salários dos seus empregados e avulsos, como também dos contribuintes individuais que lhe prestem serviços[178]. As coopera-

---

177 Vide comentários ao art. 28.

178 Vide comentários ao art. 15.

tiva não são equiparadas às empresas em relação aos seus cooperados, exceto quando estes prestarem serviços à própria cooperativa[179].

A contribuição da empresa a recolher será representada pelo resultado da incidência da alíquota de 20% sobre a base de cálculo, exceto no caso das pessoas jurídicas mencionadas no § 1º, as quais estão sujeitas ao adicional de 2,5%, como é comentado a seguir.

2. CONTRIBUIÇÃO ADICIONAL DAS INSTITUIÇÕES FINANCEIRAS E ASSEMELHADOS

A Constituição Federal, originariamente, não outorgava competência tributária para que fossem estabelecidas alíquotas ou bases de cálculo diferenciadas para as contribuições previdenciárias dos empregadores, incidentes sobre a folha de salários, o faturamento e o lucro. Foi a EC n.º 20/98 que, ao mesmo tempo em que alterou a outorga das competências do inciso I do art. 195, incluiu o § 9º ao art. 195, autorizando que as contribuições da empresa e equiparados, incidentes sobre a folha de salários e demais rendimentos do trabalho pagos ou creditados, a qualquer título, à pessoa física que lhe preste serviço, mesmo sem vínculo empregatício, as contribuições sobre a receita ou faturamento e as incidentes sobre o lucro, pudessem ter alíquotas ou bases de cálculo diferenciadas, em razão da atividade econômica ou da utilização intensiva de mão de obra. Depois, a EC n.º 47/05 tornou a dar nova redação ao § 9º do art. 195, acrescentando que as alíquotas ou bases de cálculo diferenciadas também poderiam ser fixadas em razão do porte da empresa ou da condição estrutural do mercado de trabalho[180]. O tratamento diferenciado, perceba-se, poderia ocorrer tanto em relação à alíquota quanto à base de cálculo, e apanhava todas as contribuições do art. 195, I (folha de salários, receita ou faturamento e lucro).

A EC n.º 103/19 conferiu distinta redação ao § 9º do art. 195, da Constituição Federal, fixando novos critérios para o legislador instituir tratamento diferenciado das contribuições para o sistema de Seguridade Social. No sistema anterior, as alíquotas ou bases de cálculo poderiam

---

179 Vide abaixo os comentários da contribuição sobre a remuneração paga aos contribuintes individuais.

180 Art. 195, §9º, da CF: "As contribuições sociais previstas no inciso I do caput deste artigo poderão ter alíquotas ou bases de cálculo diferenciadas, em razão da atividade econômica, da utilização intensiva de mão de obra, do porte da empresa ou da condição estrutural do mercado de trabalho".

ser diferenciadas, tomando por base a atividade econômica, a utilização intensiva de mão de obra, o porte da empresa ou a condição estrutural do mercado de trabalho. Com a EC n.º 103/19, a base de cálculo diferenciada foi restringida para contemplar apenas as contribuições das alíneas "b" e "c", ou seja, as contribuições incidentes sobre a receita ou faturamento, ou lucro (PIS/COFINS e contribuição social sobre o lucro).

Na redação original do § 1º deste art. 22, as instituições financeiras e assemelhados estavam sujeitas ao adicional de alíquota de 2,5% da contribuição previdenciária sobre a folha de salários, ou seja, a contribuição deveria ser recolhida com alíquota de 22,5%. Deve ser assinalado que este adicional já era previsto no art. 3º, §2º da Lei n.º 7.787/89[181]. Depois, a Lei n.º 9.876/99 deu nova redação ao § 1º deste preceito, incluindo a contribuição de 22,5% também sobre a remuneração paga ou creditada ao contribuinte individual que prestasse serviços às instituições financeiras.

Os bancos comerciais, bancos de investimentos, bancos de desenvolvimento, caixas econômicas, sociedades de crédito, financiamento e investimento, sociedades de crédito imobiliário, sociedades corretoras, distribuidoras de títulos e valores mobiliários, empresas de arrendamento mercantil, cooperativas de crédito, empresas de seguros privados e de capitalização, agentes autônomos de seguros privados e de crédito e entidades de previdência privada abertas e fechadas, sujeitam-se ao recolhimento da contribuição previdenciária com alíquota de 22,5% sobre a folha de salários dos seus empregados e avulsos, como também sobre a remuneração paga ou creditada aos contribuintes individuais que lhes prestem serviços (adicional de 2,5% sobre as bases dos incisos I e III).

O adicional de alíquota à contribuição previdenciária sobre a folha de salários, previsto inicialmente na Lei n.º 7.787/89[182], e depois na redação original do § 1º do art. 22 da Lei n.º 8.212/91, mas antes da EC n.º 20/98, foi sopesado como constitucional pelo STF. O Tribunal

---

181 Art. 3, § 2º, da Lei n.º 7.787/89: "No caso de bancos comerciais, bancos de investimentos, bancos de desenvolvimento, caixas econômicas, sociedades de crédito, financiamento e investimento, sociedades de crédito imobiliário, sociedades corretoras, distribuidoras de títulos e valores mobiliários, empresas de arrendamento mercantil, cooperativas de crédito, empresas de seguros privados e capitalização, agentes autônomos de seguros privados e de crédito e entidades de previdência privada abertas e fechadas, além das contribuições referidas nos incisos I e II, é devida a contribuição adicional de 2,5% sobre a base de cálculo referida no inciso I".

182 Vide nota anterior.

entendeu que o princípio da solidariedade "assumiu papel de enorme relevo a justificar que os contribuintes sejam chamados a participar da manutenção do sistema, sem necessariamente a exigência de algum tipo de vínculo com os demais segurados, bem como façam jus a determinada retribuição ou qualquer espécie de benefício. Esclareceu que a Seguridade Social é financiada por toda a sociedade (CF, art. 195, "caput")". A participação dos distintos segmentos que a integram tem como parâmetro a capacidade contributiva de cada um deles, pois somente assim se afigura possível atingir a justiça social. Ademais, as contribuições sociais têm como fundamento uma solidariedade intergeracional. Tal característica une as gerações presentes e futuras quanto à obrigação de arcar com os custos de manutenção da seguridade pública, de maneira a contemplar os beneficiários atuais e vindouros do sistema, sem contrapartida simétrica de todos os contribuintes em termos de benefícios. O custeio da Seguridade Social baseia-se na diversidade de seu financiamento, como também no princípio da equidade, sem que haja nisso qualquer ofensa ao princípio constitucional da isonomia. Por essa razão, antes mesmo da Emenda Constitucional n.º 20/1998, que introduziu o § 9º no art. 195 do texto constitucional, já existia a possibilidade de o Estado exigir aportes diferenciados para a Seguridade Social, levando em conta a maior ou menor capacidade de participação dos contribuintes na manutenção do sistema".

A matéria julgada pelo STF é objeto do Tema 470:

"É constitucional a contribuição adicional de 2,5% (dois e meio por cento) sobre a folha de salários instituída para as instituições financeiras e assemelhadas pelo art. 3º, § 2º, da Lei 7.787/1989, mesmo considerado o período anterior à Emenda Constitucional 20/1998[183]".

O STF examinou a constitucionalidade do adicional de 2,5% na vigência da redação original do preceito e também com a alteração imposta pela Lei n.º 9.876/99 (a qual estendeu o adicional para os contribuintes individuais, ao acrescentar o inciso III na parte final do §1º), e depois das EC n.º 20/98 e 47/05. Foi afastada a alegação de inconstitucionalidade formal, visto que não se trata de nova contribuição previdenciária, a exigir lei complementar pelo § 4º do art. 195 da CF, mas mero adicional de alíquota de 2,5%. O Tribunal entendeu que as EC n.º 20/98 e 47/05 apenas explicitaram o conteúdo do princípio da

---

183 STF, RE 599.309.

capacidade contributiva, também aplicados às contribuições de Seguridade Social, fixando a seguinte tese, objeto do Tema 204:

"É constitucional a previsão legal de diferenciação de alíquotas em relação às contribuições previdenciárias incidentes sobre a folha de salários de instituições financeiras ou de entidades a elas legalmente equiparáveis, após a edição da EC 20/98[184]".

3. CONTRIBUIÇÃO AO SEGURO-ACIDENTE DO TRABALHO

A Constituição Federal dispõe que o trabalho é um direito social e que o trabalhador tem direito ao seguro contra acidentes do trabalho, a cargo do empregador[185].

Para custear os infortúnios decorrentes dos riscos ambientais do trabalho, que provocam doenças, acidentes e geram benefícios previdenciários[186] e aposentadorias especiais, a empresa é obrigada a pagar uma contribuição previdenciária variável entre 1% e 3% que incide sobre a folha de salários dos seus empregados e trabalhadores avulsos.

Esta contribuição, prevista no inciso II, é conhecida originariamente como seguro-acidente do trabalho (SAT). A contribuição é para financiar os benefícios concedidos em razão do grau de incidência de incapacidade laborativa (GIIL) decorrente dos riscos ambientais do trabalho (RAT). Por isto, ora é denominada GIIL/RAT, ora SAT (seguro-acidente do trabalho).

A base de cálculo da contribuição ao seguro-acidente do trabalho é a mesma da contribuição sobre a folha de salários dos empregados e trabalhadores avulsos, prevista no inciso I, ou seja, o total das remunerações destinadas a retribuir o trabalho, incluindo gorjetas e ganhos habituais. Por isto, quando se diz que contribuição previdenciária da empresa incide sobre a folha de salários, deve-se entender que são as contribuições dos incisos I e II deste artigo.

A contribuição ao seguro-acidente do trabalho não incide sobre a remuneração paga ao contribuinte individual que presta serviços à empresa.

---

184 STF, RE 598.572.

185 Art. 5º, XXVIII, da CF.

186 Art. 57, da Lei n.º 8.213/91.

A lei fixou as alíquotas do seguro acidente do trabalho de forma variável entre 1%, 2% e 3%, dependendo do grau de risco de acidentes do trabalho. Se na atividade preponderante o risco for leve, a alíquota é de 1%, sendo médio é de 2% e grave será de 3%. Atividade preponderante, consoante o Decreto n.º 3.048/99, é a que ocupa, na empresa, o maior número de segurados empregados e trabalhadores avulsos, cabendo à própria empresa fazer o enquadramento na referida atividade[187], mediante a observância da Relação de Atividades Preponderantes e respectivos Graus de Risco que consta no Anexo V do Decreto n.º 3.048/99. As regras para o enquadramento do grau de riscos estão reguladas na IN n.º 2.110/22[188]. De acordo com o STJ, a alíquota da contribuição para o SAT é aferida pelo grau de risco desenvolvido em cada empresa, individualizada pelo seu CNPJ, ou pelo grau de risco da atividade preponderante quando houver apenas um registro[189].

A lei não determinou no que consistiria a atividade preponderante, mas o fato de haver deixado ao regulamento a complementação do conceito de atividade preponderante, segundo o STF, não ofende o princípio da legalidade[190].

O § 3º do artigo em análise permite que o Ministério do Trabalho e da Previdência Social possa alterar, baseado nas estatísticas de acidente do trabalho, regularmente apuradas em inspeção, o enquadramento das empresas, com o objetivo de estimular investimentos em prevenção de acidentes.

3.1. FATOR ACIDENTÁRIO DE PREVENÇÃO

O art. 10 da Lei n.º 10.666/03 autorizou a redução da alíquota ao seguro-acidente do trabalho em até 50% ou o aumento em até 100%, em razão do desempenho da empresa em relação à respectiva atividade econômica, tendo em vista a Classificação Nacional de Atividades Econômicas-CNAE-Subclasse.

O desempenho da empresa dentro da respectiva atividade econômica é apurado em conformidade com os resultados obtidos a partir dos índices de frequência de acidentes ou doenças do trabalho, gravidade

---

[187] Art. 202, § 3º, do Decreto n.º 3.048/99.

[188] Art. 43, § 1º, da IN n.º 2.110/22.

[189] Súmula 351, do STJ.

[190] STF, RE 343.366.

da ocorrência de benefícios acidentários e respectivo custo, calculados segundo metodologia aprovada pelo Conselho Nacional de Previdência Social[191].

Para tanto, foi criado o Fator Acidentário de Prevenção (FAP), que consiste em um multiplicador variável entre 0,5 a 2 e que incide sobre a alíquota de 1%, 2% ou 3%, dependendo do desempenho da empresa dentro da respectiva atividade econômica[192]. O FAP, assim, majora ou reduz a alíquota do SAT, de acordo com os índices de frequência, gravidade e o custo das ocorrências de acidente do trabalho.

O FAP serve para estimular as empresas a investirem na melhoria das condições de trabalho e instrumentos de prevenção para diminuir os riscos ambientais no trabalho, protegendo a saúde e segurança do trabalhador. Empresas com maiores índices de acidente, e com acidentes mais graves, devem contribuir de forma mais onerosa do que as das empresas com menor acidentalidade.

A discriminação do desempenho da empresa dentro da respectiva atividade econômica, obtida por um índice composto pela frequência dos registros de acidentes e doenças do trabalho, gravidade dos acidentes em função do tipo do benefício e custo da Previdência Social com o pagamento dos benefícios acidentários, é tarefa própria do regulamento. A adoção deste ou daquele critério, ou método, para apurar tais índices está compreendido dentro do poder regulamentar.

Tome-se de exemplo uma empresa de cultivo de arroz. Como a sua classificação é CNAE 0111-3/01, sujeita-se à alíquota do SAT de 3%, nos termos do Anexo V do Decreto 3.048/99. Se o coeficiente do FAP da empresa for 1,2142, alíquota ajustada RAT/FAP será de 3,6426%; se for 0,8121, a alíquota ajustada corresponderá a 2,4363%.

Nos termos da lei, após a obtenção do índice do FAP, segundo metodologia definida pelo CNPS, ocorrerá a redução ou majoração da alíquota. Entretanto, não existe previsão legal para que o regulamento institua um limitador para o índice do FAP para as empresas que tenham determinada taxa média de rotatividade. A taxa de rotatividade é obtida a partir do número de admissões ou rescisões sobre o número de vínculos da empresa. Se a taxa média de rotatividade for superior a 75%, as empresas não poderão obter a redução da alíquota do FAP, tal

---

[191] Art. 10, da Lei n.º 10.666/03.

[192] As Resoluções CNPS n.ºs 1.308/09, 1.309/09, 1.316/10 e 1.329/17 regulam o Fator Acidentário de Prevenção.

como previsto em Resolução do CNPS[193]. Ora, a taxa de rotatividade não é prevista na lei como fator para compor o FAP ou travar a sua aplicação. A ocorrência de acidentes laborais independe da extensão temporal do vínculo empregatício[194].

Como os índices do FAP foram criados a partir de critérios definidos pelo Poder Executivo, questionava-se a constitucionalidade do art. 10 da Lei n.º 10.666/03 e de sua regulamentação pelo Decreto n.º 3.048/99. Ora, se o aumento e a redução das alíquotas estão previstos em lei, os critérios de modulação podem ser objeto de regulamento, exceto no que tange à taxa de rotatividade, sem violar o princípio da legalidade. O STF julgou o Tema 554, fixando a seguinte tese:

"O Fator Acidentário de Prevenção (FAP), previsto no art. 10 da Lei n.º 10.666/2003, nos moldes do regulamento promovido pelo Decreto 3.048/99 (RPS) atende ao princípio da legalidade tributária (art. 150, I, CRFB/88)".

3.2. ADICIONAL AO SEGURO-ACIDENTE DO TRABALHO PARA CUSTEAR AS APOSENTADORIAS ESPECIAIS

A Constituição Federal proíbe a adoção de requisitos ou critérios diferenciados para a concessão de benefícios, ressalvados os casos dos segurados portadores de deficiência e daqueles cujas atividades sejam exercidas com efetiva exposição a agentes químicos, físicos e biológicos prejudiciais à saúde, ou associação desses agentes, vedada a caracterização por categoria profissional ou ocupação[195].

O segurado que tiver trabalhado sujeito a condições especiais que prejudiquem a sua saúde ou integridade física tem direito à aposentadoria especial, regulada pelo art. 57 da Lei n.º 8.213/91.

O STF decidiu que "o direito à aposentadoria especial pressupõe a efetiva exposição do trabalhador a agente nocivo a sua saúde, de modo que, se o Equipamento de Proteção Individual (EPI) for realmente capaz de neutralizar a nocividade, não haverá respaldo constitucional à aposentadoria especial". Todavia, "na hipótese de exposição do traba-

---

193 Resolução CNPS n.º 1.308/09, com a alteração efetuada pela Resolução CNPS n.º 1.309/09.

194 Precedente neste sentido do TRF4, dentre outros julgados, no processo n.º 5003128-68.2018.4.04.7111, mantido pelo STJ no RESP 2.018.728.

195 Art. 201, §1º, I e II, da CF.

lhador a ruído acima dos limites legais de tolerância, a declaração do empregador, no âmbito do Perfil Profissiográfico Previdenciário (PPP), da eficácia do Equipamento de Proteção Individual (EPI), não descaracteriza o tempo de serviço especial para aposentadoria"[196]. Em decorrência disso, sendo eficaz o EPI fornecido ao empregado, a empresa não ficará sujeita ao adicional para custear a aposentadoria especial, exceto nos casos de ruído. A fiscalização tributária entende que o adicional é devido ainda que haja a adoção de medidas de proteção coletiva ou individual que neutralizem ou reduzam o grau de exposição do trabalhador a níveis legais de tolerância[197].

No caso de a empresa possuir empregados ou trabalhadores avulsos que tenham direito à aposentadoria especial, haverá um adicional às alíquotas do seguro-acidente do trabalho.

Mesmo que se trate de relação tributária de custeio, o adicional não está previsto nesta lei, mas sim na Lei n.º 8.213/91[198]. O adicional varia em 12, 9 ou 6 pontos percentuais em função do direito à aposentadoria especial aos 15, 20 ou 25 anos, respectivamente. Quanto menor o tempo para a aposentadoria especial, maior é o adicional. O adicional incide exclusivamente sobre a remuneração do segurado que tenha direito à aposentadoria especial e não sobre a totalidade da folha de salários[199], como ocorre com o seguro-acidente do trabalho. A empresa está sempre obrigada ao pagamento do seguro-acidente do trabalho, mas estará sujeita ao adicional apenas se tiver empregados ou trabalhadores avulsos que tenham direito à aposentadoria especial. Se o empregado ou avulso tiver direito à aposentadoria especial aos 15 anos, a empresa ficará sujeita ao adicional de 12%, que poderá totalizar 13%, 14% ou 15% da alíquota básica do seguro-acidente do trabalho (1%, 2% ou 3%), incidente apenas sobre a remuneração do referido segurado.

3.2.1. ADICIONAL DAS COOPERATIVAS DE PRODUÇÃO

As disposições legais sobre aposentadoria especial do segurado filiado ao Regime Geral de Previdência Social aplicam-se aos cooperados filiados à cooperativa de produção que trabalha sujeito a condições es-

---

196 Tema 555, do STF.

197 Ato Declaratório Interpretativo RFB n.º 2/19.

198 Art. 57, §6°, da Lei n.º 8.213/91. Vide também o art. 64 do Decreto n.º 3.048/99, com a redação conferida pelo Decreto n.º 10.410/20.

199 Art. 57, §7°, da Lei n.º 8.213/91.

peciais que prejudiquem a sua saúde ou a sua integridade física, sendo que esta contribuição adicional está prevista na Lei n.º 10.666/03[200]. Com isso, se o cooperado exercer atividade que autorize a concessão de aposentadoria especial após quinze, vinte ou vinte e cinco anos de contribuição, respectivamente, a cooperativa ficará sujeita à contribuição adicional de 12%, 9% ou 6% incidente sobre a remuneração que lhe for paga, devida ou creditada[201].

Mesmo que o § 1º do art. 1º da Lei n.º 10.666/03 preveja a contribuição adicional de 9%, 7% ou 5%, a cargo da empresa tomadora dos serviços do cooperado filiado à cooperativa de trabalho, incidente sobre o valor bruto da nota fiscal ou fatura da prestação de serviços, no caso de a atividade exercida pelo cooperado autorizar a concessão de aposentadoria especial após 15, 20 ou 25 anos[202], respectivamente, esta obrigação da tomadora dos serviços perdeu o seu fundamento de validade, como será explicado a seguir.

## 4.	ESTÍMULO ÀS EMPRESAS QUE SE UTILIZAM DE EMPREGADOS PORTADORES DE DEFICIÊNCIA

O § 4º do artigo em comento dispõe que o Poder Executivo deve estabelecer, ouvido o Conselho Nacional da Previdência, mecanismos

---

200 Art. 1º, "caput", da Lei n.º 10.666/03.

201 Art. 1º, § 2º, da Lei n.º 10.666/03: "Art. 1º. As disposições legais sobre aposentadoria especial do segurado filiado ao Regime Geral de Previdência Social aplicam-se, também, ao cooperado filiado à cooperativa de trabalho e de produção que trabalha sujeito a condições especiais que prejudiquem a sua saúde ou a sua integridade física…. § 2 Será devida contribuição adicional de doze, nove ou seis pontos percentuais, a cargo da cooperativa de produção, incidente sobre a remuneração paga, devida ou creditada ao cooperado filiado, na hipótese de exercício de atividade que autorize a concessão de aposentadoria especial após quinze, vinte ou vinte e cinco anos de contribuição, respectivamente".

202 Art. 1º, §1º, da Lei n.º 10.666/03. Art. 1º As disposições legais sobre aposentadoria especial do segurado filiado ao Regime Geral de Previdência Social aplicam-se, também, ao cooperado filiado à cooperativa de trabalho e de produção que trabalha sujeito a condições especiais que prejudiquem a sua saúde ou a sua integridade física. § 1º Será devida contribuição adicional de nove, sete ou cinco pontos percentuais, a cargo da empresa tomadora de serviços de cooperado filiado a cooperativa de trabalho, incidente sobre o valor bruto da nota fiscal ou fatura de prestação de serviços, conforme a atividade exercida pelo cooperado permita a concessão de aposentadoria especial após quinze, vinte ou vinte e cinco anos de contribuição, respectivamente.

de estímulo às empresas que se utilizem de empregados portadores de deficiências físicas, sensorial e/ou mental com desvio de padrão médio.

A Política Nacional para a Integração da Pessoa Portadora de Deficiência é prevista na Lei n.º 7.853/89, regulamentada pelo Decreto n.º 3.298/99. A Lei n.º 13.146/15 instituiu o Estatuto da Pessoa com Deficiência.

O art. 93 da Lei n.º 8.213/91 estabelece a obrigatoriedade de a empresa com 100 ou mais empregados preencher de 2% a 5% dos seus cargos com pessoas portadoras de deficiência, sob pena de multa.

Os trabalhadores com deficiência têm direito à aposentadoria diferenciada, na forma prevista na Lei Complementar n.º 142/13.

5. CONTRIBUIÇÃO SOBRE A REMUNERAÇÃO PAGA AO CONTRIBUINTE INDIVIDUAL

A empresa tem a obrigação legal de recolher a contribuição previdenciária com alíquota de 20%, incidente sobre a remuneração paga ao contribuinte individual que lhe prestar serviços, amparada pela regra de competência da alínea "a" do inciso I do art. 195 da CF.

A contribuição da empresa não deve ser confundida com a contribuição do contribuinte individual que deve ser retida e recolhida pela empresa e que está sujeita ao limite máximo do salário de contribuição, de acordo com o art. 30, § 4º.

Os contribuintes individuais estão arrolados no inciso V do art. 12. Quando prestarem serviços remunerados a uma empresa, esta tem a obrigação própria de recolher a sua contribuição com alíquota de 20% e que incide sobre o total da remuneração paga ou creditada, a qualquer título, ao contribuinte individual, excluídas as eventuais importâncias que venham a ser pagas e que estão arroladas no § 9º do art. 28, sem prejuízo da retenção da contribuição do próprio contribuinte individual[203].

No caso das cooperativas de trabalho, os cooperados que prestam serviços à própria cooperativa e dela recebem remuneração são considerados contribuintes individuais, enquadrando-se na alínea "h" do inciso V do art. 12. A cooperativa, portanto, ficará sujeita à contribuição prevista no inciso III do art. 22, incidente sobre a remuneração

---

203 Vide comentários aos arts. 30, § 4º e 28.

paga ao cooperado que lhe prestar serviços. Entretanto, se os serviços do cooperado forem prestados a terceiros, a cooperativa não tem contribuição a recolher por absoluta falta de previsão legal[204].

O contribuinte individual é equiparado à empresa em relação ao segurado que lhe prestar serviços. Ao remunerar outro contribuinte individual que lhe prestou serviços, ficará obrigado a recolher a sua contribuição com a alíquota de 20% sobre a remuneração que lhe for paga, prevista no inciso III. O contribuinte individual que prestou os serviços, por sua vez, está obrigado ao recolhimento da sua própria contribuição, mas tem direito à dedução prevista no §4º do art. 30, o que reduz a sua alíquota para 11%.

6. CONTRIBUIÇÃO DE 15% SOBRE O VALOR BRUTO DA NOTA FISCAL OU FATURA DE PRESTAÇÃO DE SERVIÇOS, RELATIVAMENTE A SERVIÇOS PRESTADOS POR COOPERATIVAS DE TRABALHO

A contribuição das cooperativas de trabalho era prevista no inciso II do art. 1º da LC n.º 84/96. A cooperativa deveria recolher a contribuição com alíquota de 15%, incidente sobre o total das importâncias pagas, distribuídas ou creditadas a seus cooperados, a título de remuneração ou retribuição pelos serviços que prestassem a pessoas jurídicas por intermédio delas.

Posteriormente, a Lei n.º 9.876/99 revogou a LC n.º 84/96 e acrescentou o inciso IV ao art. 22 em comento, atribuindo à empresa contratante dos serviços da cooperativa de trabalho a obrigação de recolher a contribuição com alíquota de 15% sobre a nota fiscal ou fatura emitida pela cooperativa, relativamente aos serviços que lhe fossem prestados por cooperados por intermédio das cooperativas de trabalho[205]. Com isto, as cooperativas de trabalho deixaram de ficar sujeitas à contribuição prevista no inciso III do art. 22, incidente sobre a remuneração paga, distribuída ou creditada aos seus cooperados, a título de retribuição de serviços prestados às empresas. A obrigação, que era da cooperativa, foi repassada diretamente ao contratante dos serviços. Quando a empresa contratava uma cooperativa de trabalho, ficava obrigada ao recolhimento da contribuição com alíquota de 15%

---

204 Vide comentários abaixo e aos arts. 12, V e 15.

205 Vide comentários ao art. 15, I.

sobre o valor dos serviços cobrados pela cooperativa. Para o legislador, a contribuição estaria amparada pelo art. 195, I, "a", da Constituição Federal, porque o serviço contratado junto à cooperativa seria prestado pelos cooperados, pessoas físicas que lhe prestam serviços sem vínculo empregatício[206].

Tendo em vista que o contratante dos serviços paga os valores para a cooperativa e não ao cooperado, e a base de cálculo é o valor da nota fiscal ou fatura emitida pela cooperativa, a qual também constitui base de cálculo das contribuições ao PIS/COFINS devidas pela cooperativa, e não apenas os rendimentos do trabalho repassados ao cooperado, o STF entendeu que tal contribuição apenas poderia ser exigida por lei de natureza complementar, declarando a inconstitucionalidade do inciso IV deste artigo no julgamento do RE 595.838[207]. Por causa do julgamento do STF, o preceito teve a sua execução suspensa pela Resolução do Senado n.º 10, de 2016. Em decorrência disso, o contratante dos serviços prestados por cooperados por intermédio de cooperativas de trabalho não está mais sujeito ao recolhimento da contribuição que era fundada neste inciso IV.

---

206 Art. 195, I, "a", da CF: "A seguridade social será financiada por toda a sociedade, de forma direta e indireta, nos termos da lei, mediante recursos provenientes dos orçamentos da União, dos Estados, do Distrito Federal e dos Municípios, e das seguintes contribuições sociais: I – do empregador, da empresa e da entidade a ela equiparada na forma da lei, incidentes sobre: a folha de salários e demais rendimentos do trabalho pagos ou creditados, a qualquer título, à pessoa física que lhe preste serviço, mesmo sem vínculo empregatício".

207 STF, RE 595.838: "1. O fato gerador que origina a obrigação de recolher a contribuição previdenciária, na forma do art. 22, inciso IV da Lei n.º 8.212/91, na redação da Lei 9.876/99, não se origina nas remunerações pagas ou creditadas ao cooperado, mas na relação contratual estabelecida entre a pessoa jurídica da cooperativa e a do contratante de seus serviços. 2. A empresa tomadora dos serviços não opera como fonte somente para fins de retenção. A empresa ou entidade a ela equiparada é o próprio sujeito passivo da relação tributária, logo, típico "contribuinte" da contribuição. 3. Os pagamentos efetuados por terceiros às cooperativas de trabalho, em face de serviços prestados por seus cooperados, não se confundem com os valores efetivamente pagos ou creditados aos cooperados. 4. O art. 22, IV da Lei n.º 8.212/91, com a redação da Lei n.º 9.876/99, ao instituir contribuição previdenciária incidente sobre o valor bruto da nota fiscal ou fatura, extrapolou a norma do art. 195, inciso I, a, da Constituição, descaracterizando a contribuição hipoteticamente incidente sobre os rendimentos do trabalho dos cooperados, tributando o faturamento da cooperativa, com evidente bis in idem. Representa, assim, nova fonte de custeio, a qual somente poderia ser instituída por lei complementar, com base no art. 195, § 4º – com a remissão feita ao art. 154, I, da Constituição".

A cooperativa de trabalho não está obrigada ao recolhimento da contribuição previdenciária incidente sobre a remuneração paga, devida ou creditada aos seus cooperados que prestam serviços a terceiros. Nesta hipótese, não há autorização legal para exigir a contribuição da cooperativa porque os cooperados não prestam serviços à cooperativa. Também não pode ser exigida a contribuição do contratante porque o serviço foi contratado com a cooperativa e não com o cooperado[208]. Não deve ser confundida a contribuição da própria cooperativa com a contribuição do cooperado, quando este prestar serviços a terceiros, caso em que ficará sujeito à retenção[209].

7. CLUBES DE FUTEBOL PROFISSIONAL

Os clubes de futebol, na redação original da Lei n.º 8.212/91, contribuíam para a Seguridade Social como as empresas em geral, ou seja, com a alíquota de 20% sobre a folha de salários e alíquotas variáveis para o seguro-acidente do trabalho, nos termos do art. 22, I e II.

A Lei n.º 8.641/93 é que instituiu a contribuição dos clubes de futebol profissional sobre a receita bruta do espetáculo desportivo, em substituição à contribuição do art. 22. Depois, a Lei n.º 9.528/97 revogou a Lei n.º 8.641/93 e incluiu a contribuição substitutiva na Lei n.º 8.212/91, inserindo os §§ 6º a 10º no artigo em comento, ampliando a base de cálculo ao incluir outras receitas que não apenas as obtidas com os jogos. A substituição da contribuição sobre a folha de salários por uma contribuição sobre a receita foi admitida apenas com a EC 42/03, que incluiu o § 13º ao art. 195, da CF. Entendendo-se pela inconstitucionalidade, os clubes de futebol ficariam sujeitos às mesmas contribuições das empresas em geral.

A associação desportiva que mantém equipe de futebol profissional está sujeita à substituição da contribuição previdenciária sobre a folha de salários e ao seguro-acidente do trabalho, prevista nos incisos I e II, por uma contribuição que recai sobre a receita bruta. A contribuição substitutiva é apenas para os clubes de futebol profissional, visto que as demais associações desportivas devem contribuir como as empresas em geral (§ 10º).

---

208 Vide comentários aos arts. 12, V, e 15.

209 Vide comentários ao art. 28.

A base de cálculo da contribuição substitutiva das associações desportivas que mantêm equipe de futebol profissional não é apenas a receita bruta auferida nos jogos com as vendas dos ingressos. Os clubes de futebol recebem receitas de patrocínio, licenciamento e cessão de direitos de uso de marcas e símbolos, como também de propaganda, publicidade e transmissão dos jogos. Os direitos de TV, transferência de atletas e patrocínios são as maiores fontes de receita dos clubes. Tais receitas, incluindo as auferidas em jogos internacionais, devem ser adicionadas à base de cálculo, nos termos do § 6º.

A contribuição previdenciária é calculada com a alíquota de 5%. O prazo de pagamento é de dois dias úteis após o espetáculo. A substituição não inclui a contribuição com alíquota de 20% e que incide sobre a remuneração paga ao contribuinte individual que prestar serviços ao clube, como o árbitro e seus auxiliares, delegados, fiscais etc.

A associação desportiva que mantém equipe de futebol profissional pode constituir-se regularmente em sociedade empresária, segundo um dos tipos regulados nos artigos 1.039 a 1.092 do Código Civil, exercendo atividade econômica organizada para a produção e circulação de bens e serviços, como previsto no art. 27, § 9º, da Lei n.º 9.615/98[210].

A associação que desenvolva atividade futebolística em caráter habitual e profissional, uma vez inscrita no registro público de empresas mercantis, será considerada empresária, para todos os efeitos[211]. Nesta hipótese, a contribuição substitutiva ocorre apenas em relação às atividades diretamente relacionadas à manutenção e administração da equipe profissional de futebol, existindo a necessidade de elaborar folhas de pagamento distintas entre os trabalhadores que exercem as atividades ligadas à administração da equipe de futebol e outra para os trabalhadores das demais atividades. Sobre a folha de salários dos empregados envolvidos com as demais atividades econômicas exercidas incidirão as contribuições dos incisos I e II (§ 11º-A).

A entidade que promover o evento esportivo é que tem a responsabilidade legal de reter e recolher a contribuição, cabendo à associação desportiva profissional informar-lhe discriminadamente todas as re-

---

210 Art. 27, § 9º, da Lei n.º 9.615/98: "É facultado às entidades desportivas profissionais constituírem-se regularmente em sociedade empresária, segundo um dos tipos regulados nos arts. 1.039 a 1.092 da Lei n.º 10.406, de 10 de janeiro de 2002 – Código Civil".

211 Art. 971, parágrafo único, do Código Civil.

ceitas auferidas. Se recursos forem recebidos de empresa ou entidade, a título de patrocínio, licenciamento de uso de marcas e símbolos, publicidade, propaganda e transmissão de espetáculos, esta última ficará com a responsabilidade de reter e recolher o percentual de cinco por cento da receita bruta decorrente do evento, inadmitida qualquer dedução, no prazo estabelecido na alínea "b", inciso I, do art. 30.

7.1. SOCIEDADE ANÔNIMA DE FUTEBOL

A Lei n.º 14.193/21 instituiu a Sociedade Anônima de Futebol. O modelo de sociedade anônima permite que os clubes de futebol levantem outras fontes de receitas, como a emissão de ações, debêntures, títulos ou valores mobiliários, atraindo investidores pessoas físicas e jurídicas. A lei disciplinou aspectos de governança, como conselhos de administração e fiscal, obrigatoriedade de auditoria externa, publicação das demonstrações financeiras, e outras regras societárias e de controle específicas. No aspecto tributário, foi criado um subsistema próprio, denominado de Regime de Tributação Específica do Futebol (TEF)[212]. O regime implica recolhimento mensal, mediante documento único de arrecadação, de diversos tributos federais, incluindo as contribuições previdenciárias dos incisos I a III deste artigo em comento.

A sociedade anônima de futebol, uma vez regularmente constituída, não ficará obrigada ao recolhimento da contribuição com alíquota de 20% sobre a folha de salários dos seus empregados, avulsos e contribuintes individuais, e da contribuição para custear o seguro-acidente do trabalho. Ao contrário dos clubes, a SAF não está obrigada ao recolhimento da contribuição previdenciária sobre os contribuintes individuais que lhe prestem serviços.

O pagamento mensal e unificado da TEF tem como base de cálculo as receitas mensais recebidas, assim entendida a totalidade das receitas recebidas pela SAF, incluindo prêmios e programas de sócio-torcedor. As receitas que a sociedade obtém com a cessão dos direitos desportivos são excluídas da base de cálculo nos cinco primeiros anos-calendário da constituição da SAF. A partir do sexto ano-calendário, tais receitas deverão ser computadas na base de cálculo da TEF.

O pagamento único, até o vigésimo dia do mês subsequente àquele em que houver sido recebida a receita, deve ser calculado com a alíquota de 5% das receitas mensais recebidas nos cinco primeiros

---

212 Art. 31, da Lei n.º 14.193/21.

anos-calendário da constituição da sociedade anônima de futebol. A partir do sexto ano-calendário há redução da TEF para a alíquota de 4% da receita mensal recebida.

8. CONTRIBUIÇÃO PREVIDENCIÁRIA DAS DEMAIS ASSOCIAÇÕES DESPORTIVAS

As entidades de prática desportiva e as entidades de administração do desporto são pessoas jurídicas de direito privado[213]. O contrato de trabalho é firmado pela entidade desportiva, equiparada à empresa pelo art. 15, parágrafo único. Com isto, fica sujeita às mesmas contribuições da empresa previstas no art. 22. O atleta profissional enquadra-se como empregado, obrigando-se às contribuições do art. 20, cujo salário de contribuição é regulado pelo art. 28.

9. CONTRIBUIÇÃO PREVIDENCIÁRIA SOBRE O FRETE

A empresa e equiparados estão obrigados ao recolhimento da contribuição previdenciária incidente sobre a remuneração paga aos segurados contribuintes individuais que lhe prestem serviços, nos termos do art. 22, III, da Lei n.º 8.212/91.

O condutor autônomo de veículo rodoviário e o auxiliar de condutor autônomo que exercem atividade por conta própria são considerados contribuintes individuais[214].

A empresa, portanto, ao contratar o frete de autônomos, fica sujeita à contribuição previdenciária, calculada com a alíquota de 20%, cuja base de cálculo é a remuneração que lhes for paga[215].

Como o valor pago pelo frete, carreto ou transporte nem sempre compreende apenas a remuneração devida ao profissional, o § 4º do art. 201 do Decreto n.º 3.048/99, na redação original, dispôs que a remuneração corresponderia "ao valor resultante da aplicação de um dos percentuais estabelecidos pelo Ministério da Previdência e Assistência Social sobre o valor bruto do frete, carreto ou transporte de passageiros". Até que o MPAS estabelecesse os percentuais, deveria ser utilizada

---

213 Art.16, "caput", da Lei n.º 9.615/98.

214 Art. 12, I, "h" desta lei e art. 9º, §15, I e II, do Decreto n.º 3.048/99.

215 Art. 30, I, b.

a alíquota de 11,71% sobre o valor bruto do frete, carreto ou transporte de passageiros, como previsto no art. 267 do Decreto n.º 3.048/99.

O Decreto n.º 3.265, de 29 de novembro de 1999, deu nova redação ao § 4º do art. 201 do Decreto n.º 3.048/99, mas manteve a base de cálculo, que corresponderia ao "valor resultante da aplicação de um dos percentuais estabelecidos pelo Ministério da Previdência e Assistência Social sobre o valor bruto do frete, carreto ou transporte de passageiros".

A Portaria MPAS n.º 1.135, de 05 de abril de 2001 fixou a remuneração em 20% do rendimento bruto (art. 1º).

A base de cálculo que correspondia a 11,71% sobre o valor bruto do frete, transporte ou carreto foi alterada para 20%.

Posteriormente, o Decreto n.º 4.032, de 26 de novembro de 2011, revogou o art. 267 do Decreto n.º 3.048/01 e acrescentou o § 4º ao seu art. 201, dispondo que "a remuneração paga ou creditada a condutor autônomo de veículo rodoviário, ou ao auxiliar de condutor autônomo de veículo rodoviário, em automóvel cedido em regime de colaboração, nos termos da Lei n.º 6.094, de 30 de agosto de 1974, pelo frete, carreto ou transporte de passageiros, realizado por conta própria, corresponde a vinte por cento do rendimento bruto".

O Decreto n.º 4.302/01, portanto, manteve a base de cálculo que era prevista no art. 1º da Portaria MPAS n.º 1.135/01.

Como explicado, a base de cálculo da contribuição da empresa, a ser recolhida com a alíquota de 20%, está prevista no inciso III deste artigo e correspondia ao valor da remuneração paga ao contribuinte individual que lhe presta serviço.

O Decreto e a Portaria, sendo atos normativos infralegais, não poderiam fixar a base de cálculo, ainda que de forma reduzida, usurpando matéria reservada ao princípio da legalidade, afrontando o art. 97, II e IV do CTN, e o art. 150, § 6º, da CF.

Por isto, o STF, no julgamento do RMS 25.476, reconheceu a ilegalidade da Portaria MPAS n.º 1.135/01 porque havia aumentado a alíquota de 11,71%, prevista no Decreto n.º 3.048/99, para 20%, sobre o valor bruto do frete, transporte ou carreto. Embora o julgado tenha examinado o reajuste para 20%, efetuado pela Portaria, a própria apuração da base com a alíquota de 11,71% prevista no Decreto violava o princípio da legalidade. O julgado do STF ficou restrito aos parâmetros fixados na Portaria, mas depois os mesmos fundamentos foram aplicados em relação ao Decreto[216], sendo firmado o Tema 1.223:

"São inconstitucionais o Decreto n.º 3.048/99 e a Portaria MPAS n.º 1.135/01 no que alteraram a base de cálculo da contribuição previdenciária incidente sobre a remuneração paga ou creditada a transportadores autônomos, devendo o reconhecimento da inconstitucionalidade observar os princípios da congruência e da devolutividade".

Assim, como a base de cálculo da contribuição da empresa sobre a remuneração paga ao contribuinte individual pelo frete, transporte ou carreto não pode ser objeto de Decreto ou Portaria, deve prevalecer o disposto no inciso III do art. 22 da Lei 8.212/91 até a data em que a Lei n.º 13.202/15 passou a produzir os seus efeitos.

De fato, a Lei n.º 13.202/15 incluiu o § 15º ao artigo em comento e fixou a base de cálculo da contribuição da empresa na contratação de serviços de transporte rodoviário de carga ou de passageiro, de serviços prestados com a utilização de trator, máquina de terraplenagem, colheitadeira e assemelhados, quando esses serviços forem prestados por condutor autônomo de veículo rodoviário, auxiliar de condutor autônomo de veículo rodoviário, bem como por operador de máquinas. A base de cálculo ficou estabelecida em 20% do valor da nota fiscal, fatura ou recibo. A aplicação da alíquota de 20% é para determinar a base de cálculo. Assim apurada a base de cálculo, a contribuição previdenciária fundada no inciso III deve ser recolhida com a alíquota de 20% incidente sobre o valor resultante da aplicação da alíquota de 20% sobre o valor da nota fiscal, fatura ou recibo[217].

10. CONTRIBUIÇÃO PREVIDENCIÁRIA DE ENTIDADES RELIGIOSAS

As organizações religiosas, instituídas com o objetivo de permitir o exercício da liberdade de consciência e de crença, são entidades equiparadas à empresa pelo parágrafo único do art. 15. Pouco importa a natureza jurídica que se revistam, se associação, ordem religiosa, instituição, congregação etc., uma vez que a lei considera como empresa a associação ou a entidade de qualquer natureza ou finalidade.

As organizações religiosas podem ter empregados, trabalhadores avulsos ou contribuintes individuais que lhes prestem serviços, caso

---

216 STF, RE 1.381.261.

217 Vide comentários ao art. 28, § 11º.

em que estarão sujeitas às contribuições previstas nos incisos I a III deste artigo, salvo se constituídas sob a forma de entidades beneficentes de assistência social, saúde ou educação, e preencham os requisitos legais para a fruição da imunidade prevista no art. 195, § 7º, da CF[218].

O ministro de confissão religiosa e o membro de instituto de vida consagrada, de congregação ou de ordem religiosa, como padres, pastores, rabinos etc., são considerados contribuintes individuais[219]. No que se refere a tais contribuintes individuais, a lei considera que os valores pagos pelas entidades religiosas e instituições de ensino vocacional com ministro de confissão religiosa, membros de instituto de vida consagrada, de congregação ou de ordem religiosa em face da sua atividade religiosa ou para sua subsistência, desde que fornecidos em condições que independam da natureza e da quantidade do trabalho executado, não são considerados como remuneração direta ou indireta (§ 13º).

Como não existe imunidade de contribuição previdenciária para os templos de qualquer culto, pois a imunidade dos templos referida no art. 150, IV, da CF é para os impostos, a pretensão do legislador foi a de excluir da incidência da contribuição previdenciária os valores despendidos pelas entidades religiosas aos seus respectivos membros, tidos como contribuintes individuais. Típico caso de não incidência pura e simples.

Havia divergências quanto ao alcance das verbas que estariam fora do âmbito de incidência da contribuição previdenciária, razão por que a Lei n.º 13.137/15 incluiu o § 14º e seus incisos I e II a este art. 22, conferindo a interpretação no sentido de que "os critérios informadores dos valores despendidos pelas entidades religiosas e instituições de ensino vocacional aos ministros de confissão religiosa, membros de vida consagrada, de congregação ou de ordem religiosa não são taxativos e sim exemplificativos". Também explicitou que não configuram remuneração direta ou indireta "os valores despendidos, ainda que pagos de forma e montante diferenciados, em pecúnia ou a título de ajuda de custo de moradia, transporte, formação educacional, vinculados exclusivamente à atividade religiosa".

Muitas entidades religiosas outorgam aos seus membros benefícios que podem ser tomados como remuneração indireta, caso em que se

---

218 Vide comentários ao art. 55.

219 Vide comentários ao art. 12, V, "c".

sujeitariam à incidência da contribuição previdenciária. A alteração legislativa foi necessária para dirimir dúvidas e conferir segurança jurídica ao conceito de remuneração direta ou indireta dos contribuintes individuais de tais entidades. A exclusão de valores ou outras vantagens do conceito de remuneração tem como pressuposto a vinculação do benefício exclusivamente à atividade religiosa. Os auxílios pecuniários concedidos aos seus membros para a respectiva formação educacional voltada, por exemplo, para área de conhecimentos técnicos ou científicos, destituída de caráter religioso, devem ser caracterizados como remuneração indireta, sujeitando-se às contribuições previdenciárias.

A Lei n.º 14.057/20 acrescentou o §16 ao artigo em comento, conferindo natureza interpretativa ao § 14°, de maneira a permitir a sua aplicação retroativa para os fatos geradores anteriores à Lei n.º 13.137/15, amparada no art. 106, I, do CTN[220].

11. CONTRIBUIÇÃO SUBSTITUTIVA DO § 13° DO ART. 195 DA CF

A EC n.º 42/03 acrescentou o § 13° ao art. 195 da Constituição Federal[221], outorgando competência tributária para a União substituir, para as empresas que exercem determinadas atividades econômicas, a contribuição previdenciária sobre a folha de salários dos seus empregados, avulsos e contribuintes individuais, previstas nos incisos I e III deste artigo 22, por uma contribuição incidente sobre a receita ou faturamento.

Com isto, a Lei n.º 12.546/11 instituiu a denominada contribuição previdenciária substitutiva (CPRB – Contribuição Previdenciária sobre a Receita Bruta), possibilitando que as empresas que fabricassem determinados produtos pudessem substituir a contribuição incidente sobre a folha de salários dos seus empregados e avulsos, e contribuintes individuais, previstas nos incisos I e III deste artigo, por uma contribuição incidente sobre a receita ou faturamento[222]. A contribuição substitutiva não dispensa a empresa de colaborar com o seguro acidente do trabalho, prevista no inciso II do art. 22.

---

220 Vide comentários ao art. 25 acerca das normas interpretativas.

221 Art. 195, §13, da CF: "Aplica-se o disposto no § 12° inclusive na hipótese de substituição gradual, total ou parcial, da contribuição incidente na forma do inciso I, a, pela incidente sobre a receita ou faturamento".

222 Art. 8°, da Lei n.º 12.546/11.

A EC n.º 103/19 revogou o § 13º do art. 195, da CF, proibindo, assim, que o legislador imponha alterações na Lei n.º 12.546/11 com a finalidade de contemplar empresas que exerçam outras atividades econômicas com a contribuição substitutiva. As contribuições substitutivas instituídas antes da data da entrada em vigor da EC n.º 103/19 foram mantidas[223]. Por sua vez, a Lei n.º 14.288/21 acabou prorrogando a desoneração da folha de pagamentos até 31 de dezembro de 2023.

Como a contribuição substitutiva recai sobre a receita ou faturamento, os contribuintes pretendiam excluir da base de cálculo os valores relativos ao ICMS, tal como ocorre em relação às contribuições ao PIS/COFINS, como também o imposto sobre serviços (ISS). O STF decidiu que "é constitucional a inclusão do Imposto Sobre Circulação de Mercadorias e Serviços – ICMS na base de cálculo da Contribuição Previdenciária sobre a Receita Bruta – CPRB"[224]. O mesmo entendimento foi aplicado em relação ao ISS: "É constitucional a inclusão do Imposto Sobre Serviços de Qualquer Natureza – ISS na base de cálculo da Contribuição Previdenciária sobre a Receita Bruta – CPRB"[225]. A Corte considerou que o regime substitutivo é facultativo e que a exclusão ampliaria o benefício fiscal, contrariando ainda o art. 150, § 6º, da CF, que prevê a necessidade de lei específica para tratar de redução de base de cálculo de tributo.

ART. 22A.

A contribuição devida pela agroindústria, definida, para os efeitos desta Lei, como sendo o produtor rural pessoa jurídica cuja atividade econômica seja a industrialização de produção própria ou de produção própria e adquirida de terceiros, incidente sobre o valor da receita bruta proveniente da comercialização da produção, em substituição

---

[223] Art. 30, da EC n.º 103/19: "A vedação de diferenciação ou substituição de base de cálculo decorrente do disposto no § 9º do art. 195 da Constituição Federal não se aplica a contribuições que substituam a contribuição de que trata a alínea "a" do inciso I do caput do art. 195 da Constituição Federal instituídas antes da data de entrada em vigor desta Emenda Constitucional".

[224] STF, Tema 1.048.

[225] STF, Tema 1.135.

às previstas nos incisos I e II do art. 22 desta Lei, é de: (Incluído pela Lei n.º 10.256, de 2001).

I - dois vírgula cinco por cento destinados à Seguridade Social; (Incluído pela Lei n.º 10.256, de 2001)

II - zero vírgula um por cento para o financiamento do benefício previsto nos arts. 57 e 58 da Lei n.º 8.213, de 24 de julho de 1991, e daqueles concedidos em razão do grau de incidência de incapacidade para o trabalho decorrente dos riscos ambientais da atividade. (Incluído pela Lei n.º 10.256, de 2001)

§ 1º (VETADO) (Incluído pela Lei n.º 10.256, de 2001).

§ 2º O disposto neste artigo não se aplica às operações relativas à prestação de serviços a terceiros, cujas contribuições previdenciárias continuam sendo devidas na forma do art. 22 desta Lei. (Incluído pela Lei n.º 10.256, de 2001)

§ 3º Na hipótese do § 2º, a receita bruta correspondente aos serviços prestados a terceiros será excluída da base de cálculo da contribuição de que trata o caput. (Incluído pela Lei n.º 10.256, de 2001)

§ 4º O disposto neste artigo não se aplica às sociedades cooperativas e às agroindústrias de piscicultura, carcinicultura, suinocultura e avicultura. (Incluído pela Lei n.º 10.256, de 2001)

§ 5º O disposto no inciso I do art. 3o da Lei n.º 8.315, de 23 de dezembro de 1991, não se aplica ao empregador de que trata este artigo, que contribuirá com o adicional de zero vírgula vinte e cinco por cento da receita bruta proveniente da comercialização da produção, destinado ao Serviço Nacional de Aprendizagem Rural (SENAR). (Incluído pela Lei n.º 10.256, de 2001)

§ 6º Não se aplica o regime substitutivo de que trata este artigo à pessoa jurídica que, relativamente à atividade rural, se dedique apenas ao florestamento e reflorestamento como fonte de matéria-prima para industrialização própria mediante a utilização de processo industrial que modifique a natureza química da madeira ou a transforme em pasta celulósica. (Incluído pela Lei n.º 10.684, de 2003)

§ 7º Aplica-se o disposto no § 6o ainda que a pessoa jurídica comercialize resíduos vegetais ou sobras ou partes da produção, desde que a receita bruta decorrente dessa comercialização represente menos de um por cento de sua receita bruta proveniente da comercialização da produção. (Incluído pela Lei n.º 10.684, de 2003)

1. ANÁLISE LEGISLATIVA

As contribuições previdenciárias do art. 22, que tinham como sujeito passivo o produtor rural pessoa jurídica e a agroindústria não eram previstas nesta lei, mas sim no art. 25, "caput", I, II, e no § 2º, respectivamente, da Lei n.º 8.870/94. Em 2001, a Lei n.º 10.256 revogou o § 2º do art. 25, da Lei n.º 8.870/94 e, ao mesmo tempo, incluiu este artigo 22-A, regulando as contribuições da agroindústria. Na Lei n.º 8.870/94 foram mantidas as contribuições do produtor rural pessoa jurídica, sendo reguladas pelo art. 25, "caput", incisos I e II, e §§ 6º e 7º.

Ou seja, enquanto as contribuições do produtor rural pessoa jurídica estão previstas no art. 25, "caput", incisos I e II, §§ 6º e 7º, da Lei n.º 8.870/94, a contribuição da agroindústria é disciplinada neste art. 22-A.

2. CONTRIBUIÇÃO DO PRODUTOR RURAL PESSOA JURÍDICA - LEI N.º 8.870/94

As contribuições do produtor rural pessoa jurídica são reguladas pelo art. 25, I e II, §§ 6º e 7º, da Lei n.º 8.870/94, com a redação conferida pelas Leis n.º 10.256/01 e 13.606/18.

Originariamente, o "caput" do art. 25 da Lei n.º 8.870/94 dispunha que a contribuição do art. 22 desta Lei n.º 8.212/91, devida pelo empregador, pessoa jurídica, que se dedicasse à atividade rural – produtor rural pessoa jurídica – seria de 2,5% da receita bruta proveniente da comercialização da sua produção, e de 0,1% sobre a mesma materialidade, para o financiamento da complementação das prestações por acidente do trabalho. Desse modo, o produtor rural pessoa jurídica não estava obrigado ao recolhimento da contribuição previdenciária sobre a folha de salários e ao seguro-acidente do trabalho, mas sim sobre a receita bruta auferida com a comercialização da sua produção.

Acontece que a redação original do art. 195, I, da CF, outorgava competência para a instituição da contribuição apenas sobre o faturamento e não sobre a receita bruta.

Depois, a partir da EC n.º 20/98, houve o alargamento da competência do inciso I do art. 195 da CF, passando a prever também a receita como materialidade para contribuição de Seguridade Social.

Em 2001, a Lei n.º 10.256 alterou o "caput" do art. 25 da Lei n.º 8.870/94 para dispor que a contribuição sobre a receita bruta proveniente da comercialização da produção era em substituição às contribuições do art. 22, I e II, desta lei.

O STF, embora a matéria fosse controvertida, no julgamento do RE 700.922, sob o Tema 651, reputou inconstitucional a contribuição apenas na redação anterior à EC n.º 20/98, entendendo que, a partir da Lei n.º 10.256/01, é constitucional a contribuição do produtor rural pessoa jurídica, incidente sobre a receita bruta proveniente da comercialização da produção:

"I – É inconstitucional a contribuição à seguridade social, a cargo do empregador rural pessoa jurídica, incidente sobre a receita bruta proveniente da comercialização da sua produção, prevista no artigo 25, incisos I e II, da Lei n.º 8.870/1994, na redação anterior à Emenda Constitucional n.º 20/1998;

II – É constitucional a contribuição à seguridade social, a cargo do empregador rural pessoa jurídica, incidente sobre a receita bruta proveniente da comercialização da sua produção, prevista no art. 25, incisos I e II, da Lei 8.870/1994, na redação dada pela Lei n.º 10.256/2001;

III – É constitucional a contribuição social destinada ao Serviço Nacional de Aprendizagem Rural (SENAR), de que trata o art. 25, § 1º, da Lei n.º 8.870/1994, inclusive na redação conferida pela Lei n.º 10.256/2001".

2.1. OPÇÃO DE SUBSTITUIÇÃO DA CONTRIBUIÇÃO SOBRE A FOLHA DE SALÁRIOS PELA CONTRIBUIÇÃO SOBRE A RECEITA BRUTA - LEI N.º 8.870/94

Posteriormente, em 2018, a Lei n.º 13.606 incluiu os §§ 6º e 7º ao art. 25, da Lei n.º 8.870/94. O § 6º tratou das exclusões da base de cálculo da receita bruta e o § 7º instituiu em favor do produtor rural pessoa jurídica o direito de optar em substituir a contribuição sobre a folha de salários e ao seguro-acidente do trabalho pela contribuição sobre a receita bruta.

Nos termos da redação atual do art. 25, da Lei n.º 8.870/94, portanto, o produtor rural pessoa jurídica tem o direito à opção de contribuir com base na folha de salários dos seus empregados e avulsos e ao seguro-acidente do trabalho, previstas nos incisos I e II do art. 22 desta lei, ou com a contribuição substitutiva que recai sobre a receita bruta proveniente da comercialização da sua produção. A contribuição sobre a folha de salários e avulsos, do inciso I do art. 22, pode ser substituída pela contribuição com alíquota de 1,7% sobre a receita bruta proveniente da comercialização da sua produção[226], e a contribuição para financiar as prestações de acidente do trabalho, do inciso II do art. 22, é recolhida com a alíquota de 0,1% sobre a mesma base de cálculo[227].

A opção deve ser manifestada mediante o pagamento da contribuição sobre a folha de salários relativa ao mês de janeiro de cada ano, ou à primeira competência subsequente ao início da atividade rural. A opção é irretratável para o ano-calendário[228], o que não impede que no ano subsequente haja a troca do sistema de recolhimento, se assim for considerado como mais benéfico pelo produtor rural pessoa jurídica.

Observe-se que a EC n.º 103/19 revogou o § 13º do art. 195, da CF, o qual outorgava competência tributária para a substituição gradual, total ou parcial, da contribuição sobre a folha de salários pela contribuição incidente sobre a receita ou o faturamento. Ao mesmo tempo, ao alterar o § 9º do art. 195, a mesma emenda constitucional permitiu a adoção, para as contribuições sobre a folha de salários, receita ou faturamento, e o lucro, de "alíquotas diferenciadas em razão da atividade econômica, da utilização intensiva de mão de obra, do porte da empresa ou da condição estrutural do mercado de trabalho", mas as bases de cálculo diferenciadas foram permitidas apenas para as contribuições das alíneas "b" (PIS/COFINS – receita ou faturamento) e "c" (CSL – lucro) do inciso I do caput, da CF. Ou seja, as contribuições substitutivas que já haviam instituídas antes da data da entrada em vigor da EC n.º 103 foram mantidas[229].

---

226 Art. 25, I, da Lei n.º 8.870/94, na redação dada pela Lei n.º 13.606/18.

227 Art. 25, II, da Lei n.º 8.870/94.

228 Art. 25, § 7º, da Lei n.º 8.870/94.

229 Art. 30, da EC n.º 103/19: "A vedação de diferenciação ou substituição de base de cálculo decorrente do disposto no § 9º do art. 195 da Constituição Federal não se aplica a contribuições que substituam a contribuição de que trata a alínea "a" do inciso I do caput do art. 195 da Constituição Federal instituídas antes da data de entrada em vigor desta Emenda Constitucional".

2.1.1. EXCLUSÕES DA BASE DE CÁLCULO - LEI N.º 8.870/94

O § 6º do art. 25, da Lei n.º 8.870/94, incluído pela Lei n.º 13.606/18, dispõe que não integra a base de cálculo da receita bruta da contribuição substitutiva "a produção rural destinada ao plantio ou reflorestamento, nem o produto animal destinado à reprodução ou criação pecuária ou granjeira e à utilização como cobaia para fins de pesquisas científicas, quando vendido pelo próprio produtor e por quem a utilize diretamente com essas finalidades e, no caso de produto vegetal, por pessoa ou entidade registrada no Ministério da Agricultura, Pecuária e Abastecimento que se dedique ao comércio de sementes e mudas no País".

O retalho da materialidade da contribuição substitutiva, mediante a exclusão de determinadas receitas da base de cálculo, tem o objetivo de tributar apenas a operação final da produção rural, por ocasião da sua comercialização. As segregações têm a finalidade de desonerar a cadeia produtiva rural, reduzindo os custos para o produtor rural.

As exclusões da base de cálculo da contribuição previdenciária substitutiva do produtor rural pessoa jurídica são as mesmas do produtor rural pessoa física e do segurado especial, comentadas na análise do art. 25. A redação dos §§ 6º e 7º do art. 25 da Lei n.º 8.870/94 é idêntica à dos §§ 12º e 13º do art. 25 desta lei, que regula a base de cálculo da contribuição do empregador rural pessoa física e do segurado especial[230].

3. CONTRIBUIÇÃO DA AGROINDÚSTRIA - HISTÓRICO LEGISLATIVO

A contribuição da agroindústria não era regulada por esta Lei n.º 8.212/91, mas sim pela Lei n.º 8.870/94, juntamente com a contribuição do produtor rural pessoa jurídica.

O § 2º do art. 25 da Lei n.º 8.870/94 definia o sujeito passivo e a materialidade da incidência da contribuição das pessoas jurídicas que se dedicassem "à produção agroindustrial, quanto à folha de salários de sua parte agrícola". No lugar das contribuições previstas no art. 22, I e II, desta lei, as contribuições eram calculadas com as alíquotas de

---

[230] Vide comentários ao art. 25.

2,5% e 0,1% "sobre o valor estimado da produção agrícola própria, considerado seu preço de mercado".

A Constituição Federal, de acordo com a redação original do inciso I do art. 195, quando publicada a Lei n.º 8.870/94, limitava a materialidade de incidência da contribuição de Seguridade Social, outorgando competência para a sua instituição sobre a folha de salários o faturamento e o lucro. Entretanto, a base de cálculo escolhida pelo legislador para a agroindústria – valor estimado da produção agrícola própria, tendo em vista o seu preço de mercado – representava uma nova fonte de custeio, a exigir lei de natureza complementar prevista no § 4º do art. 195. Por isto, o STF, no julgamento da ADI 1.103, declarou inconstitucional o § 2º do art. 25 da Lei n.º 8.870/94.

Com a declaração de inconstitucionalidade do § 2º do art. 25 da Lei n.º 8.870/94, as agroindústrias ficaram sujeitas ao recolhimento das contribuições sobre a folha de salários, fundadas no art. 22, incisos I e II, desta lei, uma vez que a norma, sendo incompatível com a Constituição, e não havendo modulação dos efeitos do reconhecimento da inconstitucionalidade pelo STF, não gera efeitos válidos, incluindo os da revogação da norma anterior. Para o STF, o juízo de exclusão "consiste em remover do ordenamento positivo a manifestação estatal inválida e desconforme ao modelo plasmado na Carta Política, com todas as consequências daí decorrentes, inclusive a plena restauração de eficácia das leis e das normas afetadas pelo ato declarado inconstitucional"[231].

Em 2001, a Lei n.º 10.256 revogou o § 2º do art. 25, da Lei n.º 8.870/94, julgado inconstitucional pelo STF, e incluiu este art. 22-A, regulando as contribuições devidas pela agroindústria.

Havia discussões acerca da constitucionalidade da contribuição substitutiva da agroindústria, a qual padeceria do mesmo vício de inconstitucionalidade da contribuição do produtor rural pessoa jurídica. Alegava-se que a possibilidade de substituição da contribuição previdenciária sobre a folha de salários pela contribuição incidente sobre a receita ou faturamento foi admitida a partir de 2003, com a EC n.º 42, que incluiu o § 13º ao art. 195 da CF[232]. Todavia, a inclusão deste art. 22-A, como dito, foi anterior e ocorreu em 2001, por intermédio da

---

231 STF, ADI 625.

232 Art. 195, § 13º, da CF: "Aplica-se o disposto no § 12º inclusive na hipótese de substituição gradual, total ou parcial, da contribuição incidente na forma do inciso I, a, pela incidente sobre a receita ou o faturamento".

Lei n.º 10.256. Outrossim, sobre a receita auferida pela agroindústria já incidem as contribuições ao PIS/COFINS, razão por que a lei violaria o disposto no § 4º do art. 195 da CF[233]. No entanto, o STF afastou os fundamentos acerca da inconstitucionalidade no julgamento do RE 611.601, firmando a Tese 281:

"É constitucional o art. 22A da Lei n.º 8.212/1991, com a redação da Lei n.º 10.256/2001, no que instituiu contribuição previdenciária incidente sobre a receita bruta proveniente da comercialização da produção, em substituição ao regime anterior da contribuição incidente sobre a folha de salários".

Diante do quadro normativo atualmente vigente, a contribuição da agroindústria é prevista neste art. 22-A, a do produtor rural pessoa jurídica no art. 25, da Lei n.º 8.870/94 e a do produtor rural pessoa física com empregados no art. 25 desta lei.

3.1. CONTRIBUIÇÃO SUBSTITUTIVA DA AGROINDÚSTRIA

Nos termos da lei, a agroindústria é o produtor rural pessoa jurídica cuja atividade econômica seja a industrialização de produção própria ou de produção própria e adquirida de terceiros[234]. A industrialização é a transformação de produtos primários que tenham sido submetidos a qualquer operação que lhe modifique a natureza ou a finalidade, ou o aperfeiçoe para o consumo, obtendo subprodutos. O produtor rural pessoa jurídica que mantém abatedouro de animais da produção própria ou da produção própria e da adquiridas de terceiros, é considerado agroindústria[235].

---

233 LOUBET, Leonardo Furtado. Tributação Federal no Agronegócio. São Paulo: Noeses, 2017, p. 491: "Sucede que as Leis n.º 8.870/94 e 10.256/01, ao compelirem as empresas do agronegócio ao recolhimento sobre distintas base de cálculo (receita bruta) e alíquota (2,5%), acabaram por extrapolar o fundamento de validade dessas contribuições, criando um insustentável 'bis in idem'. Isto porque a receita bruta é a base imponível das contribuições introduzidas com espeque no art. 195, I, "b", e não na alínea "a", como supostamente seria o caso dos tributos de que tratam essas leis. E essa base de cálculo já serviu para instituição do PIS e da COFINS, não sendo admissível, destarte, novas contribuições que incidam sobre a mesma grandeza".

234 Art. 146, I, "b", item 2, da IN n.º 2.110/22.

235 Art. 146, §2º, da IN n.º 2.110/22.

Se houver produção própria sem industrialização, não incide este preceito, mas sim o art. 25 da Lei n.º 8.870/84, já que se trata de produtor rural pessoa jurídica.

As agroindústrias que exercem apenas atividade de industrialização de produtos rurais adquiridos de terceiros, ou seja, que não tenham produção própria, não se submetem ao disposto no art. 22-A, ficando sujeitas às contribuições como as demais empresas, na forma do art. 22, consoante dispõe o § 2º deste artigo.

A agroindústria deve recolher as contribuições incidentes sobre o valor da receita bruta proveniente da comercialização da produção, em substituição às contribuições dos incisos I e II do art. 22, na forma disciplinada pelo artigo em comento[236].

Ao contrário do produtor rural pessoa jurídica, que tem a opção de contribuir com base na folha de salários ou sobre a receita bruta, a contribuição previdenciária substitutiva da agroindústria é obrigatória.

As contribuições da agroindústria incidem com as alíquotas de 2,5% e 0,1% sobre o valor da receita bruta proveniente da comercialização da produção, substituindo as contribuições previstas nos incisos I e II do art. 22, respectivamente, tal como ocorre em relação ao produtor rural pessoa jurídica e ao empregador rural pessoa física. A base de cálculo é a receita bruta que provém da comercialização da própria produção e da adquirida de terceiros. Não estão compreendidas na base de cálculo quaisquer outras receitas que não tenham origem na comercialização da produção.

No caso de a agroindústria industrializar a produção própria e a adquirida de terceiros, como a contribuição substitutiva refere-se à folha de salários dos seus empregados envolvidos na industrialização da própria produção, o legislador excluiu do regime substitutivo a receita bruta obtida com a prestação dos serviços a terceiros. Assim, em relação aos segurados envolvidos na prestação dos serviços a terceiros, a agroindústria deverá contribuir na forma prevista no art. 22, I e II, elaborando folha de salários e registros contábeis distintos. Por sua vez, a receita bruta auferida com a prestação dos serviços a terceiros não deve ser computada na base de cálculo da contribuição substitutiva, prevendo a lei a sua exclusão (§ 3º).

O regime substitutivo não é aplicado para a "pessoa jurídica que, relativamente à atividade rural, se dedique apenas ao florestamento e reflorestamento como fonte de matéria-prima para industrialização própria

---

236 Vide comentário acima acerca da EC n.º 103/19.

mediante a utilização de processo industrial que modifique a natureza química da madeira ou a transforme em pasta celulósica". Não é qualquer processo de industrialização da madeira que afasta o regime substitutivo, mas apenas aquele que implique alterações na natureza química da madeira ou a utilize para transformar em pasta de celulose. Também não se aplica o regime substitutivo à pessoa jurídica que comercializa resíduos vegetais ou sobras ou partes da produção, desde que a receita bruta decorrente dessa comercialização represente menos de um por cento da receita bruta proveniente da comercialização da produção. Ou seja, se representar mais de um por cento, a substituição é cabível.

3.2. SUJEITOS PASSIVOS EXCLUÍDOS DO DIREITO À CONTRIBUIÇÃO SUBSTITUTIVA

As sociedades cooperativas ou agroindústrias de psicultura, carcinicultura, suinocultura e avicultura (§ 4°) não têm direito às contribuições substitutivas, razão por que ficam sujeitas à contribuição na forma do art. 22, I e II.

As cooperativas contribuem como as demais empresas, na forma prevista no art. 22, observadas algumas especificidades[237].

A piscicultura é a criação de peixes; a carcinicultura, a criação de crustáceos; a suinocultura e avicultura, a criação de suínos e aves. As agroindústrias que tenham por objeto qualquer destas atividades econômicas não possuem o direito à contribuição substitutiva, ficando obrigadas ao pagamento das contribuições na forma prevista no art. 22.

3.3. REMISSÃO DOS CRÉDITOS DAS AGROINDÚSTRIAS

Como algumas agroindústrias haviam recolhido as contribuições com base no valor estimado da produção agrícola própria, uma vez que era mais benéfico do que o pagamento de acordo com a folha de salários, a fiscalização tributária passou a exigir o recolhimento da diferença entre as referidas bases. As agroindústrias que confiaram na constitucionalidade do §2° do art. 25 da Lei n.° 8.870/94 acabaram sendo surpreendidas com as autuações fiscais, razão por que a Lei n.° 10.736/03 concedeu remissão para os débitos decorrentes da diferença entre a contribuição instituída pelo § 2° do art. 25 da Lei n.° 8.870/94, declarada inconstitucional pelo Supremo Tribunal Federal, e a contribuição a que se refere o

---

[237] Vide comentários ao art. 22.

art. 22 desta lei, em razão dos fatos geradores ocorridos entre a data de publicação daquela lei e a da declaração de sua inconstitucionalidade.

4. IMUNIDADE

A Constituição Federal assegura a imunidade das contribuições sociais sobre as receitas decorrentes de exportação[238].

A Receita Federal entendia que a imunidade era aplicada apenas quando a produção fosse comercializada diretamente com adquirente domiciliado no exterior, levando em conta a receita do mercado interno obtida a partir da comercialização com empresa domiciliada no país[239]. Por isto, quando havia exportação indireta, assim considerada a realizada por intermédio de comercial exportadora ou "trading company", a imunidade não era reconhecida, exigindo-se o recolhimento da contribuição previdenciária substitutiva, incidente sobre a respectiva receita bruta auferida.

O STF, interpretando a cláusula de imunidade antes referida, decidiu que o ato normativo não poderia restringir o alcance do benefício constitucional, concebido para estimular as exportações por meio da exoneração tributária, evidenciando como irrelevante se a operação de exportação é realizada de maneira direta ou por intermédio de comercial exportadora ou "trading". A matéria é objeto do Tema 674[240]:

"A norma imunizante contida no inciso I do § 2º do art. 149 da Constituição da República alcança as receitas decorrentes de operações indiretas de exportação caracterizadas por haver participação negocial de sociedade exportadora intermediária".

Logo, a agroindústria tem direito à imunidade da contribuição previdenciária substitutiva incidente sobre as receitas auferidas nas exportações, ainda que ocorram por intermédio de comerciais exportadoras ou "tradings".

O mesmo raciocínio se aplica no caso das exportações realizadas pelo produtor rural pessoa jurídica que tenha optado por contribuir com a contribuição previdenciária sobre a receita bruta, em substituição à contribuição sobre a folha de salários e ao seguro-acidente do trabalho[241].

---

238 Art. 149, § 2º, I, da CF.

239 Art. 170, §§ 1º e 2º, da IN n.º 971/09 (revogada pela IN n.º 2.110/22).

240 STF, RE 759.244.

241 Em relação ao produtor rural pessoa física e cooperado, vide comentários ao art. 25.

ART. 22B.

> As contribuições de que tratam os incisos I e II do art. 22 desta Lei são substituídas, em relação à remuneração paga, devida ou creditada ao trabalhador rural contratado pelo consórcio simplificado de produtores rurais de que trata o art. 25A, pela contribuição dos respectivos produtores rurais, calculada na forma do art. 25 desta Lei. (Incluído pela Lei n.º 10.256, de 2001)

1. CONSÓRCIO SIMPLIFICADO DE TRABALHADORES RURAIS

O consórcio simplificado de trabalhadores rurais, ao contratar trabalhadores rurais, não ficará sujeito às contribuições sobre a folha de salários e ao seguro-acidente do trabalho, previstas no art. 22, I e II, visto que as contribuições serão substituídas pela contribuição incidente sobre a receita bruta auferida com a comercialização da produção[242].

ART. 23.

> As contribuições a cargo da empresa provenientes do faturamento e do lucro, destinadas à Seguridade Social, além do disposto no art. 22, são calculadas mediante a aplicação das seguintes alíquotas:
>
> I - 2% (dois por cento) sobre sua receita bruta, estabelecida segundo o disposto no § 1º do art. 1º do Decreto-lei n.º 1.940, de 25 de maio de 1982, com a redação dada pelo art. 22, do Decreto-lei n.º 2.397, de 21 de dezembro de 1987, e alterações posteriores;
>
> II - 10% (dez por cento) sobre o lucro líquido do período-base, antes da provisão para o Imposto de Renda, ajustado na forma do art. 2º da Lei n.º 8.034, de 12 de abril de 1990.
>
> § 1º No caso das instituições citadas no § 1º do art. 22 desta Lei, a alíquota da contribuição prevista no inciso II é de 15% (quinze por cento).
>
> § 2º O disposto neste artigo não se aplica às pessoas de que trata o art. 25.

---

242 Vide comentários ao art. 25-A.

1. PIS/COFINS

O preceito trata das contribuições de Seguridade Social que incidem sobre a receita ou faturamento e o lucro das pessoas jurídicas, de acordo com o previsto no art. 195, I, "b" e "c", da CF, as quais não estão veiculadas nesta lei.

As contribuições que recaem sobre a receita ou faturamento são o PIS e a COFINS, reguladas pelas Leis Complementares n.º 7/70 e 70/91, e Leis n.º 9.715/98, 9.718/98, 10.637/02 e 10.833/03.

2. CONTRIBUIÇÃO SOCIAL SOBRE O LUCRO

A contribuição incidente sobre o lucro (CSL) é prevista na Lei n.º 7.689/88.

CAPÍTULO V
DA CONTRIBUIÇÃO DO
EMPREGADOR DOMÉSTICO

ART. 24.

A contribuição do empregador doméstico incidente sobre o salário de contribuição do empregado doméstico a seu serviço é de: (Redação dada pela Lei n.º 13.202, de 2015)

I - 8% (oito por cento); e (Incluído pela Lei n.º 13.202, de 2015)

II - 0,8% (oito décimos por cento) para o financiamento do seguro contra acidentes de trabalho. (Incluído pela Lei n.º 13.202, de 2015)

Parágrafo único. Presentes os elementos da relação de emprego doméstico, o empregador doméstico não poderá contratar microempreendedor individual de que trata o art. 18-A da Lei Complementar n.º 123, de 14 de dezembro de 2006, **sob pena de ficar sujeito a todas as obrigações dela decorrentes, inclusive trabalhistas, tributárias e previdenciárias.** (Incluído pela Lei n.º 12.470, de 2011)

1. EMPREGADOR DOMÉSTICO

O empregador doméstico é a pessoa ou família que admite a seu serviço, sem finalidade lucrativa, empregado doméstico[243].

A CLT nomeia empregado doméstico aquele que presta serviços de natureza não econômica à pessoa ou à família, no âmbito residencial destas[244]. O art. 1º, "caput", da LC n.º 150/15 denomina empregado "aquele que presta serviços de forma contínua, subordinada, onerosa e pessoal e de finalidade não lucrativa à pessoa ou à família, no âmbito residencial destas, por mais de 2 (dois) dias por semana".

---

243 Vide comentários ao art. 15, II.

244 Art. 7º, "a", da CLT.

Nos termos da legislação, o exercício da atividade econômica, tenha ou não fins lucrativos, realizada no âmbito residencial, descaracteriza a relação de emprego doméstico. Nesta situação, o empregador é equiparado à empresa pelo parágrafo único do art. 15, razão por que fica sujeito ao recolhimento das contribuições na forma prevista no art. 22.

O empregador doméstico está sujeito ao recolhimento de duas contribuições previdenciárias que incidem sobre o salário de contribuição do empregado doméstico, o qual consiste na sua remuneração registrada na carteira de trabalho[245]. Ou seja, a remuneração do empregado doméstico é a base de cálculo, observados os limites mínimo e máximo, assim como as exclusões e inclusões previstas nos §§ 3º, 5º, 7º e 9º do art. 28.

A contribuição normal do empregador doméstico é apurada com a alíquota de 8% sobre a remuneração do empregado. A contribuição para cobrir os riscos ambientais do trabalho (SAT/RAT) incide com a alíquota de 0,8% sobre o salário de contribuição do empregado. A contribuição efetiva do empregador doméstico, portanto, é com alíquota de 8,8% sobre o salário de contribuição do empregado.

A contribuição do empregador não deve ser confundida com a contribuição do próprio empregado doméstico, prevista no art. 20, cuja responsabilidade pelo recolhimento é do empregador, consoante prevê o art. 30, V.

O empregador doméstico deve recolher mensalmente a contribuição do empregado, com as alíquotas progressivas previstas no art. 11 da EC n.º 103/19, e a contribuição a seu cargo com alíquotas de 8% e 0,8%. Tais contribuições são recolhidas pelo regime eletrônico denominado de Simples Doméstico, regulado pelo art. 31 da LC n.º 150/15.

Por outro lado, o art. 18-A da LC n.º 123/06 trata do microempreendedor individual (MEI) que é o empresário individual definido no Código Civil[246] e que poderá ser um prestador de serviços. A contratação do MEI para prestar serviços no âmbito doméstico pode mascarar a existência da relação jurídica de emprego doméstico, caso em que o empregador doméstico ficará sujeito ao recolhimento das contribuições previdenciárias de sua responsabilidade.

---

245 Vide comentários ao art. 28, II.

246 Art. 966, do Código Civil: "Considera-se empresário quem exerce profissionalmente atividade econômica organizada para a produção ou a circulação de bens ou de serviços. Parágrafo único. Não se considera empresário quem exerce profissão intelectual, de natureza científica, literária ou artística, ainda com o concurso de auxiliares ou colaboradores, salvo se o exercício da profissão constituir elemento de empresa".

CAPÍTULO VI
DA CONTRIBUIÇÃO DO PRODUTOR RURAL E DO PESCADOR (ALTERADO PELA LEI N.º 8.398, DE 7.1.92)

ART. 25.

A contribuição do empregador rural pessoa física, em substituição à contribuição de que tratam os incisos I e II do art. 22, e a do segurado especial, referidos, respectivamente, na alínea a do inciso V e no inciso VII do art. 12 desta Lei, destinada à Seguridade Social, é de: (Redação dada pela Lei n.º 10.256, de 2001)

I - 1,2% (um inteiro e dois décimos por cento) da receita bruta proveniente da comercialização da sua produção; (Redação dada pela Lei n.º 13.606, de 2018) (Produção de efeito)

II - 0,1% da receita bruta proveniente da comercialização da sua produção para financiamento das prestações por acidente do trabalho. (Redação dada pela Lei n.º 9.528, de 10.12.97) (Vide decisão-STF Petição n.º 8.140 - DF)

§ 1º O segurado especial de que trata este artigo, além da contribuição obrigatória referida no caput, poderá contribuir, facultativamente, na forma do art. 21 desta Lei. (Redação dada pela Lei n.º 8.540, de 22.12.92)

§ 2º A pessoa física de que trata a alínea "a" do inciso V do art. 12 contribui, também, obrigatoriamente, na forma do art. 21 desta Lei. (Redação dada pela Lei n.º 8.540, de 22.12.92)

§ 3º Integram a produção, para os efeitos deste artigo, os produtos de origem animal ou vegetal, em estado natural ou submetidos a processos de beneficiamento ou industrialização rudimentar, assim compreendidos, entre outros, os processos de lavagem, limpeza, descaroçamento, pilagem, descascamento, lenhamento, pasteurização, resfriamento, secagem, fermentação, embalagem, cristalização, fundição, carvoejamento, cozimento, destilação, moagem e torrefação, bem como os subprodutos e os resíduos obtidos por meio desses processos, exceto, no caso de sociedades cooperativas, a parcela de produção que não seja objeto de repasse ao cooperado por meio de fixação de preço. (Redação dada pela Lei n.º 13.986, de 2020)

§ 4º (Revogado) (Redação dada pela Lei n.º 11.718, de 2008).

§ 5º (VETADO) (Incluído pela Lei n º 8.540, de 22.12.92)

§ 6º (Revogado pela Lei n.º 10.256, de 2001).

§ 7º (Revogado pela Lei n.º 10.256, de 2001).

§ 8º (Revogado pela Lei n.º 10.256, de 2001).

§ 9º (VETADO) (Incluído pela Lei n.º 10.256, de 2001).

§ 10º Integra a receita bruta de que trata este artigo, além dos valores decorrentes da comercialização da produção relativa aos produtos a que se refere o § 3º deste artigo, a receita proveniente: (Incluído pela Lei n.º 11.718, de 2008)

I - da comercialização da produção obtida em razão de contrato de parceria ou meação de parte do imóvel rural; (Incluído pela Lei n.º 11.718, de 2008)

II - da comercialização de artigos de artesanato de que trata o inciso VII do § 10º do art. 12 desta Lei; (Incluído pela Lei n.º 11.718, de 2008)

III - de serviços prestados, de equipamentos utilizados e de produtos comercializados no imóvel rural, desde que em atividades turística e de entretenimento desenvolvidas no próprio imóvel, inclusive hospedagem, alimentação, recepção, recreação e atividades pedagógicas, bem como taxa de visitação e serviços especiais; (Incluído pela Lei n.º 11.718, de 2008)

IV - do valor de mercado da produção rural dada em pagamento ou que tiver sido trocada por outra, qualquer que seja o motivo ou finalidade; e (Incluído pela Lei n.º 11.718, de 2008)

V - de atividade artística de que trata o inciso VIII do § 10º do art. 12 desta Lei. (Incluído pela Lei n.º 11.718, de 2008)

§ 11º Considera-se processo de beneficiamento ou industrialização artesanal aquele realizado diretamente pelo próprio produtor rural pessoa física, desde que não esteja sujeito à incidência do Imposto Sobre Produtos Industrializados - IPI. (Incluído pela Lei n.º 11.718, de 2008)

§ 12º Não integra a base de cálculo da contribuição de que trata o caput deste artigo a produção rural destinada ao plantio ou reflorestamento, nem o produto animal destinado à reprodução ou criação pecuária ou granjeira e à utilização como cobaia para fins de pesquisas científicas, quando vendido pelo próprio produtor e por quem a utilize diretamente com essas finalidades e, no caso de produto vegetal, por pessoa ou entidade registrada no Ministério da Agricultura, Pecuária

e Abastecimento que se dedique ao comércio de sementes e mudas no País. (Incluído pela Lei n.º 13.606, de 2018) (Produção de efeito)

§ 13º O produtor rural pessoa física poderá optar por contribuir na forma prevista no caput deste artigo ou na forma dos incisos I e II do caput do art. 22 desta Lei, manifestando sua opção mediante o pagamento da contribuição incidente sobre a folha de salários relativa a janeiro de cada ano, ou à primeira competência subsequente ao início da atividade rural, e será irretratável para todo o ano-calendário. (Incluído pela Lei n.º 13.606, de 2018) (Produção de efeito)

§ 14º Considera-se receita bruta proveniente da comercialização da produção o valor da fixação de preço repassado ao cooperado pela cooperativa ao qual esteja associado, por ocasião da realização do ato cooperativo de que trata o art. 79 da Lei n.º 5.764, de 16 de dezembro de 1971, não compreendidos valores pagos, creditados ou capitalizados a título de sobras, os quais não representam preço ou complemento de preço. (Incluído pela Lei n.º 13.986, de 2020)

§ 15º Não se considera receita bruta, para fins de base de cálculo das contribuições sociais devidas pelo produtor rural cooperado, a entrega ou o retorno de produção para a cooperativa nas operações em que não ocorra repasse pela cooperativa a título de fixação de preço, não podendo o mero retorno caracterizar permuta, compensação, dação em pagamento ou ressarcimento que represente valor, preço ou complemento de preço. (Incluído pela Lei n.º 13.986, de 2020)

§ 16º Aplica-se ao disposto no caput e nos §§ 3º, 14º e 15º deste artigo o caráter interpretativo de que trata o art. 106 da Lei n.º 5.172, de 25 de outubro de 1966 (Código Tributário Nacional). (Incluído pela Lei n.º 13.986, de 2020)

1. EXTINÇÃO DO FUNRURAL

O artigo regula a contribuição previdenciária incidente sobre a comercialização da produção rural – também conhecida como contribuição ao Funrural – devida pelo "empregador rural pessoa física" e pelo "segurado especial".

O Funrural era um fundo de assistência e previdência ao trabalhador rural, custeado, entre outras formas, por uma contribuição devida pelo produtor sobre o valor da comercialização dos seus produtos. Entretanto, o Funrural foi extinto pelo art. 138 da Lei n.º 8.213/91 e as contribuições devidas pelos produtores rurais passaram a ser regidas por esta Lei n.º 8.212/91.

As contribuições exigíveis do empregador rural pessoa física e do segurado especial estão sujeitas às técnicas de recolhimento previstas no art. 30, II, IV, X, XI e XII. A atribuição de responsabilidade a terceiro, para que retenha e recolha a contribuição do empregador rural pessoa física ou do segurado especial, não deve ser confundida com a determinação do sujeito passivo direto.

2. SEGURADO ESPECIAL

A redação original do § 8º do art. 195 da Constituição Federal outorgava competência tributária para a instituição da contribuição previdenciária do produtor, parceiro, meeiro e arrendatário rurais, o garimpeiro e pescador artesanal, como também os respectivos cônjuges, que exercessem atividades em regime de economia familiar, sem empregados permanentes, com alíquota incidente sobre o resultado da comercialização da produção. A EC n.º 20/98 conferiu nova redação ao preceito apenas para excluir o garimpeiro.

O art. 12, VII, desta lei, considerava como segurado especial "o produtor, o parceiro, o meeiro e o arrendatário rurais, o garimpeiro, o pescador artesanal e o assemelhado, que exerçam essas atividades, individualmente ou em regime de economia familiar, ainda que com o auxílio eventual de terceiros, bem como seus respectivos cônjuges ou companheiros e filhos maiores de 14 anos ou a eles equiparados, desde que trabalhem, comprovadamente, com o grupo familiar respectivo". Por sua vez, a redação original do § 1º do art. 12 dispunha que "entende-se como regime de economia familiar a atividade em que o trabalho dos membros da família é indispensável à própria subsistência e é exercido em condições de mútua dependência e colaboração, sem a utilização de empregados".

A contribuição do segurado especial[247] – exercício de atividade individualmente ou em regime de economia familiar – era calculada com a alíquota de 3%, incidente sobre a receita bruta proveniente da comercialização da sua produção, nos termos do que dispunha a redação original do "caput" deste art. 25. Embora o § 8º do art. 195 da CF fizesse referência ao "resultado" da comercialização da produção rural e a lei à "receita bruta", o STF entendeu que a expressão "resultado"

---

247 O STF, no julgamento do RE 761.263, considerou que o produtor rural pessoa física sem empregados é segurado especial.

poderia ser compreendida como a "soma das receitas oriundas da atividade rural"[248].

A contribuição do segurado especial, a despeito das sucessivas alterações legislativas impostas a este preceito, conforme abaixo mencionado, sempre foi mantida desde a sua origem de modo compatível com o texto constitucional, inclusive no que se refere à base de cálculo, sendo levada em conta a receita bruta proveniente da comercialização da produção.

A contribuição do segurado especial repousa no § 8º do art. 195 da CF, ao passo que a contribuição do produtor rural com empregados se funda no art. 195, I, "b", da CF.

Por isto, o STF reputou sempre compatível com o texto constitucional este art. 25, desde a sua redação original, como decidido no julgamento do RE 761.263, em que firmado o Tema 723:

"É constitucional, formal e materialmente, a contribuição social do segurado especial prevista no art. 25 da Lei 8.212/91".

É denominado segurado especial o produtor rural pessoa física, seja proprietário, usufrutuário, possuidor, assentado, parceiro ou meeiro outorgados, comodatário ou arrendatário rural, que exerce atividade individualmente ou em regime de economia familiar. No caso de atividade agropecuária, embora a lei evidencie como segurado especial a pessoa física que explora a atividade individualmente em área de até 4 (quatro) módulos fiscais[249], para efeitos de recolhimento da contribuição previdenciária o STF equiparou o produtor rural sem empregados ao segurado especial[250], cuja atividade é exercida em regime de economia familiar.

As contribuições do segurado especial incidem sobre a receita bruta proveniente da comercialização da produção rural[251], tal como ocorre com a contribuição substitutiva do produtor rural pessoa física com empregados – empregador rural. As contribuições têm alíquota global de 1,3%, sendo que 0,1% é para financiar as prestações por acidente do trabalho.

A contribuição do segurado especial cinge-se às receitas que resultam da comercialização da produção, tal como dispõe o § 8º do art.

---

248 STF, RE 718.874, relativo à contribuição previdenciária do empregador rural pessoa física.

249 Vide comentários abaixo acerca dos aspectos históricos da contribuição do produtor rural pessoa física e ao art. 12, VII, a, item 1.

250 Vide comentários ao art. 12, item 8.

251 Vide comentários abaixo, no item 4.

195. Pode-se compreender que as receitas auferidas que não tenham origem na comercialização da produção rural, como as de vendas de artigos de artesanato (são receitas de produtos cujas características naturais foram completamente modificadas por ação humana, sendo transformados em mercadorias comerciais), de serviços prestados e de atividades artísticas, previstas no § 10°, II, III e V deste artigo, mostram-se incompatíveis com a outorga constitucional da competência: resultado da comercialização da produção.

O segurado especial contribui sobre a receita bruta da comercialização da produção e terá direito a benefício previdenciário no valor máximo de um salário mínimo. Se almejar benefício de maior valor, poderá contribuir como segurado facultativo, na forma prevista no art. 21.

O recolhimento da contribuição devida pelo segurado especial é regulado pelos arts. 30, incisos III, IV, X, XII e XIII e 32-C.

3. EMPREGADOR RURAL PESSOA FÍSICA

O produtor rural pessoa física com empregados é empregador rural, equiparado à empresa, e o campo de competência material da redação original do art. 195, I, da Constituição Federal estava circunscrito à contribuição dos empregadores, incidentes sobre a folha de salários, o faturamento e o lucro.

O produtor rural com empregados – empregador rural pessoa física – era equiparado a autônomo pelo art. 12, V, alínea "a", da Lei n.º 8.212/91. Entretanto, esta lei não havia instituído a sua contribuição previdenciária, mas apenas a contribuição do produtor rural denominado como segurado especial.

A contribuição previdenciária do produtor rural pessoa física com empregados – empregador rural – foi instituída pela Lei n.º 8.540/92, cujo art. 1º alterou a redação do "caput" do art. 25 da Lei n.º 8.212/91, incluindo como sujeito passivo, ao lado do segurado especial, a pessoa física referida na alínea "a" do inciso V do art. 12, qual seja, o produtor rural com empregados e que era equiparado ao autônomo.

Ademais, a Lei n.º 8.540/92 acrescentou os incisos I e II ao art. 25, estabelecendo duas alíquotas: uma de 2% sobre a receita bruta proveniente da comercialização da produção e outra sobre a mesma base, com alíquota de 0,1%, para financiar as prestações de acidente do trabalho.

A partir da modificação implementada pela Lei n.º 8.540/92, além da contribuição do segurado especial, passou a ser exigida contribuição do produtor rural pessoa física com empregados, calculada a partir da incidência de alíquota de 2,1% sobre a receita bruta proveniente da comercialização da produção. Em compensação, este produtor rural pessoa física com empregados, embora equiparado à empresa pelo parágrafo único do art. 15, ficou dispensado das contribuições incidentes sobre a folha de salários e ao seguro acidente de trabalho, previstas no art. 22, incisos I e II, por conta da inclusão, pela Lei n.º 8.540/92, do § 5º a este preceito[252].

Com a alteração legislativa conferida pela Lei n.º 8.540/92, o produtor rural pessoa física com empregados – empregador rural – passou a contribuir de forma idêntica ao segurado especial, ou seja, sobre a receita bruta proveniente da comercialização da produção.

Ocorre que a Constituição Federal, na redação original do § 8º do art. 195, vigente por ocasião da publicação da Lei n.º 8.540/92, outorgava competência tributária, quanto ao aspecto pessoal, para a instituição da contribuição devida pelo segurado especial e, no que refere ao material, sobre o resultado da comercialização da produção. Tal dispositivo, contudo, não autorizava a instituição de contribuição do produtor rural pessoa física com empregados, pois este não exercia a atividade individualmente e não era, portanto, segurado especial.

O fundamento constitucional da contribuição do empregador rural pessoa física, por ser equiparado à empresa, não era o § 8º, mas sim o inciso I do art. 195 da CF, cuja materialidade estava circunscrita à folha de salários, ao faturamento e ao lucro. Contudo, o art. 25 da presente lei, na redação conferida pela Lei n.º 8.540/92, passou a prever a incidência da contribuição do produtor rural com empregados sobre a "receita bruta proveniente da comercialização da produção", ou seja, sobre fonte de custeio diversa da prevista na redação original do inciso I do art. 195 da CF, visto que a receita bruta não poderia ser confundida com faturamento. Como se tratava de nova fonte de custeio e deveria ter sido instituída por lei complementar, como exigido pelo art. 195, § 4º, da CF, o Supremo Tribunal Federal declarou a inconstitucionalidade deste art. 25, com a redação que lhe fora conferida pela Lei n.º 8.540/92, fixando o Tema 202 no RE 596.177:

---

252 Art. 22. (...) § 5º: O disposto neste artigo não se aplica à pessoa física de que trata a alínea "a" do inciso V do art. 12 desta Lei (revogado pela Lei n.º 10.256/01).

"É inconstitucional a contribuição, a ser recolhida pelo empregador rural pessoa física, incidente sobre a receita bruta proveniente da comercialização de sua produção, prevista no art. 25 da Lei 8.212/1991, com a redação dada pelo art. 1º da Lei 8.540/1992".

Posteriormente, a Lei n.º 9.528/97 voltou a dar nova redação ao "caput" deste art. 25 e aos seus incisos I e II. Enquanto na redação anterior o "caput" fazia referência à "contribuição da pessoa física" referida na alínea "a" do inciso V do art. 12, a nova redação passou a mencionar a "contribuição do empregador rural pessoa física". Apesar da alteração, os elementos pessoais e materiais essenciais da contribuição continuaram exatamente os mesmos. Manteve-se o produtor rural pessoa física e o segurado especial, assim como a receita bruta proveniente da comercialização da produção e as alíquotas de 2% e 0,1%, segundo seus incisos I e II. A identidade do tributo continuou incompatível com o art. 195, I, da CF.

No ano seguinte, em 1998, a Emenda Constitucional n.º 20 impôs alterações na outorga da competência para a instituição das contribuições previdenciárias, previstas no art. 195, expandindo o campo de incidência no aspecto pessoal, ao autorizar a exigência da contribuição não apenas do "empregador", mas também "da empresa e da entidade a ela equiparada na forma da lei", e no aspecto material, ao permitir que recaísse sobre "a receita ou faturamento" (art. 195, I, "b", da CF).

Em 2001, já que o STF havia julgado inconstitucional a contribuição do empregador rural pessoa física, tendo em vista a ausência de lei complementar, e a subsequente expansão da competência tributária que havia sido implementada pela EC n.º 20/98, a Lei n.º 10.256 alterou o "caput" deste art. 25 e revogou o § 5º do art. 22, que dispensava o produtor rural pessoa física com empregados das contribuições do art. 22. No "caput" deste art. 25, o legislador dispôs que a contribuição do empregador rural pessoa física substituiria à contribuição dos incisos I e II do art. 22. Mesmo que os elementos materiais essenciais, referentes à base de cálculo e alíquotas, não tivessem sofrido alteração, permanecendo de acordo com a redação conferida pela Lei n.º 9.528/97, o Supremo Tribunal Federal decidiu que a EC n.º 20/98 permitiria que a contribuição do produtor rural pessoa física com empregados fosse instituída por lei ordinária e recaísse sobre a receita, firmando o Tema 669 no julgamento do RE 718.874:

"É constitucional formal e materialmente a contribuição social do empregador rural pessoa física, instituída pela Lei 10.256/2001, incidente sobre a receita bruta obtida com a comercialização de sua produção".

Em decorrência de toda a polêmica que havia em torno da contribuição previdenciária do empregador rural pessoa física, foi publicada a Lei n.º 13.606/18. Tal diploma legal introduziu três modificações: alterou o inciso I do artigo 25 da Lei n.º 8.212/91, reduzindo a alíquota da contribuição para 1,2%; acrescentou o § 13º para permitir a opção pelo pagamento com base na folha de salários ou na receita bruta, tal como será visto na sequência; e instituiu o Programa de Regularização Tributária Rural (PRR)[253], permitindo o parcelamento dos débitos vencidos até 30 de agosto de 2017, e a remissão das multas de mora, de ofício, dos encargos legais e honorários advocatícios, como também dos juros de mora, nas condições ali especificadas.

3.1. ASPECTOS VIGENTES DA CONTRIBUIÇÃO DO EMPREGADOR RURAL PESSOA FÍSICA

O produtor rural pessoa física é a "proprietária ou não, que desenvolve, em área urbana ou rural, a atividade agropecuária, pesqueira ou silvicultural, bem como a extração de produtos primários, vegetais ou animais, em caráter permanente ou temporário, diretamente ou por intermédio de prepostos"[254]. A natureza da atividade é que determina o seu caráter rural e não o espaço geográfico onde é exercida. Por isto, a atividade não deixa de ser rural apenas pelo fato de ser exercida em área urbana.

O produtor rural pessoa física é segurado obrigatório, podendo ser enquadrado na classe de contribuinte individual ou na de segurado especial[255], como fora visto acima.

A pessoa física, proprietária ou não, que explora atividade agropecuária ou pesqueira, em caráter permanente ou temporário, diretamente ou por intermédio de prepostos, e com o auxílio de empregados, é arrolada como contribuinte individual. Trata-se aqui do empregador rural pessoa física, que deve se inscrever no Cadastro de Atividade

---

253 Lei n.º 13.606/18.

254 Art. 146, I, da IN n.º 2.110/22.

255 Art. 12, V, "a", VII.

Econômica da Pessoa Física (CAEPF)[256]. Na classe de contribuinte individual, segundo dispõe o § 2º deste artigo, está obrigado a recolher a própria contribuição na forma prevista no art. 21. O salário de contribuição do empregador rural pessoa física será o valor por ele declarado em razão do exercício da atividade rural por conta própria, observados os limites mínimo e máximo do salário de contribuição[257].

O contribuinte individual que possuir empregados ou contribuintes individuais que lhe prestem serviços é equiparado à empresa, na forma prevista no art. 15, parágrafo único. Com isto, o empregador rural pessoa física, caso não tenha exercido a opção de contribuir sobre a receita bruta decorrente da comercialização da produção, está obrigado ao recolhimento das mesmas contribuições devidas pelas empresas, previstas no art. 22, ou seja, contribuição de 20% sobre a folha de salários dos seus empregados e avulsos (inciso I), contribuição com alíquotas variáveis para custear o seguro acidente do trabalho (inciso II) e contribuição com alíquota de 20% sobre a remuneração paga aos contribuintes individuais que lhe prestam serviços (inciso III).

3.2. CONTRIBUIÇÃO SUBSTITUTIVA

No caso do produtor rural pessoa física que possui empregados ou avulsos que lhe prestem serviços – empregador rural –, o § 13º deste artigo permite que contribua para a Seguridade Social por dois sistemas, segundo sua própria opção: a) sobre a receita decorrente da comercialização da sua produção; ou b) sobre a folha de salários dos empregados e trabalhadores avulsos e para o seguro-acidente do trabalho (art. 22, I e II). O segurado especial não tem direito à contribuição substitutiva porque não possui empregados.

A opção do empregador rural pessoa física deve ser exercida mediante o pagamento da contribuição sobre a folha de salários relativa ao mês de janeiro de cada ano, ou na primeira competência subsequente ao início da atividade rural. Cabe ao empregador rural pessoa física avaliar qual das duas formas lhe é mais benéfica, levando em conta o número de empregados e respectiva folha salarial e o resultado que obtém com a comercialização da produção. A opção do produtor é irretratável no ano-calendário em que efetuada, podendo, contudo, ser alterada no ano subsequente.

---

256 Art. 4º, da IN n.º 1.828/18.

257 Art. 28, III, §§ 3º e 4º.

Optando pelo recolhimento sobre a comercialização da produção, ficará sujeito ao pagamento de duas contribuições sobre a receita bruta auferida, sendo uma com alíquota de 1,2% e que substitui a contribuição sobre a folha de salários dos empregados e trabalhadores avulsos, prevista no art. 22, I, e outra com alíquota de 0,1% para financiar as prestações por acidente do trabalho, em substituição à contribuição ao seguro-acidente do trabalho (SAT/RAT), fundada no art. 22, II.

Caso escolha recolher sobre a folha de salários, deverá pagar a contribuição com alíquota de 20% sobre a folha de salários dos seus empregados e trabalhadores avulsos que lhe prestem serviços e a contribuição com alíquotas variáveis para custear o seguro-acidente do trabalho, sobre o total das remunerações pagas ou creditadas, no decorrer do mês, aos segurados empregados e trabalhadores avulsos, na forma prevista no art. 22, I e II. Neste caso, o adquirente da produção rural não deve efetuar a retenção e o recolhimento das contribuições que incidiriam sobre a receita bruta, como previsto no art. 30, incisos III e IV, e o produtor deve apresentar à empresa adquirente, consumidora, consignatária ou cooperativa, ou à pessoa física adquirente não produtora rural, a declaração de que recolhe as contribuições na forma prevista no art. 22, I e II, tal como no modelo anexo à IN n.º 2.110/22[258]. A contribuição do produtor rural pessoa física sobre a folha de salários deve ser declarada no eSocial[259].

A contribuição substitutiva sobre a receita bruta não exclui do empregador rural pessoa física a obrigação do recolhimento da contribuição prevista no inciso III do art. 22, isto é, da contribuição de 20% sobre o valor pago ao contribuinte individual que lhe prestar serviços. Note que o "caput" do art. 25 dispõe que a contribuição do empregador rural pessoa física se dá em substituição à "contribuição de que tratam os incisos I e II do art. 22". Desse modo, se o produtor rural pessoa física contratar um agrônomo ou um veterinário, por exemplo – contribuintes individuais –, ficará sujeito ao recolhimento da respectiva contribuição com alíquota de 20% sobre a totalidade do valor pago, na forma prevista no art. 20, III, pois é equiparado à empresa pelo art. 15, parágrafo único.

---

258 Art. 156, §4º, da IN n.º 2.110/22.

259 Vide comentários ao art. 32-C.

4. BASE DE CÁLCULO

A base de cálculo da contribuição do segurado especial e da substitutiva da folha de salários do empregador rural pessoa física é a receita bruta proveniente da comercialização da sua produção, consoante estabelecem os incisos I e II, do art. 25. A lei dispõe que integram a base de cálculo os valores decorrentes da comercialização da produção dos produtos de origem animal ou vegetal, em estado natural ou submetidos a processos de beneficiamento ou industrialização rudimentar, assim compreendidos, entre outros, os processos de lavagem, limpeza, descaroçamento, pilagem, descascamento, lenhamento, pasteurização, resfriamento, secagem, fermentação, embalagem, cristalização, fundição, carvoejamento, cozimento, destilação, moagem e torrefação, do mesmo modo que os subprodutos e os resíduos obtidos por intermédio desses processos, exceto no caso das cooperativas de produção agropecuária[260].

A lei concebe o processo de beneficiamento ou industrialização artesanal como aquele realizado diretamente pelo próprio produtor rural pessoa física, desde que não esteja sujeito à incidência do Imposto Sobre Produtos Industrializados – IPI (§ 11º). Com isso, o beneficiamento e a transformação de produtos decorrentes da atividade rural, sem que sejam alteradas as características do produto "in natura", efetuados pelo próprio produtor, constituem atividade rural, cujas receitas auferidas devem integrar a base de cálculo da contribuição. A título exemplificativo[261], constitui atividade rural: a) o beneficiamento de produtos agrícolas, incluindo o descasque de arroz e de outros produtos semelhantes, debulha de milho e conserva de frutas; b) a transformação de produtos agrícolas, abrangendo a moagem de trigo e de milho, a moagem de cana-de-açúcar para produção de açúcar mascavo, melado, rapadura e os grãos em farinha em farelo; c) transformação de produtos zootécnicos, compreendendo: a produção de mel acondicionado em embalagem de apresentação, laticínio (pasteurização e acondicionamento de leite, transformação de leite em queijo, manteiga e requeijão), produção de sucos de frutas acondicionados em embalagem de apresentação e produção de adubos orgânicos; d) transformação

---

260 Vide comentários abaixo acerca do subsistema dos cooperativados de cooperativa de produção agropecuária.

261 Tomando por base o art. 2º, VI, da IN n.º 83/01, que trata da tributação da atividade rural da pessoa física.

de produtos florestais: produção de carvão vegetal, produção de lenha com árvores da propriedade rural e venda de pinheiros e madeira de árvores plantadas na propriedade rural.

A atividade rural pode ser exercida por meio de contrato de parceria ou meação. No contrato de meação ou parceria agrícola, pecuária, agroindustrial e extrativa, como o próprio nome indica, há coparticipação do proprietário e parceiro com o objetivo comum de exploração da atividade rural.

O contrato de parceria é regulado pela Lei n.º 4.504/64 e regulamentado pelo Decreto n.º 59.566/66. O art. 4º do Decreto n.º 59.566/66 dispõe que parceria rural é o "contrato agrário pelo qual uma pessoa se obriga a ceder à outra, por tempo determinado ou não, o uso específico de imóvel rural, de parte ou partes do mesmo, incluindo, ou não, benfeitorias, outros bens e ou facilidades, com o objetivo de nele ser exercida atividade de exploração agrícola, pecuária, agroindustrial, extrativa vegetal ou mista; e ou lhe entrega animais para cria, recria, invernagem, engorda ou extração de matérias-primas de origem animal, mediante partilha de riscos do caso fortuito e da força maior do empreendimento rural, e dos frutos, produtos ou lucros havidos nas proporções que estipularem, observados os limites percentuais da lei".

Integram a receita bruta, base de incidência das contribuições do empregador rural pessoa física e do segurado especial, como previsto no inciso I do § 10º, as receitas da comercialização da produção obtidas em razão de contrato de parceria ou meação de parte do imóvel rural.

Nos termos da lei, a base de cálculo da contribuição não fica restrita à receita obtida com a comercialização da produção rural. Ao contrário do que ocorre em relação ao segurado especial, cuja regra de competência é o § 8º do art. 195, da CF, a do empregador rural pessoa física é mais ampla e está amparada pelo art. 195, I, "b", e § 13º, da CF, antes da redação conferida pela EC n.º 103/19. Nesse sentido, não há incompatibilidade constitucional para que sejam integradas à base de cálculo da contribuição substitutiva do empregador rural pessoa física, segundo previsto no § 10º deste artigo, as receitas provenientes:

a. da comercialização de artigos de artesanato de que trata o inciso VII do § 10º do art. 12. O empregador rural pessoa física pode utilizar matéria-prima local ou de outra origem para produzir artigos de artesanatos, como brinquedos de madeira, tábuas de corte, colheres, porta-copos, molduras etc. A lei prevê que as receitas obtidas com a comercialização dos produtos devem integrar a base de cálculo da contribuição substitutiva.

b. de serviços prestados, de equipamentos utilizados e de produtos comercializados no imóvel rural, desde que em atividades turística e de entretenimento desenvolvidas no próprio imóvel, inclusive hospedagem, alimentação, recepção, recreação e atividades pedagógicas, assim como taxa de visitação e serviços especiais. O empregador rural pode utilizar a sua propriedade rural para finalidade turística ou de entretenimento, prestando serviços, alugando equipamentos ou comercializando produtos, como ocorre em sítios de lazer ou os denominados hotéis fazenda. Sobre as receitas obtidas com pesque-pague, aluguel de tratores, cavalos, carroças, pedalinhos, barcos, varas de pescar, tirolesa, "bungee jump" etc., ou na comercialização de outros produtos ou serviços, hospedagem, alimentação, recepção, recreação e atividades pedagógicas, como as receitas obtidas com a taxa de visitas ou serviços especiais, a lei prevê que deve incidir a contribuição previdenciária, frente ao inciso III do § 10º.

c. do valor de mercado da produção rural dada em pagamento ou que tiver sido trocada por outra, qualquer que seja o motivo ou finalidade. O empregador rural pessoa física, em vez de pagar as suas obrigações em dinheiro, pode fazê-lo mediante dação em pagamento com produtos rurais. Na dação em pagamento, o credor pode consentir em receber prestação diversa da que lhe é devida[262]. Uma vez determinado o valor de mercado da produção, as relações são reguladas pelas normas do contrato de compra e venda, segundo dispõe o Código Civil[263], razão por que a dação em pagamento implica obtenção de receita pelo devedor: vendeu a produção para quitar a obrigação. Em relação à troca, como são aplicáveis as disposições referentes à compra e venda, há o recebimento de receita recíproca entre as partes.

d. de atividade artística de que trata o inciso VIII do § 10º do art. 12. A lei estabelece que as receitas auferidas pelo empregador rural que realizar atividades artísticas, como pequenos eventos de música e canto, devem integrar a base de cálculo, consoante previsto no inciso V do § 10º.

---

262 Art. 356, do Código Civil.

263 Art. 357, do Código Civil.

4.1. EXCLUSÕES DA BASE DE CÁLCULO DA RECEITA BRUTA

Com a finalidade de desonerar a cadeia produtiva rural, o legislador efetuou um recorte na materialidade da incidência da contribuição do segurado especial e do empregador rural pessoa física, mediante a exclusão de determinadas receitas da base de cálculo, com o objetivo de tributar apenas a operação final da produção rural, por ocasião da sua comercialização. As supressões têm o objetivo de desonerar a cadeia produtiva rural, reduzindo os custos para o produtor. A previsão normativa desta desoneração aplica-se também à contribuição do produtor rural pessoa jurídica[264]:

Produtor rural **pessoa física (empregador rural e segurado especial)**	Produtor rural **pessoa jurídica**
Art. 25, § 12° da Lei n.° 8.212/91	Art. 25, § 6° da Lei n.° 8.870/94
Não integra a base de cálculo da contribuição de que trata o caput deste artigo a produção rural destinada ao plantio ou reflorestamento, nem o produto animal destinado à reprodução ou criação pecuária ou granjeira e à utilização como cobaia para fins de pesquisas científicas, quando vendido pelo próprio produtor e por quem a utilize diretamente com essas finalidades e, no caso de produto vegetal, por pessoa ou entidade registrada no Ministério da Agricultura, Pecuária e Abastecimento que se dedique ao comércio de sementes e mudas no País.	Não integra a base de cálculo da contribuição de que trata o caput deste artigo a produção rural destinada ao plantio ou reflorestamento, nem o produto animal destinado à reprodução ou criação pecuária ou granjeira e à utilização como cobaia para fins de pesquisas científicas, quando vendido pelo próprio produtor e por quem a utilize diretamente com essas finalidades e, no caso de produto vegetal, por pessoa ou entidade registrada no Ministério da Agricultura, Pecuária e Abastecimento que se dedique ao comércio de sementes e mudas no País.

A lei exclui da base de cálculo da receita bruta auferida pelo empregador rural pessoa física, segurado especial e produtor rural pessoa jurídica:

a. a receita bruta auferida com o comércio de sementes e mudas, quando vendido pelo próprio produtor registrado no Ministério da Agricultura, destinadas ao plantio ou reflorestamento, na forma regulada pela Lei n.° 10.711/03[265]. O produtor de semente ou muda é a pessoa física ou jurídica que, assistida por responsável técnico, produz semente ou muda destinada à comercialização[266]. A semente é o material de reprodução vegetal de qualquer gêne-

---

264 Vide os comentários ao art. 22-A.

265 A Lei n.° 10.711/03 dispõe sobre o Sistema Nacional de Sementes e Mudas e está regulamentada pelo Decreto n.° 10.586/20.

266 Art. 2°, XXXII e XXXIII, da Lei n.° 10.711/03.

ro, espécie ou cultivar, proveniente de reprodução sexuada ou assexuada, que tenha finalidade específica de semeadura e a muda é o material de propagação vegetal de qualquer gênero, espécie ou cultivar, proveniente de reprodução sexuada ou assexuada, que tenha finalidade específica de plantio[267]. O comércio é o ato de anunciar, expor à venda, ofertar, vender, consignar, reembalar, importar ou exportar sementes ou mudas[268]. As receitas obtidas com o comércio de sementes ou mudas não integram a contribuição previdenciária substitutiva do produtor rural pessoa jurídica ou física e a do segurado especial, como prevê o § 12º. O objetivo da lei é o de desonerar os custos iniciais da produção rural, eliminando a tributação das sementes e mudas que serão utilizadas na produção que, ao final, será tributada.

b. as receitas obtidas com a venda de produto animal destinado à reprodução ou criação pecuária ou granjeira, como a venda do sêmen ou de aves ou outros animais para os estabelecimentos matrizeiros. Constitui atividade rural a venda de sêmens e embriões de reprodutores, assim como de animais para servirem de matriz. A inspeção e fiscalização do sêmen destinado à inseminação artificial em animais domésticos, desde a sua produção até a aplicação, é regulada pela Lei n.º 6.446/77.

Muitas indústrias têm contratos de integração com produtores rurais[269], fornecendo-lhes os animais, ração, remédios, assistência técnica etc. Os animais são criados, engordados, reproduzidos pelo produtor e depois devolvidos à indústria para que esta exerça o abate e a comercialização. O § 12º deste artigo e o § 6º do art. 25 da Lei n.º 8.870/94 excluem as receitas do produto animal destinado à reprodução ou criação pecuária ou granjeira. Os preceitos foram acrescentados pela Lei n.º 13.606/18 e terminam com as discussões judiciais que havia acer-

---

267 Art. 2º, XXVI e XXXVIII, da Lei n.º 10.711/03.

268 Art. 2º, XIV, da Lei n.º 10.711/03.

269 RIZZARDO, Arnaldo: "Trata-se de uma relação contratual entre a empresa de industrialização e comercialização de alimentos ou bens de origem animal e agrícola, de matérias provenientes da silvicultura, da piscicultura, do extrativismos, e o produtor rural, que combinam a integração no fornecimento normalmente de pintos, suínos, gado, eixes, no alojamento e desenvolvimento desses animais até chegarem ao ponto ideal de seu abate ou ao mercado final; no cultivo de alimentos vegetais, de pomares frutíferos, e de madeiras para fins de industrialização e comercialização". Contratos Agrários. Rio de Janeiro: Forense, 2022, p. 387.

ca da incidência da contribuição do produtor rural nos casos em que este recebia animais da pecuária ou granjeira para cria ou engorda. O produtor concebia, ao contrário do entendimento do Fisco, que não devia recolher a contribuição previdenciária nesta situação porque não obtinha receita em decorrência da comercialização da sua produção.

A exclusão atua para eliminar os encargos tributários que encarecem os custos iniciais ou intermediários do processo produtivo, como os que envolvem a reprodução, cria, recria ou engorda dos animais, de que é exemplo a receita que o produtor rural recebe pela venda de bezerros para outro produtor rural criar, recriar ou engordar o animal. Para o Fisco, o termo criação envolve a recria e engorda[270]. A dedução não contempla a receita obtida com a comercialização final dos animais para abate, como nas vendas para frigoríficos ou indústrias avícolas.

c. os valores decorrentes da comercialização de animais utilizados como cobaia para fins de pesquisas científicas. A criação e a utilização de animais em atividades de pesquisa científica são reguladas pela Lei n.º 11.794/08. As atividades de pesquisa científica são "aquelas relacionadas com ciência básica, ciência aplicada, desenvolvimento tecnológico, produção e controle da qualidade de drogas, medicamentos, alimentos, imunobiológicos, instrumentos, ou quaisquer outros testados em animais"[271]. As exclusões da materialidade atuam para concretizar a política agrícola, a qual deve ser direcionada para o incentivo à pesquisa e à tecnologia, nos termos previstos no art. 187, I, da CF.

As exclusões da base de cálculo da contribuição sobre a receita bruta proveniente da comercialização da produção refletem na responsabilidade tributária dos terceiros obrigados à retenção, como previsto no art. 30, III e IV. A retenção não poderá recair sobre as receitas que não compõem a base de cálculo da contribuição do segurado especial e da contribuição substitutiva do empregador rural pessoa física e jurídica.

5. SUBSISTEMA DOS PRODUTORES RURAIS FILIADOS A COOPERATIVAS

A Lei n.º 13.986/20 conferiu nova redação ao § 3º do artigo em exame, acrescentando-lhe ainda os §§ 14º, 15º e 16º, inserindo um sub-

---

270 Solução de Consulta COSIT n.º 155/19.

271 Art. 1º, § 2º, da Lei n.º 11.794/08.

sistema específico para os produtores rurais pessoas físicas que são filiados às cooperativas.

As cooperativas são sociedades de pessoas, com forma e natureza jurídica próprias, reguladas pela Lei n.º 5.764/71 e pelos artigos 1.093 a 1.096, do Código Civil. A Lei n.º 5.764/71 define a política nacional do cooperativismo e o regime jurídico das sociedades cooperativas.

As cooperativas são constituídas por pessoas que se obrigam a contribuir com bens e serviços para o exercício de uma atividade econômica, de proveito comum, e sem o objetivo de lucro[272].

Na busca de seus objetivos sociais, as cooperativas podem praticar atos cooperativos e não cooperativos.

Os atos cooperativos são aqueles praticados entre as cooperativas e seus associados, entre os associados e as cooperativas, bem como entre as próprias cooperativas para a consecução de seus objetivos sociais. Segundo a lei, tais atos não implicam operação de mercado, nem contrato de compra e venda de produto ou mercadoria[273]. Todavia, as cooperativas podem praticar atos não cooperativos. A lei permite que as cooperativas agropecuárias e de pesca possam adquirir produtos de não associados, agricultores, pecuaristas ou pescadores, para completar lotes destinados ao cumprimento de contratos ou suprir a capacidade ociosa das instalações industriais da cooperativa. Do mesmo modo, podem fornecer bens e serviços a não associados, desde que atendam aos seus objetivos sociais[274].

O objetivo do legislador, por meio da Lei n.º 13.986/20, foi o de proteger o ato cooperativo praticado entre o cooperado produtor rural e a cooperativa e entre esta e aquele, distinguindo os atos decorrentes da comercialização da produção, pela cooperativa, dos atos cooperativos de entrega e retorno da produção.

Quando o produtor rural cooperativado entregar a sua produção para ser comercializada pela cooperativa, a receita bruta do produtor rural corresponderá ao valor da fixação do preço a ele repassado pela cooperativa ao qual esteja associado (§ 14º). A lei utiliza a expressão "valor da fixação do preço repassado" porque a operação entre cooperado e cooperativa não caracteriza operação de compra e venda, mas

---

272 Art. 3º, da Lei n.º 5.764/71.

273 Art. 79, parágrafo único, da Lei n.º 5.764/71.

274 Arts. 85 e 86, da Lei n.º 5.764/71.

se trata da receita obtida pelo produtor e que lhe é repassada pela cooperativa. Nesta hipótese, a cooperativa fica sub-rogada na obrigação do cooperado pessoa física, sendo responsável pelo recolhimento da contribuição, incidente sobre o preço repassado ao cooperado[275].

Por sua vez, a simples entrega da produção do cooperado para a cooperativa, sem o respectivo repasse a título de preço, não concretiza a hipótese de incidência da contribuição (§ 15°). O mesmo ocorre quando o cooperado retorna sua produção rural à cooperativa, como nos casos dos contratos de integração. Sempre que o produtor cooperado, ao retornar a produção à cooperativa, dela não receber valores, a operação não poderá ser considerada permuta, compensação, dação em pagamento ou ressarcimento que venha a representar valor, preço ou complemento de preço.

A alteração legislativa foi necessária porque a fiscalização tributária vinha entendendo que nos contratos de integração, também chamados de parceria de produção integrada, toda a operação deveria ser tributada. Nestes contratos firmados, a cooperativa envia ao produtor os animais e os insumos necessários para a produção. Depois da criação, parte da produção é do produtor e parte da cooperativa. Neste retorno da produção para a cooperativa é que a fiscalização também pretendia exigir a contribuição previdenciária, pois vislumbrava que o regresso correspondia ao resultado da produção do cooperado.

A operação nos contratos de integração vertical é típica de ato cooperativo entre produtor-cooperativa-produtor e não representa o elemento material da hipótese de incidência: receita bruta que provém da comercialização da produção. No retorno da produção, sempre que não envolver repasse do preço ao produtor, não podem ser invocadas outras figuras jurídicas que possam induzir à conclusão de que houve o recebimento de receita. A propósito, a própria lei que regula os contratos de integração dispõe que a integração vertical entre as cooperativas e seus associados ou entre cooperativas constitui ato cooperativo, regulada pela lei específica das cooperativas[276]. A observância da natureza jurídica do contrato de integração com as cooperativas, assim como as operações com os seus cooperados, leva à conclusão de que a contribuição previdenciária incidirá sobre a receita efetivamente

---

275 Art. 30, III e IV.

276 Art. 1º, parágrafo único, da Lei n.º 13.288/16.

auferida pelo produtor e que consiste exclusivamente no preço a ele repassado pela cooperativa.

Por outro lado, as sobras líquidas da cooperativa devem ser distribuídas aos associados da cooperativa, proporcionalmente às operações realizadas pelo associado, nos termos dos estatutos[277], salvo deliberação em contrário da Assembleia-Geral[278]. O legislador dispôs que os valores pagos, creditados ou capitalizados a título de sobras não representam preço ou complemento de preço, razão por que não podem ser computadas na base de cálculo da contribuição do produtor cooperado (§ 14º). Ou seja, a entrega da produção sem o repasse do preço ou a posterior distribuição das receitas de sobras líquidas estão fora da hipótese da incidência deste artigo 25.

5.1. LEI INTERPRETATIVA

A Lei n.º 13.986/20, acrescentou o § 16º a este preceito, conferindo natureza interpretativa ao disposto no "caput" do art. 25 e aos seus §§ 3º, 14º e 15º. O legislador impôs uma determinada interpretação entre duas ou mais possíveis[279].

A lei interpretativa possui natureza declaratória e volta-se para o passado, retirando pontos obscuros e imprecisos da norma pretérita[280].

O art. 106, I, do CTN, dispõe que a lei se aplica a ato ou fato pretérito, em qualquer caso, quando seja expressamente interpretativa. O STF admite a retroatividade de leis, desde que sejam respeitadas as situações jurídicas definitivamente consolidadas[281].

Ao conferir natureza interpretativa aos mencionados preceitos, o legislador retrocedeu no tempo com a finalidade de esclarecer a natureza jurídica das operações entre o cooperado produtor rural pessoa física e a cooperativa em relação aos fatos geradores ocorridos anteriormente à vigência da Lei n.º 13.986/20, como mencionado no item anterior.

---

277 Art. 21, IV, da Lei n.º 5.764/71.

278 Art. 4º, VII e 44, I, c, II, da Lei n.º 5.764/71.

279 TESAURO, Francesco. Instituições de Direito Tributário. São Paulo: IBDT, 2017, p. 65.

280 SABBAG, Eduardo. Manual de Direito Tributário. São Paulo: Saraiva, 2009, p. 587.

281 STF, ADI 605 e RE 566.621.

A interpretação da administração tributária, ou judicial, em sentido contrário às novas disposições legais, deve ser afastada, prevalecendo o novo texto, inclusive em relação aos fatos geradores anteriores à Lei n.º 13.986/20. A retroatividade obstaculiza os atos de lançamento em desconformidade com a nova interpretação. A pendência de discussão, em âmbito administrativo ou judicial, atrai a incidência da lei interpretativa, anulando, por vício material, os créditos das contribuições previdenciárias lançadas fora das situações descritas nos §§ 3º, 14º e 15º. O efeito retroativo equilibra de modo isonômico as situações fáticas anteriores e posteriores à nova lei.

6. IMUNIDADE

A Constituição Federal, com a finalidade estimular as exportações, outorga imunidade das contribuições sociais sobre as receitas de exportação[282].

Como foi visto, as receitas das vendas da agroindústria para "trading" ou comercial exportadora, com finalidade de exportação, estão cobertas pela imunidade. O mesmo entendimento, portanto, deve ser aplicado ao produtor rural pessoa física e ao segurado especial nas vendas destinadas à exportação, mesmo que ocorram de modo indireto, desde que seja comprovado que a operação é destinada à exportação, mediante as respectivas notas fiscais com a finalidade específica de exportação.

As receitas das vendas efetuadas pelo produtor rural pessoa física ou segurado especial para o produtor rural pessoa jurídica ou agroindústria, ainda que estas venham posteriormente exportar os produtos, não estão cobertas pela imunidade. Neste caso, trata-se de mera receita auferida pelos produtores com as operações de venda no mercado interno.

No caso do cooperado pessoa física, a receita bruta é o valor da fixação do preço a ele repassado pela cooperativa. Frente às peculiaridades do ato cooperativo, há controvérsia acerca do alcance da imunidade nas hipóteses em que o cooperado entrega a sua produção para a cooperativa exportar. Há precedente do STF no sentido de que haveria uma exportação indireta, devendo ser considerada a comercialização feita pela cooperativa, uma vez que esta atua como intermediária entre

---

282 Vide comentários ao art. 22-A.

o produtor e o adquirente no exterior, razão por que a operação estaria protegida pela imunidade do art. 149, § 2º, I, da CF[283].

ART. 25A.

> **Equipara-se ao empregador rural pessoa física o consórcio simplificado de produtores rurais, formado pela união de produtores rurais pessoas físicas, que outorgar a um deles poderes para contratar, gerir e demitir trabalhadores para prestação de serviços, exclusivamente, aos seus integrantes, mediante documento registrado em cartório de títulos e documentos.** (Incluído pela Lei n.º 10.256, de 2001)
>
> **§ 1º O documento de que trata o caput deverá conter a identificação de cada produtor, seu endereço pessoal e o de sua propriedade rural, bem como o respectivo registro no Instituto Nacional de Colonização e Reforma Agrária - INCRA ou informações relativas a parceria, arrendamento ou equivalente e a matrícula no Instituto Nacional do Seguro Social - INSS de cada um dos produtores rurais.** (Incluído pela Lei n.º 10.256, de 2001)
>
> **§ 2º O consórcio deverá ser matriculado no INSS em nome do empregador a quem hajam sido outorgados os poderes, na forma do regulamento.** (Incluído pela Lei n.º 10.256, de 2001)
>
> **§ 3º Os produtores rurais integrantes do consórcio de que trata o caput serão responsáveis solidários em relação às obrigações previdenciárias.** (Incluído pela Lei n.º 10.256, de 2001)
>
> **§ 4º** (VETADO) **(Incluído pela Lei n.º 10.256, de 2001)**

1. CONSÓRCIO E CONDOMÍNIO DE TRABALHADORES RURAIS

O art. 14 da Lei n.º 4.504/64, com a redação conferida pelo art. 2º da MP n.º 2.183-56/01, dispõe que, para implementar os objetivos de expandir associações de pessoas físicas e jurídicas que tenham por finalidade o racional desenvolvimento extrativo agrícola, pecuário ou

---

[283] O STF, no julgamento do RE 850.113 ED-AgR, assim decidiu: "O poder de tributar deve considerar a comercialização feita pela cooperativa, e não a transferência entre cooperado e a cooperativa. Nesse contexto, por se tratar de uma operação que tem por objeto a exportação, ainda que de maneira indireta, é de rigor a incidência da imunidade prevista no texto constitucional".

agroindustrial, os agricultores e trabalhadores rurais poderão constituir entidades societária por cotas, em forma consorcial ou condominial, com a denominação de "consórcio" ou "condomínio", cujos atos constitutivos devem ser arquivados na Junta Comercial, quando praticarem atos de comércio, e no Cartório de Registro das Pessoas Jurídicas, quando não envolver tal atividade.

2. CONSÓRCIO SIMPLIFICADO DE PRODUTORES RURAIS

Os produtores rurais pessoas físicas poderão unir-se e formar um consórcio simplificado, o qual deverá ser formalizado mediante documento registrado no cartório de título e documentos.

O consórcio simplificado é a "união de produtores rurais pessoas físicas que, mediante documento registrado em cartório de títulos e documentos, outorga a um deles poderes para contratar, gerir e demitir trabalhador para a exclusiva prestação de serviços aos integrantes desse consórcio"[284].

O documento deverá conter a identificação de cada produtor, seu endereço pessoal e o de sua propriedade rural, bem como o respectivo registro no Instituto Nacional de Colonização e Reforma Agrária – INCRA ou informações relativas à parceria, à meação, ao comodato ou ao arrendamento e a matrícula de cada um dos produtores rurais no CEI[285]. O consórcio deve ser matriculado no Cadastro Específico do INSS (CEI) em nome do empregador que tiver recebido os poderes de gestão dos empregados.

O consórcio outorgará a um dos produtores rurais poderes para contratar, gerir e demitir trabalhadores rurais empregados para prestar serviços aos seus integrantes, em caráter exclusivo.

O consórcio poderá ser formado por proprietários da mesma área rural em comum, em que possuem frações ideais, ou por proprietários de áreas que possuam a propriedade exclusiva, sejam as áreas contíguas ou não. O objetivo do consórcio é o de contratar os trabalhadores para que trabalhem exclusivamente nas terras dos condôminos.

O consórcio de produtores rurais, uma vez organizado na forma prevista na lei, é equiparado ao empregador rural pessoa física. Entretanto, o consórcio não tem a opção de contribuir sobre a receita bruta

---

284 Art. 146, XIX, da IN n.º 2.110/22

285 Art. 146, XIX, a, da IN n.º 2.110/22 e art. 200-A do Decreto n.º 3.048/99.

obtida com a comercialização da produção ou sobre a folha de salários dos trabalhadores e ao seguro-acidente do trabalho, previstas nos incisos I e II do art. 22. Por força do art. 22-B, as contribuições do art. 22, incisos I e II, são substituídas pela contribuição que incide sobre a receita bruta proveniente da comercialização da produção dos produtores rurais, prevista nos incisos I e II do art. 25[286]. A contribuição substitutiva abrange também a remuneração dos empregados contratados pelo consórcio para as suas atividades administrativas[287].

O produtor rural pessoa física integrante do consórcio é contribuinte individual, sendo devida a sua própria contribuição na forma regulada pelo art. 21.

O consórcio não tem personalidade jurídica e representa todos os produtores rurais que, isoladamente, também são denominados como sujeitos passivos. Por isto, todos eles são responsáveis solidários em relação às obrigações previdenciárias. Trata-se de solidariedade legal, amparada no art. 124, II, do CTN, de maneira que o pagamento integral efetuado por um deles aproveita a todos, extinguindo o crédito tributário. O pagamento parcial, por sua vez, mantém o vínculo solidário entre todos pelo saldo que restar. Não recolhidas as contribuições descontadas dos trabalhadores contratados pelo consórcio, por exemplo, o Fisco poderá exigir de qualquer dos produtores rurais, em conjunto ou isoladamente, o respectivo pagamento.

3. CONDOMÍNIO DE PRODUTORES RURAIS

Os produtores rurais pessoas físicas podem reunir-se em condomínio, na forma prevista no § 1º do art. 14 da Lei n.º 4.504/64, com a redação conferida pela MP n.º 2.183-56/01. Os atos constitutivos do condomínio devem ser arquivados na Junta Comercial, quando praticarem atos de comércio, e no Cartório de Registros de Pessoas Jurídicas, quando não envolver essa atividade[288]. O administrador, que exercerá a representação do condomínio, será escolhido pela maioria dos condôminos, calculada pelo valor dos quinhões. Trata-se de condomínio voluntário, em regra sem demarcação física da parte que cada

---

286 Vide comentários ao art. 22-B.

287 Art. 153, §1º, III, b, da IN n.º 2.110/22.

288 Art. 14, §2º, da Lei n.º 4.504/64.

um detém no todo, observando-se os preceitos do Código Civil[289]. Se não houver estipulação em contrário, os frutos da coisa comum serão partilhados na proporção dos quinhões[290].

O consórcio de produtores rurais é equiparado ao produtor rural pessoa física, mas o mesmo não ocorre em relação ao condomínio. O condomínio inscrito no CNPJ, para efeito de contribuição previdenciária, é uma associação ou entidade de qualquer natureza ou finalidade, sendo equiparado à empresa pelo parágrafo único do art. 15. Por isto, se o condomínio de produtores rurais contratar empregados, avulsos ou contribuintes individuais, ficará sujeito às contribuições da empresa do art. 22, o que também ocorre acerca da responsabilidade do art. 30, I, a.

A natureza jurídica do condomínio é polêmica. A informalidade na constituição de condomínios de produtores rurais pessoas físicas implica atribuição de responsabilidade solidária aos integrantes do grupo econômico de fato, amparada pelo inciso IX do art. 30, sem prejuízo da responsabilidade pessoal do administrador, uma vez caracterizada a hipótese do inciso III do art. 135 do CTN.

Os condôminos que comercializem a produção em nome próprio estão sujeitos à contribuição sobre a receita obtida, nos termos do art. 25, I e II, e também ao recolhimento da sua própria contribuição, como contribuintes individuais, na forma prevista no art. 21.

---

[289] Arts. 1.314 a 1.326, do Código Civil.

[290] Art. 1.326, do Código Civil.

CAPÍTULO VII
DA CONTRIBUIÇÃO SOBRE
A RECEITA DE CONCURSOS
DE PROGNÓSTICOS

ART. 26.

Constitui receita da Seguridade Social a contribuição social sobre a receita de concursos de prognósticos a que se refere o inciso III do caput do art. 195 da Constituição Federal (Redação dada pela Lei n.º 13.756, de 2018).

§ 1º (Revogado) (Redação dada pela Lei n.º 13.756, de 2018).

§ 2º (Revogado) (Redação dada pela Lei n.º 13.756, de 2018).

§ 3º (Revogado) (Redação dada pela Lei n.º 13.756, de 2018).

§ 4º O produto da arrecadação da contribuição será destinado ao financiamento da Seguridade Social. (Incluído pela Lei n.º 13.756, de 2018)

§ 5o A base de cálculo da contribuição equivale à receita auferida nos concursos de prognósticos, sorteios e loterias. (Incluído dada pela Lei n.º 13.756, de 2018)

§ 6o A alíquota da contribuição corresponde ao percentual vinculado à Seguridade Social em cada modalidade lotérica, conforme previsto em lei. (Incluído pela Lei n.º 13.756, de 2018)

1. RECEITAS DE CONCURSOS DE PROGNÓSTICOS

O art. 195, III, da CF, atribui competência à União para instituir uma contribuição para a Seguridade Social que tenha como base material de incidência a receita de concursos de prognósticos.

A Lei n.º 13.756/18, modificada pela MP n.º 1.182/23, instituiu o Fundo Nacional de Segurança Pública e tratou da destinação do produto da arrecadação total obtida por meio da captação de apostas ou da venda de bilhetes de loterias, em meio físico ou virtual, alterando este artigo da Lei de Custeio.

Pelo preceito em análise, a base de cálculo da contribuição é a receita auferida nos concursos de prognósticos, sorteios e loterias. A alíquota corresponde ao percentual vinculado à Seguridade Social em cada modalidade lotérica. Ou seja, a contribuição instituída por este artigo vincula-se à destinação dos recursos das loterias, prevista na Lei n.º 13.756/18. O fato que gera a contribuição é a receita representada pelo produto da arrecadação das diversas modalidades lotéricas e a alíquota corresponde ao percentual de destinação à Seguridade Social, dependendo do tipo de loteria.

O produto da arrecadação das diversas modalidades lotéricas é repartido entre a Seguridade Social e inúmeros outros órgãos e entidades.

Nos termos da Lei n.º 13.756/18, a contribuição para a Seguridade Social leva em conta cinco modalidades lotéricas[291]:

a) loteria federal (espécie passiva): loteria em que o apostador adquire bilhete já numerado, em meio físico (impresso) ou virtual (eletrônico). A Seguridade Social recebe 17,04% do produto da arrecadação[292].

b) loteria de prognósticos numéricos: loteria em que o apostador tenta prever quais serão os números sorteados no concurso, sendo 17,32% do produto da arrecadação direcionado para a Seguridade Social[293].

c) loteria de prognóstico específico: loteria instituída pela Lei n.º 11.345, de 14 de setembro de 2006, sendo 1% do produto da arrecadação destinado para a Seguridade Social[294].

d) loteria de prognósticos esportivos: loteria em que o apostador tenta prever o resultado de eventos esportivos, sendo 7,61% destinado para a Seguridade Social[295]; e

e) loteria instantânea exclusiva (Lotex): loteria que apresenta, de imediato, se o apostador foi ou não agraciado com alguma premia-

---

291 Art. 14, §1º, da Lei n.º 13.756/18.

292 Art. 15, I, "a" e II, "a", da Lei n.º 13.756/18.

293 Art. 16, I, "a" e II, "a", da Lei n.º 13.756/18.

294 Art. 17, I, "a" e II, "a", da Lei n.º 13.756/18.

295 Art. 18, I, "a" e II, "a", da Lei n.º 13.756/18.

ção. A Seguridade Social é contemplada com 0,4% do produto da sua arrecadação[296].

As contribuições, portanto, incidem com percentuais variados em função da modalidade da loteria que dá origem às receitas.

O agente operador é responsável pelo recolhimento dos valores destinados à Seguridade Social, os quais devem ser depositados na conta única do Tesouro Nacional, na forma disciplinada pelo Ministério da Fazenda[297].

A Lei n.º 13.756/18 também criou uma modalidade lotérica denominada de aposta de quota fixa, a qual consiste em "sistema de apostas relativas a eventos reais de temática esportiva, em que é definido, no momento de efetivação da aposta, quanto o apostador pode ganhar em caso de acerto do prognóstico". Consoante a redação conferida pela MP n.º 1.182/23 ao § 2º do art. 29 da Lei n.º 13.756/18, "a loteria de aposta de quota fixa será concedida, permitida ou autorizada, em caráter oneroso, pelo Ministério da Fazenda e será explorada, exclusivamente, em ambiente concorrencial, sem limite do número de outorgas, com possibilidade de comercialização em quaisquer canais de distribuição comercial, físicos e em meios virtuais, observada a regulamentação do Ministério da Fazenda".

A contribuição para a Seguridade Social incide com a alíquota de 0,10% do produto da arrecadação de apostas de quota fixa em meio físico[298] e de 0,05% das apostas em meio virtual[299], conforme alterações impostas à Lei n.º 13.756/18 pela Lei n.º 14.183/21.

Além destas contribuições, a MP n.º 1.182/23 instituiu outra contribuição previdenciária sobre o produto da arrecadação da loteria de apostas de quota fixa em meio físico ou virtual, ao acrescentar o § 1º-A ao art. 30 da Lei n.º 13.756/18. A contribuição instituída incide sobre o produto da arrecadação, depois de deduzido o pagamento de prêmios e o imposto de renda sobre a premiação. A contribuição deve ser recolhida mensalmente com a alíquota de 10%, sendo os recursos

---

296 Art. 20, I, da Lei n.º 13.756/18.

297 Art. 21, "caput" e §4º, da Lei n.º 13.756/18.

298 Art. 30, IV, "a", da Lei n.º 13.756/18, com a redação conferida pela MP n.º 1.182/23.

299 Art. 30, IV, "b", da Lei n.º 13.756/18, com a redação conferida pela MP n.º 1.182/23.

distribuídos entre diversos órgãos da administração pública. Os contribuintes são os agentes operadores[300].

---

[300] Art. 30, §9°, da Lei n.° 13.756/18, com a redação conferida pela MP n.° 1.182/23.

CAPÍTULO VIII
DAS OUTRAS RECEITAS

ART. 27.

Constituem outras receitas da Seguridade Social:

I - as multas, a atualização monetária e os juros moratórios;

II - a remuneração recebida por serviços de arrecadação, fiscalização e cobrança prestados a terceiros;

III - as receitas provenientes de prestação de outros serviços e de fornecimento ou arrendamento de bens;

IV - as demais receitas patrimoniais, industriais e financeiras;

V - as doações, legados, subvenções e outras receitas eventuais;

VI - 50% (cinquenta por cento) dos valores obtidos e aplicados na forma do parágrafo único do art. 243 da Constituição Federal;

VII - 40% (quarenta por cento) do resultado dos leilões dos bens apreendidos pelo Departamento da Receita Federal;

VIII - outras receitas previstas em legislação específica.

Parágrafo único. As companhias seguradoras que mantêm o seguro obrigatório de danos pessoais causados por veículos automotores de vias terrestres, de que trata a Lei n.º 6.194, de dezembro de 1974, deverão repassar à Seguridade Social 50% (cinquenta por cento) do valor total do prêmio recolhido e destinado ao Sistema Único de Saúde-SUS, para custeio da assistência médico-hospitalar dos segurados vitimados em acidentes de trânsito.

1. RECEITAS DE OUTRAS FONTES

O orçamento da Seguridade Social, além das contribuições que devem ser recolhidas das empresas, dos segurados e sobre a receita de concurso de prognósticos, como também da União, abrange receitas de outras fontes, a fim de garantir a manutenção e expansão do sistema, que exige aporte cada vez maior de recursos (art. 11, III).

Entre outras fontes, o preceito em comento discrimina receitas que têm origem diversas. Algumas das receitas derivam dos acessórios exigidos de créditos tributários pagos com atraso e outras decorrem de sanções pecuniárias pelo cometimento de infrações à legislação tributária ou administrativa. As multas de mora e as multas punitivas, de ofício ou isoladas, assim como os juros pela taxa SELIC exigidos dos contribuintes, representam ingressos de receitas ao sistema de Seguridade Social, consoante previsto no inciso I. No mesmo preceito, incluem-se multas, juros de mora ou atualização monetária de outras relações jurídicas firmadas com o INSS.

A Secretaria da Receita Federal do Brasil passou a ser responsável pela fiscalização, arrecadação e cobrança das contribuições devidas a terceiros, denominadas de contribuições ao "Sistema S" (SESI, SENAI, SESC, SENAC, SEBRAE, SENAR, SEST, SENAT, SESCOOP, INCRA, FNDE – salário-educação, Fundo Aeroviário, Diretoria de Portos e Costas do Comando da Marinha). Em contrapartida, aufere como retribuição pelos serviços o percentual de 3,5% do montante arrecadado, salvo percentual diverso previsto em lei específica. Tais recursos, previstos no inciso II e que antes eram do INSS, passaram para o Fundo Especial de Desenvolvimento e Aperfeiçoamento das Atividades de Fiscalização-FUNDAF, consoante disposto no art. 3°, §§ 1° e 4°, da Lei n.° 11.457/07.

O INSS também pode auferir outras receitas com origem no seu patrimônio, como alugueis, arrendamento e receitas financeiras, ou que derivem de doações, legados, subvenções e quaisquer outras receitas eventuais (incisos III, IV e V).

1.1. BENS DE TRÁFICO DE DROGAS E TRABALHO ESCRAVO

O inciso VI deste artigo trata de valores obtidos na forma do art. 243 da CF, o qual dispõe que as propriedades rurais e urbanas de qualquer região do País onde forem localizadas culturas ilegais de plantas psicotrópicas ou a exploração de trabalho escravo na forma da lei serão expropriadas e destinadas à reforma agrária e a programas de habitação popular, sem qualquer indenização ao proprietário e sem prejuízo de outras sanções previstas em lei. O seu parágrafo único arremata: "todo e qualquer bem de valor econômico apreendido em decorrência do tráfico ilícito de entorpecentes e drogas afins e da exploração de trabalho escravo será confiscado e reverterá a fundo especial com destinação específica, na forma da lei". O preceito em comento dispõe que 50% dos valores obtidos na forma do parágrafo único referido, ou seja, valores que decorrem do tráfico de drogas e exploração de trabalho escravo, constituem receitas da Seguridade Social.

O STF entende que "é possível o confisco de todo e qualquer bem de valor econômico apreendido em decorrência do tráfico de drogas, sem a necessidade de se perquirir a habitualidade, reiteração do uso do bem para tal finalidade, a sua modificação para dificultar a descoberta do local do acondicionamento da droga ou qualquer outro requisito além daqueles previstos expressamente no art. 243, parágrafo único, da CF"[301].

A Lei n.º 7.560/86 havia criado o FUNCAB – Fundo de Prevenção, Recuperação e de Combate às Drogas de Abuso. O art. 4º dispunha que os recursos obtidos com qualquer bem de valor econômico apreendido em decorrência do tráfico de drogas, constituíam recursos do FUNCAB. A Lei n.º 13.886/19 impôs alterações na Lei n.º 7.560/86 e modificou o nome do FUNCAB para FUNAD – Fundo Nacional Antidrogas de Prevenção, Recuperação e de Combate às Drogas de Abuso, disciplinando a destinação de bem de valor econômico, apreendido ou sequestrado em decorrência do tráfico de drogas. Os recursos decorrentes da alienação de tais bens passaram a constituir recursos do FUNAD[302], ou seja, revertem a um fundo especial com destinação específica, na forma prevista no texto constitucional. O inciso VI deste artigo, logo, está tacitamente revogado.

---

301 STF, RE 638.491.

302 Art. 4º, da Lei n.º 7.560/86: "Qualquer bem de valor econômico, apreendido ou sequestrado em decorrência do tráfico de drogas de abuso, ou de qualquer forma utilizado em atividades ilícitas de produção ou comercialização de drogas abusivas, ou, ainda, que haja sido adquirido com recursos. provenientes do referido tráfico, e perdido em favor da União, constitui recurso do Funad, ressalvados os direitos do lesado ou de terceiro de boa-fé". (Redação dada pela Lei n.º 13.886, de 2019). "Parágrafo único. As mercadorias a que se refere o art. 30 do Decreto-Lei n.º 1.455, de 7 de abril de 1976, relacionadas com o tráfico de drogas de abuso ficam sujeitas, após sua regular apreensão, às cominações previstas no referido Decreto-Lei, e as mercadorias ou o produto de sua alienação reverterão em favor do Funad". (Redação dada pela Lei n.º 13.886, de 2019).

1.2. RECEITA DE LEILÕES DE BENS APREENDIDOS PELA RFB

O inciso VII trata das receitas do resultado dos leilões de bens apreendidos pela Receita Federal do Brasil. Do resultado auferido com os leilões, 40% dos recursos são destinados à Seguridade Social.

1.3. PRÊMIO DO SEGURO OBRIGATÓRIO

O parágrafo único, por sua vez, regula a distribuição do prêmio do seguro obrigatório. A Lei n.º 6.194/74 dispõe sobre o seguro obrigatório de danos pessoais causados por veículos automotores de via terrestre, ou por sua carga, a pessoas transportadas ou não. As companhias seguradoras devem repassar à Seguridade Social 50% do valor total do prêmio recolhido e destinado ao Sistema Único de Saúde, a fim de custear a assistência médico-hospitalar dos segurados que são vítimas de acidentes de trânsito.

O Código de Trânsito Brasileiro, instituído pela Lei n.º 9.503/97, apanhou uma fatia destes recursos que eram destinados à Seguridade Social, direcionando-os a outros Ministérios com o objetivo de implantar programas destinados à prevenção de acidentes. Com isso, 10% do total dos valores arrecadados e destinados à Seguridade Social devem ser repassados ao Coordenador do Sistema Nacional de Trânsito. Logo, a Seguridade Social recebe 45% do valor do prêmio que for arrecadado.

CAPÍTULO IX
DO SALÁRIO-DE-CONTRIBUIÇÃO

ART. 28.

Entende-se por salário-de-contribuição:

I - para o empregado e trabalhador avulso: a remuneração auferida em uma ou mais empresas, assim entendida a totalidade dos rendimentos pagos, devidos ou creditados a qualquer título, durante o mês, destinados a retribuir o trabalho, qualquer que seja a sua forma, inclusive as gorjetas, os ganhos habituais sob a forma de utilidades e os adiantamentos decorrentes de reajuste salarial, quer pelos serviços efetivamente prestados, quer pelo tempo à disposição do empregador ou tomador de serviços nos termos da lei ou do contrato ou, ainda, de convenção ou acordo coletivo de trabalho ou sentença normativa; (Redação dada pela Lei n.º 9.528, de 10.12.97)

II - para o empregado doméstico: a remuneração registrada na Carteira de Trabalho e Previdência Social, observadas as normas a serem estabelecidas em regulamento para comprovação do vínculo empregatício e do valor da remuneração;

III - para o contribuinte individual: a remuneração auferida em uma ou mais empresas ou pelo exercício de sua atividade por conta própria, durante o mês, observado o limite máximo a que se refere o § 5º; (Redação dada pela Lei n.º 9.876, de 1999)

IV - para o segurado facultativo: o valor por ele declarado, observado o limite máximo a que se refere o § 5º. (Incluído pela Lei n.º 9.876, de 1999)

§ 1º Quando a admissão, a dispensa, o afastamento ou a falta do empregado ocorrer no curso do mês, o salário-de-contribuição será proporcional ao número de dias de trabalho efetivo, na forma estabelecida em regulamento.

§ 2º O salário-maternidade é considerado salário-de-contribuição.

§ 3º O limite mínimo do salário-de-contribuição corresponde ao piso salarial, legal ou normativo, da categoria ou, inexistindo este, ao salário mínimo, tomado no seu valor mensal, diário ou horário, conforme o ajustado e o tempo de trabalho efetivo durante o mês. (Redação dada pela Lei n.º 9.528, de 10.12.97)

§ 4° O limite mínimo do salário-de-contribuição do menor aprendiz corresponde à sua remuneração mínima definida em lei.

§ 5° O limite máximo do salário-de-contribuição é de Cr$ 170.000,00 (cento e setenta mil cruzeiros), reajustado a partir da data da entrada em vigor desta Lei, na mesma época e com os mesmos índices que os do reajustamento dos benefícios de prestação continuada da Previdência Social.

§ 6° No prazo de 180 (cento e oitenta) dias, a contar da data de publicação desta Lei, o Poder Executivo encaminhará ao Congresso Nacional projeto de lei estabelecendo a previdência complementar, pública e privada, em especial para os que possam contribuir acima do limite máximo estipulado no parágrafo anterior deste artigo.

§ 7° O décimo-terceiro salário (gratificação natalina) integra o salário-de-contribuição, exceto para o cálculo de benefício, na forma estabelecida em regulamento. (Redação dada pela Lei n° 8.870, de 15.4.94)

§ 8° (Revogado) (Redação dada pela Lei n.° 13.467, de 2017).

a) (revogada); (Redação dada pela Lei n.° 13.467, de 2017)

b) (VETADO) (Incluída pela Lei n.° 9.528, de 10.12.97).

c) (Revogado pela Lei n.° 9.711, de 1998).

§ 9° Não integram o salário-de-contribuição para os fins desta Lei, exclusivamente: (Redação dada pela Lei n.° 9.528, de 10.12.97)

a) os benefícios da previdência social, nos termos e limites legais, salvo o salário-maternidade; (Redação dada pela Lei n.° 9.528, de 10.12.97)

b) as ajudas de custo e o adicional mensal recebidos pelo aeronauta nos termos da Lei n.° 5.929, de 30 de outubro de 1973;

c) a parcela "in natura" recebida de acordo com os programas de alimentação aprovados pelo Ministério do Trabalho e da Previdência Social, nos termos da Lei n.° 6.321, de 14 de abril de 1976;

d) as importâncias recebidas a título de férias indenizadas e respectivo adicional constitucional, inclusive o valor correspondente à dobra da remuneração de férias de que trata o art. 137 da Consolidação das Leis do Trabalho-CLT; (Redação dada pela Lei n.° 9.528, de 10.12.97).

e) as importâncias: (Redação dada pela Lei n.° 9.528, de 1997)

1. previstas no inciso I do art. 10 do Ato das Disposições Constitucionais Transitórias; (Incluído pela Lei n.° 9.528, de 1997)

2. relativas à indenização por tempo de serviço, anterior a 5 de outubro de 1988, do empregado não optante pelo Fundo de Garantia do Tempo de Serviço-FGTS; (Incluído pela Lei n.° 9.528, de 1997)

3. recebidas a título da indenização de que trata o art. 479 da CLT; (Incluído pela Lei n.° 9.528, de 1997)

4. recebidas a título da indenização de que trata o art. 14 da Lei n.º 5.889, de 8 de junho de 1973; (Incluído pela Lei n.º 9.528, de 1997)

5. recebidas a título de incentivo à demissão; (Incluído pela Lei n.º 9.528, de 1997)

6. recebidas a título de abono de férias na forma dos arts. 143 e 144 da CLT; (Redação dada pela Lei n.º 9.711, de 1998)

7. recebidas a título de ganhos eventuais e os abonos expressamente desvinculados do salário; (Redação dada pela Lei n.º 9.711, de 1998)

8. recebidas a título de licença-prêmio indenizada; (Redação dada pela Lei n.º 9.711, de 1998)

9. recebidas a título da indenização de que trata o art. 9º da Lei n.º 7.238, de 29 de outubro de 1984; (Redação dada pela Lei n.º 9.711, de 1998)

f) a parcela recebida a título de vale-transporte, na forma da legislação própria;

g) a ajuda de custo, em parcela única, recebida exclusivamente em decorrência de mudança de local de trabalho do empregado, na forma do art. 470 da CLT; (Redação dada pela Lei n.º 9.528, de 10.12.97)

h) as diárias para viagens; (Redação dada pela Lei n.º 13.467, de 2017)

i) a importância recebida a título de bolsa de complementação educacional de estagiário, quando paga nos termos da Lei n.º 6.494, de 7 de dezembro de 1977;

j) a participação nos lucros ou resultados da empresa, quando paga ou creditada de acordo com lei específica;

l) o abono do Programa de Integração Social-PIS e do Programa de Assistência ao Servidor Público-PASEP; (Incluída pela Lei n.º 9.528, de 10.12.97)

m) os valores correspondentes a transporte, alimentação e habitação fornecidos pela empresa ao empregado contratado para trabalhar em localidade distante da de sua residência, em canteiro de obras ou local que, por força da atividade, exija deslocamento e estada, observadas as normas de proteção estabelecidas pelo Ministério do Trabalho; (Incluída pela Lei n.º 9.528, de 10.12.97)

n) a importância paga ao empregado a título de complementação ao valor do auxílio-doença, desde que este direito seja extensivo à totalidade dos empregados da empresa; (Incluída pela Lei n.º 9.528, de 10.12.97)

o) as parcelas destinadas à assistência ao trabalhador da agroindústria canavieira, de que trata o art. 36 da Lei n.º 4.870, de 1º de dezembro de 1965; (Incluída pela Lei n.º 9.528, de 10.12.97)

p) o valor das contribuições efetivamente pago pela pessoa jurídica relativo a programa de previdência complementar, aberto ou fechado, desde que disponível à totalidade de seus empregados e dirigentes, observados, no que couber, os arts. 9° e 468 da CLT; (Incluída pela Lei n.° 9.528, de 10.12.97)

q) o valor relativo à assistência prestada por serviço médico ou odontológico, próprio da empresa ou por ela conveniado, inclusive o reembolso de despesas com medicamentos, óculos, aparelhos ortopédicos, próteses, órteses, despesas médico-hospitalares e outras similares; (Redação dada pela Lei n.° 13.467, de 2017)

r) o valor correspondente a vestuários, equipamentos e outros acessórios fornecidos ao empregado e utilizados no local do trabalho para prestação dos respectivos serviços; (Incluída pela Lei n.° 9.528, de 10.12.97)

s) o ressarcimento de despesas pelo uso de veículo do empregado e o reembolso creche pago em conformidade com a legislação trabalhista, observado o limite máximo de seis anos de idade, quando devidamente comprovadas as despesas realizadas; (Incluída pela Lei n.° 9.528, de 10.12.97) (Vide Medida Provisória n.° 1.116, de 2022)

t) o valor relativo a plano educacional, ou bolsa de estudo, que vise à educação básica de empregados e seus dependentes e, desde que vinculada às atividades desenvolvidas pela empresa, à educação profissional e tecnológica de empregados, nos termos da Lei n.° 9.394, de 20 de dezembro de 1996, e: (Redação dada pela Lei n.° 12.513, de 2011)

1. não seja utilizado em substituição de parcela salarial; e (Incluído pela Lei n.° 12.513, de 2011)

2. o valor mensal do plano educacional ou bolsa de estudo, considerado individualmente, não ultrapasse 5% (cinco por cento) da remuneração do segurado a que se destina ou o valor correspondente a uma vez e meia o valor do limite mínimo mensal do salário-de-contribuição, o que for maior; (Incluído pela Lei n.° 12.513, de 2011)

u) a importância recebida a título de bolsa de aprendizagem garantida ao adolescente até quatorze anos de idade, de acordo com o disposto no art. 64 da Lei n.° 8.069, de 13 de julho de 1990; (Incluída pela Lei n.° 9.528, de 10.12.97)

v) os valores recebidos em decorrência da cessão de direitos autorais; (Incluída pela Lei n.° 9.528, de 10.12.97)

x) o valor da multa prevista no § 8° do art. 477 da CLT. (Incluída pela Lei n.° 9.528, de 10.12.97)

y) o valor correspondente ao vale-cultura. (Incluído pela Lei n.° 12.761, de 2012)

z) os prêmios e os abonos. (Incluído pela Lei n.° 13.467, de 2017)

> **aa)** os valores recebidos a título de bolsa-atleta, em conformidade com a Lei n.° 10.891, de 9 de julho de 2004. (Incluído pela Lei n.° 13.756, de 2018)
>
> **§ 10°** Considera-se salário-de-contribuição, para o segurado empregado e trabalhador avulso, na condição prevista no § 5° do art. 12, a remuneração efetivamente auferida na entidade sindical ou empresa de origem. (Parágrafo acrescentado pela Lei n.° 9.528, de 10.12.97)
>
> **§ 11°** Considera-se remuneração do contribuinte individual que trabalha como condutor autônomo de veículo rodoviário, como auxiliar de condutor autônomo de veículo rodoviário, em automóvel cedido em regime de colaboração, nos termos da Lei n.° 6.094, de 30 de agosto de 1974, como operador de trator, máquina de terraplenagem, colheitadeira e assemelhados, o montante correspondente a 20% (vinte por cento) do valor bruto do frete, carreto, transporte de passageiros ou do serviço prestado, observado o limite máximo a que se refere o § 5°. (Incluído pela Lei n.° 13.202, de 2015)

1. SALÁRIO DE CONTRIBUIÇÃO

A base de cálculo da contribuição previdenciária dos empregados, do avulso, do empregado doméstico, do contribuinte individual e do segurado facultativo é denominada de salário de contribuição e está definida neste artigo 28.

O salário de contribuição dos mencionados segurados obrigatórios e do facultativo está sempre sujeito aos limites mínimo e máximo. O limite mínimo corresponde ao piso salarial, legal ou normativo, da categoria ou, inexistindo este, ao salário mínimo, tomado no seu valor mensal, diário ou horário, como o ajustado e o tempo de trabalho efetivo durante o mês (§ 3°). No caso do menor aprendiz, o limite mínimo corresponde à sua remuneração mínima prevista em lei (§ 4°)[303].

Se o segurado contribuir com valor inferior ao mínimo, o respectivo tempo de contribuição não será computado no Regime Geral de Previdência Social, de acordo com o que dispõe o § 14° do art. 195 da Constituição Federal, incluído pela EC n.° 103/19, cujo preceito também assegura os ajustes de complementação ou agrupamento das contribuições para que seja alcançado o valor mínimo[304]. Complementar

---

[303] Vide abaixo os comentários acerca das exclusões da bolsa aprendizagem e do menor aprendiz.

[304] Art. 195, § 14°, da CF: "O segurado somente terá reconhecida como tempo de contribuição ao Regime Geral de Previdência Social a competência cuja contribui-

a contribuição significa completá-la para que seja alcançado o limite mínimo do salário de contribuição. Agrupar as contribuições significa juntar os salários de contribuição inferiores ao limite mínimo, de diferentes competências, para que alcancem o limite mínimo.

O art. 29 da EC n.º 103/19 confere ao segurado que, no somatório de remunerações auferidas no período de um mês, receber remuneração inferior ao limite mínimo mensal do salário de contribuição, o direito às opções que devem ser exercidas dentro do mesmo ano civil: I – complementar a sua contribuição, de forma a alcançar o limite mínimo exigido; II – utilizar o valor da contribuição que exceder o limite mínimo de contribuição de uma competência em outra; III – agrupar contribuições inferiores ao limite mínimo de diferentes competências, para aproveitamento em contribuições mínimas mensais.

Os Decretos n.º 10.410/20 e 10.491/20 impuseram alterações no Decreto n.º 3.048/99, regulando os ajustes de complementação ou agrupamento das contribuições para o segurado que, no somatório das remunerações mensais, receber valor inferior ao limite mínimo do salário de contribuição. A Instrução Normativa PRES/INSS n.º 128/22 também dispõe acerca da complementação, utilização e agrupamento das contribuições[305].

O limite máximo do salário de contribuição segue os reajustes dos benefícios previdenciários. Assim, ainda que o segurado receba valor maior que o limite máximo, a base de cálculo da sua contribuição sempre deverá observar o limite máximo previsto em lei.

2. EMPREGADOS E TRABALHADOR AVULSO

A base de cálculo da contribuição dos empregados e avulsos corresponde à remuneração auferida em uma ou mais empresas. Quando existir mais de um vínculo, cabe ao empregado comunicar aos empregadores a remuneração recebida em todos os vínculos, a fim de que seja apurado corretamente o salário de contribuição e a respectiva alíquota[306]. Sobre a base de cálculo incidem as alíquotas progressivas

---

ção seja igual ou superior à contribuição mínima mensal exigida para sua categoria, assegurado o agrupamento de contribuições".

305 Art. 124, da Instrução Normativa PRES/INSS n.º 128/22.

306 O segurado deve apresentar a declaração prevista no Anexo VIII da IN RFB n.º 2.110/22.

de 7,5%, 9%, 12% ou 14%, de acordo com as faixas salariais, segundo o art. 28 da EC n.º 103/19 e comentários ao art. 20.

Nos termos da lei, o conceito de remuneração é amplo, compreendendo a totalidade dos rendimentos pagos, devidos ou creditados a qualquer título, durante o mês, destinados a retribuir o trabalho, qualquer que seja a sua forma, inclusive as gorjetas, os ganhos habituais sob a forma de utilidades e os adiantamentos decorrentes de reajuste salarial, quer pelos serviços efetivamente prestados, quer pelo tempo à disposição do empregador ou tomador de serviços nos termos da lei ou do contrato ou, ainda, de convenção ou acordo coletivo de trabalho ou sentença normativa. A contraprestação pelo trabalho e a habitualidade do ganho é que demarcam a incidência legítima da contribuição.

A contribuição previdenciária incide sobre o valor bruto da remuneração[307] e não sobre o valor líquido, depois de descontada a contribuição do próprio empregado ou o imposto de renda[308].

O contribuinte é o empregado ou o avulso, mas a responsabilidade pelo desconto e recolhimento é da empresa (art. 30, I, "a").

3. EMPREGADO DOMÉSTICO

A base de cálculo da contribuição do empregado doméstico é remuneração registrada na carteira de trabalho, observadas as normas previstas em regulamento para a comprovação do vínculo e do valor da remuneração (inciso II).

Caso o empregado doméstico não tenha carteira de trabalho ou recibos de pagamento dos salários, o lançamento de ofício poderá tomar por base o valor do piso definido em lei estadual, autorizado pela LC n.º 103/00, ou o valor do salário mínimo.

---

307 STJ, RESP 1898707, e reiterados precedentes do TRF4.

308 STJ, AgInt n.º RESP 1.976.118: "A jurisprudência do Superior Tribunal de Justiça já se posicionou ao afirmar que é devida a incidência de contribuição previdenciária patronal, RAT e devidas a terceiros sobre as parcelas referentes ao imposto de renda retido e à contribuição previdenciária do empregado. Nesse sentido: REsp 1.928.591/RS, relator Ministro Herman Benjamin, Segunda Turma, julgado em 5/10/2021, DJe 5/11/2021; AgInt n.º REsp 1.936.971/RS, relatora Ministra Assusete Magalhães, Segunda Turma, julgado em 27/9/2021, DJe 29/9/2021; e REsp 1.902.565/PR, relatora Ministra Assusete Magalhães, Segunda Turma, julgado em 23/3/2021, DJe 7/4/2021".

4. CONTRIBUINTE INDIVIDUAL

A base de cálculo da contribuição previdenciária dos contribuintes individuais arrolados no inciso V do art. 12 dependerá da situação concreta de o mesmo exercer atividade por conta própria ou prestar serviços a uma ou mais empresas e delas receber remuneração.

A base de cálculo do contribuinte individual que exercer atividade por conta própria, como um advogado, por exemplo, é o valor da remuneração obtida pelo exercício da atividade por conta própria, durante o mês. Caso não obtenha remuneração, será o valor por ele declarado no mês, observados os limites mínimo e máximo do salário de contribuição. Em regra, a alíquota é de 20%[309]. Supondo que não tenha auferido remuneração e queira contribuir pelo valor máximo do salário de contribuição e que este corresponda a R$ 5mil, a sua contribuição será de R$ 1mil (20% x R$ 5mil)[310].

A base de cálculo do contribuinte individual que aufere remuneração em uma ou mais empresas também será a remuneração auferida, observado o valor máximo do salário de contribuição, como disposto no inciso III. Neste caso, em regra, incide a técnica da retenção prevista no art. 4º da Lei n.º 10.666/03[311], examinada em conjunto com a dedução do § 4º do art. 30 desta lei. A remuneração corresponde ao valor recebido pela prestação dos serviços, não se incluindo reembolsos de despesas comprovadas ou valores que tenham natureza indenizatória ou que estejam previstos no § 9º do art. 28.

4.1. CONTRIBUINTE INDIVIDUAL QUE PRESTAR SERVIÇOS A ENTIDADE BENEFICENTE IMUNE

O contribuinte individual pode prestar serviços a entidade beneficente de assistência social, saúde ou educação. Os médicos, por exemplo, são contribuintes individuais que muitas vezes prestam serviços a entidades hospitalares ou de assistência social. Advogados ou membros de carreiras públicas ministram aulas em entidades educacionais, enquadrando-se como contribuintes individuais prestadores de serviços quando não possuírem vínculo empregatício.

---

[309] Vide comentários aos arts. 20, 21 e 28. As alíquotas são diversas, dependendo de situações legais específicas.

[310] O recolhimento é regulado pelo art. 30, II.

[311] Vide comentários ao art. 30, § 4º.

Ocorre que hospitais, entidades de assistência social ou educacionais podem ter direito à imunidade em relação às contribuições previdenciárias, tal como previsto no art. 195, § 7º, da Constituição Federal. Nesta hipótese, como a instituição beneficente não fica sujeita ao recolhimento da sua contribuição previdenciária com alíquota de 20%, incidente sobre a remuneração paga ao contribuinte individual que lhe presta serviços[312], o contribuinte individual não pode proceder à dedução autorizada pelo § 4º do art. 30, o que reduziria a sua contribuição a ser retida para a alíquota de 11%.

Por isto, quando o contribuinte individual prestar serviços para entidade imune não poderá se valer da dedução. A entidade imune deverá proceder a retenção da contribuição do contribuinte individual com a alíquota de 20%, observado o limite máximo do salário de contribuição.

4.2. CONTRIBUINTE INDIVIDUAL E COOPERATIVAS

No caso de contribuintes individuais que sejam cooperados de cooperativas de trabalho, esta é que possui a obrigação legal de reter a contribuição previdenciária do cooperado com alíquota de 20% sobre o valor que este receber pelos serviços intermediados pela cooperativa e prestados a terceiros[313]. A retenção não será efetuada pela empresa tomadora do serviço, mas sim pela própria cooperativa. A retenção é com a alíquota de 20% porque o contratante dos serviços ou a cooperativa não estão sujeitas ao recolhimento da sua própria contribuição quando o cooperado prestar serviços a terceiros.

Na hipótese de cooperados que prestem serviços à cooperativa de produção e dela recebam remuneração, ficarão sujeitos à sua contribuição com a alíquota de 11%, frente à dedução prevista no § 4º do art. 30. Neste caso, há a redução da alíquota da retenção porque a cooperativa de produção está sujeita ao recolhimento da sua contribuição com a alíquota de 20% sobre a remuneração paga ao contribuinte individual que lhe prestou serviços.

---

312 Vide comentários ao art. 22, III.

313 Art. 4º, § 1º, da Lei n.º 10.666/03: "As cooperativas de trabalho arrecadarão a contribuição social dos seus associados como contribuinte individual e recolherão o valor arrecadado até o dia 20 (vinte) do mês subsequente ao de competência a que se referir, ou até o dia útil imediatamente anterior se não houver expediente bancário naquele dia".

5. ATIVIDADES CONCOMITANTES

Os segurados obrigatórios que aufiram remuneração em mais de uma empresa ou a esta equiparados não ficam obrigados ao recolhimento da contribuição sobre o valor que, somado, exceder ao limite máximo do salário de contribuição. A base de cálculo é formada pela totalidade dos rendimentos, respeitando-se o valor máximo do salário de contribuição[314].

Com isso, se o empregado trabalha em duas empresas e em uma delas recebe remuneração superior ao valor máximo do salário de contribuição, não ficará sujeito ao recolhimento da sua contribuição na outra empresa. Ambas as empresas, porém, estão obrigadas ao recolhimento das suas contribuições previdenciárias sobre o total da remuneração, na forma prevista no art. 22, I e II.

6. BASE DE CÁLCULO

Os empregados, o avulso e o contribuinte individual que prestarem serviços à empresa, e o empregado doméstico, podem receber, além da remuneração retributiva do trabalho propriamente dita, ganhos habituais ou outros benefícios, de natureza pecuniária ou não. Em regra, benefícios que apenas mascaram a materialidade da remuneração, mas que representam contraprestação pelo trabalho devem ser computados na base de cálculo da contribuição do segurado e da empresa. Por outro lado, importâncias pecuniárias de natureza indenizatória ou outros benefícios do empregado que não representam retribuição pelo trabalho ou ganhos habituais não devem ser adicionados à base de cálculo.

6.1. EXCLUSÕES DA BASE DE CÁLCULO

O § 9º deste artigo 28 arrola as importâncias pecuniárias que não devem integrar o salário de contribuição. Trata-se de previsão legal da exclusão da base de cálculo da contribuição previdenciária dos segurados empregados domésticos e dos empregados, avulsos e contribuintes individuais que prestarem serviços à empresa. Estas mesmas exclusões dos segurados obrigatórios são aplicadas para a contribuição

---

[314] Art. 32, da Lei n.º 8.213/91: "O salário de benefício do segurado que contribuir em razão de atividades concomitantes será calculado com base na soma dos salários de contribuição das atividades exercidas na data do requerimento ou do óbito, ou no respectivo período básico de cálculo, observado o disposto no art. 29 desta Lei".

da empresa e equiparados, por força do § 2º do art. 22[315], e para a contribuição do empregador doméstico, prevista no art. 24, I e II. Embora a materialidade das contribuições seja a mesma, as contribuições do empregador doméstico e da empresa incidem sobre o valor total da remuneração, sem limite, ao passo que a dos segurados está sempre sujeita ao limite máximo do salário de contribuição.

Deve ser sublinhado que os segurados que obtiverem as exclusões do salário de contribuição reduzirão o seu salário de benefício, exceto se as exclusões forem aplicadas para os ganhos que estiverem acima do limite máximo do salário de contribuição. Isto porque o salário de benefício consiste na média aritmética simples dos maiores salários de contribuição[316] e devem ser levados em conta para o seu cálculo os ganhos habituais do segurado empregado, a qualquer título, sob a forma de moeda corrente ou utilidades, sobre as quais tenha incidido a contribuição previdenciária[317]. Ou seja, o salário de benefício será tanto maior quanto maior for a média dos salários de contribuição.

As exclusões da base de cálculo podem representar autêntica não incidência das contribuições, como ocorre com os valores auferidos a título de bolsa atleta, ou mera redução da base de cálculo, mediante a exclusão de algumas das importâncias previstas no § 9º.

A não incidência corresponde ao fato de que "não é devido o tributo porque não chega a surgir a própria obrigação tributária"[318]. A não incidência[319] é a simples opção proposital do legislador[320] em deixar

---

[315] Art. 22, § 2º: "Não integram a remuneração as parcelas de que trata o § 9º do art. 28".

[316] Art. 29, I e II, da Lei n.º 8.213/91.

[317] Art. 29, § 3º, da Lei n.º 8.213/91.

[318] FALCÃO, Amílcar de Araújo. Fato Gerador da Obrigação Tributária. São Paulo: Forense, 1984.

[319] AMARO, Luciano. "Todos os fatos que não têm a aptidão de gerar tributos compõem o campo da não-incidência (de tributo)". Direito Tributário Brasileiro. 2ª ed. São Paulo: Saraiva, 1998. p. 263.

[320] NABAIS, José Casalta. O autor explica que "as não sujeições tributárias são medidas fiscais estruturais de carácter normativo que estabelecem delimitações negativas expressas de incidência" e que estão situadas no âmbito da política fiscal do Estado. Direito Fiscal. 8ª ed. Coimbra: Almedina, 2015. p. 390.

de fora da regra de tributação determinadas situações fáticas[321]. O fato não concretiza a hipótese de incidência[322]. Para o STF, "a não incidência do tributo equivale a todas as situações de fato não contempladas pela regra jurídica da tributação e decorre da abrangência ditada pela própria norma"[323]. A redução da base de cálculo, por sua vez, é uma mutilação parcial da base material da regra de tributação.

As exclusões da base de cálculo, como regra, dizem respeito a importâncias pecuniárias pagas pela empresa que não correspondem à contraprestação pelos serviços prestados pelo empregado ou a ganhos habituais, possuindo muitas vezes natureza indenizatória e que não se enquadram na materialidade da competência tributária outorgada pelo art. 195, I, "a", da CF. O legislador usa a expressão que "não integram o salário de contribuição" determinadas importâncias, auxílios, bolsas, ganhos ou benefícios recebidos ou pagos para os segurados, todos arrolados no § 9º. O STJ tem entendido que "a interpretação dos arts. 20, 22, I e II e 28, § 9º, da Lei n.º 8.212/1991 conduz à conclusão de que todas as verbas que integram a folha de salários do empregador, salvo as exceções expressamente previstas, devem compor a base de cálculo da contribuição previdenciária patronal, enquadrando-se nessa hipótese os valores referentes à contribuição previdenciária do empregado, o imposto de renda retido na fonte, as despesas com convênios em farmácias, planos de saúde e odontológicos".

Os benefícios e as importâncias abaixo mencionados não devem integrar a base de cálculo da contribuição previdenciária da empresa, prevista no art. 22 I, II, III, e nem a contribuição dos próprios segurados empregados, avulsos, domésticos e, quando for o caso, do contribuinte individual:

---

321 PAULSEN, Leandro: "A não incidência, por sua vez, decorre da simples ausência de subsunção do fato em análise à norma tributária impositiva e, por isso, independe de previsão legal, o que, aliás, seria impertinente". Constituição e Código Tributário Comentados. São Paulo: Saraiva, 2017. p. 1.220.

322 BECKER, Alfredo Augusto. A expressão não incidência "significa que o acontecimento deste ou daqueles fatos são insuficientes, ou excedentes, ou simplesmente estranhos para a realização da hipótese de incidência da regra jurídica de tributação". Teoria Geral do Direito Tributário. 2ª ed. São Paulo: Saraiva, 1972. p. 276.

323 STF, ADI 286.

6.1.1. BENEFÍCIOS PREVIDENCIÁRIOS

Os benefícios da previdência social, exceto o salário de maternidade. Sobre os valores recebidos a título de benefício previdenciário pago pelo INSS (aposentadoria por invalidez, aposentadoria por idade, aposentadoria por tempo de serviço/contribuição, aposentadoria especial, auxílio-acidente, auxílio-doença, salário-família, pensão por morte e auxílio-reclusão) não incide contribuição previdenciária.

6.1.1.1. APOSENTADORIAS E PENSÃO

Os benefícios de aposentadoria e pensão pagos pelo RGPS gozam de imunidade quanto às contribuições previdenciárias, de acordo com o que prevê o inciso II do art. 195 da CF[324]. A Constituição Federal, ao limitar a competência tributária, outorga imunidade. A imunidade é ampla e abrange todos os tipos de aposentadoria do RGPS, assim como o benefício da pensão por morte.

6.1.1.2. SALÁRIO-MATERNIDADE

A CF assegura a proteção à maternidade, tratando-a como um direito social, coberto pelo Sistema de Seguridade Social, mediante licença à gestante, sem prejuízo do emprego e do salário[325]. O salário-maternidade é devido a todas seguradas da Previdência Social, durante 120 (cento e vinte) dias, com início no período entre 28 (vinte e oito) dias antes do parto e a data de ocorrência deste[326]. O segurado ou a segurada da Previdência Social que adotar ou obtiver a guarda judicial para fins de adoção de criança também tem direito ao salário-maternidade de 120 dias[327].

O benefício, em algumas situações, é pago pelo INSS. Em relação à empregada gestante, cabe à empresa pagar-lhe o salário-maternidade, o qual corresponde à renda mensal igual a sua remuneração integral[328]. Quando pago pela empresa, esta tem o direito de compensar o valor

---

[324] Art. 195, II, da CF: "II – do trabalhador e dos demais segurados da previdência social, podendo ser adotadas alíquotas progressivas de acordo com o valor do salário de contribuição, não incidindo contribuição sobre aposentadoria e pensão concedidas pelo Regime Geral de Previdência Social".

[325] Art. 6º, "caput", 7º, XVII e 201, II, da CF.

[326] Art. 71, da Lei nº 8.213/91

[327] Art. 71-A, da Lei n.º 8.213/91.

[328] Art. 72, "caput", da Lei nº 8.213/91.

pago com as suas contribuições sobre a folha de salários ou contribuintes individuais que lhe prestem serviço[329].

O salário maternidade é concebido como salário de contribuição pelo § 2º deste artigo. A jurisprudência do STJ era firme acerca da sua natureza salarial, devendo compor a base de cálculo da contribuição previdenciária[330]. No entanto, o STF entendeu que, no caso de licença-maternidade, a trabalhadora se afasta das suas atividades e deixa de prestar serviços e receber salários do empregador. Não se trata de contraprestação pelos serviços prestados ao empregador porque a gestante está afastada do trabalho. A materialidade de incidência não se ajusta à outorga de competência prevista no art. 195, I, "a", da CF. Para o STF, o § 2º deste artigo, que dispõe que o salário-maternidade é considerado salário de contribuição, como também a parte final da alínea "a" do § 9º (onde se lê "salvo o salário-maternidade"), são inconstitucionais por veicularem nova fonte de custeio, que dependeria de lei de natureza complementar[331].

6.1.1.3. AUXÍLIO-ACIDENTE

O auxílio-acidente é concedido como indenização ao segurado quando, após consolidação das lesões decorrentes de acidente de qualquer natureza, resultarem sequelas que impliquem redução da capacidade

---

329 Art. 72, § 1º, da Lei n.º 8.213/91.

330 Tema 739 do STJ, RESP 1.230.957: "O salário-maternidade tem natureza salarial e a transferência do encargo à Previdência Social (pela Lei 6.136/74) não tem o condão de mudar sua natureza. Nos termos do art. 3º da Lei 8.212/91, "a Previdência Social tem por fim assegurar aos seus beneficiários meios indispensáveis de manutenção, por motivo de incapacidade, idade avançada, tempo de serviço, desemprego involuntário, encargos de família e reclusão ou morte daqueles de quem dependiam economicamente". O fato de não haver prestação de trabalho durante o período de afastamento da segurada empregada, associado à circunstância de a maternidade ser amparada por um benefício previdenciário, não autoriza conclusão no sentido de que o valor recebido tenha natureza indenizatória ou compensatória, ou seja, em razão de uma contingência (maternidade), paga-se à segurada empregada benefício previdenciário correspondente ao seu salário, possuindo a verba evidente natureza salarial. Não é por outra razão que, atualmente, o art. 28, § 2º, da Lei 8.212/91 dispõe expressamente que o salário maternidade é considerado salário de contribuição. Nesse contexto, a incidência de contribuição previdenciária sobre o salário maternidade, no Regime Geral da Previdência Social, decorre de expressa previsão legal".

331 STF, RE 576.967. Tema 72 ("É inconstitucional a incidência de contribuição previdenciária a cargo do empregador sobre o salário-maternidade").

para o trabalho que habitualmente exercia[332]. Como se trata de benefício previdenciário, não integra o salário de contribuição.

Os artigos 31 e 34, II, da Lei n.º 8.213/91, por sua vez, dispõem que o valor mensal do auxílio-acidente integra o salário de contribuição, mas isto refere-se apenas para efeito de cálculo do salário de benefício. Sendo benefício previdenciário e de natureza indenizatória, não integra o salário de contribuição.

6.1.1.4. AUXÍLIO-DOENÇA

O auxílio-doença é benefício de natureza previdenciária, devido ao segurado que, tendo cumprido, quando for o caso, o período de carência exigido pela Lei n.º 8.213/91, ficar incapacitado para o seu trabalho ou para a sua atividade habitual por mais de 15 (quinze) dias consecutivos[333]. O benefício auferido pelo segurado está fora da hipótese de incidência da sua contribuição previdenciária.

No caso do empregado, o benefício do auxílio-doença é devido pelo INSS a contar do décimo sexto dia do afastamento da atividade. Durante os primeiros 15 dias consecutivos ao afastamento da atividade por motivo de doença, é responsabilidade da empresa pagar ao segurado o seu salário integral[334]. A jurisprudência tem entendido que este valor pago pela empresa não retribui o trabalho, não se sujeitando à contribuição previdenciária[335].

6.1.1.5. SALÁRIO-FAMÍLIA

O salário-família é devido ao empregado, inclusive o doméstico, e ao trabalhador avulso, na proporção do respectivo número de filhos ou equiparados. O valor da cota do salário-família por filho ou equiparado de qualquer condição, até os 14 anos de idade, ou inválido de qualquer idade, é definida no art. 66 da Lei n.º 8.213/91. O valor é pago pela empresa ou pelo empregador doméstico, mensalmente, junto com o salário, efetivando-se a compensação por ocasião do recolhimento das contribuições[336]. No caso do avulso, o pagamento poderá ser efetuado pelo sindicato[337].

---

332 Art. 89, da Lei n.º 8.213/91.

333 Art. 59, "caput", da Lei n.º 8.213/91.

334 Art. 59, § 3º, da Lei n.º 8.213/91.

335 Vide item 6.1.36.1.

336 Art. 68, da Lei n.º 8.213/91.

337 Art. 69, da Lei n.º 8.213/91.

O salário-família está fora da hipótese de incidência da contribuição previdenciária.

6.1.1.6. AUXÍLIO-RECLUSÃO

O auxílio-reclusão, cumprida a carência prevista no inciso IV do caput do art. 25 da Lei 8.213/91, é devido pelo INSS, nas condições da pensão por morte, aos dependentes do segurado de baixa renda recolhido à prisão em regime fechado que não receber remuneração da empresa nem estiver em gozo de auxílio-doença, de pensão por morte, de salário-maternidade, de aposentadoria ou de abono de permanência em serviço[338].

A contribuição previdenciária não incide sobre o auxílio-reclusão.

6.1.2. AJUDA DE CUSTO DE AERONAUTA

A ajuda de custo e o adicional mensal recebido pelo aeronauta. O aeronauta tem direito, no caso de transferência provisória, a um adicional mensal e, no caso de transferência permanente, à ajuda de custo, como previsto na Lei n.º 5.929/73. Os valores auferidos a tais títulos não são destinados a remunerar os trabalhos prestados, possuindo natureza indenizatória.

6.1.3. PROGRAMA DE ALIMENTAÇÃO DO TRABALHADOR

A parcela *in natura* recebida de acordo com os programas de alimentação aprovados pelo Ministério do Trabalho. As pessoas jurídicas podem instituir programas de alimentação ao trabalhador, cujos benefícios podem ser *in natura* ou mediante vale-alimentação ou tíquete. Quando pago *in natura*, não deve ser incluído no salário de contribuição, como também é previsto no art. 3º da Lei 6.321/76[339]. A parcela *in natura* abrange a cesta básica e as refeições fornecidas pelo empregador aos seus empregados.

---

338 Art. 80, "caput", da Lei nº 8.213/91.

339 Art. 3º, da Lei n.º 6.321/76: "Não se inclui como salário de contribuição a parcela paga in natura, pela empresa, nos programas de alimentação aprovados pelo Ministério do Trabalho".

6.1.4. AUXÍLIO-ALIMENTAÇÃO

O auxílio-alimentação, antes da vigência da Lei n.º 13.467/17, quando pago de forma habitual e em dinheiro[340], integrava a base de cálculo da contribuição previdenciária, nos termos do Tema 20 do STF[341].

A Lei n.º 13.467/17 alterou o § 2º do art. 457 da CLT[342], proibindo o pagamento do auxílio-alimentação em dinheiro. A IN n.º 2.110/22 dispõe que não integra a base de cálculo o auxílio-alimentação, inclusive na forma de tíquetes ou congêneres, mesmo antes do advento do § 2º do art. 457 da CLT, vedando seu pagamento em dinheiro[343].

O auxílio-alimentação pago em pecúnia, em contrariedade ao disposto na lei, adquire a natureza de ganho habitual e deve ser computado na base de cálculo das contribuições previdenciárias. Sendo pago por meio de tíquete ou vale-alimentação, não ficará sujeito à incidência da contribuição previdenciária.

6.1.5. FÉRIAS INDENIZADAS E ADICIONAL CONSTITUCIONAL

As importâncias recebidas a título de férias indenizadas e respectivo adicional constitucional, inclusive o valor correspondente à dobra da remuneração de férias de que trata o art. 137 da Consolidação das Leis do Trabalho-CLT.

O empregado tem direito à indenização das férias que não foram usufruídas, inclusive de forma proporcional, no caso de rescisão do contrato de trabalho, acrescidas de 1/3. As férias devem ser concedidas nos 12 meses subsequentes à data em que o empregado tiver adquirido

---

340 Tema 1.164, do STJ: "Incide a contribuição previdenciária a cargo do empregador sobre o auxílio-alimentação pago em pecúnia".

341 Tema 20, do STF: "A contribuição social a cargo do empregador incide sobre ganhos habituais do empregado, quer anteriores ou posteriores à Emenda Constitucional n.º 20/1998".

342 Art. 457, § 2º, da CLT: "As importâncias, ainda que habituais, pagas a título de ajuda de custo, auxílio-alimentação, vedado seu pagamento em dinheiro, diárias para viagem, prêmios e abonos não integram a remuneração do empregado, não se incorporam ao contrato de trabalho e não constituem base de incidência de qualquer encargo trabalhista e previdenciário".

343 Art. 34, III, da IN n.º 2.110/22.

o direito[344]. Se forem concedidas após tal prazo, o empregador deve pagar em dobro a respectiva remuneração.

6.1.6. INDENIZAÇÃO DO FGTS DO ART. 10, I, DO ADCT

As importâncias recebidas por força do inciso I do art. 10 do Ato das Disposições Constitucionais Transitórias.

O preceito trata da multa sobre os depósitos de FGTS paga pela empresa, ocorrendo a rescisão do contrato de trabalho, ao empregado e ao fundo, que eram mencionados no art. 6º, "caput" e § 2º, da Lei n.º 5.107/66.

6.1.7. INDENIZAÇÃO ANTERIOR AO FGTS

As importâncias recebidas a título de indenização por tempo de serviço, anterior a 5 de outubro de 1988, do empregado não optante pelo Fundo de Garantia do Tempo de Serviço-FGTS.

6.1.8. INDENIZAÇÃO NA DESPEDIDA SEM JUSTA CAUSA

As importâncias recebidas a título da indenização de que trata o art. 479 da CLT. Trata-se da indenização paga ao empregado, nos contratos de trabalho que tenham termo estipulado, na dispensa sem justa causa.

6.1.9. INDENIZAÇÃO AO SAFRISTA

As importâncias recebidas a título da indenização de que trata o art. 14 da Lei n.º 5.889, de 8 de junho de 1973. Refere-se à indenização paga ao safrista depois de expirado o contrato de trabalho. É denominado contrato de safra o que tem a sua duração dependente de variações estacionais da atividade agrária[345].

6.1.10. VALORES A TÍTULO DE INCENTIVOS À DEMISSÃO

As importâncias recebidas a título de incentivo à demissão. O empregador pode instituir planos de incentivo à demissão, estipulando o pagamento de verbas que assumem natureza indenizatória e que, por isto, não devem compor a base de cálculo das contribuições previdenciárias do empregador e do empregado.

---

344 Art. 134, da CLT.

345 Art. 14, parágrafo único, da Lei n.º 5.889/73.

6.1.11. ABONO DE FÉRIAS

As importâncias recebidas a título de abono de férias na forma dos arts. 143 e 144 da CLT. O empregado pode converter 1/3 do período de férias em abono pecuniário, revelando sua natureza indenizatória.

6.1.12. GANHOS EVENTUAIS E ABONOS

As importâncias recebidas a título de ganhos eventuais e os abonos expressamente desvinculados do salário. Os ganhos eventuais não caracterizam vínculo empregatício. São importâncias esporádicas que não se integram ao conceito de salário, o qual exige a habitualidade.

As importâncias pagas a título de abono não integram a remuneração do empregado e não constituem base de incidência das contribuições previdenciárias, como dispõe o art. 457, § 2º, da CLT.

Os ganhos eventuais não devem ser confundidos com os ganhos habituais. Sobre os ganhos habituais do empregado incidem as contribuições previdenciárias[346].

6.1.13. LICENÇA-PRÊMIO INDENIZADA

As importâncias recebidas a título de licença-prêmio indenizada. A licença-prêmio que não pode ser usufruída pelo empregado é indenizada e não deve ser incluída na base de cálculo da contribuição previdenciária.

6.1.14. INDENIZAÇÃO ADICIONAL NA DESPEDIDA SEM JUSTA CAUSA

As importâncias recebidas a título da indenização de que trata o art. 9º da Lei n.º 7.238, de 29 de outubro de 1984. O empregado dispensado, sem justa causa, no período de 30 (trinta) dias que antecede à data de sua correção salarial, tem direito à indenização adicional equivalente a um salário mensal, seja ele optante ou não pelo Fundo de Garantia do Tempo de Serviço – FGTS.

6.1.15. VALE-TRANSPORTE

As importâncias recebidas a título de vale-transporte, na forma da legislação própria. O vale-transporte é regulado pela Lei n.º 7.418/85 e implica aquisição, pelo empregador, de vales-transporte necessários

---

346 Tema 20, do STF.

aos deslocamentos do trabalhador no percurso residência-trabalho e vice-versa. Tem-se entendido que o vale-transporte pode ser pago em dinheiro, mas mesmo nesta hipótese o STF decidiu que possui natureza indenizatória e não deve ficar sujeito à incidência da contribuição previdenciária[347].

6.1.16. AJUDA DE CUSTO

As importâncias recebidas a título de ajuda de custo, em parcela única, auferidas exclusivamente em decorrência de mudança de local de trabalho do empregado, na forma do art. 470 da CLT.

As importâncias pagas a título de ajuda de custo, ainda que habituais, não integram a remuneração do empregado e não devem ser computadas na base de cálculo das contribuições previdenciárias, nos termos do art. 457, § 2º, da CLT.

6.1.17. DIÁRIAS

As importâncias recebidas a título de diárias para viagens, ainda que habituais, não integram a remuneração do empregado e não constituem base de incidência das contribuições previdenciárias, segundo previsto no art. 457, § 2º, da CLT.

Antes da alteração imposta pela Lei n.º 13.467/17 à alínea "h" do § 9º do artigo em comento, apenas as diárias que não excedessem a 50% da remuneração mensal do empregado é que poderiam ser excluídas da base de cálculo da contribuição previdenciária.

6.1.18. BOLSA EDUCACIONAL DE ESTAGIÁRIO

A importância recebida a título de bolsa de complementação educacional de estagiário, quando paga nos termos da Lei n.º 6.494, de 7 de dezembro de 1977. A Lei n.º 6.494/77 foi revogada pela Lei n.º 11.788/08, a qual dispõe sobre o estágio de estudantes. O estagiário pode receber bolsa ou outra forma de contraprestação que venha a ser acordada, não se sujeitando à contribuição previdenciária.

---

347 STF, RE 478.410: "... A cobrança de contribuição previdenciária sobre o valor pago, em dinheiro, a título de vales-transporte, pelo recorrente aos seus empregados afronta a Constituição, sim, em sua totalidade normativa".

6.1.19. PARTICIPAÇÃO NOS LUCROS

A importância recebida a título de participação nos lucros ou resultados da empresa, quando paga ou creditada de acordo com lei específica. A participação dos trabalhadores nos lucros ou resultados da empresa serve como instrumento de integração entre o capital e o trabalho, assim como de incentivo à produtividade.

O art. 7º, XI, da CF, arrola entre os direitos dos trabalhadores, "a participação nos lucros, ou resultados, desvinculada da remuneração, e, excepcionalmente, participação na gestão da empresa, conforme definido em lei". O preceito foi regulado pela MP n.º 794/04, convertida na Lei n.º 10.101/00.

Antes mesmo da regulamentação legal da participação nos lucros e resultados, algumas empresas já haviam implementado o referido programa. Nesta hipótese, o STF decidiu que, se a empresa se antecipou à regulamentação para efetivar o direito social, as importâncias pagas devem integrar a base de cálculo[348].

A participação nos lucros deve ser objeto de negociação entre a empresa e os seus empregados[349]. A própria lei dispõe que a participação não substitui ou complementa a remuneração e não se sujeita ao princípio da habitualidade[350], de modo a não constituir base de incidência de encargos trabalhistas e, nos termos do artigo em comento, das contribuições previdenciárias, tanto da empresa quanto do empregado. Para que não integre o salário de contribuição, a participação nos lucros deve ser paga de acordo com a Lei n.º 10.101/00, observados os requisitos nela especificados.

Os diretores que não são empregados, desde que recebam remuneração, enquadram-se na classe de contribuintes individuais[351], sendo a contribuição da empresa regulada pelo art. 22, III. A remuneração dos administradores de sociedades anônimas é regulada pela Lei n.º

---

348 STF, RE 569.441. Tese 344: "Incide contribuição previdenciária sobre as parcelas pagas a título de participação nos lucros no período que antecede a entrada em vigor da Medida Provisória 794/1994, que regulamentou o art. 7º, XI, da Constituição Federal de 1988".

349 Art. 2º, "caput", da Lei n.º 10.101/00.

350 Art. 3º, da Lei n.º 10.101/00.

351 Art. 12, V, "f".

6.404/76[352] e a jurisprudência tem entendido que a participação nos lucros integra a remuneração e a base de cálculo da contribuição previdenciária patronal, assentando que a exclusão da base de cálculo dos valores pagos a título de participação é a paga em conformidade com a Lei n.º 10.101/00[353], ou seja, a paga em favor dos empregados e não para os administradores, que são contribuintes individuais.

Em relação aos trabalhadores de empresas públicas, sociedades de economia mista, suas subsidiárias e controladas, como também demais empresas em que a União, direta ou indiretamente, detenha a maioria do capital social com direito a voto, a participação deve observar as diretrizes fixadas pelo Poder Executivo[354].

6.1.20. ABONO DO PIS/PASEP

O abono do Programa de Integração Social – PIS e do Programa de Assistência ao Servidor Público – PASEP. O abono do PIS/PASEP é regulado pela Lei n.º 7.998/90, sendo pago no valor de um salário mínimo aos empregados que atendam aos requisitos fixados na lei (art. 9º).

6.1.21. VALORES DE TRANSPORTE, ALIMENTAÇÃO E HABITAÇÃO PARA TRABALHADOR CONTRATADO PARA TRABALHAR EM CANTEIRO DE OBRAS

Os valores correspondentes a transporte, alimentação e habitação fornecidos pela empresa ao empregado contratado para trabalhar em localidade distante da de sua residência, em canteiro de obras ou local que, por força da atividade, exija deslocamento e estada, observadas as normas de proteção estabelecidas pelo Ministério do Trabalho.

6.1.22. COMPLEMENTAÇÃO DO AUXÍLIO-DOENÇA

A importância paga ao empregado a título de complementação ao valor do auxílio-doença, desde que este direito seja extensivo à totalidade dos empregados da empresa.

O auxílio-doença não fica sujeito à incidência da contribuição previdenciária, como previsto na alínea "a" do § 9º deste artigo, conforme

---

352 Art. 152, §§ 1º e 2º, da Lei n.º 6.404/76.

353 STJ, RESP 1.650.783; TRF4, Processos n.º 5000943-85.2017.4.04.7113, 5012669-32.2021.4.04.7205.

354 Art. 5º, da Lei n.º 10.101/00, julgado constitucional pelo STF na ADI 5.417.

visto acima. No caso de a empresa complementar o auxílio-doença previdenciário, reconhecendo o direito para todos os empregados, a verba não deverá incluída na base de cálculo da contribuição previdenciária.

6.1.23. PARCELAS ASSISTENCIAIS AO TRABALHADOR CANAVIEIRO

As parcelas destinadas à assistência ao trabalhador da agroindústria canavieira, de que trata o art. 36 da Lei n.º 4.870, de 1º de dezembro de 1965. O preceito tratava da obrigação imposta aos produtores de cana, açúcar e álcool para aplicar, em benefício dos trabalhadores industriais e agrícolas das usinas, destilarias e fornecedores, em serviços de assistências médica, hospitalar, farmacêutica e social, importância correspondente a determinadas porcentagens sobre o preço do açúcar, cana e álcool, mas foi revogado pela Lei n.º 12.865/13.

6.1.24. CONTRIBUIÇÕES A PROGRAMA DE PREVIDÊNCIA COMPLEMENTAR

O valor das contribuições efetivamente pago pela pessoa jurídica relativo a programa de previdência complementar, aberto ou fechado, desde que disponível à totalidade de seus empregados e dirigentes, observados, no que couber, os arts. 9 e 468 da CLT.

O art. 9 da CLT dispõe que serão nulos de pleno direito os atos praticados com o objetivo de desvirtuar, impedir ou fraudar a aplicação dos preceitos nela contidos. Por sua vez, o art. 468 da CLT estabelece que "nos contratos individuais de trabalho só é lícita a alteração das respectivas condições por mútuo consentimento, e ainda assim desde que não resultem, direta ou indiretamente, em prejuízos ao empregado, sob pena de nulidade da cláusula infringente desta garantia".

A previdência complementar pode ser aberta ou fechada. Na aberta, os benefícios complementares ao do regime geral são oferecidos a quaisquer pessoas por sociedades seguradoras ou entidades abertas de previdência complementar, na forma prevista no art. 36 da LC n.º 109/01[355]. Na previdência complementar fechada, conhecida como Fundo de Pensão, a entidade é mantida com recursos do empregador e do empregado, com o objetivo de garantir ao próprio empregado

---

[355] Art. 36, da LC n.º 109/01: As entidades abertas são constituídas unicamente sob a forma de sociedades anônimas e têm por objetivo instituir e operar planos de benefícios de caráter previdenciário concedidos em forma de renda continuada ou pagamento único, acessíveis a quaisquer pessoas físicas.

ou associado benefício complementar ao do regime geral de Previdência Social, consoante o disposto no art. 31 da LC n.º 109/01[356]. As contribuições vertidas ao plano pela empresa, sendo todos os empregados e dirigentes beneficiados, não podem ser consideradas como ganhos habituais indiretos e integrantes da remuneração, razão por que não compõem a base de cálculo das contribuições previdenciárias da empresa.

6.1.25. ASSISTÊNCIA MÉDICA OU ODONTOLÓGICA

O valor relativo à assistência prestada por serviço médico ou odontológico, próprio da empresa ou por ela conveniado, inclusive o reembolso de despesas com medicamentos, óculos, aparelhos ortopédicos, próteses, órteses, despesas médico-hospitalares e outras similares, mesmo quando concedidos em diferentes modalidades de planos e coberturas[357].

A redação à alínea "q" do § 9º deste artigo foi conferida pela Lei n.º 13.467/17, a qual também alterou a redação do art. 458, § 5º da CLT. A redação dos preceitos legais é idêntica e a CLT acrescenta que tais verbas "não integram o salário do empregado para qualquer efeito nem o salário de contribuição, para efeitos do previsto na alínea "q" do § 9º do art. 28 da Lei n.º 8.212, de 24 de julho de 1991". A exclusão ocorre, portanto, em relação à contribuição da empresa e a do próprio empregado.

A exclusão da base de cálculo é admitida ainda que o benefício fique restrito apenas a determinada categoria de empregados ou apenas aos seus dirigentes. A lei não faz qualquer distinção. A jurisprudência do STJ já vinha entendendo que a contribuição previdenciária do empregador não incidia sobre as verbas pagas a título de convênio saúde[358].

---

356 Art. 31, da LC n.º 109/01. As entidades fechadas são aquelas acessíveis, na forma regulamentada pelo órgão regulador e fiscalizador, exclusivamente: I – aos empregados de uma empresa ou grupo de empresas e aos servidores da União, dos Estados, do Distrito Federal e dos Municípios, entes denominados patrocinadores; e II – aos associados ou membros de pessoas jurídicas de caráter profissional, classista ou setorial, denominadas instituidores.

357 Art. 458, § 5º, da CLT.

358 RESP 1.620.058, RESP 1.660.784.

6.1.26. VESTUÁRIO E EQUIPAMENTOS FORNECIDOS AO EMPREGADO

O valor correspondente a vestuários, equipamentos e outros acessórios fornecidos ao empregado e utilizados no local do trabalho para prestação dos respectivos serviços.

O art. 458, § 2º da CLT não considera como salário os vestuários, equipamentos e outros acessórios fornecidos aos empregados e utilizados no local de trabalho para a prestação do serviço.

6.1.27. RESSARCIMENTO PELO USO DE VEÍCULO E REEMBOLSO-CRECHE

O valor recebido a título de ressarcimento de despesas pelo uso de veículo do empregado e o reembolso-creche pago em conformidade com a legislação trabalhista, observado o limite máximo de seis anos de idade, quando devidamente comprovadas as despesas realizadas.

Se o empregado utiliza veículo próprio, o ressarcimento das despesas tem caráter indenizatório e não remuneratório, não se sujeitando à incidência das contribuições previdenciárias.

De outra parte, as empresas, atendidos os requisitos previstos em lei[359], devem manter creches para os filhos das suas empregadas. A creche pode ser substituída pelo sistema de reembolso-creche, desde que atendidos aos requisitos estabelecidos no art. 2º da Lei n.º 14.457/22. O próprio art. 4º, I, a Lei n.º 14.457/22 dispõe que os valores pagos a título de reembolso-creche não constituem base para a incidência da contribuição previdenciária. A jurisprudência do STJ, anteriormente à regulamentação do reembolso-creche pela referida lei, já havia firmado o entendimento de que o auxílio-creche possui natureza indenizatória e não deve integrar o salário de contribuição[360], sendo objeto da Tese 338[361] e da Súmula 310[362].

---

359 Art. 389, § 1º, da CLT.

360 STJ, RESP 1.146.772.

361 O auxílio-creche funciona como indenização, não integrando o salário-de-contribuição para a Previdência. Inteligência da Súmula 310/STJ.

362 Súmula 387, do STJ: "O Auxílio-creche não integra o salário-de-contribuição".

6.1.28.BOLSA DE ESTUDOS DE EDUCAÇÃO BÁSICA

O valor relativo a plano educacional, ou bolsa de estudo, que vise à educação básica de empregados e seus dependentes e, desde que vinculada às atividades desenvolvidas pela empresa, à educação profissional e tecnológica de empregados, nos termos da Lei n.º 9.394, de 20 de dezembro de 1996, e: 1. não seja utilizado em substituição de parcela salarial; e 2. o valor mensal do plano educacional ou bolsa de estudo, considerado individualmente, não ultrapasse 5% (cinco por cento) da remuneração do segurado a que se destina ou o valor correspondente a uma vez e meia o valor do limite mínimo mensal do salário-de-contribuição, o que for maior.

A Lei n.º 9.394/96 estabelece as diretrizes e bases da educação nacional. Trata da educação básica, formada pela Educação Infantil, Ensino Fundamental e Ensino médio[363], para os alunos dos 4 aos 17 anos de idade[364], e prevê, no art. 39, § 2º, que a educação profissional e tecnológica abrange os seguintes cursos: a) formação inicial e continuada ou qualificação profissional; b) educação profissional técnica de nível médio; c) educação profissional tecnológica de graduação e pós-graduação.

Observados os limites estabelecidos no preceito, os valores pagos a título de educação básica dos empregados e seus dependentes não se sujeitam à incidência da contribuição previdenciária da empresa e do empregado. Da mesma forma, são excluídos os valores pagos para a educação profissional e tecnológica de graduação e pós-graduação dos empregados, desde que sejam vinculadas às atividades da empresa. A educação profissional e tecnológica tem o objetivo de formar o aluno para o exercício de uma profissão, e a lei prevê a dedutibilidade apenas se educação estiver vinculada à atividade desenvolvida pela empresa. Nos termos da lei, a exclusão não apanha os gastos da empresa com a educação superior dos seus empregados[365].

---

363 Art. 21, I, da Lei n.º 9.394/96.

364 Art. 4º, I, da Lei n.º 9.394/96.

365 Art. 43, da Lei n.º 9.394/96.

6.1.29. BOLSA APRENDIZAGEM

A importância recebida a título de bolsa de aprendizagem garantida ao adolescente até quatorze anos de idade, de acordo com o disposto no art. 64 da Lei n.º 8.069, de 13 de julho de 1990.

A Lei n.º 8.069/90 instituiu o Estatuto da Criança e do Adolescente, assegurando a bolsa aprendizagem ao adolescente até 14 anos de idade. Os valores pagos a tal título não compõem a base de cálculo das contribuições previdenciárias.

Por outro lado, ao adolescente aprendiz maior de 14 anos, são assegurados os direitos trabalhistas e previdenciários, como dispõe o art. 65 da Lei n.º 8.069/90.

O contrato de aprendizagem é de natureza especial, regulado pelo art. 428 da CLT. Deve ser ajustado por escrito e por prazo determinado, em que "o empregador se compromete a assegurar ao maior de 14 (quatorze) e menor de 24 (vinte e quatro) anos inscrito em programa de aprendizagem formação técnico-profissional metódica, compatível com o seu desenvolvimento físico, moral e psicológico, e o aprendiz, a executar com zelo e diligência as tarefas necessárias a essa formação". O § 1º arremata: "A validade do contrato de aprendizagem pressupõe anotação na Carteira de Trabalho e Previdência Social, matrícula e frequência do aprendiz na escola, caso não haja concluído o Ensino Médio, e inscrição em programa de aprendizagem desenvolvido sob orientação de entidade qualificada em formação técnico-profissional metódica", sendo garantido ao aprendiz o salário mínimo hora.

O menor aprendiz, apesar de possuir contrato especial de trabalho, é visto como segurado obrigatório na categoria de empregado para efeito da incidência da contribuição previdenciária, uma vez que presta serviço de natureza urbana ou rural à empresa, em caráter não eventual, sob sua subordinação e remuneração, tal como previsto no art. 12, I, "a", antes comentado.

O contrato especial firmado pelo empregador com o aprendiz não se confunde com o contrato com o menor assistido, regulado pelo Decreto-Lei n.º 2.318/86. As relações jurídicas de um ou outro são disciplinadas por preceitos legais específicos, com requisitos próprios, merecendo destaque o fato de que o menor assistido, ao contrário do menor aprendiz, não tem vinculação com a previdência social[366].

---

[366] Art. 4º, do DL n.º 2.318/86.

6.1.30. VALOR DE CESSÃO DE DIREITOS AUTORAIS

A Lei n.º 9.610/98 regula os direitos autorais e permite, observadas algumas limitações, que os direitos de autor possam ser total ou parcialmente cedidos a terceiros[367].

As importâncias auferidas pelo cedente com a transferência dos direitos de autor, na forma prevista na lei específica, não se sujeitam à incidência da contribuição previdenciária.

6.1.31. MULTA PELA EXTINÇÃO DO CONTRATO DE TRABALHO

O valor da multa prevista no § 8º do art. 477 da CLT. O empregador, por ocasião da extinção do contrato de trabalho do empregado, deve cumprir determinadas obrigações previstas no art. 477 da CLT. Caso não atenda aos deveres impostos pela lei, ficará sujeito ao pagamento de multa administrativa e de multa em favor do empregado.

A multa administrativa, por evidente, não compreende a remuneração do empregado. A multa que o empregado recebe, por sua vez, tem natureza indenizatória do prejuízo sofrido. Logo, a multa não fica sujeita à contribuição previdenciária do próprio empregado e da empresa.

6.1.32. VALE-CULTURA

A Lei n.º 12.761/12 criou o vale-cultura. A pessoa jurídica pode optar pelo Programa de Cultura do Trabalhador e autorizada a distribuir o vale-cultura a seus trabalhadores com vínculo empregatício. O trabalhador poderá contribuir para o custeio do vale. A parcela do vale-cultura de ônus da empresa não tem natureza salarial, não se incorpora à remuneração e não integra a base de cálculo da contribuição previdenciária[368].

O art. 458, § 2º, VIII, da CLT não leva em conta como salário o valor correspondente ao vale-cultura.

Não incidem as contribuições da empresa e do empregado sobre os valores pagos ou recebidos a título de vale-cultura.

---

367 Art. 49, da Lei n.º 9.610/98: "Os direitos de autor poderão ser total ou parcialmente transferidos a terceiros, por ele ou por seus sucessores, a título universal ou singular, pessoalmente ou por meio de representantes com poderes especiais, por meio de licenciamento, concessão, cessão ou por outros meios admitidos em Direito, obedecidas as seguintes limitações".

368 Art. 11, I e II, da Lei n.º 12.761/12.

6.1.33. PRÊMIOS E ABONOS

Nos termos do art. 457, § 4º, da CLT, consideram-se prêmios as liberalidades concedidas pelo empregador em forma de bens, serviços ou valor em dinheiro a empregado ou a grupo de empregados, em razão de desempenho superior ao ordinariamente esperado no exercício de suas atividades.

Os prêmios e abonos não integram a remuneração do empregado e não se incorporam ao contrato de trabalho, razão por que não ficam sujeitos à incidência da contribuição previdenciária da empresa e do empregado, conforme dispõe o § 2º do art. 457 da CLT.

6.1.34. PLANO DE OPÇÃO DE COMPRA DE AÇÕES - "STOCK OPTION"

A Lei n.º 6.404/76 prevê que a companhia pode instituir um plano de opção de compra de ações[369], denominado de *Stock Option Plan*. Observados os requisitos legais e regulamentares, o plano deve ser aprovado pela companhia e consiste em uma oferta futura de aquisição de ações da companhia. O interessado adquire de forma onerosa a opção de compra das ações e tem o direito de comprá-las futuramente. A título de exemplo, se na data da opção de compra a ação valia R$ 10 e no momento da aquisição tinha o valor de R$ 15, a diferença positiva obtida não representa remuneração, mas sim um ganho eventual que depende exclusivamente do desempenho da companhia.

No campo doutrinário, Fran Martins, comentando o art. 168 da Lei 6.404/76, entende que a opção de compra de ações seria uma compensação especial aos administradores, empregados ou outras pessoais naturais que prestem serviços à companhia O autor, depois de fazer a diferenciação entre os bônus de subscrição e a opção de compra de ações, diz que "o § 3º do atual art. 163 regula essa opção a ser outorgada pela companhia como compensação ou incentivo aos seus empregados ou pessoas que lhe prestem serviços"[370]. Para Modesto Carvalhosa, "a finalidade da opção é de conceder prêmio a administradores, empregados e a terceiros prestadores de serviços. Isto posto, no momento do

---

[369] Art. 168, § 3º, da Lei n.º 6.404/76: Art. 168. O estatuto pode conter autorização para aumento do capital social independentemente de reforma estatutária: "... § 3º O estatuto pode prever que a companhia, dentro do limite de capital autorizado, e de acordo com plano aprovado pela assembleia-geral, outorgue opção de compra de ações a seus administradores ou empregados, ou a pessoas naturais que prestem serviços à companhia ou a sociedade sob seu controle."

[370] MARTINS, Fran. Comentários à Lei da S/A, Forense, 2010, p. 642.

exercício do direito de aquisição das ações, decorrente do instrumento de opção, o capital social será aumentado"[371]. A finalidade da opção de compra de ações, para Nelson Eizirik, é a de "permitir aos administradores, empregados e prestadores de serviços participar dos lucros futuros da companhia e da valorização das ações de sua emissão no mercado. Ela é assim, uma vantagem a ser atribuída principalmente aos administradores, visando a incentivar a sua permanência na companhia e a premiar os seus esforços"[372].

Frente a estas posições doutrinárias, não se pode atribuir às vantagens financeiras auferidas pelos empregados ou contribuintes individuais, ao exercerem a opção de compra das ações, a natureza salarial ou remuneratória habitual para efeito da incidência da contribuição previdenciária patronal. Não se trata de importância pecuniária paga com habitualidade pelo empregador e muito menos remuneração que decorra da prestação de serviços pelos referidos segurados à companhia, mas um ganho eventual e completamente autônomo, destinado a premiar os empregados ou contribuintes individuais que tenham alguma relação com a companhia[373].

---

[371] MODESTO, Carvalhosa. Tratado de Direito Empresarial, Volume III, Sociedades Anônimas, RT; 2016.

[372] EIRIZICK, Nelson. O mesmo autor, justamente por considerar a opção de compra de ações como uma mera expectativa de direito, de natureza mercantil, diz que "os valores decorrentes de ações adquiridas mediante o seu exercício não integram o salário dos empregados; o outorgado incorre em ônus para aquisição ou subscrição das ações e sujeita-se a fatores aleatórios, como aqueles referentes à variação da cotação das ações no mercado". A Lei das S/A Comentada. Ed. Quartier Latin, volume III; 2015.

[373] TRF4. Processo n.º 5028374-94.2021.4.04.71001: "O art.168, § 3º, da Lei n. 6.404/76 prevê a outorga de opção de compra de ações aos empregados, administradores e prestadores de serviço das companhias, desde que haja previsão no seu estatuto, aprovação do plano em Assembleia Geral e que sejam fixados os limites de capital autorizado para esta finalidade. 2. Os ganhos obtidos pelos empregados ou contribuintes individuais, decorrentes do exercício da opção de compra de ações (Stock Option Plan), instituído em plano ofertado pela companhia, não constituem salário ou remuneração, mas ganhos eventuais que não compõem a base de cálculo da contribuição previdenciária de responsabilidade da empresa e das contribuições devidas aos terceiros. 3. Não existe previsão legal que insira na hipótese de incidência da contribuição previdenciária patronal e de terceiros os ganhos obtidos pelos empregados e contribuintes individuais com os planos de compras de ações (stock option plan)".

6.1.35. BOLSA-ATLETA

A Lei n.º 10.891/04 instituiu o bolsa-atleta, garantindo aos atletas benefício financeiro, conforme valores fixados no Anexo à lei[374]. Os valores recebidos a título de bolsa-atleta, em conformidade com a Lei n.º 10.891, de 9 de julho de 2004, não se sujeitam à contribuição previdenciária patronal e do atleta.

6.1.36. EXCLUSÕES POR INTERPRETAÇÃO DO SUPERIOR TRIBUNAL DE JUSTIÇA

Por outro lado, em conformidade com a jurisprudência do STJ, a contribuição previdenciária não incide sobre as importâncias pagas a título de indenização, que "não correspondam a serviços prestados nem a tempo à disposição do empregador"[375]. De acordo com o STJ, as importâncias abaixo mencionadas não ficam sujeitas à incidência da contribuição previdenciária porque possuem natureza indenizatória.

6.1.36.1. VALORES PAGOS PELA EMPRESA NOS 15 DIAS ANTERIORES AO AUXÍLIO-DOENÇA

O auxílio-doença é benefício previdenciário pago ao segurado que ficar incapacitado para o seu trabalho ou para a sua atividade habitual por mais de 15 dias[376]. No caso do empregado, o benefício é devido pelo INSS a contar do décimo sexto dia do afastamento da atividade. Durante os primeiros 15 dias consecutivos ao afastamento da atividade por motivo de doença, incumbirá à empresa pagar ao segurado o seu salário integral[377]. Tem-se entendido que este valor pago pela empresa não retribui o trabalho, não se sujeitando à contribuição previdenciária[378].

6.1.36.2. FOLGAS NÃO GOZADAS

O pagamento pelas folgas não usufruídas pelo empregado possui natureza indenizatória, não se sujeitando à contribuição previdenciária[379].

---

374 Art. 1º, da Lei n.º 10.891/04.

375 STJ, RESP 1.230.957.

376 Art. 59, "caput", da Lei n.º 8.213/91.

377 Art. 59, § 3º, da Lei n.º 8.213/91.

378 STJ, RESP 1.230.957 e Tema 738.

379 STJ, AgInt no RESP 1.602.619, RESP 1.620.058.

6.1.36.3. LICENÇA-PRÊMIO NÃO USUFRUÍDA

O entendimento é o de que as verbas recebidas pelo trabalhador a título de licença-prêmio não gozada têm natureza indenizatória, não integrando o salário de contribuição[380].

6.1.36.4. AVISO PRÉVIO INDENIZADO

O aviso prévio é obrigatório para o empregador ou empregado que quiser rescindir o contrato de trabalho sem justo motivo. Uma parte deve avisar a outra da sua resolução com antecedência mínima de oito ou trinta dias, nos termos do art. 487, I e II, da CLT. O aviso prévio possui natureza dúplice. Ocorrendo o trabalho dentro do prazo do aviso, a sua natureza é salarial, legitimando-se a incidência da contribuição previdenciária. Caso contrário, sendo indenizatória, não retribui o trabalho e não pode ser considerada remuneração, não integrando o salário de contribuição.

A jurisprudência do STJ estava orientada no sentido de que o pagamento do aviso prévio não trabalhado corresponde à verba que repara o dano causado ao trabalhador que não foi alertado sobre a rescisão do contrato de trabalho[381]. Em outros julgados, tem decidido que a contribuição previdenciária incide sobre o aviso prévio indenizado[382]. Em relação ao décimo terceiro pago de forma proporcional ao aviso prévio indenizado, também tem entendido que incide a contribuição previdenciária[383].

---

380 STJ, ARESP 1.521.423.

381 STJ, RESP 1.230.957. Este RESP é objeto do Tema 478 o STJ, onde se discute a incidência da contribuição previdenciária sobre os valores pagos a título de aviso prévio indenizado. Como o processo paradigma envolve a incidência da contribuição previdenciária sobre outras verbas, o tema está sobrestado, aguardando decisão do STF no julgamento definitivo do Tema 985 (legitimidade da incidência da contribuição previdenciária sobre o terço constitucional de férias usufruídas).

382 STJ, AgInt no RESP 1.943.875, entre outros.

383 STJ, RESP 1.825.158, AgInt no RESP 1.612.306, entre outros.

6.2. INCLUSÕES NA BASE DE CÁLCULO

6.2.1. GANHOS HABITUAIS

A Constituição Federal dispõe que os ganhos habituais do empregado, a qualquer título, serão incorporados ao salário para efeito de contribuição previdenciária e consequente repercussão em benefícios, nos casos e na forma da lei[384].

O STF assentou a tese, objeto do Tema 20, no sentido de que "a contribuição social a cargo do empregador incide sobre ganhos habituais do empregado, quer anteriores ou posteriores à Emenda Constitucional n.º 20/1998". Todavia, não foram particularizadas as importâncias que podem ser consideradas como ganhos habituais do empregado.

O STF, no julgamento do Tema 1100, decidiu que a "definição individualizada da natureza jurídica de verbas percebidas pelo empregado, bem como de sua respectiva habitualidade, para fins de incidência da contribuição previdenciária a cargo do empregador sobre a folha de salários e demais rendimentos conforme o art. 22, I, da Lei n.º 8.212/1991" é matéria infraconstitucional.

Não havendo a expressa previsão legal acerca das exclusões do salário de contribuição, cada situação específica, levando em consideração, em uma interpretação sistemática, a legislação trabalhista ou as leis especiais que concedem determinado benefício, é que possibilitará a identificação a respeito da sua natureza remuneratória, indenizatória ou de ganho habitual.

6.2.2. DÉCIMO TERCEIRO SALÁRIO

Nos termos do § 7º deste preceito, o décimo-terceiro salário integra o salário de contribuição[385]. Por isso, ainda que pago de forma proporcional na rescisão de contrato de trabalho, deve ficar sujeito à contribuição previdenciária. A contribuição previdenciária incide sobre o valor bruto do décimo-terceiro salário, calculado em separado[386].

---

384 Art. 201, § 11º, da CF.

385 Súmula 680, do STF: "É legítima a incidência da contribuição previdenciária sobre o 13º salário".

386 Art. 7º, §2º, da Lei n.º 8.620/93.

Embora integre o salário de contribuição, o 13° salário não é considerado para o cálculo do benefício previdenciário. Isso, porém, não retira a legitimidade da incidência da contribuição previdenciária. O STF decidiu pela constitucionalidade do § 7° deste artigo:

"É constitucional a exclusão da gratificação natalina (13° salário) da base de cálculo de benefício previdenciário, notadamente diante da inexistência de ofensa à garantia constitucional da irredutibilidade do valor dos benefícios da seguridade social"[387].

6.2.3. TERÇO CONSTITUCIONAL DE FÉRIAS USUFRUÍDAS

O STF, no julgamento do RE 1.072.485, reputou como legítima a incidência da contribuição previdenciária sobre o valor pago a título de terço constitucional de férias usufruídas, fixando a Tese 985[388]:

"É legítima a incidência da contribuição social sobre o valor satisfeito a título de terço constitucional de férias".

6.2.4. BENEFÍCIOS DIVERSOS COM NATUREZA REMUNERATÓRIA

Nos termos da jurisprudência do STJ, não podem ser excluídas da base de cálculo das contribuições previdenciárias da empresa ou dos segurados, as seguintes vantagens, valores ou adicionais, por revestirem natureza remuneratória:

Adicional noturno[389];

Adicional de periculosidade[390];

Adicional de insalubridade[391];

Adicional de horas extras[392];

---

387 STF, ADI 1.049, Informativo Semanal 1085: "O 13° salário possui natureza salarial e, como tal, pode ser tributado mediante contribuição previdenciária, conforme enunciado da Súmula 688 do STF (1). Contudo, os benefícios previdenciários são calculados com base nos valores das contribuições e no tempo de trabalho, motivo pelo qual a gratificação natalina, ao somar uma parcela de contribuição às doze anuais, tem potencial para distorcer o aspecto temporal do cálculo do benefício".

388 Tema 985, do STF. Estão pendentes embargos de declaração e a modulação dos efeitos da decisão.

389 STJ, RESP 1.358.281 e Tema 688.

390 STJ, RESP 1.358.281 e Tema 689.

391 STJ, RESP 1.809.320.

392 STJ, RESP 1.358.281 e Tema 687.

Adicional de quebra de caixa[393];

Atestados médicos em geral, uma vez que a exclusão em relação à importância paga pela empresa nos 15 dias que antecedem a concessão do auxílio-doença "não pode ser ampliada para os casos em que há afastamento esporádico, em razão de falta abonada"[394].

Décimo-terceiro proporcional ao aviso prévio indenizado[395];

Repouso semanal remunerado[396];

Salário-paternidade[397].

6.3. DIRIGENTE SINDICAL

No caso do empregado e do trabalhador avulso que exerçam mandato eletivo como dirigente sindical, o salário de contribuição é a remuneração auferida na entidade sindical ou empresa de origem (§ 10º).

6.4. CONDUTORES AUTÔNOMOS

Os condutores autônomos de veículo rodoviário, incluindo o taxista e o motorista de transporte de passageiro por meio de aplicativo, ou o auxiliar de condutor autônomo de veículo rodoviário, em automóvel cedido em regime de colaboração, na forma regulada pela Lei n.º 6.094/74, são considerados contribuintes individuais. Também o operador de trator, máquina de terraplenagem, colheitadeira e assemelhados são contribuintes individuais, uma vez que exercem atividade por conta própria.

A lei presume que a remuneração destes contribuintes individuais corresponde a 20% do valor bruto do frete, carreto, transporte de passageiros ou do serviço prestado, apurando-se, desta forma, o salário de contribuição destes contribuintes individuais, o qual está sujeito ao limite máximo, tal como consta no § 11º, incluído pela Lei n.º 13.202/15. A alíquota a ser aplicada sobre o salário de contribuição

---

393 STJ, ERESP 733.362.

394 STJ, AgRg no RESP 1.476.604, RESP 1.770.503.

395 STJ, AgInt no AgInt nos EREsp 1898847, AgInt nos EDcl no RESP 1.693.428 e no RESP 1.584.831.

396 STJ, AgInt no RESP 1.602.619, RESP 1.775.065.

397 STJ, RESP 1.230.957 e Tema 740.

será de 20%[398]. Se os serviços forem prestados à empresa, caberá a esta o dever de proceder à retenção.

No caso de o transportador autônomo de cargas ser inscrito como microempreendedor individual, na forma prevista no art. 18-A da LC n.º 123/06, a sua contribuição previdenciária, na qualidade de contribuinte individual, deverá corresponder a 12% sobre o salário mínimo mensal[399].

ART. 29.

> [Revogado pela Lei n.º 9.876, de 1999].

---

[398] O contribuinte individual que tiver optado pela exclusão do direito à aposentadoria por tempo de contribuição sujeita-se ao recolhimento na forma prevista no art. 21, § 2º, I.

[399] Art. 18-F, III, da LC n.º 123/06.

CAPÍTULO X
DA ARRECADAÇÃO E RECOLHIMENTO DAS CONTRIBUIÇÕES

ART. 30.

A arrecadação e o recolhimento das contribuições ou de outras importâncias devidas à Seguridade Social obedecem às seguintes normas: (Redação dada pela Lei n° 8.620, de 5.1.93)

I - a empresa é obrigada a:

a) arrecadar as contribuições dos segurados empregados e trabalhadores avulsos a seu serviço, descontando-as da respectiva remuneração;

b) recolher os valores arrecadados na forma da alínea a deste inciso, a contribuição a que se refere o inciso IV do art. 22 desta Lei, assim como as contribuições a seu cargo incidentes sobre as remunerações pagas, devidas ou creditadas, a qualquer título, aos segurados empregados, trabalhadores avulsos e contribuintes individuais a seu serviço até o dia 20 (vinte) do mês subsequente ao da competência; (Redação dada pela Lei n.° 11.933, de 2009) (Produção de efeitos)

c) recolher as contribuições de que tratam os incisos I e II do art. 23, na forma e prazos definidos pela legislação tributária federal vigente;

II - os segurados contribuinte individual e facultativo estão obrigados a recolher sua contribuição por iniciativa própria, até o dia quinze do mês seguinte ao da competência; (Redação dada pela Lei n.° 9.876, de 1999)

III - a empresa adquirente, consumidora ou consignatária ou a cooperativa são obrigadas a recolher a contribuição de que trata o art. 25 até o dia 20 (vinte) do mês subsequente ao da operação de venda ou consignação da produção, independentemente de essas operações terem sido realizadas diretamente com o produtor ou com intermediário pessoa física, na forma estabelecida em regulamento; (Redação dada pela Lei n.° 11.933, de 2009). (Produção de efeitos)

IV - a empresa adquirente, consumidora ou consignatária ou a cooperativa ficam sub-rogadas nas obrigações da pessoa física de que trata a alínea "a" do inciso V do art. 12 e do segurado especial pelo cumprimento das obrigações do art. 25 desta Lei, independentemente de as operações de venda ou consignação terem sido realizadas diretamente com o produtor ou com intermediário pessoa física, exceto no caso do inciso X deste artigo, na forma estabelecida em regulamento; (Redação dada pela Lei 9.528, de 10.12.97) (Vide decisão-STF Petição n.º 8.140 - DF)

V - o empregador doméstico fica obrigado a arrecadar e a recolher a contribuição do segurado empregado a seu serviço e a parcela a seu cargo, até o vigésimo dia do mês seguinte ao da competência; (Redação dada pela Lei n.º 14.438, de 2022) Produção de efeitos

VI - o proprietário, o incorporador definido na Lei n.º 4.591, de 16 de dezembro de 1964, o dono da obra ou condômino da unidade imobiliária, qualquer que seja a forma de contratação da construção, reforma ou acréscimo, são solidários com o construtor, e estes com a subempreiteira, pelo cumprimento das obrigações para com a Seguridade Social, ressalvado o seu direito regressivo contra o executor ou contratante da obra e admitida a retenção de importância a este devida para garantia do cumprimento dessas obrigações, não se aplicando, em qualquer hipótese, o benefício de ordem; (Redação dada pela Lei 9.528, de 10.12.97)

VII - exclui-se da responsabilidade solidária perante a Seguridade Social o adquirente de prédio ou unidade imobiliária que realizar a operação com empresa de comercialização ou incorporador de imóveis, ficando estes solidariamente responsáveis com o construtor;

VIII - nenhuma contribuição à Seguridade Social é devida se a construção residencial unifamiliar, destinada ao uso próprio, de tipo econômico, for executada sem mão de obra assalariada, observadas as exigências do regulamento;

IX - as empresas que integram grupo econômico de qualquer natureza respondem entre si, solidariamente, pelas obrigações decorrentes desta Lei;

X - a pessoa física de que trata a alínea "a" do inciso V do art. 12 e o segurado especial são obrigados a recolher a contribuição de que trata o art. 25 desta Lei no prazo estabelecido no inciso III deste artigo, caso comercializem a sua produção: (Redação dada pela Lei 9.528, de 10.12.97)

a) no exterior; (Incluído pela Lei 9.528, de 10.12.97)

b) diretamente, no varejo, ao consumidor pessoa física; (Incluído pela Lei 9.528, de 10.12.97)

c) à pessoa física de que trata a alínea "a" do inciso V do art. 12; (Incluído pela Lei 9.528, de 10.12.97)

d) ao segurado especial; (Incluído pela Lei 9.528, de 10.12.97)

XI - aplica-se o disposto nos incisos III e IV deste artigo à pessoa física não produtor rural que adquire produção para venda no varejo a consumidor pessoa física. (Incluído pela Lei 9.528, de 10.12.97)

XII - sem prejuízo do disposto no inciso X do caput deste artigo, o produtor rural pessoa física e o segurado especial são obrigados a recolher, diretamente, a contribuição incidente sobre a receita bruta proveniente: (Incluído pela Lei n.º 11.718, de 2008).

a) da comercialização de artigos de artesanato elaborados com matéria-prima produzida pelo respectivo grupo familiar; (Incluído pela Lei n.º 11.718, de 2008).

b) de comercialização de artesanato ou do exercício de atividade artística, observado o disposto nos incisos VII e VIII do § 10º do art. 12 desta Lei; e (Incluído pela Lei n.º 11.718, de 2008).

c) de serviços prestados, de equipamentos utilizados e de produtos comercializados no imóvel rural, desde que em atividades turística e de entretenimento desenvolvidas no próprio imóvel, inclusive hospedagem, alimentação, recepção, recreação e atividades pedagógicas, bem como taxa de visitação e serviços especiais; (Incluído pela Lei n.º 11.718, de 2008).

XIII - o segurado especial é obrigado a arrecadar a contribuição de trabalhadores a seu serviço e a recolhê-la no prazo referido na alínea b do inciso I do caput deste artigo. (Incluído pela Lei n.º 11.718, de 2008).

§ 1º Revogado pela Lei n.º 9.032, de 28.4.95.

§ 2º Se não houver expediente bancário nas datas indicadas: (Redação dada pela Lei n.º 11.933, de 2009). (Produção de efeitos).

I - no inciso II do caput, o recolhimento deverá ser efetuado até o dia útil imediatamente posterior; e (Redação dada pela Lei n.º 13.202, de 2015)

II - na alínea "b" do inciso I e nos incisos III, V, X e XIII do caput, até o dia útil imediatamente anterior. (Redação dada pela Lei n.º 13.202, de 2015)

§ 3º Aplica-se à entidade sindical e à empresa de origem o disposto nas alíneas "a" e "b" do inciso I, relativamente à remuneração do segurado referido no § 5º do art. 12. (Parágrafo acrescentado pela Lei n.º 9.528, de 10.12.97).

§ 4º Na hipótese de o contribuinte individual prestar serviço a uma ou mais empresas, poderá deduzir, da sua contribuição mensal, quarenta e cinco por cento da contribuição da empresa, efetivamente recolhida ou declarada, incidente sobre a remuneração que esta lhe tenha pago ou creditado, limitada a dedução a nove por cento do respectivo salário-de-contribuição. (Incluído pela Lei n.º 9.876, de 1999).

§ 5º Aplica-se o disposto no § 4º ao cooperado que prestar serviço a empresa por intermédio de cooperativa de trabalho. (Incluído pela Lei n.º 9.876, de 1999).

§ 6° (Revogado) (Redação dada pela Lei n.º 13.202, de 2015).

§ 7° A empresa ou cooperativa adquirente, consumidora ou consignatária da produção fica obrigada a fornecer ao segurado especial cópia do documento fiscal de entrada da mercadoria, para fins de comprovação da operação e da respectiva contribuição previdenciária. (Incluído pela Lei n.º 11.718, de 2008)

§ 8° Quando o grupo familiar a que o segurado especial estiver vinculado não tiver obtido, no ano, por qualquer motivo, receita proveniente de comercialização de produção deverá comunicar a ocorrência à Previdência Social, na forma do regulamento. (Incluído pela Lei n.º 11.718, de 2008)

§ 9° Quando o segurado especial tiver comercializado sua produção do ano anterior exclusivamente com empresa adquirente, consignatária ou cooperativa, tal fato deverá ser comunicado à Previdência Social pelo respectivo grupo familiar. (Incluído pela Lei n.º 11.718, de 2008)

1. SUJEIÇÃO PASSIVA DIRETA E INDIRETA

O sujeito passivo da obrigação tributária é a pessoa obrigada ao pagamento do tributo ou penalidade pecuniária, podendo ser contribuinte ou responsável, segundo previsto no art. 121, I e II, do CTN.

O contribuinte, também denominado sujeito passivo direto, é aquele que tem relação pessoal e direta com a situação que constitua o fato gerador. A empresa que remunera seus empregados e o contribuinte individual que lhe presta serviço, ou o empregador doméstico que paga salário ao seu empregado doméstico, são contribuintes das respectivas contribuições previdenciárias, previstas no art. 22, III e 24, I e II.

Em outras situações especificadas na lei, a obrigação pode ser imputada a outra pessoa que não praticou o fato gerador, quando então surge a figura do sujeito passivo indireto ou responsável[400]. A lei pode considerar o mesmo sujeito passivo como contribuinte ou responsável. A empresa, por exemplo, é contribuinte das contribuições do art. 22 e responsável pelas contribuições dos seus empregados.

O art. 121, II, do CTN, é complementado pelo seu art. 128, esclarecendo que a lei, ao atribuir a responsabilidade ao terceiro vinculado ao fato gerador, poderá excluir a responsabilidade do contribuinte ou atribuir-lhe a responsabilidade em caráter supletivo pelo cumprimento total ou parcial da obrigação.

---

400 Art. 121, II, do CTN.

A atribuição de responsabilidade tributária tem limites de natureza formal e material. No aspecto formal, está vinculada ao princípio da legalidade. Atos infralegais não têm densidade normativa suficiente para imputar responsabilidade tributária. A fonte da responsabilidade tributária é exclusivamente a lei, assim considerada a vigente no momento da ocorrência do fato gerador. A lei posterior ao fato gerador não pode atribuir responsabilidade tributária a terceiros, como dispõe o art. 144, § 1º, do CTN[401]. Em outras palavras, a lei do presente não detém força suficiente para atribuir responsabilidade tributária por fato ocorrido no passado. Sob o aspecto material, a responsabilidade não pode ser atribuída a qualquer terceiro, mas sim àquele que possua algum vínculo com o fato gerador, razão por que é essencial a existência de um liame ou de uma conexão do responsável com o fato que gera a obrigação. A imputação de responsabilidade tributária, por limitar os direitos fundamentais de propriedade e liberdade, deve ser efetuada com todo cuidado e rigor pelo legislador tributário, como dizia Geraldo Ataliba[402], uma vez que desloca para outrem uma obrigação que seria própria.

Além do artigo em comento, há outros preceitos nesta lei que disciplinam a responsabilidade tributária pelo recolhimento das contribuições, atribuindo à fonte pagadora o dever de retenção e pagamento. Trata-se de técnica legal que facilita a arrecadação e a fiscalização, mediante a substituição do contribuinte por um responsável. O retentor, logo, é o substituto tributário, a quem a lei imputou, por conta do seu vínculo com o fato gerador, o dever de pagamento das contribuições previdenciárias.

---

[401] Art. 144, § 1º, do CTN: "O lançamento reporta-se à data da ocorrência do fato gerador da obrigação e rege-se pela lei então vigente, ainda que posteriormente modificada ou revogada. § 1º Aplica-se ao lançamento a legislação que, posteriormente à ocorrência do fato gerador da obrigação, tenha instituído novos critérios de apuração ou processos de fiscalização, ampliado os poderes de investigação das autoridades administrativas, ou outorgado ao crédito maiores garantias ou privilégios, exceto, neste último caso, para o efeito de atribuir responsabilidade tributária a terceiros".

[402] ATALIBA, Geraldo. Hipótese de Incidência Tributária. 5ª ed. São Paulo: Malheiros, 1992, p. 84.

2. RESPONSABILIDADE TRIBUTÁRIA E CONVENÇÕES PARTICULARES

Como a responsabilidade tributária é matéria sob reserva legal, as convenções particulares que disciplinam a responsabilidade pelo recolhimento das contribuições previdenciárias de forma diversa da prevista em lei não podem ser opostas à Fazenda Pública, consoante a dicção do art. 123 do CTN. Desse modo, a título de exemplo, como a lei impõe ao empregador doméstico a responsabilidade pelo recolhimento da contribuição do seu empregado, não ocorrendo o pagamento a contribuição será lançada contra o empregador e este não poderá opor ao Fisco eventual cláusula de contrato firmado com o empregado, na qual atribuída a este a responsabilidade pelo pagamento da própria contribuição. A responsabilidade tributária decorre exclusivamente da lei e não de contrato. Não é responsável quem quer sê-lo, mas quem a lei diz que é[403].

3. SOLIDARIEDADE

A solidariedade existe quando há mais de um devedor obrigado ao pagamento da totalidade da dívida[404].

Na relação de natureza tributária, o CTN dispõe que são solidariamente obrigadas as pessoas que tenham interesse comum na situação que constitua o fato gerador da obrigação principal[405], denominada solidariedade de fato.

Ainda nos termos do CTN, são solidariamente obrigadas ao pagamento do crédito tributário as pessoas expressamente designadas por lei[406]. Trata-se de solidariedade de direito, ou seja, instituída em lei, e que deve ser conjugada com as normas gerais do CTN acerca da responsabilidade tributária. De fato, ainda que se possa admitir que a lei ordinária seja suficiente para imputar a responsabilidade solidária, devem ser observados os limites materiais do art. 128, do CTN, o qual exige que o terceiro obrigado esteja vinculado ao fato gerador. A inexistência desta conexão com o fato que gera a obrigação é um

---

403 Vide comentários ao art. 33, § 5º.

404 Art. 264, do Código Civil.

405 Art. 124, I, do CTN.

406 Art. 124, II, do CTN.

vácuo na relação obrigacional, obstaculizando que os terceiros sejam demandados pelo pagamento do débito. A formação do vínculo da responsabilidade solidária depende da demonstração de atuação conjunta dos integrantes do grupo econômico na materialização do fato gerador, cujo ônus é da Fazenda Pública.

O STF teve a oportunidade de examinar preceito de lei ordinária que atribuía responsabilidade solidária aos sócios pelos débitos da pessoa jurídica. O caso referia-se ao art. 13 da Lei n.º 8.620/93, depois revogado pela Lei n.º 11.941/09, o qual dispunha que o "titular da firma individual e os sócios das empresas por cotas de responsabilidade limitada respondem solidariamente, com seus bens pessoais, pelos débitos junto à Seguridade Social".

O STF decidiu que o art. 124, II, do CTN, que atribui a responsabilidade solidária às pessoas expressamente designadas por lei, não autoriza o legislador a criar novos casos de responsabilidade sem observar os requisitos do art. 128 do CTN ou as normas gerais dos artigos 134 e 135 do CTN. Como o art. 135, III, do CTN, imputa a responsabilidade àquele que esteja na direção, gerência ou representação da pessoa jurídica, e desde que pratique atos com infração à lei, contrato social ou estatutos, apenas tal sócio é que poderia ser responsabilizado. Entretanto, o art. 13 da Lei n.º 8.620/93 não repetiu a responsabilidade prevista no CTN, mas vinculou a solidariedade pelos débitos da sociedade à simples condição de sócio. Com esse entendimento, o STF fixou a Tese 13:

"É inconstitucional o art. 13 da Lei 8.620/1993, na parte em que estabelece que os sócios de empresas por cotas de responsabilidade limitada respondem solidariamente, com seus bens pessoais, por débitos junto à Seguridade Social".

O precedente do STF, ainda que tenha sido em torno da responsabilidade pessoal do sócio por débitos da pessoa jurídica, sinaliza que a imputação de solidariedade no pagamento de créditos tributários, como dito, deve ser compatibilizada com as normas gerais do CTN acerca da responsabilidade tributária, previstas no Capítulo V do Título II[407].

Os efeitos da solidariedade previstos no CTN[408], salvo disposição de lei em contrário, são os seguintes:

---

407 Vide comentários abaixo acerca da responsabilidade solidária das empresas que integram grupo econômico.

408 Art. 125, do CTN.

a) O pagamento efetuado por um dos devedores aproveita aos demais. O pagamento é uma das modalidades de extinção do crédito tributário[409]. Logo, efetuado o pagamento por um dos devedores, os efeitos da extinção do crédito serão aproveitados por todos. Entretanto, o pagamento parcial não é causa extintiva do crédito tributário, de maneira que subsiste a responsabilidade solidária de todos os devedores pelo saldo restar.

b) A isenção ou remissão do crédito exonera todos os obrigados, salvo se concedida de modo pessoal, caso em que a solidariedade dos demais devedores subsiste pelo saldo. A isenção é uma das formas de exclusão do crédito tributário[410] e que impede o ato de lançamento, enquanto a remissão é uma modalidade de extinção[411]. Ambas devem ser previstas em lei específica[412], evitando-se que o benefício seja veiculado de forma oportunista em lei que trate de matéria diversa[413]. Depois da EC n.º 103/19, a remissão das contribuições previdenciárias sobre a folha de salários e do trabalhador devem ser veiculadas por lei complementar[414]. Ambos os benefícios podem ser concedidos de forma subjetiva, levando em conta as características pessoais do devedor. Nesta hipótese, se houver responsabilidade solidária de quatro devedores pelo recolhimento das contribuições previdenciárias e um deles tiver direito à isenção ou remissão, os outros continuarão responsáveis de forma solidária pelo saldo de 75% do débito.

O resultado da solidariedade é o mesmo no caso de um dos devedores ter direito à imunidade das contribuições previdenciárias, reguladas pela LC n.º 187/21[415]. A cota parte do contribuinte que tiver direito ao privilégio constitucional será excluída do montante da dívida, permanecendo os demais devedores responsáveis solidários pelo saldo que resultar.

c) A interrupção da prescrição, em favor ou contra um dos obrigados, favorece ou prejudica dos demais[416]. As causas interruptivas da prescri-

---

409 Art. 156, I, do CTN.

410 Art. 175, I, do CTN.

411 Art. 156, IV, do CTN.

412 Art. 150, § 6º, da CF.

413 STF, ADI 3260.

414 Art. 109, §11, da CF, com a redação conferida pela EC n.º 103/19.

415 Vide comentários ao art. 55.

416 Vide comentários ao art. 33 acerca da prescrição.

ção estão arroladas no CTN[417]. Ajuizada a execução fiscal, o despacho do juiz que ordenar a citação de um dos devedores interrompe a prescrição em relação aos demais[418]. A interrupção da prescrição apenas vai produzir os seus efeitos se a execução fiscal tiver sido proposta originariamente contra todos os devedores. A interrupção da prescrição nas hipóteses de redirecionamento da execução fiscal contra os responsáveis segue regra própria[419]. De outra parte, o protesto judicial ou o ato judicial que constitua em mora um dos devedores interromperá a prescrição em relação aos demais. Por sua vez, o parcelamento é ato extrajudicial que importa em reconhecimento do débito pelo devedor, de modo que o parcelamento requerido por um dos devedores causará a interrupção da prescrição em relação aos demais obrigados[420].

Sendo a obrigação solidária no polo passivo, o credor tem direito a exigir e receber de um ou de alguns dos devedores, parcial ou totalmente, a dívida comum[421]. Em matéria tributária, a solidariedade não comporta benefício de ordem[422], ou seja, o devedor demandado pelo pagamento não tem o direito de exigir que antes seja executado o devedor principal.

4. CONTRIBUIÇÕES DA EMPRESA

O inciso I disciplina a responsabilidade tributária da empresa e equiparados. A alínea "a" trata da sujeição passiva indireta, enquanto a alínea "b" regula a sujeição passiva direta no que se refere às suas próprias contribuições.

Na forma indireta, a empresa é responsável tributária pela arrecadação das contribuições dos segurados empregados e trabalhadores avulsos que lhe prestam serviços, mediante desconto da respectiva remuneração, conforme previsto na alínea "a" do inciso I, assim como da contribuição do contribuinte individual que lhe prestar serviços, consoante abaixo explicitado[423].

---

[417] Art. 174, do CTN.

[418] Art. 174, parágrafo único, I, do CTN.

[419] Vide comentários ao art. 53.

[420] Art. 174, parágrafo único, IV, do CTN.

[421] Art. 275, do Código Civil.

[422] Art. 124, parágrafo único, do CTN.

[423] Vide comentários acerca do contribuinte individual.

A empresa, ao pagar ao empregado salário de R$ 5mil, deverá reter a contribuição do próprio empregado, sujeita a alíquotas variáveis e progressivas[424], descontando-a da respectiva remuneração. Em relação ao contribuinte individual que lhe prestar serviços, tem a responsabilidade de reter e recolher a contribuição com alíquota de 11%, descontando-a da respectiva remuneração, na forma prevista no art. 4º da Lei 10.666/03. Em ambos os casos, a contribuição descontada torna a empresa diretamente obrigada ao recolhimento até o dia 20 do mês subsequente ao da competência, por força da alínea b do inciso I. Se não houver expediente bancário, o pagamento deverá ser efetuado até o dia útil imediatamente anterior (§ 2º, II).

Na forma de sujeição passiva direta, a alínea "b" do inciso I disciplina o tratamento jurídico da responsabilidade tributária da empresa pelo pagamento das suas próprias contribuições previstas no art. 22, I, II e III. A contribuição a que se refere o inciso IV do art. 22, como visto, foi julgada inconstitucional pelo STF[425]. A lei atribui à empresa o dever de recolher as suas contribuições previdenciárias que incidem sobre as remunerações pagas, devidas ou creditadas, a qualquer título, aos seus empregados, trabalhadores avulsos e contribuintes individuais que lhe prestem serviços, até o dia 20 do mês subsequente ao da competência. Se não ocorrer expediente bancário, o recolhimento deverá ser efetuado até o dia útil imediatamente anterior (§ 2º, II).

Se a empresa pagar salário de R$ 5mil para o empregado e remunerar em R$ 10mil o contribuinte individual, terá a responsabilidade direta de recolher a sua contribuição com alíquota de 20% e a contribuição ao SAT/RAT (com alíquotas variáveis) sobre o salário do empregado, fundadas no art. 22, I e II, como também a contribuição com alíquota de 20% sobre a remuneração do contribuinte individual, com base no art. 22, III.

A alínea "c" trata das contribuições sobre o faturamento e o lucro, as quais são disciplinadas por legislação específica[426].

---

[424] Art. 28, II, da EC n.º 103/19.

[425] Vide comentários ao art. 22.

[426] PIS/COFINS e contribuição social sobre o lucro. Leis n.º 9.718/98, 10.637/02, 10.833/03 e 7.689/88.

5. SEGURADO FACULTATIVO

O contribuinte segurado facultativo é obrigado a recolher a sua contribuição por iniciativa própria até o dia 15 do mês seguinte ao da competência, como previsto no inciso II deste artigo. Se não houver expediente bancário, o recolhimento deverá ser efetuado até o dia útil imediatamente posterior (§ 2º, I).

Como visto, em regra, a contribuição do segurado facultativo é de 20% incidente sobre o salário de contribuição, o qual corresponde ao valor por ele declarado, observados os limites mínimo e máximo.

No caso de opção pela exclusão do direito à aposentadoria por tempo de contribuição, a alíquota será de 11% sobre o valor mínimo, ou de 5%, no caso de segurado facultativo sem renda própria que se dedique exclusivamente ao trabalho doméstico no âmbito de sua residência, desde que pertencente a família de baixa renda[427].

6. CONTRIBUINTE INDIVIDUAL

As normas acerca da contribuição previdenciária do contribuinte individual e respectiva responsabilidade pelo recolhimento envolvem diversos preceitos desta lei e da Lei n.º 10.666/04.

A base de cálculo da contribuição previdenciária do próprio contribuinte individual, arrolado como segurado obrigatório no art. 12, inciso V, poderá ser a remuneração obtida pelo exercício da atividade por conta própria ou a auferida pela prestação de serviços a uma ou mais empresas[428].

Ao exercer atividade por conta própria, está obrigado a recolher a sua contribuição previdenciária até o dia 15 do mês seguinte ao da competência, consoante prevê o inciso II. Se não houver expediente bancário, o recolhimento deverá ser efetuado até o dia útil imediatamente posterior (§ 2º, I).

---

427 Vide comentários aos art. 14 e 21.

428 Vide comentários ao art. 21.

6.1. RETENÇÃO DA CONTRIBUIÇÃO PREVIDENCIÁRIA DO CONTRIBUINTE INDIVIDUAL

O art. 4º, "caput", da Lei n.º 10.666/03, atribui à empresa a obrigação de arrecadar a contribuição do segurado contribuinte individual a seu serviço, descontando-a da respectiva remuneração, e a recolher o valor arrecadado com a contribuição a seu cargo até o dia 20 (vinte) do mês seguinte ao da competência, ou até o dia útil imediatamente anterior se não ocorrer expediente bancário naquele dia. Não se trata de atribuição de obrigação de natureza acessória, consistente em obrigação de fazer a retenção e o recolhimento, mas sim de norma de imputação de responsabilidade tributária direta à fonte pagadora, a qual será responsabilizada pela importância que deixar de arrecadar em desacordo com a lei, tal como previsto no § 5º do art. 33.

A retenção da contribuição do contribuinte individual não deve ser confundida com a contribuição da própria empresa que o remunera. A empresa tem a obrigação de recolher a sua própria contribuição que incide com a alíquota de 20% sobre o valor total da remuneração paga ao contribuinte individual que lhe prestou serviços, amparada no art. 22, III. Outrossim, deve reter e recolher a contribuição do contribuinte individual, observando o valor máximo do salário de contribuição.

A técnica da retenção também se aplica ao cooperado contribuinte individual quando prestar serviços à cooperativa de produção e dela receber remuneração, visto que a cooperativa deve recolher a sua contribuição com base no art. 22, III. Entretanto, o mesmo não ocorre no caso dos cooperados de cooperativa de trabalho, como previsto no § 5º do artigo em comento, já que não há contribuição da cooperativa e nem do contratante[429].

O art. 4º, "caput", da Lei n.º 10.666/03, não prevê a alíquota que deve ser utilizada para a retenção. Embora a alíquota do contribuinte individual, neste caso, seja de 20%, nos termos do "caput" do art. 21, o art. 216, § 26º, do Decreto n.º 3.048/99, dispôs que a alíquota da retenção deve corresponder a 11% porque, na verdade, esta é a alíquota que resulta da técnica da retenção prevista no § 4º do artigo em comento.

De fato, vejamos um exemplo de contribuinte individual – que prestou serviços a duas empresas, A e B, recebendo R$ 10mil em honorários. Considere que o limite máximo do salário de contribuição seja

---

429 Vide comentários ao art. 22, III, item 6.

de R$ 5mil e que na empresa A recebeu remuneração de R$ 3mil e na B de R$ 7mil. A empresa A deverá reter e recolher 11% sobre os R$ 3mil, ou seja, R$ 330,00, pagando ao contribuinte individual o valor líquido de R$ 2.670,00. A empresa B, embora tenha-lhe pago R$ 7mil, ficará obrigada à retenção e recolhimento da contribuição com a alíquota de 11% sobre R$ 2mil (R$ 220,00), a fim de respeitar o limite máximo do salário de contribuição (R$ 5mil), pagando-lhe o saldo de R$ 6.780,00. O valor total da contribuição retida e recolhida do contribuinte individual foi de R$ 550,00 (R$ 330,00 + R$ 220,00). Como os serviços foram prestados a uma ou mais empresas e o total da remuneração superou o limite máximo do salário de contribuição, caberá ao próprio contribuinte individual apresentar às empresas o comprovante do pagamento ou a declaração prevista no art. 39, "caput", da IN n.º 2.110/22, a fim de que a fonte pagadora respeite o limite máximo do salário de contribuição.

Por sua vez, como o contribuinte individual recebeu R$ 10mil, deveria recolher a sua contribuição com alíquota de 20% sobre R$ 5mil (R$ 1mil), que representa o limite máximo do salário de contribuição. Como prestou serviços a uma ou mais empresas, pode valer-se da técnica de dedução prevista no § 4º deste artigo. A contribuição da empresa A é de 20% sobre a remuneração paga ao contribuinte individual que lhe presta serviços, nos termos do art. 22, III. Como foi-lhe pago R$ 3mil, a contribuição da empresa corresponde a R$ 600,00. A contribuição da empresa B também será de 20% sobre a remuneração paga ao contribuinte individual, ou seja, sobre R$ 7mil, totalizando R$ 1.400,00. Deve ser sublinhado que a base de cálculo da contribuição da empresa não está limitada pelo valor máximo do salário de contribuição, incidindo sobre o total da remuneração paga ao contribuinte individual. O contribuinte individual, por sua vez, é autorizado a deduzir da sua contribuição mensal 45% da contribuição recolhida pela empresa, incidente sobre a remuneração que lhe foi paga. A dedução, porém, é limitada a 9% do respectivo salário de contribuição. No exemplo, a dedução corresponderia a R$ 1.170,00 (45% de R$ 2.600,00, que representa as contribuições recolhidas pelas empresas A (R$ 600,00) e B (R$ 2mil)). Como a lei limita a dedução a 9% do salário de contribuição do contribuinte individual e este correspondeu a R$5mil, o limite de 9% representa R$ 450,00. Se fosse aplicada a alíquota de 20% sobre o respectivo salário de contribuição, o valor a pagar seria de R$ 1mil. Como a lei permite que ele deduza do valor da sua contribuição (R$ 1mil) 45% das contribuições das empresas (R$ 1.170,00), mas limita a dedução a 9% do seu salário de contribuição (R$ 450,00), a sua contribuição corresponderia a R$550,00 (R$ 5mil x 20% = R$ 1mil – R$ 450,00 = R$ 550,00), cujo valor é exatamente igual à soma do que foi retido pelas empresas.

A técnica de dedução faz com que a alíquota efetiva do contribuinte individual que é remunerado por empresa corresponda a 11%, que era a alíquota máxima prevista para os segurados empregados, avulsos e domésticos. Deste modo, o contribuinte individual, ao prestar serviços a uma ou mais empresas, sempre que tiver ocorrido a retenção e recolhimento pela fonte pagadora, não terá contribuição previdenciária a recolher, incidente sobre a remuneração auferida, segundo dispõe o art. 4, "caput", da Lei n.º 10.666/03 e art. 216, § 26º, do Decreto n.º 3.048/99.

Por outro lado, se a remuneração auferida pelo contribuinte individual, por serviços prestados à empresa, for inferior ao limite mínimo do salário de contribuição, o mesmo ficará obrigado a complementar a contribuição com a alíquota de 20% até alcançar o valor mínimo[430]. Trata-se do caso em que, supondo que o valor mínimo do salário de contribuição seja de R$ 1mil, e o contribuinte individual receba remuneração de R$ 300,00 em uma empresa e R$ 400,00 em outra. Como as empresas irão reter 11% sobre o valor total de R$ 700,00, o contribuinte individual ficará obrigado ao pagamento da sua contribuição com alíquota de 20% sobre o saldo de R$ 300,00, necessário para alcançar o valor mínimo do salário de contribuição. Mesmo que a base de cálculo da contribuição do contribuinte individual que prestar serviços à empresa seja a remuneração auferida, se não acontecer o recolhimento, pelo próprio contribuinte individual, da diferença para que que seja alcançado o valor mínimo do salário de contribuição, o respectivo tempo de contribuição não será computado no Regime Geral de Previdência Social, como dispõe o § 14º do art. 195 da Constituição Federal, incluído pela EC n.º 103/19, cujo preceito também assegura o agrupamento das contribuições para que seja alcançado o valor mínimo[431].

---

430 Art. 5º, da Lei n.º 10.666/03.

431 Art. 195, § 14, da CF: "O segurado somente terá reconhecida como tempo de contribuição ao Regime Geral de Previdência Social a competência cuja contribuição seja igual ou superior à contribuição mínima mensal exigida para sua categoria, assegurado o agrupamento de contribuições".

6.2. AJUSTES DE COMPLEMENTAÇÃO OU AGRUPAMENTO DE CONTRIBUIÇÕES

Na hipótese da opção pelo complemento da contribuição[432], no caso de contribuinte individual que prestar serviço à empresa, e que contribua exclusivamente nessa condição, a complementação para alcançar o limite mínimo do salário de contribuição, será efetuada por meio da aplicação da alíquota de 20%[433] e recolhida pelo próprio segurado até o dia 15 do mês seguinte ao da competência, sob pena de juros de mora e multa de mora.

O contribuinte individual que prestar serviços a empresas também poderá optar por agrupar as contribuições, de diferentes competências, que forem inferiores ao limite mínimo do salário de contribuição, até que seja alcançado o limite mínimo. Se o resultado do agrupamento ainda assim for inferior ao limite mínimo do salário de contribuição, contribuinte individual deverá efetuar a complementação com a alíquota de 20%. Caso o agrupamento exceda ao limite mínimo, os valores excedentes poderão ser aproveitados em outra competência. O agrupamento também poderá resultar em competências zeradas. Neste caso, tendo ocorrido o exercício de atividade, o contribuinte individual poderá proceder ao recolhimento com a alíquota de 20% sobre o limite mínimo do salário de contribuição, a fim de obter o cômputo do respectivo tempo de contribuição[434].

Por outro lado, se o contribuinte individual pretender recolher a sua contribuição sobre o valor máximo, mas a retenção ocorreu sobre o valor mínimo da remuneração auferida na empresa para a qual prestou serviços, poderá complementar a diferença com a alíquota de 20%.

6.3. ATIVIDADES CONCOMITANTES

O contribuinte individual poderá prestar serviços a uma ou mais empresas e concomitantemente exercer outra atividade que o enquadre como segurado obrigatório. Se o total das remunerações ultrapassar o limite máximo do salário de contribuição, caberá ao contribuinte

---

432 Vide comentários ao art. 21 e 28.

433 Art. 216, §27-A, inciso I, alínea "c", do Decreto n.º 3.048/99.

434 A Portaria DIRBEN/INSS nº 990, de 28 de março de 2022, regula as normas procedimentais em matéria de benefícios e trata da complementação, utilização e agrupamento das contribuições para fins do alcance do limite mínimo do salário de contribuição.

individual informar o fato à empresa em que isto ocorrer, a fim de controlar o limite. Para tanto, deverá apresentar os comprovantes de pagamento ou declaração, informando o valor sobre o qual já sofreu o desconto ou que a remuneração atingiu o limite máximo do salário de contribuição, identificando o nome e CNPJ da empresa, na forma prevista no art. 39, "caput", da IN n.º 2.110/22.

O contribuinte individual que receber remuneração por serviços prestados a uma ou mais empresas, e também exercer atividade por conta própria, sujeitar-se-á ao recolhimento da contribuição em ambas situações, mas deverá ser respeitado o limite máximo do salário de contribuição. Por isto, na hipótese de ter havido o recolhimento da contribuição por iniciativa própria com base no limite máximo do salário de contribuição, não deverá ficar sujeito à retenção, apresentando à empresa o comprovante de recolhimento. Se o recolhimento por iniciativa própria for inferior ao limite máximo do salário de contribuição, a retenção deverá incidir sobre a diferença até alcançar o valor máximo do salário de contribuição.

6.4. DISPENSA DE RETENÇÃO DA CONTRIBUIÇÃO DO CONTRIBUINTE INDIVIDUAL

A técnica da retenção não se aplica ao contribuinte individual, quando contratado por outro contribuinte individual equiparado à empresa ou por produtor rural pessoa física ou por missão diplomática e repartição consular de carreira estrangeiras, e nem ao brasileiro civil que trabalha no exterior para organismo oficial internacional do qual o Brasil é membro efetivo, conforme previsto no § 3º do art. 4º da Lei n.º 10.666/03.

O § 32º do art. 216 do Decreto n.º 3.048/99, acrescentado pelo Decreto n.º 10.410/20, dispõe que ficam excluídos da obrigação de descontar a contribuição do contribuinte individual que lhe preste serviços: a) o produtor rural pessoa física; b) o contribuinte individual equiparado à empresa; c) a missão diplomática e a repartição consular de carreiras estrangeiras; d) o proprietário ou dono de obra de construção civil, quando pessoa física. Em tais casos, a contribuição deverá ser recolhida pelo próprio contribuinte individual com a alíquota de 20%. Na hipótese de ter ocorrido a retenção, o contribuinte individual poderá valer-se da dedução prevista no § 4º do artigo em comento, segundo autorizado pelo § 20º do art. 216 do Decreto n.º 3.048/99.

7. CONTRIBUIÇÃO DO EMPREGADOR RURAL PESSOA FÍSICA E DO SEGURADO ESPECIAL

A contribuição do produtor rural pessoa física que possui empregados poderá ser a contribuição substitutiva sobre a receita bruta proveniente da comercialização da sua produção ou a contribuição sobre a folha de salários e ao SAT/RAT, de acordo com os comentários ao art. 25. Optando pelo recolhimento sobre a receita bruta da comercialização da produção, os incisos III e IV deste artigo disciplinam a responsabilidade pelo respectivo pagamento.

A contribuição substitutiva do empregador rural pessoa física e a contribuição do segurado especial, ambas incidentes sobre a receita bruta proveniente da comercialização da produção, na forma prevista no art. 25, devem ser recolhidas pela empresa adquirente, consumidora ou consignatária, ou cooperativa, efetuando-se o pagamento até o dia 20 do mês seguinte ao da operação de venda ou consignação da produção. Se não houver expediente bancário, deverá ser recolhida até o dia útil imediatamente anterior (§ 2º, II). Não importa que tais operações tenham sido realizadas diretamente com o produtor ou com intermediário pessoa física, como previsto no inciso III.

O inciso IV trata da sub-rogação da empresa adquirente, consumidora ou consignatária, ou cooperativa, pelas contribuições previdenciárias do produtor rural pessoa física e do segurado especial, previstas no art. 25, independentemente de as operações de venda ou consignação terem sido realizadas diretamente com o produtor ou com intermediário pessoa física, exceto nos casos previstos no inciso X. A sub-rogação deste preceito é a substituição de um devedor por outro. Melhor seria se o legislador tivesse tratado essa responsabilidade como substituição tributária. Na sub-rogação, estes terceiros tornam-se diretamente responsáveis pelo recolhimento das contribuições devidas pelo produtor rural pessoa física e pelo segurado especial, reguladas pelo art. 25.

O recolhimento previsto na forma do inciso III ou a sub-rogação do inciso IV nada mais são do que técnica de atribuição de responsabilidade a terceiro, mediante substituição tributária. A lei desloca a responsabilidade originária que seria do produtor rural ou segurado especial para a empresa adquirente, consumidora, consignatária ou cooperativa. A diferença entre o inciso III e o IV consiste no fato de que a sub-rogação transfere todas as responsabilidades, incluindo as de natureza acessória, salvo se ao contrário dispuser a legislação.

A Resolução do Senado n.º 15, de 2017, suspendeu a execução deste inciso IV por causa da declaração de inconstitucionalidade da contribuição ao Funrural pelo STF no RE 363.852. Acontece que o julgado do STF dizia respeito ao período anterior à Lei n.º 10.256/01[435]. Como a contribuição era inconstitucional não deveria subsistir a obrigação sub-rogada no adquirente. Com a vigência da Lei n.º 10.256/01, reputada constitucional no Tema 669, do STF, manteve-se hígida a hipótese de responsabilidade tributária regulada por este inciso IV, inclusive em relação ao segurado especial[436].

O § 7º institui obrigação acessória para a empresa ou cooperativa adquirente, consumidora ou consignatária da produção obtida do segurado especial. Tais obrigados devem fornecer ao segurado especial cópia do documento fiscal de entrada da mercadoria, a fim de comprovar a operação e a respectiva contribuição previdenciária. No documento deverá constar o registro da operação realizada e o valor da respectiva contribuição previdenciária[437].

Quando o grupo familiar ao qual estiver vinculado o segurado especial, seja qual for o motivo, não tiver obtido, no ano anterior, receita proveniente da comercialização da produção, deverá comunicar a ocorrência à Previdência Social (§ 8º). A comunicação também deverá ser feita no caso de o segurado especial comercializar a sua produção do ano anterior exclusivamente com empresa adquirente, consignatária ou cooperativa (§ 9º).

Caso o empregador rural pessoa física não recolha as contribuições sobre a receita da comercialização da produção, por haver optado pela contribuição prevista no art. 22, I e II, deverá apresentar à empresa adquirente, consumidora, consignatária ou cooperativa, ou pessoa física adquirente não produtora rural (inciso XI), a declaração de que recolhe as contribuições na forma do art. 22, I e II, conforme modelo do Anexo VII da IN n.º 2.110/22[438]. A declaração é necessária para que a contribuição sobre a receita não seja descontada pelos adquirentes.

---

435 Vide comentários ao art. 25.

436 Na PET 8.140, o STF determinou que nos sítios eletrônicos da Câmara dos Deputados e da Presidência da República fosse excluída a referência à suspensão do art. 25, II, e art. 30, IV, ambos da Lei n.º 8.212, de 1991.

437 Art. 225, § 24º, do Decreto n.º 3.048/99.

438 Art. 156, § 4º, da IN n.º 2.110/22.

No entanto, a responsabilidade será direta, do próprio empregador rural ou segurado especial, nos casos previstos no inciso X, ou seja, quando houver a comercialização da sua produção: a) no exterior. Todavia, como as receitas obtidas com as exportações gozam de imunidade tributária em relação às contribuições sociais[439] a contribuição não será devida; b) diretamente, no varejo, ao consumidor pessoa física. Trata-se dos casos em que os empregadores rurais ou segurados especiais comercializam diretamente a própria produção em feiras ou nas vendas a domicílio; c) com outro produtor rural; d) com segurado especial. É comum que o segurado especial ou o produtor rural efetuem as vendas de modo recíproco, hipótese em que cada qual ficará responsável pela própria contribuição. A contribuição deve ser paga até o dia 20 do mês subsequente ao da operação de venda. Se não houver expediente bancário, o recolhimento deverá ser efetuado até o dia útil imediatamente anterior (§ 2º, II).

A responsabilidade pelo pagamento da contribuição incidente sobre a receita bruta também será direta do empregador rural pessoa física e do segurado especial, como previsto no inciso XII, quando a receita for proveniente: a) da comercialização de artigos de artesanato elaborados com matéria-prima produzida pelo respectivo grupo familiar; b) de comercialização de artesanato ou do exercício de atividade artística, observado o disposto nos incisos VII e VIII do § 10º do art. 12; c) de serviços prestados, de equipamentos utilizados e de produtos comercializados no imóvel rural, desde que em atividades turística e de entretenimento desenvolvidas no próprio imóvel, inclusive hospedagem, alimentação, recepção, recreação e atividades pedagógicas, bem como taxa de visitação e serviços especiais[440].

A pessoa física não produtor rural que adquire produção para venda no varejo a consumidor pessoa física é responsável pelo recolhimento da contribuição devida pelo empregador rural pessoa física e do segurado especial (inciso XI).

O empregador rural pessoa física que não tiver optado pelo recolhimento da contribuição substitutiva sobre a receita bruta ficará obrigado às contribuições do art. 22, I e II, uma vez que é equiparado à empresa. Com isto, é contribuinte da contribuição incidente sobre a remuneração dos seus empregados e avulsos (folha de salários e se-

---

439 Art. 149, § 2º, I, da CF.

440 Vide comentários ao art. 25.

guro acidente do trabalho). Também será responsável tributário pelo recolhimento das contribuições dos seus empregados e avulsos a seu serviço, descontando-as da respectiva remuneração, como previsto na alínea "a" do inciso I.

A contribuição do empregador rural pessoa física incidente sobre a remuneração paga ao contribuinte individual não é substituída pela contribuição sobre a receita bruta, razão por que ficará sujeito à contribuição do art. 22, III, calculada com alíquota de 20%, nos termos da alínea "b" do inciso I deste artigo.

O produtor rural pessoa física que contratar contribuinte individual não está obrigado à retenção de 11% da remuneração que lhe for paga[441], como ocorre com as empresas em geral. Nesta situação, o contribuinte individual prestador do serviço, por sua vez, poderá valer-se da dedução prevista no § 4º.

Nos termos do inciso XIII, o segurado especial, na hipótese de utilizar trabalhadores contratados ou trabalhadores eventuais, ficará obrigado a recolher a contribuição por estes devidas, descontando-as da respectiva remuneração, até o dia 20 do mês subsequente da competência. Se não houver expediente bancário, o recolhimento deverá ser feito até o dia útil imediatamente anterior (§ 2º, II). Atribui-se ao segurado especial a mesma obrigação imputada ao empregador rural pessoa física.

No caso do segurado especial responsável pelo grupo familiar que contratar empregados por prazo determinado, ou trabalhador eventual, na forma prevista no § 8º do art. 12, a responsabilidade é disciplinada pelo art. 32-C[442].

8. EMPREGADOR DOMÉSTICO

O empregador doméstico está sujeito ao recolhimento da sua própria contribuição, prevista no art. 24, I e II, incidente sobre a remuneração do seu empregado doméstico registrada na CTPS[443].

---

441 Art. 4º, § 3º, da Lei n.º 10.666/03.

442 Vide comentários ao art. 32-C.

443 Art. 28, II.

Ademais, o empregador doméstico é obrigado a recolher a contribuição do seu empregado, contida no art. 20, descontando-a da respectiva remuneração[444].

As contribuições devem ser pagas até o vigésimo dia do mês seguinte ao da competência. Se não houver expediente bancário, o recolhimento deve ser efetuado até o dia útil imediatamente anterior (§ 2º, II).

O recolhimento da contribuição do empregador doméstico e do empregado doméstico ocorre de forma eletrônica, no chamado SIMPLES DOMÉSTICO, mediante acesso ao portal eSocial[445].

9. OBRA DE CONSTRUÇÃO CIVIL

O inciso VI trata da responsabilidade solidária pelo recolhimento das contribuições previdenciárias nas obras de construção civil[446]. Considera-se obra de construção civil a construção, a demolição, a reforma, a ampliação de edificação ou qualquer outra benfeitoria agregada ao solo ou ao subsolo[447].

As contribuições referem-se àquelas devidas pela pessoa responsável pela obra e descontadas dos trabalhadores da obra, incidentes sobre sua remuneração. A jurisprudência tem considerado que o prazo decadencial para o lançamento das contribuições previdenciárias é a conclusão da obra. A partir do 1º dia do exercício seguinte ao da conclusão da obra de construção civil passa a fluir o prazo decadencial, regulado pelo art. 173, I, do CTN[448].

O dono da obra ou condômino da unidade imobiliária, o proprietário, o incorporador definido na Lei n.º 4.595/64[449], qualquer que seja

---

444 Art. 34, § 2º e 35, "caput", da LC n.º 150/15.

445 Art. 32, da LC n.º 150/15.

446 Vide comentários aos arts. 47, 49 e 50.

447 Art. 7º, I, da IN n.º 2.021/21.

448 TRF4, AC 5002891-41.2021.4.04.7107, AC 5004206-52.2017.4.04.7202, 5011686-90.2017.4.04.7102, 5014284-62.2018.4.04.7108. Vide comentários ao art. 33.

449 Art. 29, da Lei n.º 4.595/64: "Considera-se incorporador a pessoa física ou jurídica, comerciante ou não, que embora não efetuando a construção, compromisse ou efetive a venda de frações ideais de terreno objetivando a vinculação de tais frações a unidades autônomas, (VETADO) em edificações a serem construídas ou em construção sob regime condominial, ou que meramente aceite propostas para efeti-

a forma de contratação da construção, reforma ou acréscimo, são responsáveis solidários com o construtor pelo cumprimento das obrigações para com a Seguridade Social. O construtor, por sua vez, é responsável solidário com o subempreiteiro.

O dono da obra poderá ser pessoa física ou jurídica, titular de direito real ou pessoal, bastando que execute obra de construção civil diretamente ou por intermédio de terceiros. O proprietário é a pessoa que possui o título de propriedade do imóvel. O incorporador é a pessoa física ou jurídica que, embora não executando a obra, compromisse ou efetive a venda de frações ideais de terreno, objetivando a vinculação de tais frações a unidades autônomas, em edificações a serem construídas ou em construção sob regime condominial, ou que meramente aceite propostas para efetivação de tais transações, coordenando e levando a termo a incorporação e responsabilizando-se, conforme o caso, pela entrega da obra concluída, com prazo, preço e determinadas condições previamente acertadas.

O contrato de construção civil ou empreitada é aquele celebrado entre o proprietário do imóvel, o incorporador, o dono da obra ou o condômino e uma empresa, para a execução de obra ou serviço de construção civil, no todo ou em parte. Empresa construtora é a pessoa jurídica legalmente constituída, cujo objeto social seja a indústria de construção civil. A empreiteira é a empresa que executa obra ou serviço de construção civil, no todo ou em parte, mediante contrato de empreitada celebrado com proprietário do imóvel, dono da obra, incorporador ou condômino. O contrato de subempreitada é aquele celebrado entre a empreiteira ou qualquer empresa subcontratada e outra empresa, para executar obra ou serviço de construção civil, no todo ou em parte, com ou sem fornecimento de material[450]. O construtor, por conseguinte, também é responsável solidário com a subempreiteira.

No caso de empreitada de mão de obra contratada por empresa, o recolhimento das contribuições previdenciárias segue regra específica,

---

vação de tais transações, coordenando e levando a termo a incorporação e responsabilizando-se, conforme o caso, pela entrega, a certo prazo, preço e determinadas condições, das obras concluídas. Art. 30. Estende-se a condição de incorporador aos proprietários e titulares de direitos aquisitivos que contratem a construção de edifícios que se destinem a constituição em condomínio, sempre que iniciarem as alienações antes da conclusão das obras".

450 Os conceitos são retirados do art. 7º, da IN n.º 2.021/21.

prevista no art. 31. A empresa contratante deverá reter 11% do valor bruto da nota fiscal ou fatura e recolher a importância retida[451].

Com a finalidade de assegurar o regular pagamento das contribuições previdenciárias devidas nas obras de construção civil, a lei admite que o responsável pela obra retenha do valor a ser pago ao executor o montante correspondente às contribuições previdenciárias. Caso o dono da obra pague as contribuições previdenciárias, a lei assegura-lhe o direito de regresso contra o executor. O benefício de ordem não é admitido, de maneira que o responsável solidário não poderá exigir que primeiro seja demandado o contribuinte executor da obra.

O cálculo das contribuições previdenciárias incidentes sobre o valor da remuneração da mão de obra utilizada na execução de obra de construção civil é regulado pela IN RFB n.º 2.021/21. Tal ato normativo instituiu o Serviço Eletrônico para Aferição de Obras (Sero), por meio do qual serão fornecidas as informações necessárias à aferição de obra de construção civil, inclusive sobre a remuneração da mão de obra utilizada em sua execução, notas fiscais, faturas e recibos de prestação de serviços[452]. Os recolhimentos são individualizados por obra, a qual deverá ser matriculada na SRFB[453].

O inciso VII deste artigo exclui da responsabilidade solidária o adquirente de prédio ou unidade imobiliária que realizar a operação com empresa de comercialização ou incorporador de imóveis, ficando estes solidariamente responsáveis com o construtor. O legislador tutela a boa-fé dos compradores de imóveis, os quais não podem ser responsabilizados por débitos previdenciários do construtor ou incorporador.

Não há incidência de contribuição previdenciária no caso de construção residencial unifamiliar, destinada a uso próprio, de tipo econômico, executada sem mão de obra assalariada (inciso VIII). Não se trata de imunidade, mas sim mera não incidência.

10. EMPRESAS INTEGRANTES DE GRUPO ECONÔMICO

O inciso IX trata da responsabilidade solidária das empresas que integram grupo econômico de qualquer natureza "pelas obrigações decorrentes desta lei".

---

[451] Vide comentários ao art. 31.

[452] Vide comentários ao art. 33.

[453] Vide comentários ao art. 49.

A responsabilidade solidária refere-se às contribuições previdenciárias previstas na própria Lei n.º 8.212/91, não havendo fundamento para que o preceito seja invocado para atribuir a responsabilidade solidária pelo pagamento de outros tributos, inclusive de contribuições de Seguridade Social previstas em leis específicas, como ocorre com o PIS/COFINS e a contribuição social sobre o lucro.

Existirá grupo econômico sempre que uma ou mais empresas, embora tenham, cada uma delas, autonomia e personalidade jurídica própria, estiverem sob a direção, controle ou administração de outra. Grupo traduz pluralidade de empresas que exercem atividade econômica e que, mesmo possuindo personalidade jurídica e patrimônio individualizados, estão sujeitas a controle comum[454].

A mera identidade de sócios não caracteriza grupo econômico. Existe a necessidade de haver prova, a cargo de quem alega, de que as empresas possuem interesses convergentes e compartilhados entre si, mediante atuação conjunta no desenvolvimento do seu objeto social.

O fato de o inciso IX do preceito em análise atribuir a responsabilidade solidária às empresas que englobam grupo econômico[455] não autoriza

---

[454] MEDEIROS, Rafael de Souza. O autor define grupo econômico "como um conjunto de sociedade que, mantendo os seus respectivos patrimônios e personalidades, têm o seu controle concentrado, seja através de uma sociedade controladora, seja por meio de um quadro societário comum ou composto de forma variada por um mesmo grupo reduzido de indivíduos". Responsabilidade Tributária de Grupo Econômico. Porto Alegre: Livraria do Advogado, 2019. p. 31.

[455] O TRF4 rejeitou a arguição de inconstitucionalidade formal e material deste inciso IX no IAI n.º 5010683-32.2018.404.0000. Colhe-se do voto do Relator para o acórdão: "Assim, a responsabilização das sociedades do mesmo grupo, apenas pelo seu pertencimento ao mesmo grupo econômico, como responsáveis solidárias por créditos tributários constituídos contra outra sociedade, fundando-se no art. 30, IX, da Lei 8.212/91, depende de fundamentação, lastreada em provas, cujo ônus é da Fazenda Pública (arts. 142 e 149 do CTN), de que o grupo ou sociedade controladora atuou concretamente na realização do fato gerador e no descumprimento da obrigação tributária, vinculando-se assim ao fato gerador da obrigação tributária (art. 128 do CTN). No caso do art. 30, IX, da Lei 8.212/91, tenho que a forma de interpretá-lo validamente é compreendê-lo segundo certos parâmetros. Ou seja, o art. 30, IX, da Lei n.º 8.212/91 apenas pode ser utilizado para impor a responsabilidade tributária solidária à sociedade controladora ou ao órgão de direção do grupo, com fundamento nos arts. 124, II, e 128 do CTN, quando constatado, mediante provas concretas a cargo do Fisco, que elas atuaram concretamente junto à sociedade contribuinte de forma a determinar a realização do fato gerador e decidir pelo cumprimento das obrigações tributárias. Assim, a interpretação do art. 30, IX, da Lei n.º 8.212/91 deve se dar em

concluir que qualquer delas possa ser desde logo alvo do lançamento relativo a fatos geradores praticado por outra integrante do grupo, ou ainda ser responsabilizada, mediante o redirecionamento da execução fiscal, pelo pagamento do crédito tributário, de forma total ou parcial. A mera participação intraempresarial não significa coautoria no mesmo fato gerador com força necessária para desencadear a responsabilidade solidária. "Com efeito, o vínculo societário em si, seja ele formal ou informal, não é suficiente para tornar uma empresa solidariamente obrigada ao pagamento do tributo inadimplido por outra, seja formalmente coligada ou controlada, seja ainda submetida a um comando familiar centralizado ou controle único de um dado indivíduo"[456].

O limite para a atribuição da responsabilidade solidária é justamente esse: participação por conta do interesse comum na situação que constitua o fato gerador, na exata dicção do art. 124, I, do CTN, observados os parâmetros do art. 128, do CTN, como acima mencionado[457].

O exame da responsabilidade tributária que decorre de grupo econômico, na execução fiscal, implica desconsideração da personalidade jurídica do contribuinte originário. O sujeito passivo alvo da execução fiscal é aquele que foi identificado no ato de lançamento, conforme prevê o art. 142, do CTN. Se o terceiro a quem a Fazenda Pública pretende atribuir a responsabilidade tributária por integrar grupo econômico não participou do lançamento, e sequer integra a certidão de dívida ativa como responsável, conforme previsto no art. 202, I, parágrafo único, do CTN, a instauração do incidente de desconsideração da personalidade jurídica (IDPJ), regulado pelo art. 133, do CPC, é um caminho processual seguro para que, observados o contraditório e a ampla defesa, a Fazenda Pública desincumba-se do ônus de provar os fatos capazes de deslocar a responsabilidade tributária.

---

conformidade com as normas constitucionais de imposição do encargo tributário e com o CTN (art. 124, II, c/c art. 128), para admitir que esse dispositivo legal possa imputar responsabilidade solidária apenas às sociedades de um mesmo grupo que concretamente participaram da ocorrência do fato gerador e do cumprimento das respectivas obrigações tributárias, por meio de determinações concretas junto à sociedade contribuinte tomadas na qualidade de controladora das decisões, não bastando, para tanto, a atuação meramente diretiva e indicativa dos objetivos do grupo sem interferência direta na administração das sociedades integrantes.

456 AZEVEDO, Marcel Citro. Sujeição Passiva na Tributação dos Grupos Societários. São Paulo: Thomson Reuters, 2021, p. 181.

457 Vide acima os comentários no item 3.

O STJ tem precedentes da 1ª Turma no sentido de que o redirecionamento da execução fiscal contra empresa que integra grupo econômico, cujo nome não consta na certidão de dívida ativa, ou que não se enquadra nos casos da responsabilidade tributária dos artigos 134 e 135, do CTN, depende da comprovação do abuso da personalidade jurídica, razão por que é necessária a instauração do respectivo incidente, na forma prevista no art. 133, do CPC[458]. Existe jurisprudência no sentido de que, se a responsabilidade tributária não estiver fundada nos artigos 134 e 135, do CTN, e não constar na CDA o nome do responsável, há necessidade de instauração do IDPJ[459].

A questão é controvertida e o STJ decidiu afetar a discussão acerca da necessidade de instauração do IDPJ para fins de atribuição de responsabilidade tributária nas execuções fiscais[460].

ART. 31.

A empresa contratante de serviços executados mediante cessão de mão de obra, inclusive em regime de trabalho temporário, deverá reter 11% (onze por cento) do valor bruto da nota fiscal ou fatura de prestação de serviços e recolher, em nome da empresa cedente da mão de obra, a importância retida até o dia 20 (vinte) do mês subsequente ao da emissão da respectiva nota fiscal ou fatura, ou até o dia útil imediatamente anterior se não houver expediente bancário naquele dia, observado o disposto no § 5º do art. 33 desta Lei. (Redação dada pela Lei n.º 11.933, de 2009) (Produção de efeitos)

---

458 STJ, RESP 1.775.269 e RESP 1.804.913.

459 TRF4. Processo n.º AG 5002175-92.2021.4.04.0000: "A responsabilidade tributária decorrente da formação de grupo econômico de fato depende da configuração da confusão patrimonial entre as empresas a fim de justificar a aplicação do art. 124 do CTN c/c art. 50 do Código Civil, cabível no curso da execução fiscal somente mediante a instauração do incidente de desconsideração da personalidade jurídica a que faz referência o art. 133 do Código de Processo Civil".

460 STJ, Tema 1.209: "Definição acerca da (in)compatibilidade do Incidente de Desconsideração de Personalidade Jurídica, previsto no art. 133 e seguintes do Código de Processo Civil, com o rito próprio da Execução Fiscal, disciplinado pela Lei n. 6.830/1980 e, sendo compatível, identificação das hipóteses de imprescindibilidade de sua instauração, considerando o fundamento jurídico do pleito de redirecionamento do feito executório".

§ 1º O valor retido de que trata o caput deste artigo, que deverá ser destacado na nota fiscal ou fatura de prestação de serviços, poderá ser compensado por qualquer estabelecimento da empresa cedente da mão de obra, por ocasião do recolhimento das contribuições destinadas à Seguridade Social devidas sobre a folha de pagamento dos seus segurados. (Redação dada pela Lei n.º 11.941, de 2009)

§ 2º Na impossibilidade de haver compensação integral na forma do parágrafo anterior, o saldo remanescente será objeto de restituição. (Redação dada pela Lei n.º 9.711, de 1998)

§ 3º Para os fins desta Lei, entende-se como cessão de mão de obra a colocação à disposição do contratante, em suas dependências ou nas de terceiros, de segurados que realizem serviços contínuos, relacionados ou não com a atividade-fim da empresa, quaisquer que sejam a natureza e a forma de contratação. (Redação dada pela Lei n.º 9.711, de 1998)

§ 4º Enquadram-se na situação prevista no parágrafo anterior, além de outros estabelecidos em regulamento, os seguintes serviços: (Redação dada pela Lei n.º 9.711, de 1998)

I - limpeza, conservação e zeladoria; (Incluído pela Lei n.º 9.711, de 1998)

II - vigilância e segurança; (Incluído pela Lei n.º 9.711, de 1998)

III - empreitada de mão de obra; (Incluído pela Lei n.º 9.711, de 1998)

IV - contratação de trabalho temporário na forma da Lei n.º 6.019, de 3 de janeiro de 1974. (Incluído pela Lei n.º 9.711, de 1998).

§ 5º O cedente da mão de obra deverá elaborar folhas de pagamento distintas para cada contratante. (Incluído pela Lei n.º 9.711, de 1998)

§ 6º Em se tratando de retenção e recolhimento realizados na forma do caput deste artigo, em nome de consórcio, de que tratam os arts. 278 e 279 da Lei n.º 6.404, de 15 de dezembro de 1976, aplica-se o disposto em todo este artigo, observada a participação de cada uma das empresas consorciadas, na forma do respectivo ato constitutivo. (Incluído pela Lei n.º 11.941, de 2009)

1. RETENÇÃO DA CONTRIBUIÇÃO PREVIDENCIÁRIA NA CESSÃO DE MÃO DE OBRA

Este art. 31 regula a retenção da contribuição previdenciária na prestação de serviços executados mediante cessão de mão de obra e na contratação de trabalho temporário. A empresa contratante dos serviços deverá reter 11% do valor bruto da nota fiscal ou fatura emitida pela prestadora do serviço e recolher a importância retida em nome da prestadora até o dia 20 do mês subsequente ao da emissão da nota ou fatura, ou até o dia útil imediatamente anterior se não houver expediente bancário naquele dia. O valor retido nada mais é do que um adiantamento das contribuições previdenciárias devidas pela cedente da mão da obra, incidentes sobre a sua folha de salários. Por isto que o valor retido pode ser compensado por qualquer estabelecimento da empresa cedente da mão de obra e, não existindo possibilidade de compensação integral, o saldo remanescente deve ser objeto de restituição no âmbito administrativo[461].

No caso de a empresa contratante dos serviços executados mediante cessão de mão de obra submeter os trabalhadores cedidos a condições especiais de trabalho que lhes confiram direito à aposentadoria especial aos 15, 20 ou 25 anos, a retenção estará sujeita ao adicional de 4%, 3% ou 2%, respectivamente, ou seja, será de 15%, 14% ou 13% Este adicional não está previsto nesta lei, mas sim no art. 6º da Lei n.º 10.666/03[462].

No artigo em comento, embora o contribuinte da contribuição patronal do art. 22 seja o cedente da mão de obra, pois este contrata e remunera o trabalho realizado por seus trabalhadores, o legislador atribuiu à empresa contratante o dever de proceder à retenção e o recolhimento da contribuição previdenciária que seria do cedente, prestador dos serviços. Considere que uma empresa de prestação de serviços de cessão de mão de obra, com risco de acidente de trabalho leve, possua 100 empregados e que cada trabalhador receba R$ 2mil de salário. A folha de salários é de R$ 200mil. A contribuição previdenciária do prestador do serviço será de 20%, nos termos do art. 22, I, correspondendo a R$ 40mil, e a contribuição para o SAT de 1%, ou seja, R$ 2mil (art. 22, II), totalizando a sua contribuição previdenciária o valor de R$ 42mil. Ao prestar os serviços, o *tomador* deverá reter a contribuição previdenciária com alíquota de 11% sobre o valor bruto da nota fiscal, fatura ou recibo emitido pelo prestador dos serviços. O prestador deverá emitir nota fiscal, fatura ou recibo de

---

461 A IN n.º 2.055/21 disciplina a restituição, compensação, ressarcimento e reembolso de tributos administrados pela SRFB.

462 Art. 6º, da Lei 10.666/03: "O percentual de retenção do valor bruto da nota fiscal ou fatura de prestação de serviços relativa a serviços prestados mediante cessão de mão de obra, inclusive em regime de trabalho temporário, a cargo da empresa contratante, é acrescido de quatro, três ou dois pontos percentuais, relativamente aos serviços prestados pelo segurado empregado cuja atividade permita a concessão de aposentadoria especial após quinze, vinte ou vinte e cinco anos de contribuição, respectivamente".

prestação de serviços específica para os serviços prestados em condições especiais pelos segurados ou discriminar o valor desses na nota fiscal ou na fatura[463]. O valor retido deve ser destacado no documento. Se a nota fiscal pelos serviços for de R$ 200mil e não houver a prestação de serviços que sujeite os trabalhadores cedidos a condições especiais, o tomador deverá reter R$ 22 mil. O prestador receberá R$ 178mil e os R$ 22mil retidos deverão ser recolhidos pelo tomador, em nome e com o CNPJ do prestador dos serviços, até o dia 20 do mês subsequente ao da emissão da nota, fatura ou recibo, ou até o dia útil imediatamente anterior se não houve expediente bancário naquele dia. A contribuição retida será compensada integralmente por qualquer estabelecimento da empresa cedente da mão de obra, por ocasião do recolhimento das suas contribuições sobre a folha de pagamento dos segurados a seu serviço. No caso, como a contribuição devida pelo prestador do serviço de cessão de mão de obra era de R$ 42mil e houve a retenção de R$ 22mil, o prestador ficará obrigado ao pagamento da diferença. Por outro lado, na hipótese de a retenção ser em valor superior, o saldo remanescente em seu favor deve ser objeto de restituição pela União, no âmbito administrativo, atualizando-se os créditos pela taxa SELIC, a partir do segundo mês subsequente ao da emissão da nota fiscal, da fatura ou do recibo de prestação de serviços[464].

A técnica da retenção é atribuição de responsabilidade tributária a terceiro, que não é o contribuinte. A lei pode impor a terceiro que tenha relação com o fato gerador, a condição de responsável pelo recolhimento do tributo, consoante dispõe o art. 121, II e 128 do CTN. Não se trata, portanto, de imposição de uma obrigação acessória, de fazer a retenção e o recolhimento, mas sim de imposição legal de sujeito passivo indireto, responsável pelo pagamento da contribuição que seria devida pelo sujeito passivo direto. Nada mais é do que uma técnica que atribuiu à fonte pagadora, que é a contratante dos serviços, o dever de reter e recolher a contribuição previdenciária da empresa prestadora dos serviços. É uma técnica que concretiza, de modo simultâneo, "tanto a isonomia tributária, em sua modalidade mais intensa, quanto a praticabilidade/eficiência"[465]. A fonte pagadora é a substituta

---

[463] Art. 110, § 1º, da IN n.º 2.110/22.

[464] Art. 149, IX, da IN n.º 2.055/21.

[465] FERREIRA NETO, Arthur Maria. Fundamentos Filosóficos da Responsabilidade Tributária. In NICHELE, Rafael (Coord.). Curso Avançado de Substituição Tributária: Modalidades e Direitos do Contribuinte à Luz da Atual Jurisprudência do STF. São Paulo: Malheiros, 2020. p. 54.

tributária do contribuinte, uma vez que possui o dever legal de pagar pelo fato gerador de terceiro.

O STF, no julgamento do RE 393.496[466], considerou constitucionais a retenção e o recolhimento, pela empresa contratante dos serviços executados mediante cessão de mão de obra, de 11% do valor bruto da nota fiscal ou fatura da prestação de serviços.

A técnica da retenção não se aplica a todas as empresas prestadoras de serviços, mas apenas aos serviços que sejam executados mediante cessão de mão de obra, inclusive em regime de trabalho temporário. A mera prestação de serviços não autoriza a retenção da contribuição previdenciária por falta de previsão legal.

Nos termos do § 3º, a cessão de mão de obra é a "colocação à disposição da empresa contratante, em suas dependências ou nas de terceiros, de trabalhadores que realizem serviços contínuos, relacionados ou não com sua atividade fim, quaisquer que sejam a natureza e a forma de contratação"[467]. As dependências de terceiro são aquelas indicadas

---

[466] STF, RE 393.496: "CONSTITUCIONAL. TRIBUTÁRIO. PREVIDENCIÁRIO. CONTRIBUIÇÃO SOCIAL: SEGURIDADE. RETENÇÃO DE 11% SOBRE O VALOR BRUTO DA NOTA FISCAL OU DA FATURA DE PRESTAÇÃO DE SERVIÇO. Lei 8.212/91, art. 31, com a redação da Lei 9.711/98. I. – Empresa contratante de serviços executados mediante cessão de mão de obra: obrigação de reter onze por cento do valor bruto da nota fiscal ou fatura de prestação de serviços e recolher a importância retida até o dia 2 do mês subsequente ao da emissão da respectiva nota fiscal ou fatura, em nome da empresa cedente da mão de obra: inocorrência de ofensa ao disposto no art. 150, § 7º, art. 150, IV, art. 195, § 4º, art. 154, I, e art. 148 da CF. II. – R.E. conhecido e improvido".

[467] O art. 108, da IN n.º 2.110/22, dispõe: "Cessão de mão de obra é a colocação à disposição da empresa contratante, em suas dependências ou nas de terceiros, de trabalhadores que realizem serviços contínuos, relacionados ou não com sua atividade fim, quaisquer que sejam a natureza e a forma de contratação, inclusive por meio de trabalho temporário na forma da Lei n.º 6.019, de 1974.§ 1º Entende-se por: I – dependências de terceiros, aquelas indicadas pela empresa contratante, que não sejam as suas próprias e que não pertençam à empresa prestadora dos serviços; II – serviços contínuos, aqueles que constituem necessidade permanente da contratante, que se repetem periódica ou sistematicamente, ligados ou não a sua atividade fim, ainda que sua execução seja realizada de forma intermitente ou por diferentes trabalhadores; e III – colocação à disposição da empresa contratante, a cessão do trabalhador, em caráter não eventual, respeitados os limites do contrato. § 2º A caracterização da cessão de mão de obra independe da existência de poder de gerência ou direção do tomador do serviço sobre os trabalhadores colocados à sua disposição".

pela contratante dos serviços, desde que não sejam as suas próprias e que não pertençam à empresa prestadora dos serviços[468]. Serviços contínuos são os que se repetem periódica ou sistematicamente, que constituem necessidade permanente da contratante, ligados ou não à sua atividade fim, ainda que a sua execução seja realizada de forma intermitente ou por diferentes trabalhadores[469].

A lei enquadra como serviços executados mediante cessão de mão de obra os seguintes serviços: a) limpeza, conservação e zeladoria; b) vigilância e segurança; c) empreitada de mão de obra e d) contratação de trabalho temporário.

Empreitada é a execução, estabelecida em contrato, de tarefa, de obra ou de serviço, por preço ajustado, com ou sem fornecimento de material ou uso de equipamentos, que podem ou não ser utilizados, realizada nas dependências da empresa contratante, nas de terceiros ou nas da empresa contratada, tendo como objeto um resultado pretendido[470]. Não se aplica a retenção no caso de empreitada realizada nas dependências da contratada[471]. A empreitada de mão de obra de construção civil, contratada por empresa, sujeita-se à retenção, afastando-se a solidariedade do inciso VI do art. 30, sem prejuízo da responsabilidade direta prevista no § 5º do art. 33.

A lei outorgou ao regulamento a possibilidade de enquadrar outros serviços como cessão de mão de obra, sujeitando-os à técnica de retenção prevista neste artigo. Como os elementos essenciais do tributo estão definidos na lei, prevendo a técnica de atribuição de responsabilidade para os serviços executados mediante cessão de mão de obra, não existe óbice para que o regulamento ou outro ato normativo explicite os serviços assim considerados, desde que, pela sua natureza, configurem cessão de mão de obra.

Autorizado pela lei, o art. 219 do Decreto n.º 3.048/99 ampliou a lista de serviços que são caracterizados como cessão de mão de obra, para efeito de ficarem sujeitos à retenção da contribuição previdenciária pelo contratante: construção civil; serviços rurais; digitação e preparação de dados para processamento; acabamento, embalagem e acondicionamento de produtos; cobrança; coleta e reciclagem de lixo

---

468 Art. 108, § 1º, I, da IN n.º 2.110/22.

469 Art. 108, § 2º, II, da IN n.º 2.110/22.

470 Art. 109, da IN n.º 2.110/22.

471 Art. 114, VI, da IN n.º 2.110/22.

e resíduos; copa e hotelaria; corte e ligação de serviços públicos; distribuição; treinamento e ensino; entrega de contas e documentos; ligação e leitura de medidores; manutenção de instalações, de máquinas e de equipamentos; montagem; operação de máquinas, equipamentos e veículos; operação de pedágio e de terminais de transporte; operação de transporte de cargas e passageiros; operação de transporte de passageiros, inclusive nos casos de concessão ou subconcessão; portaria, recepção e ascensorista; recepção, triagem e movimentação de materiais; promoção de vendas e eventos; secretaria e expediente; saúde; e telefonia, inclusive telemarketing. A IN n.º 2.110/22 incluiu uma série de outros serviços que ficarão sujeitos à retenção, caso contratados mediante cessão de mão de obra[472]. O próprio ato normativo dispôs que a relação dos serviços sujeitos à retenção é exaustiva[473].

O elemento fundamental caracterizador da cessão de mão-de-obra é a subordinação dos prestadores de serviços à cessionária. Somente se encontram sob o âmbito de incidência da retenção aqueles típicos contratos de cessão de mão-de-obra, e não todo e qualquer contrato de prestação de serviços[474].

A Lei n.º 6.019/74 disciplina o trabalho temporário, assim considerando "aquele prestado por pessoa física contratada por uma empresa de trabalho temporário que a coloca à disposição de uma empresa tomadora de serviços, para atender à necessidade de substituição transitória de pessoal permanente ou à demanda complementar de serviços". Por sua vez, nos termos do art. 4º da mesma lei, "empresa de trabalho temporário é a pessoa jurídica, devidamente registrada no Ministério do Trabalho, responsável pela colocação de trabalhadores à disposição de outras empresas temporariamente" e a empresa tomadora dos serviços "é a pessoa jurídica ou entidade a ela equiparada que celebra contrato de prestação de trabalho temporário com a empresa definida no art. 4º desta Lei" (art. 5º). Já o contratante "é a pessoa física ou jurídica que celebra contrato com empresa de prestação de serviços relacionados a quaisquer de suas atividades, inclusive sua atividade principal" (art. 5º-A). A técnica da retenção, porém, não se aplica quando o contratante for pessoa física, ainda que equiparado à empresa. Apenas a

---

[472] Art. 112, da IN n.º 2.110/22.

[473] Art. 113, da IN n.º 2.110/22.

[474] TRF4, AG 5008844-64.2021.4.04.0000.

empresa contratante dos serviços executados em regime de trabalho temporário, como prevê o "caput", é que está obrigada à retenção.

Na redação original deste artigo 31, que foi alterado pela Lei n.º 9.711/98, a responsabilidade tributária do contratante era solidária com a do executor dos serviços, razão por que o tributo poderia ser exigido de qualquer dos devedores. A jurisprudência do STJ tinha entendido que não era possível ao Fisco proceder ao lançamento de ofício contra o contratante do serviço, por aferição indireta prevista no § 4º do art. 33, sem antes verificar se houve pagamento, total ou parcial, pelo prestador dos serviços[475]. A técnica da aferição indireta em relação à contabilidade da empresa contratante dos serviços é possível apenas para os fatos geradores ocorridos a partir de 1º de fevereiro de 1999, quando o tomador se tornou responsável direto pela retenção e recolhimento, nos termos do art. 29 da Lei n.º 9.711/98.

A parte final do "caput" do artigo em comento determina seja observado o disposto no § 5º do art. 33, o qual dispõe que o "desconto de contribuição e de consignação legalmente autorizadas sempre se presume feito oportuna e regularmente pela empresa a isso obrigada, não lhe sendo lícito alegar omissão para se eximir do recolhimento, ficando diretamente responsável pela importância que deixou de receber ou arrecadou em desacordo com o disposto nesta Lei". A lei presume que o tomador dos serviços procedeu à retenção, razão por que é responsável pelo recolhimento das importâncias que deixou de descontar ou reter. A jurisprudência do STJ está firmada no sentido de que, a partir de 1º de fevereiro e 1999, a empresa contratante dos serviços é responsável, com exclusividade, pelo recolhimento da contribuição previdenciária retida. Em relação ao montante que foi retido, deve ser afastada a responsabilidade da empresa prestadora do serviço, cedente da mão de obra[476].

---

[475] "A responsabilidade solidária de que tratava o artigo 31 da Lei n.º 8.112/91, com a redação da época, não dispensava a existência de regular constituição do crédito tributário, que não poderia ser feita mediante a aferição indireta nas contas da tomadora dos serviços" (REsp 727.183/SE, Rel. Ministro Teori Albino Zavascki, Primeira Turma, Dje 18/5/2009. No mesmo sentido: Resp 776.433/RJ, Rel. Ministro Teori Albino Zavascki, Primeira Turma, Dje 22/9/2008; Resp 780.029/RJ, Rel. Ministra Denise Arruda, Primeira Turma, Dje 5/11/2008; Resp 800.054/RS; AgRg no AgRg no Resp 1.039.843/SP, Rel. Ministro Humberto Martins, Segunda Turma, Dje 26/6/2008; Resp 800.054/RS, Rel. Ministra Eliana Calmon, Segunda Turma, DJ 3/8/2007).

[476] Tema 335, do STJ: "A partir da vigência do artigo 31 da Lei 8.212/91, com a redação dada pela Lei 9.711/98, a empresa contratante é responsável, com exclusividade, pelo recolhimento da contribuição previdenciária por ela retida do valor

1.1. RETENÇÃO DAS OPTANTES PELO SIMPLES

As empresas optantes pelo Simples, nos termos da LC n.º 123/906, como regra, estão dispensadas do recolhimento da contribuição patronal do art. 22. Por isto, quando prestam seus serviços não devem ficar sujeitas à retenção, como previsto na Súmula 425 do STJ[477]. No entanto, há casos em que as prestadoras de determinados serviços, ainda que optantes pelo Simples, estão obrigadas ao recolhimento da contribuição previdenciária patronal. Assim, por exemplo, se a optante pelo Simples prestar os serviços de construção de imóveis e obras de engenharia em geral, inclusive sob a forma de empreitada, ou serviços de vigilância, limpeza ou conservação, mencionados no art. 18, § 5º-C da LC n.º 123/06, a retenção será devida porque a contribuição previdenciária do art. 22 não estará incluída no Simples.

1.2. IMUNIDADE E RETENÇÃO

A imunidade das contribuições previdenciárias da entidade contratante de serviços executados mediante cessão de mão de obra não afasta o seu dever legal de reter e recolher a contribuição do prestador do serviço. A imunidade é para suas próprias contribuições previdenciárias e não para as contribuições de terceiros, cuja responsabilidade pela retenção e recolhimento lhe foi atribuída pela lei.

1.3. COOPERATIVAS DE TRABALHO E RETENÇÃO

A técnica da retenção pelo contratante não se aplica à contratação de serviços prestados por intermédio das cooperativas de trabalho. É que, neste caso, a própria cooperativa é que tem a obrigação de reter e recolher a contribuição do cooperado com a alíquota de 20% sobre o valor que este receber pelos serviços intermediados pela cooperativa e prestados a terceiros[478].

---

bruto da nota fiscal ou fatura de prestação de serviços, afastada, em relação ao montante retido, a responsabilidade supletiva da empresa prestadora, cedente de mão de obra". RESP 1.131.047.

477 Súmula 425, do STJ: "A retenção da contribuição para a seguridade social pelo tomador do serviço não se aplica às empresas optantes pelo Simples".

478 Vide comentários ao art. 28.

ART. 32.

A empresa é também obrigada a:

I - preparar folhas de pagamento das remunerações pagas ou creditadas a todos os segurados a seu serviço, de acordo com os padrões e normas estabelecidos pelo órgão competente da Seguridade Social;

II - lançar mensalmente em títulos próprios de sua contabilidade, de forma discriminada, os fatos geradores de todas as contribuições, o montante das quantias descontadas, as contribuições da empresa e os totais recolhidos;

III - prestar à Secretaria da Receita Federal do Brasil todas as informações cadastrais, financeiras e contábeis de seu interesse, na forma por ela estabelecida, bem como os esclarecimentos necessários à fiscalização; (Redação dada pela Lei n.º 11.941, de 2009)

IV - declarar à Secretaria da Receita Federal do Brasil e ao Conselho Curador do Fundo de Garantia do Tempo de Serviço – FGTS, na forma, prazo e condições estabelecidos por esses órgãos, dados relacionados a fatos geradores, base de cálculo e valores devidos da contribuição previdenciária e outras informações de interesse do INSS ou do Conselho Curador do FGTS; (Redação dada pela Lei n.º 11.941, de 2009)

V - (VETADO) (Incluído pela Lei n.º 10.403, de 2002).

VI - comunicar, mensalmente, aos empregados, por intermédio de documento a ser definido em regulamento, os valores recolhidos sobre o total de sua remuneração ao INSS. (Incluído pela Lei n.º 12.692, de 2012)

§ 1º (Revogado) (Redação dada pela Lei n.º 11.941, de 2009).

§ 2º A declaração de que trata o inciso IV do caput deste artigo constitui instrumento hábil e suficiente para a exigência do crédito tributário, e suas informações comporão a base de dados para fins de cálculo e concessão dos benefícios previdenciários. (Redação dada pela Lei n.º 11.941, de 2009)

§ 3º (Revogado) (Redação dada pela Lei n.º 11.941, de 2009).

§ 4º (Revogado) (Redação dada pela Lei n.º 11.941, de 2009).

§ 5º (Revogado) (Redação dada pela Lei n.º 11.941, de 2009).

§ 6º (Revogado) (Redação dada pela Lei n.º 11.941, de 2009).

§ 7º (Revogado) (Redação dada pela Lei n.º 11.941, de 2009).

§ 8º (Revogado) (Redação dada pela Lei n.º 11.941, de 2009).

> § 9° A empresa deverá apresentar o documento a que se refere o inciso IV do caput deste artigo ainda que não ocorram fatos geradores de contribuição previdenciária, aplicando-se, quando couber, a penalidade prevista no art. 32-A desta Lei.
>
> § 10° O descumprimento do disposto no inciso IV do caput deste artigo impede a expedição da certidão de prova de regularidade fiscal perante a Fazenda Nacional. (Redação dada pela Lei n.° 11.941, de 2009)
>
> § 11° Em relação aos créditos tributários, os documentos comprobatórios do cumprimento das obrigações de que trata este artigo devem ficar arquivados na empresa até que ocorra a prescrição relativa aos créditos decorrentes das operações a que se refiram. (Redação dada pela Lei n.° 11.941, de 2009)
>
> § 12° (VETADO) (Incluído pela Lei n.° 12.692, de 2012).

1. OBRIGAÇÕES PRINCIPAIS E ACESSÓRIAS

As obrigações tributárias podem ser principais ou acessórias, consoante dispõe o "caput" do art. 113 do CTN.

A obrigação principal surge com a ocorrência do fato gerador e tem por objeto o pagamento de tributo ou penalidade, nos termos do art. 113, § 1°, do CTN. É principal a obrigação da empresa no recolhimento das contribuições previdenciárias previstas no art. 22, como também é principal a obrigação que lhe é imposta pelo art. 30, I, consistente na responsabilidade de arrecadar as contribuições dos segurados empregados a seu serviço, descontando-as da respectiva remuneração.

A legislação tributária poderá impor obrigações que não tenham por objeto o pagamento de tributo, mas sim prestações de fazer ou não fazer no interesse da arrecadação ou fiscalização. Tais obrigações, consoante o art. 113, § 2°, do Código Tributário Nacional, são denominadas de acessórias, também conhecidas por formais ou instrumentais. A sua natureza acessória dispensa a instituição por lei, legitimando-se a imposição por atos normativos ou decretos.

De outra parte, assim como a obrigação principal, também a obrigação acessória tem como sujeito passivo o contribuinte ou outro responsável indicado pela lei, ou ainda um outro terceiro qualquer indicado pela legislação. O titular do cartório do registro civil nenhuma relação possui com a contribuição previdenciária devida por terceiros, mas a lei impõe-lhe a obrigação de comunicar o registro dos óbitos ao INSS, por exemplo[479]. Vê-se, portanto, que a obrigação de natureza acessória não é dependente de uma obrigação principal, produzindo relação jurídica própria. Cabe ao legislador definir os fatos que geram a obrigação principal, como também os fatos que geram a obrigação acessória. A identificação da natureza jurídica da obrigação, se principal ou acessória, é feita pelo seu objeto. A obrigação será acessória toda vez que o seu objeto não compreender um fato que gere o dever de pagar tributo. O descumprimento da obrigação acessória enseja a imposição de penalidade, que necessariamente deve ser prevista em lei.

Neste artigo 32, existem várias e importantes obrigações acessórias impostas às empresas, cujo descumprimento gera a aplicação de multa e também, em determinada hipótese, sanção de caráter administrativo, consistente na recusa de fornecimento da certidão de regularidade fiscal.

A empresa tem a obrigação de preparar as folhas de pagamento das remunerações dos segurados a seu serviço, em conformidade com os padrões exigidos pela SRFB. Deve lançar mensalmente na sua contabilidade, de forma discriminada, os fatos geradores das contribuições, as quantias descontadas, as contribuições da empresa e o total recolhido. Tem a obrigação de prestar à SRFB todas as informações cadastrais, financeiras e contábeis, assim como os esclarecimentos necessários à fiscalização, devendo mensalmente comunicar aos empregados os valores recolhidos sobre a sua remuneração (incisos I a III e VI). O descumprimento destas obrigações acarreta a imposição da multa prevista no art. 92.

2. AUTOLANÇAMENTO

O inciso IV trata do autolançamento das contribuições previdenciárias[480] porque impõe a obrigatoriedade de a empresa declarar à SRFB e ao Conselho Curador do FGTS os valores das contribuições previdenciárias e também das contribuições ao FGTS. Este documento é denominado de GFIP (Guia de Recolhimento do Fundo de Garantia do Tempo de Serviço e Informações à Previdência Social)[481], onde devem ser informados os dados da empresa, dos trabalhadores, incluindo a remuneração, e os valores das contribuições previdenciárias e ao FGTS.

---

[479] Vide comentários ao art. 68.

[480] Vide comentários ao art. 33.

[481] A IN n.º 1.999/20 dispõe sobre a GFIP, observadas as orientações contidas no Manuel da GFIP/Sefip.

O Supremo Tribunal Federal considera válido o autolançamento, independentemente de procedimento administrativo[482]. Entregue à GFIP, o crédito estará autoconstituído, tal como disposto no § 2º deste artigo e também no § 7º do art. 33. Não efetuado o pagamento, o crédito será inscrito em dívida, acrescido de juros de mora e multa moratória, de acordo com o art. 35 e § 3º do art. 39, promovendo-se a execução fiscal. Para o STJ, "a entrega de declaração pelo contribuinte reconhecendo débito fiscal constitui o crédito tributário, dispensada qualquer outra providência por parte do fisco"[483].

A empresa está obrigada a apresentar a GFIP ainda que não ocorram os fatos geradores da contribuição previdenciária, sob pena de multa do art. 32-A (§ 9º).

As informações da GFIP são utilizadas como base de dados para fins de cálculo e concessão dos benefícios previdenciários (§ 2º).

3.   DIVERGÊNCIA NA GFIP

O débito gerado pela divergência entre o valor declarado em GFIP e o recolhido no documento de arrecadação também dispensa o lançamento da diferença. O saldo do débito é registrado em documento próprio, denominado de Débito Confessado em GFIP (DCG), prescindindo da instauração de procedimento fiscal[484]. Não há necessidade de lançamento porque o crédito já foi informado pelo próprio contribuinte, restando apenas o saldo a pagar, originado do valor recolhido a menor. Se o valor declarado for inferior ao devido, há necessidade de constituição da diferença do crédito tributário mediante o lançamento de ofício, com a lavratura do auto de infração, observando-se o devido processo legal.

4.   DENÚNCIA ESPONTÂNEA E GFIP

O descumprimento da obrigação acessória de entrega da GFIP é sancionado com a multa prevista no art. 32-A e o contribuinte não tem o direito de invocar a denúncia espontânea, prevista no art. 138 do CTN,

---

482 STF, RE 87.421, RE 93.039, RE 113.798, RE 107.741.

483 STJ, Súmula 436.

484 Art. 255, da IN n.º 2.110/22.

a fim de afastar a penalidade[485], como também será legítima a recusa na expedição de certidão de regularidade fiscal (§ 10°).

Contudo, se tiver ocorrido a entrega da GFIP com a declaração parcial do débito e respectivo pagamento, o contribuinte poderá retificá-la para noticiar a diferença a maior, caso em que, efetuado o pagamento de modo concomitante, poderá invocar a denúncia espontânea, desde que não esteja sendo fiscalizado[486].

5. FALTA DE ENTREGA DA GFIP E CERTIDÃO DE REGULARIDADE FISCAL

A empresa que descumprir a obrigação acessória de entregar a GFIP, além da sanção com multa regulada pelo artigo seguinte, não tem direito à obtenção da certidão de regularidade fiscal[487]. O STJ firmou tese no sentido de que o descumprimento da obrigação acessória de informar, mensalmente, ao INSS, dados relacionados aos fatos geradores da contribuição previdenciária, é condição impeditiva para expedição da prova de inexistência de débito[488]. A existência de divergência entre os valores declarados e os efetivamente recolhidos também impede a obtenção de certidão de regularidade fiscal[489].

Os documentos que comprovam as obrigações acessórias devem ser conservados até que ocorra a prescrição dos créditos a eles relativos. Como o prazo para a constituição dos créditos é decadencial de cinco anos e o prazo de cobrança é prescricional também de cinco anos, os documentos devem ser guardados pelo prazo de dez anos.

---

485 A jurisprudência do STJ é no sentido de que a denúncia espontânea não tem o efeito de impedir a imposição de multa pelo descumprimento de obrigações acessórias autônomas (AgInt no AResp 2.031.251, AgInt no Resp 1.875.174, AgInt no AResp 1.706.512).

486 Tema 385, do STJ: "A denúncia espontânea resta configurada na hipótese em que o contribuinte, após efetuar a declaração parcial do débito tributário (sujeito a lançamento por homologação) acompanhado do respectivo pagamento integral, retifica-a (antes de qualquer procedimento da Administração Tributária), noticiando a existência de diferença a maior, cuja quitação se dá concomitantemente".

487 Vide comentários ao art. 47.

488 Tema 358, do STJ.

489 STJ, RESP 1.042.585.

ART. 32-A.

O contribuinte que deixar de apresentar a declaração de que trata o inciso IV do caput do art. 32 desta Lei no prazo fixado ou que a apresentar com incorreções ou omissões será intimado a apresentá-la ou a prestar esclarecimentos e sujeitar-se-á às seguintes multas: (Incluído pela Lei n.º 11.941, de 2009)

I - de R$ 20,00 (vinte reais) para cada grupo de 10 (dez) informações incorretas ou omitidas; e (Incluído pela Lei n.º 11.941, de 2009)

II - de 2% (dois por cento) ao mês-calendário ou fração, incidentes sobre o montante das contribuições informadas, ainda que integralmente pagas, no caso de falta de entrega da declaração ou entrega após o prazo, limitada a 20% (vinte por cento), observado o disposto no § 3º deste artigo. (Incluído pela Lei n.º 11.941, de 2009).

§ 1º Para efeito de aplicação da multa prevista no inciso II do caput deste artigo, será considerado como termo inicial o dia seguinte ao término do prazo fixado para entrega da declaração e como termo final a data da efetiva entrega ou, no caso de não apresentação, a data da lavratura do auto de infração ou da notificação de lançamento. (Incluído pela Lei n.º 11.941, de 2009)

§ 2º Observado o disposto no § 3º deste artigo, as multas serão reduzidas: (Incluído pela Lei n.º 11.941, de 2009)

I - à metade, quando a declaração for apresentada após o prazo, mas antes de qualquer procedimento de ofício; ou (Incluído pela Lei n.º 11.941, de 2009)

II - a 75% (setenta e cinco por cento), se houver apresentação da declaração no prazo fixado em intimação. (Incluído pela Lei n.º 11.941, de 2009).

§ 3º A multa mínima a ser aplicada será de: (Incluído pela Lei n.º 11.941, de 2009)

I - R$ 200,00 (duzentos reais), tratando-se de omissão de declaração sem ocorrência de fatos geradores de contribuição previdenciária; e (Incluído pela Lei n.º 11.941, de 2009)

II - R$ 500,00 (quinhentos reais), nos demais casos. (Incluído pela Lei n.º 11.941, de 2009)

1. INFRAÇÕES RELACIONADAS À GFIP

No artigo anterior estão previstas obrigações de natureza acessória, entre elas a de apresentar a declaração autoconstitutiva de créditos tributários, denominada de GFIP. Tal documento é de extrema relevância, não apenas porque constitui o crédito tributário das contribuições previdenciárias, como também porque as informações que nele constam devem compor a base de dados para fins de cálculos e concessão de benefícios previdenciários, conforme prevê o § 2º do art. 32.

Este preceito regula apenas as infrações relacionadas ao descumprimento da obrigação acessória relativa à declaração da GFIP, prevista no inciso IV do artigo anterior: a) deixar de apresentar a declaração; b) apresentar a declaração com erros ou omissões. As infrações são sancionadas com multas punitivas que variam em função do tipo do ilícito tributário[490].

O prazo decadencial para o lançamento das multas pelo descumprimento de obrigações acessórias é regulado pelo art. 173, I, do CTN. Ocorrida a infração, o lançamento já pode ser efetuado, de maneira que o prazo decadencial para a lavratura do auto de infração tem início no primeiro dia do seguinte àquele em que ocorrida a infração[491].

Recorde-se que a GFIP deve ser apresentada até o dia 7 do mês seguinte ao da ocorrência dos fatos geradores, ainda que estes não ocorram, como dispõe o § 9º do art. 32.

1.1. FALTA DE ENTREGA DA DECLARAÇÃO

A falta de entrega da declaração pode abranger três situações: a) não ocorrência de fatos geradores; b) pagamento integral ou parcial; c) falta de pagamento.

A empresa é obrigada a apresentar a GFIP ainda que não ocorram os fatos geradores da contribuição previdenciária, conforme previsto no § 9º do art. 32. Não apresentada a declaração, ainda que não tenham ocorrido os fatos geradores, resta caracterizada a infração que autoriza a incidência da multa mínima de R$ 200,00, prevista no inciso I do § 3º. A punição é pelo mero ato omissivo do descumprimento da obrigação acessória. A multa incide mensalmente, uma vez que a obrigação da entrega da declaração é mensal.

Ocorridos os fatos geradores, o contribuinte omisso na entrega da declaração, ainda que tenha efetuado o pagamento de forma integral ou parcial, ou nenhum pagamento, ficará sujeito à multa de 2% ao mês-calendário ou fração, limitada a 20%, prevista no inciso II do "caput". A

---

490 Vide comentários ao art. 102.

491 Vide comentários ao art. 45.

lei dispõe que a base de cálculo da multa é o "montante das contribuições informadas". Acontece que, se a declaração não foi entregue, não existem contribuições informadas. Nesta situação, a intimação do contribuinte para a entrega da declaração no prazo a ser fixado pela fiscalização é ato prévio e condição legal para a lavratura do auto de infração para impor a multa de 2%, observado o valor mínimo de R$ 500,00, previsto no inciso II do § 3º. A multa terá como termo inicial o dia seguinte ao término do prazo fixado pela autoridade tributária para a sua entrega e termo final a data da efetiva entrega ou a data da lavratura do auto de infração, conforme prevê o § 1º. A base de cálculo da multa será o montante das contribuições informadas ou devidas, apuradas por arbitramento pela fiscalização, caso a declaração não seja prestada. Se a declaração for entregue no prazo fixado pela autoridade, a multa será reduzida em 75%, conforme previsto no inciso II, § 2º.

1.2. ENTREGA DA DECLARAÇÃO FORA DO PRAZO OU COM ERROS OU OMISSÕES

A entrega da declaração após o prazo, mesmo tendo ocorrido o pagamento das contribuições declaradas, sujeita-se à multa de 2% ao mês calendário ou fração. A base de cálculo da multa é o montante das contribuições informadas, limitada a 20%. Não importa que as contribuições tenham sido pagas porque a infração é de natureza formal e consiste no mero descumprimento da obrigação acessória de apresentar a declaração no prazo previsto em lei. A multa será reduzida em 50% se a declaração for apresentada depois do prazo, mas antes de o contribuinte ser fiscalizado. A multa é mensal e o seu termo inicial é o dia seguinte ao término do prazo para a entrega da declaração e o termo final é a data da efetiva entrega, observando-se o limite de 20%. Nesta situação, não há necessidade de o contribuinte ser previamente intimado, a fim de fixar a data inicial da aplicação da multa, uma vez que a declaração foi entregue, embora fora do prazo legalmente fixado.

No caso de a GFIP ter sido apresentada com erros ou omissões, o preceito prevê a imposição de multa de R$ 20,00 para cada grupo de 10 informações incorretas ou omitidas. Ou seja, trata dos casos em que a GFIP foi entregue, mas continha erros. O valor mínimo da multa é de R$ 500,00, como previsto no § 3º, inciso II.

1.3. ANISTIA DA LEI N.º 14.397/22

A Lei n.º 14.397/22 concedeu anistia às multas por atraso na entrega da GFIP, previstas neste artigo, anulando os créditos das multas referentes aos fatos geradores ocorridos até 8 de julho de 2022, data em que foi publicada.

A anistia é uma das modalidades de exclusão do crédito tributário e depende de lei específica, conforme exigido pelo § 7º do art. 150 da CF. Consiste no perdão legal de infrações cometidas anteriormente à vigência da lei que a concede e deve ser literalmente interpretada, consoante dispõem os arts. 111, I, e 180, "caput", do CTN.

Nos termos do art. 1º, parágrafo único, da Lei n.º 14.397/22, a anistia é para os casos "em que tenha sido apresentada a GFIP com informações e sem fato gerador de recolhimento do FGTS". Trata-se de perdão da multa para os casos em que a GFIP foi entregue em atraso, contendo informações acerca das contribuições previdenciárias, mas sem fato gerador do FGTS. Ou seja, a multa da GFIP entregue com atraso, mas contendo as contribuições ao FGTS, não foi perdoada.

A lei também não concedeu anistia para as multas impostas pela falta de entrega da GFIP ou entregue com incorreções ou omissões.

ART. 32-B.

Os órgãos da administração direta, as autarquias, as fundações e as empresas públicas da União, dos Estados, do Distrito Federal e dos Municípios, cujas Normas Gerais de Direito Financeiro para elaboração e controle dos orçamentos estão definidas pela Lei n.º 4.320, de 17 de março de 1964, e pela Lei Complementar no 101, de 4 de maio de 2000, ficam obrigados, na forma estabelecida pela Secretaria da Receita Federal do Brasil do Ministério da Fazenda, a apresentar: (Incluído pela Lei n.º 12.810, de 2013).

I - a contabilidade entregue ao Tribunal de Controle Externo; e (Incluído pela Lei n.º 12.810, de 2013)

II - a folha de pagamento. (Incluído pela Lei n.º 12.810, de 2013)

> **Parágrafo único.** As informações de que trata o caput deverão ser apresentadas até o dia 30 de abril do ano seguinte ao encerramento do exercício. (Incluído pela Lei n.° 12.810, de 2013).

1. OBRIGAÇÕES ACESSÓRIAS DE ÓRGÃOS DA ADMINISTRAÇÃO PÚBLICA

A Lei n.° 4.320/64 traz as normas gerais de Direito Financeiro para elaboração dos orçamentos e balanços da União, Estado, Distrito Federal e Municípios, como também dos órgãos da administração direta, autarquias, fundações e empresas públicas.

A LC n.° 101/00 estabelece as normas de finanças públicas pública voltadas para a responsabilidade na gestão fiscal e obrigam a União, Estados, Distrito Federal e Municípios, compreendidos todos os Poderes, Tribunal de Contas e o Ministério Público, bem como as respectivas administrações diretas, fundos, autarquias, fundações e empresas estatais dependentes.

Os órgãos e entidades da administração pública são equiparados à empresa em relação aos segurados que não estão abrangidos por regime próprio de Previdência Social, razão por que ficam obrigadas ao pagamento das contribuições previstas no art. 22, inclusive da retenção na contratação de serviços executados mediante cessão de mão de obra ou de contribuinte individual que lhe preste serviços, e às obrigações acessórias dos art. 30 e 32.

O preceito impõe a obrigação de natureza acessória para que todos os órgãos e entidades referidos apresentem para a Secretaria da Receita Federal do Brasil a contabilidade entregue ao respectivo Tribunal de Contas e a cópia da folha de pagamento, até o dia 30 de abril do ano seguinte ao encerramento do exercício, sob pena de imposição da multa prevista no art. 92.

ART. 32-C.

> O segurado especial responsável pelo grupo familiar que contratar na forma do § 8° do art. 12 apresentará as informações relacionadas ao registro de trabalhadores, aos fatos geradores, à base de cálculo e aos valores das contribuições devidas à Previdência Social e ao Fundo de

Garantia do Tempo de Serviço - FGTS e outras informações de interesse da Secretaria da Receita Federal do Brasil, do Ministério da Previdência Social, do Ministério do Trabalho e Emprego e do Conselho Curador do FGTS, por meio de sistema eletrônico com entrada única de dados, e efetuará os recolhimentos por meio de documento único de arrecadação. (Incluído pela Lei n.º 12.873, de 2013) (Vigência)

§ 1º Os Ministros de Estado da Fazenda, da Previdência Social e do Trabalho e Emprego disporão, em ato conjunto, sobre a prestação das informações, a apuração, o recolhimento e a distribuição dos recursos recolhidos e sobre as informações geradas por meio do sistema eletrônico e da guia de recolhimento de que trata o caput. (Incluído pela Lei n.º 12.873, de 2013) (Vigência)

§ 2º As informações prestadas no sistema eletrônico de que trata o caput têm caráter declaratório, constituem instrumento hábil e suficiente para a exigência dos tributos e encargos apurados e substituirão, na forma regulamentada pelo ato conjunto que prevê o § 1º, a obrigatoriedade de entrega de todas as informações, formulários e declarações a que está sujeito o grupo familiar, inclusive as relativas ao recolhimento do FGTS. (Incluído pela Lei n.º 12.873, de 2013) (Vigência)

§ 3º O segurado especial de que trata o caput deste artigo fica obrigado a arrecadar, até o vigésimo dia do mês seguinte ao da competência: (Redação dada pela Lei n.º 14.438, de 2022) Produção de efeitos

I - as contribuições previstas nos incisos X, XII e XIII do caput do art. 30 desta Lei; (Incluído pela Lei n.º 14.438, de 2022) Produção de efeitos

II - os valores referentes ao FGTS; e (Incluído pela Lei n.º 14.438, de 2022) Produção de efeitos

III - os encargos trabalhistas sob a sua responsabilidade. (Incluído pela Lei n.º 14.438, de 2022) Produção de efeitos

§ 4º Os recolhimentos devidos, nos termos do § 3º, deverão ser pagos por meio de documento único de arrecadação. (Incluído pela Lei n.º 12.873, de 2013) (Vigência)

§ 5º Se não houver expediente bancário na data indicada no § 3º, o recolhimento deverá ser antecipado para o dia útil imediatamente anterior. (Incluído pela Lei n.º 12.873, de 2013) (Vigência)

§ 6º Os valores não pagos até a data do vencimento sujeitar-se-ão à incidência de acréscimos e encargos legais na forma prevista na legislação do Imposto sobre a Renda e Proventos de Qualquer Natureza para as contribuições de caráter tributário, e conforme o art. 22 da Lei n.º 8.036, de 11 de maio de 1990, para os depósitos do FGTS, inclusive no que se refere às multas por atraso. (Incluído pela Lei n.º 12.873, de 2013) (Vigência)

§ 7° O recolhimento do valor do FGTS na forma deste artigo será creditado diretamente em conta vinculada do trabalhador, assegurada a transferência dos elementos identificadores do recolhimento ao agente operador do fundo. (Incluído pela Lei n.º 12.873, de 2013) (Vigência)

§ 8° O ato de que trata o § 1° regulará a compensação e a restituição dos valores dos tributos e dos encargos trabalhistas recolhidos, no documento único de arrecadação, indevidamente ou em montante superior ao devido. (Incluído pela Lei n.º 12.873, de 2013) (Vigência)

§ 9° A devolução de valores do FGTS, depositados na conta vinculada do trabalhador, será objeto de norma regulamentar do Conselho Curador e do Agente Operador do Fundo de Garantia do Tempo de Serviço. (Incluído pela Lei n.º 12.873, de 2013) (Vigência)

§ 10° O produto da arrecadação de que trata o § 3° será centralizado na Caixa Econômica Federal. (Incluído pela Lei n.º 12.873, de 2013) (Vigência)

§ 11° A Caixa Econômica Federal, com base nos elementos identificadores do recolhimento, disponíveis no sistema de que trata o caput deste artigo, transferirá para a Conta Única do Tesouro Nacional os valores arrecadados dos tributos e das contribuições previstas nos incisos X, XII e XIII do caput do art. 30. (Incluído pela Lei n.º 12.873, de 2013) (Vigência)

§ 12° A impossibilidade de utilização do sistema eletrônico referido no caput será objeto de regulamento, a ser editado pelo Ministério da Fazenda e pelo Agente Operador do FGTS. (Incluído pela Lei n.º 12.873, de 2013) (Vigência)

§ 13° A sistemática de entrega das informações e recolhimentos de que trata o caput poderá ser estendida pelas autoridades previstas no § 1° para o produtor rural pessoa física de que trata a alínea a do inciso V do caput do art. 12. (Incluído pela Lei n.º 12.873, de 2013) (Vigência)

§ 14° Aplica-se às informações entregues na forma deste artigo o disposto no § 2° do art. 32 e no art. 32-A. (Incluído pela Lei n.º 12.873, de 2013) (Vigência)

1. OBRIGAÇÕES PRINCIPAIS E ACESSÓRIAS DO SEGURADO ESPECIAL

O segurado especial cujo grupo familiar se utilizar de empregados contratados por prazo determinado ou trabalhador eventual, segundo previsto no § 8° do art. 12, ficará sujeito às obrigações acessórias e à responsabilidade tributária previstas neste preceito. A lei impõe-lhe a obrigação acessória de apresentar à fiscalização informações relacionadas aos trabalhadores, fatos geradores, bases de cálculo e valores das contribuições previdenciárias e ao FGTS por meio de sistema eletrônico, como também a responsabilidade pela arrecadação e pagamento das contribuições previstas no art. 30, X, XII e XIII, incluindo o FGTS e encargos trabalhistas.

O Decreto n.º 8.373/14 instituiu o Sistema de Escrituração Digital das Obrigações Fiscais, Previdenciárias e Trabalhistas, denominado de eSocial, regulamentado pela Resolução do Comitê Diretivo do eSocial n.º 2, de 30 de agosto de 2016, a qual estabeleceu um cronograma progressivo para a sua implantação. No eSocial existe módulo simplificado para as informações que devem ser prestadas pelo segurado especial. É uma ferramenta eletrônica em que são inseridas diversas informações acerca da comercialização da produção rural e da responsabilidade pelo recolhimento das contribuições previstas nos incisos X, XII e XIII do "caput" do art. 30.

O § 13º deste preceito dispõe que no eSocial também podem ser declaradas as contribuições do produtor rural pessoa física que optou por recolher as contribuições sobre a folha de salários[492].

As contribuições previdenciárias e ao FGTS informadas no eSocial representam a constituição dos respectivos créditos, dispensando o lançamento de ofício. Trata-se de autolançamento, a exemplo e com as mesmas consequências jurídicas da GFIP, sobretudo no que diz respeito à impossibilidade de denúncia espontânea quanto às contribuições declaradas, mas pagas fora do prazo previsto na lei, e ao prazo de prescrição para a União cobrá-las[493] (§ 2º). O próprio § 14º dispõe que se aplicam às informações declaradas o disposto no § 2º do art. 32 e no art. 32-A.

As contribuições do segurado especial responsável pelo grupo familiar, previstas no art. 30, X, XII e XIII, assim como os valores do FGTS e encargos trabalhistas, autolançadas no eSocial, devem ser pagas até vigésimo dia do mês seguinte ao da competência (§ 3º). Se não houver expediente bancário, o recolhimento deve ser antecipado para o dia útil anterior (§ 5º).

O recolhimento é centralizado e abrange as contribuições previdenciárias, o FGTS e encargos trabalhistas. O recolhimento deve ser efetuado na Caixa Econômica Federal, que é a gestora do FGTS (§ 10º).

---

492 Vide comentários ao art. 25.

493 Vide comentários ao art. 32.

O sistema do eSocial possui códigos identificadores para os pagamentos, de maneira que os valores relativos às contribuições previdenciárias devem ser transferidos pela CAIXA à conta única do Tesouro Nacional (§ 11º). Os valores do FGTS, por conseguinte, são creditados diretamente em conta vinculada do trabalhador (§ 7º).

O sistema eletrônico, em determinadas situações, ainda não permite a compensação ou restituição (§§ 8º e 9º), o que, por evidente, não retira o direito do contribuinte à devolução ou compensação da contribuição previdenciária paga indevidamente, por força do art. 165, I, do CTN, e art. 26-A da Lei n.º 11.457/07.

A falta de recolhimento, no prazo legal, das contribuições autolançadas no eSocial implica incidência de juros pela taxa SELIC (§ 6º) e multa de mora de no máximo 20%.

ART. 33.

À Secretaria da Receita Federal do Brasil compete planejar, executar, acompanhar e avaliar as atividades relativas à tributação, à fiscalização, à arrecadação, à cobrança e ao recolhimento das contribuições sociais previstas no parágrafo único do art. 11 desta Lei, das contribuições incidentes a título de substituição e das devidas a outras entidades e fundos. (Redação dada pela Lei n.º 11.941, de 2009)

§ 1º É prerrogativa da Secretaria da Receita Federal do Brasil, por intermédio dos Auditores-Fiscais da Receita Federal do Brasil, o exame da contabilidade das empresas, ficando obrigados a prestar todos os esclarecimentos e informações solicitados o segurado e os terceiros responsáveis pelo recolhimento das contribuições previdenciárias e das contribuições devidas a outras entidades e fundos. (Redação dada pela Lei n.º 11.941, de 2009)

§ 2º A empresa, o segurado da Previdência Social, o serventuário da Justiça, o síndico ou seu representante, o comissário e o liquidante de empresa em liquidação judicial ou extrajudicial são obrigados a exibir todos os documentos e livros relacionados com as contribuições previstas nesta Lei. (Redação dada pela Lei n.º 11.941, de 2009)

§ 3º Ocorrendo recusa ou sonegação de qualquer documento ou informação, ou sua apresentação deficiente, a Secretaria da Receita Federal do Brasil pode, sem prejuízo da penalidade cabível, lançar de ofício a importância devida. (Redação dada pela Lei n.º 11.941, de 2009)

§ 4º Na falta de prova regular e formalizada pelo sujeito passivo, o montante dos salários pagos pela execução de obra de construção civil pode ser obtido mediante cálculo da mão de obra empregada, proporcional à área construída, de acordo com critérios estabelecidos pela Secretaria da Receita Federal do Brasil, cabendo ao proprietário, dono da obra, condômino da unidade imobiliária ou empresa corresponsável o ônus da prova em contrário. (Redação dada pela Lei n.º 11.941, de 2009)

§ 5º O desconto de contribuição e de consignação legalmente autorizadas sempre se presume feito oportuna e regularmente pela empresa a isso obrigada, não lhe sendo lícito alegar omissão para se eximir do recolhimento, ficando diretamente responsável pela importância que deixou de receber ou arrecadou em desacordo com o disposto nesta Lei.

§ 6º Se, no exame da escrituração contábil e de qualquer outro documento da empresa, a fiscalização constatar que a contabilidade não registra o movimento real de remuneração dos segurados a seu serviço, do faturamento e do lucro, serão apuradas, por aferição indireta, as contribuições efetivamente devidas, cabendo à empresa o ônus da prova em contrário.

§ 7º O crédito da seguridade social é constituído por meio de notificação de lançamento, de auto de infração e de confissão de valores devidos e não recolhidos pelo contribuinte. (Redação dada pela Lei n.º 11.941, de 2009)

§ 8º Aplicam-se às contribuições sociais mencionadas neste artigo as presunções legais de omissão de receita previstas nos §§ 2º e 3º do art. 12 do Decreto-Lei n.º 1.598, de 26 de dezembro de 1977, e nos arts. 40, 41 e 42 da Lei n.º 9.430, de 27 de dezembro de 1996. (Incluído pela Lei n.º 11.941, de 2009).

1. ATRIBUIÇÕES ADMINISTRATIVAS DE FISCALIZAÇÃO E LANÇAMENTO

O preceito disciplina as competências administrativas de fiscalização, arrecadação e cobrança das contribuições previdenciárias, das contribuições substitutivas e das contribuições devidas a outras entidades e fundos, atribuindo-as à Secretaria da Receita Federal do Brasil, assim como traz regras relativas ao lançamento e à responsabilidade tributária.

2. CONTRIBUIÇÃO SUBSTITUTIVA

A instituição da contribuição sobre a receita ou faturamento, em substituição à contribuição sobre a folha de salários, era autorizada pelo § 13º do art. 195 da CF e regulada pela Lei n.º 12.546/11. A EC n.º 103/19 revogou o § 13º do art. 195, impossibilitando, assim, que o legislador imponha novas alterações na Lei n.º 12.546/11 com a finalidade de contemplar empresas que exerçam outros tipos de atividade econômica com a opção de substituírem a contribuição previdenciária sobre a folha de salários dos seus empregados e avulsos, bem como dos contribuintes individuais que lhe prestem serviços (art. 22, I e III), por uma contribuição sobre a receita bruta[494].

3. CONTRIBUIÇÕES AOS TERCEIROS

As contribuições devidas a outras entidades e fundos são conhecidas como contribuições aos terceiros, onde se incluem as contribuições para o denominado "Sistema S" (SESI, SENAI, SENAC, SESC, SENAT, SEST, SENAR), salário-educação (FNDE), INCRA, Fundo Aeroviário e Diretoria de Portos e Costas do Comando da Marinha[495].

O STF entendeu que as incumbências de fiscalização e arrecadação, que antes eram do INSS, mas foram transferidas à Receita Federal, não modificam a destinação específica das contribuições. Para a Corte, "o critério constitucional de afetação de receita orçamentária não se pauta no órgão de arrecadação, mas, sim, no custeio de políticas públicas direcionadas à Seguridade Social, conforme dispõe o artigo 195 do Texto Constitucional". De acordo com o STF, "o artigo impugnado cinge-se à atribuição eminentemente fiscal, especificamente na seara de recolhimento das contribuições sociais. A Secretaria da Receita Federal não dispõe, em absoluto, de condições de possibilidade para ingerir na destinação orçamentária desses tributos"[496].

---

494 Art. 8º, da Lei n.º 12.546/11.

495 Art. 3º, da Lei n.º 11.457/07.

496 STF, ADI 793.

4. DECADÊNCIA E PRESCRIÇÃO

Esta Lei de Custeio não regula o prazo de decadência para o lançamento e de prescrição para a cobrança das contribuições previdenciárias[497]. Em matéria tributária, os prazos decadencial e prescricional devem ser objeto de lei complementar, razão por que estão previstos nos artigos 150, 173 e 174, respectivamente, do CTN.

A decadência é o prazo para a Fazenda Pública proceder ao lançamento, constituindo o crédito tributário, regrado pelos artigos 150 e 173, do CTN. No entanto, o CTN arrola a decadência como uma das modalidades de extinção do próprio crédito tributário[498]. Por isto, uma vez ultrapassado o prazo decadencial, o crédito "não pode ser reavivado por qualquer sistemática de lançamento ou autolançamento, seja ele via documento de confissão de dívida, declaração de débitos, parcelamento ou de outra espécie qualquer" (DCTF, GIA, DCOMP, GFIP etc)[499].

A prescrição é o prazo que a Fazenda Pública dispõe para cobrar o crédito tributário já constituído, nos termos do art. 174, do CTN, e também é causa de extinção do crédito tributário[500]. O crédito extinto pela prescrição não pode ser restabelecido pela confissão espontânea da dívida e seu parcelamento[501].

Todo o prazo anterior ao lançamento é decadencial e o posterior, prescricional.

As contribuições previdenciárias estão sujeitas ao regime do lançamento por homologação ou ao lançamento de ofício[502].

5. LANÇAMENTO POR HOMOLOGAÇÃO E PRAZO DECADENCIAL

No lançamento por homologação, previsto no art. 150, do CTN, o sujeito passivo procede ao recolhimento do tributo sem prévia interferência da autoridade administrativa. O próprio sujeito deve identificar

---

497 Vide comentários ao art. 45-A.

498 Art. 156, V, do CTN.

499 Tema 604, do STJ.

500 Art. 156, V, do CTN.

501 STJ, AgRg no AREsp 743252/MG, AgRg no REsp 1548096/RS, REsp 1355947/SP.

502 Vide comentários ao art. 32.

a ocorrência do fato gerador e aplicar a legislação tributária, a fim de calcular – e pagar – o tributo. No regime do lançamento por homologação, existe, por uma construção pretoriana, o autolançamento. Trata-se do caso em que o contribuinte, por força da legislação tributária, deve apresentar à fiscalização documentos nos quais deve ser declarado o valor devido, tal como prevê o § 7º do artigo em comento e o inciso IV do art. 32, de maneira que a falta de recolhimento do valor informado autoriza a inscrição em dívida ativa e a propositura da respectiva execução fiscal, nos termos do art. 39, § 3º[503].

Quando acontecer a entrega da declaração autoconstitutiva do crédito tributário não se cogita do prazo decadencial porque o crédito já está constituído. Trata-se apenas do prazo de prescrição para a cobrança do crédito que foi declarado, visto que será inscrito em dívida ativa, na forma regulada pelo § 3º do art. 39. Eventual diferença reputada devida é que deverá ser objeto de lançamento de ofício, observando-se o prazo decadencial do art. 150, §4º, do CTN.

O lançamento por homologação segue a regra específica do prazo decadencial do art. 150, § 4º, ou do 173, I, do CTN.

Ainda que o tributo seja lançado por homologação, o prazo decadencial de cinco anos será sempre para o lançamento de ofício porque, ou o crédito foi pago em valor inferior ao devido, ou não foi pago ou o Fisco constatou ter havido fraude, dolo ou simulação, nos termos dos artigos 150, § 4º e 173, I, respectivamente, do CTN. Na hipótese de o pagamento ter sido integral, claro que nada poderá ser lançado, não se cogitando de prazo decadencial.

Não sendo entregue a declaração autoconstitutiva do crédito tributário e não ocorrendo o pagamento, nada existe para ser homologado. O crédito precisa ser constituído pelo lançamento de ofício, seguindo o prazo decadencial regulado pela regra geral do art. 173, I, do CTN, nos termos da Súmula 555, do STJ[504]. O prazo é contado a partir do primeiro dia do exercício seguinte àquele em que o lançamento pode-

---

503 Vide comentários ao art. 32.

504 Súmula 555, do STJ: "Quando não houver declaração do débito, o prazo decadencial quinquenal para o Fisco constituir o crédito tributário conta-se exclusivamente na forma do art. 173, I, do CTN, nos casos em que a legislação atribui ao sujeito passivo o dever de antecipar o pagamento sem prévio exame da autoridade administrativa".

ria ter sido efetuado, ou seja, do exercício seguinte ao da ocorrência do fato gerador.

Entregue a declaração com valor e respectivo pagamento inferior ao devido, ou efetuado pagamento a menor sem a entrega da declaração, o Fisco deverá lançar de ofício a diferença entre o valor pago e o devido dentro de cinco anos. Este prazo, porém, deve ser contado da data do fato gerador da contribuição previdenciária, nos termos do art. 150, § 4°, do CTN, pois este é o prazo que o Fisco dispõe para homologar o pagamento que foi efetuado.

Na hipótese de a fiscalização ter constatado que o contribuinte agiu com dolo, fraude ou simulação, nos termos da parte final do § 4° do art. 150, do CTN, o prazo decadencial seguirá o disposto no art. 173, I, do CTN, ou seja, terá início no primeiro dia do exercício seguinte àquele em que o lançamento poderia ter sido efetuado.

Em síntese, o prazo decadencial nos tributos lançados por homologação: a) havendo pagamento parcial, o lançamento de ofício da diferença regula-se pelo art. 150, § 4°, do CTN, sendo computado a partir da data do fato gerador; b) não havendo pagamento, ou constatado dolo, fraude ou simulação, o lançamento de ofício segue o art. 173, I, do CTN, iniciando o prazo em 1° de janeiro do ano subsequente ao do fato gerador.

6. LANÇAMENTO DE OFÍCIO E PRAZO DECADENCIAL

O lançamento de ofício é previsto no art. 149, do CTN, e pode ser utilizado em substituição ou complementação, total ou parcial, do lançamento por homologação que rege as contribuições previdenciárias.

O lançamento de ofício segue a regra geral do prazo decadencial do art. 173, I, do CTN, e é materializado em auto de infração ou notificação fiscal de lançamento, submetendo-se o procedimento administrativo ao disposto no Decreto n.° 70.235/72[505].

Os créditos correspondentes às multas por infração à legislação tributária devem ser lançados de ofício. Nesta hipótese, não há regra específica no CTN. Portanto, o prazo decadencial segue a regra geral do art. 173, I, do CTN. A fiscalização dispõe do prazo de cinco anos, contados a partir do primeiro dia do exercício seguinte àquele

---

[505] Vide comentários anteriores.

em que a infração foi cometida, para lavrar o auto de infração relativo às penalidades.

6.1. ARBITRAMENTO

A recusa na prestação de informações ou documentos, ou a sua apresentação com defeitos formais ou materiais, além de imposição de multa, autoriza o lançamento de ofício, total ou parcial, das contribuições reputadas devidas, observando-se o devido processo legal previsto no Decreto n.º 70.235/72 (§ 3º)[506].

No lançamento de ofício, diante de omissões do sujeito passivo ou carência de credibilidade de suas declarações ou documentos, a autoridade administrativa poderá valer-se do arbitramento, previsto no art. 148, do CTN. Por isto, se a fiscalização constatar que a contabilidade do contribuinte não reflete com fidedignidade as operações realizadas, sobretudo no que diz respeito à remuneração paga aos seus empregados, avulsos e contribuintes individuais, as contribuições serão apuradas por aferição indireta, nos termos do § 6º do artigo em exame, isto é, será procedido ao arbitramento da base de cálculo, tomando-se por base qualquer outro elemento de prova, devendo ser assegurado ao contribuinte o devido processo legal do Decreto n.º 70.235/72.

O arbitramento não é uma modalidade de lançamento, mas mera técnica fiscal do lançamento de ofício, a ser empregada quando os documentos contábeis, notas fiscais, declarações em meio físico ou eletrônico, não existem ou apresentam falsificação, simulação, imprecisões ou defeitos que comprometam o princípio da verdade material que deve reger o ato de lançamento. Meras irregularidades formais na escrita fiscal, a sua entrega com atraso, simples dúvidas ou o descumprimento de obrigações de natureza acessória que não contaminam os elementos materiais da obrigação tributária não são suficientes para autorizar o arbitramento das contribuições previdenciárias.

6.2. OBRAS DE CONSTRUÇÃO CIVIL

Os elementos materiais da obrigação relativa às obras de construção civil estão previstos em lei. O próprio legislador, diante da insuficiência da prova regular e formalizada acerca dos salários pagos pela execução de obra de construção civil, autorizou que a fiscalização es-

---

[506] Vide comentários aos arts. 37 e 45-A.

tabeleça os critérios que devem ser utilizados para o arbitramento. A materialidade a ser observada é que o cálculo da mão de obra empregada deve ser proporcional à área construída, destinação, categoria e tipo da obra. O ato normativo escolhe critérios para arbitrar a base de cálculo, autorizados pela lei, diante da ausência ou defeitos substanciais em documentos que não espelham a realidade, cabendo ao sujeito passivo o ônus da prova em sentido contrário (§ 4°).

O crédito tributário relativo às contribuições sociais incidentes sobre o valor da remuneração da mão de obra apurada na aferição da obra de construção civil realizada por meio do Serviço Eletrônico para Aferição de Obras, é constituído pela DCTFWeb Aferição de Obras, instituído pela IN RFB n.° 2.021/21[507] e regulado pela IN RFB n.° 2.110/22[508].

A empresa deve declarar em GFIP as contribuições previdenciárias devidas nas obras de construção civil[509] e a contratação por empreitada ou a prestação de outros serviços na construção civil ficará sujeita à técnica da retenção das contribuições devidas pela contratada.

Não existindo prova regular e formalizada acerca dos salários pagos pela execução da obra, caberá à RFB escolher o critério apropriado para avaliação do custo da obra da construção civil. Com base neste custo, será apurada a remuneração da mão de obra utilizada na sua execução. O Capítulo VI da IN RFN n.° 2.021/21 regula os critérios para apurar o valor da mão de obra na construção civil.

Em relação à obra de construção civil de responsabilidade de pessoa física, o fato gerador ocorre no mês em que houver a prestação de serviços remunerados pelos segurados que edificam a obra, sejam empregados ou contribuintes individuais. Contudo, há precedentes jurisprudenciais que reconhecem que o prazo decadencial nas obras de construção civil tem início no exercício seguinte ao da conclusão da obra, porque esta seria a data do fato gerador[510].

---

507 Art. 6°, da IN RFB n.° 2.021/21.

508 Art. 254, II, da IN RFB 2.110/22.

509 Art. 27, III e VIII, da IN n.° 2.110/22.

510 TRF4, Processos n.°. 5002576-77.2016.4.04.7110, 5004606-34.2010.404.7001 5000290- 08.2011.404.7012, 0012030-35.2016.4.04.9999. Vide comentários aos arts. 30 e 47.

7. INTERRUPÇÃO DO PRAZO DECADENCIAL

Os vícios de natureza formal no procedimento de constituição do crédito tributário acarretam a sua nulidade. Como a obrigação tributária que lhe dá origem se mantém intacta, é cabível novo lançamento. Neste caso, o prazo decadencial de cinco anos é contado a partir da data em que se tornar definitiva a decisão, administrativa ou judicial, que houver anulado, por vício formal, o lançamento anterior, na forma do que dispõe o art. 173, II, do CTN. Trata-se de hipótese de interrupção do prazo decadencial.

O vício de natureza material, por sua vez, diz respeito aos elementos essenciais da obrigação tributária e acarreta a nulidade do crédito tributário, não sendo possível cogitar acerca da reabertura do prazo decadencial para outro lançamento.

A natureza do vício que contamina o crédito tributário, portanto, é fundamental no exame da possibilidade de novo lançamento com base na mesma obrigação tributária.

8. ANTECIPAÇÃO DO PRAZO DECADENCIAL

O parágrafo único do art. 173 do CTN regula hipótese de antecipação do início do prazo decadencial.

A regra é que o prazo começa a fluir em 1º de janeiro do ano subsequente àquele em que o lançamento poderia ter sido efetuado. Assim, uma vez ocorrido o fato gerador no mês de janeiro do ano de 2022, o prazo decadencial para a Fazenda constituir o crédito tributário começará a fluir em 1º de janeiro de 2023, findando em 31 de dezembro de 2027. Se o contribuinte, antes de iniciado o prazo em 1º de janeiro do ano subsequente, for fiscalizado, a partir daí começa a fluir o prazo decadencial. No exemplo, se a fiscalização ocorrer em 1º de julho de 2022, como o Fisco já pode proceder ao lançamento, nada justifica que o prazo comece a fluir em 1º de janeiro do ano subsequente, de modo que o prazo decadencial será encerrado em 30 de junho de 2027 e não em 31 de dezembro de 2027. O preceito do CTN serve apenas para antecipar o início do prazo, razão por que, se a fiscalização ocorrer depois de iniciado o prazo decadencial em 1º de janeiro de 2023, o prazo continuará sendo regulado pela regra geral do art. 173, I, do CTN, findando em 31 de dezembro de 2027.

9. PRESCRIÇÃO

Constituído definitivamente o crédito tributário, passa a fluir o prazo de prescrição de cinco anos para a Fazenda Pública cobrá-lo, conforme previsto no art. 174 do CTN.

A constituição definitiva ocorre com o exaurimento da instância administrativa, decorrido o prazo para a impugnação, ou com a notificação do seu julgamento definitivo, uma vez esgotado o prazo concedido para o pagamento, na forma prevista na Súmula 622 do STJ[511]. Entre a lavratura do auto de infração e a decisão final administrativa não flui o prazo de decadência – porque o tributo já foi lançado – e nem o de prescrição – porque a Fazenda não pode cobrá-lo.

No caso das contribuições previdenciárias autolançadas[512], inerentes ao lançamento por homologação, não se cogita do prazo decadencial quanto aos valores declarados. Sempre que os valores tiverem sido declarados, os créditos já estão constituídos, uma vez que o próprio contribuinte apurou o valor devido e informou à administração. Por isto, não ocorrendo o pagamento dos valores que foram declarados, ou sendo parcial o pagamento, os créditos declarados, ou o saldo, serão inscritos em dívida ativa e cobrados por execução fiscal antes de fluido o prazo de prescrição[513], como, aliás, prevê o art. 39, § 3°.

Sendo o crédito autolançado, o prazo de prescrição de cinco anos para a sua cobrança será contado a partir do vencimento[514], ou, na hipótese de entrega da declaração após o vencimento, a partir da sua data da entrega.

No caso de tributo autolançado, o recolhimento fora do prazo acarreta a incidência de juros de mora pela taxa SELIC e de multa de mora. Mesmo que efetuado o pagamento do tributo e dos juros de mora antes de ser fiscalizado, o contribuinte não poderá invocar a denúncia

---

511 Súmula 622, do STJ: "A notificação do auto de infração faz cessar a contagem da decadência para a constituição do crédito tributário; exaurida a instância administrativa com o decurso do prazo para a impugnação ou com a notificação de seu julgamento definitivo e esgotado o prazo concedido pela Administração para o pagamento voluntário, inicia-se o prazo prescricional para a cobrança judicial".

512 Vide comentários aos arts. 32 e 33.

513 Súmula 436, do STJ: "A entrega de declaração pelo contribuinte reconhecendo débito fiscal constitui o crédito tributário, dispensada qualquer outra providência por parte do fisco".

514 Tema 383, do STJ, RESP 1.120.295.

espontânea, prevista no art. 138 do CTN[515], com o objetivo de afastar a multa. O Superior Tribunal de Justiça sumulou o entendimento de que "o benefício da denúncia espontânea não se aplica aos tributos sujeitos a lançamento por homologação regularmente declarados, mas pago a destempo"[516].

9.1. INTERRUPÇÃO DA PRESCRIÇÃO

O parágrafo único do art. 174 do CTN arrola os casos de interrupção da prescrição.

Ajuizada a execução fiscal, a prescrição será interrompida pelo despacho do juiz que ordenar a citação, como prevê o inciso I do parágrafo único do CTN. A interrupção retroage à data da propositura da ação, consoante dispõe o § 1º do art. 240 do CPC, e o juiz, de ofício, pode decretar a prescrição ocorrida antes da propositura da ação[517]. Por outro lado, a demora na citação, por motivos inerentes ao mecanismo da Justiça, não autoriza o reconhecimento da prescrição porque não houve inércia do credor[518].

Na execução fiscal é cabível a citação por edital quando frustradas as demais modalidades previstas no art. 8º da Lei n.º 6.830/80[519], não existindo necessidade de instruir a petição inicial com o demonstrativo de cálculo do débito[520], visto que a Lei n.º 6.830/80 exige apenas a certidão de dívida ativa.

No curso da execução fiscal poderá ocorrer a prescrição intercorrente, na forma do art. 40 da Lei n.º 6.830/80, observados os requisitos

---

515 Art. 138, do CTN: "A responsabilidade é excluída pela denúncia espontânea da infração, acompanhada, se for o caso, do pagamento do tributo devido e dos juros de mora, ou do depósito da importância arbitrada pela autoridade administrativa, quando o montante do tributo dependa de apuração. Parágrafo único. Não se considera espontânea a denúncia apresentada após o início de qualquer procedimento administrativo ou medida de fiscalização, relacionados com a infração".

516 Súmula 360, do STJ.

517 STJ, RESP 1.100.156.

518 STJ, RESP 1.102.431.

519 Súmula 414, do STJ.

520 STJ, Tema 268, RESP 1.138.202.

fixados pelo STJ, diante das múltiplas situações fáticas no desenrolar da tramitação do processo executivo[521].

A prescrição, sendo causa de extinção do crédito tributário, pode ser alegada em exceção de pré-executividade[522].

O protesto judicial, previsto no inciso II do parágrafo único do CTN, é outra das causas interruptivas da prescrição. O protesto judicial é previsto no art. 726, do CPC. O protesto da CDA, por sua vez, é medida extrajudicial, não estando arrolado entre as causas interruptivas da prescrição.

A prescrição pode também ser interrompida por qualquer ato judicial que constitua em mora o devedor, nos termos do inciso III do parágrafo único do CTN. São quaisquer medidas de natureza processual, previstas no CPC, determinadas pelo juiz, e que revelam as diligências do credor na perseguição do crédito tributário.

A última hipótese de interrupção da prescrição consiste em qualquer ato inequívoco, ainda que extrajudicial, que importe em reconhecimento do débito pelo devedor, mencionado no inciso IV do parágrafo único do CTN. Este é caso mais recorrente da interrupção da prescrição, tendo em vista que se aplica ao parcelamento dos créditos tributários. O pedido de parcelamento é um ato inequívoco em que o devedor reconhece a dívida. O prazo de prescrição é interrompido com o pedido de parcelamento, ainda que indeferido[523]. O parcelamento depende de lei e é uma das causas suspensivas da exigibilidade do crédito tributário, prevista no inciso VI do art. 151 do CTN. Como o crédito não pode ser exigido pelo credor, é claro que não se cogita do transcurso do prazo de prescrição. O prazo de prescrição voltará a fluir quando o devedor deixar de cumprir com o acordo celebrado. Como se trata de interrupção, o prazo de cinco anos voltará a ser contado por inteiro. Em regra, o prazo volta a iniciar no dia seguinte àquele em que o devedor deixar de pagar a prestação. Entretanto, nos casos em que a lei concessiva do parcelamento exigir a expedição de algum ato administrativo de exclusão formal, a prescrição retomará o seu curso a partir do momento em que o contribuinte for notificado ou depois de ultrapassado eventual prazo concedido para a regularização do débito.

---

521 STJ, RESP 1.340.553. Vide os Temas 566, 567, 568, 569 e 570 do STJ.

522 Tema 262, do STJ.

523 Súmula 653, do STJ: "O pedido de parcelamento fiscal, ainda que indeferido, interrompe o prazo prescricional, pois caracteriza confissão extrajudicial do débito".

10. PODERES DE FISCALIZAÇÃO

Os poderes da fiscalização tributária são amplos, embora encontrem limites no sistema constitucional de proteção dos direitos e garantias individuais do contribuinte. A observância das balizas previstas na Constituição Federal fundamenta o exercício legítimo dos poderes de fiscalização das autoridades tributárias[524].

O CTN afasta a aplicação de preceitos legais que excluem ou limitem o direito do Fisco de examinar mercadorias, livros, arquivos e todos os documentos dos comerciantes, industriais ou produtores, ou da obrigação destes de exibi-los[525]. Estão obrigados a mostrar todos os documentos relacionados às contribuições previdenciárias não apenas a empresa ou os segurados, mas também o serventuário da Justiça, o síndico, o comissário, o liquidante de empresa em liquidação judicial

---

524 STF, HC 103.325: "Não são absolutos os poderes de que se acham investidos os órgãos e agentes da administração tributária, pois o Estado, em tema de tributação, inclusive em matéria de fiscalização tributária, está sujeito à observância de um complexo de direitos e prerrogativas que assistem, constitucionalmente, aos contribuintes e aos cidadãos em geral. Na realidade, os poderes do Estado encontram, nos direitos e garantias individuais, limites intransponíveis, cujo desrespeito pode caracterizar ilícito constitucional. – A administração tributária, por isso mesmo, embora podendo muito, não pode tudo. É que, ao Estado, é somente lícito atuar, "respeitados os direitos individuais e nos termos da lei" (CF, art. 145, § 1º), consideradas, sobretudo, e para esse específico efeito, as limitações jurídicas decorrentes do próprio sistema instituído pela Lei Fundamental, cuja eficácia – que prepondera sobre todos os órgãos e agentes fazendários – restringe-lhes o alcance do poder de que se acham investidos, especialmente quando exercido em face do contribuinte e dos cidadãos da República, que são titulares de garantias impregnadas de estatura constitucional e que, por tal razão, não podem ser transgredidas por aqueles que exercem a autoridade em nome do Estado... A circunstância de a administração estatal achar-se investida de poderes excepcionais que lhe permitem exercer a fiscalização em sede tributária não a exonera do dever de observar, para efeito do legítimo desempenho de tais prerrogativas, os limites impostos pela Constituição e pelas leis da República, sob pena de os órgãos governamentais incidirem em frontal desrespeito às garantias constitucionalmente asseguradas aos cidadãos em geral e aos contribuintes em particular. – Os procedimentos dos agentes da administração tributária que contrariem os postulados consagrados pela Constituição da República revelam-se inaceitáveis e não podem ser corroborados pelo Supremo Tribunal Federal, sob pena de inadmissível subversão dos postulados constitucionais que definem, de modo estrito, os limites – inultrapassáveis – que restringem os poderes do Estado em suas relações com os contribuintes e com terceiros".

525 Art. 195, do CTN.

ou extrajudicial (§ 2º), assim como qualquer outra pessoa física ou jurídica, pública ou privada, mediante regular intimação. Ninguém pode se escusar do dever de colaborar com a fiscalização tributária, ressalvados os casos em que a lei impõe o dever de sigilo.

11. ATRIBUIÇÃO DE RESPONSABILIDADE TRIBUTÁRIA

A lei traz diversos preceitos acerca da atribuição de responsabilidade tributária pelo recolhimento das contribuições previdenciárias[526], mediante a retenção da contribuição pela fonte pagadora. O retentor, na verdade, é um substituto tributário. São técnicas que deslocam o dever originário do recolhimento do tributo para terceira pessoa que possui algum vínculo com o fato gerador, autorizado pelo art. 128 do CTN, a fim de facilitar a arrecadação e a fiscalização.

A empresa que remunera o contribuinte individual ou que possui empregados, por exemplo, está obrigada a reter e recolher as contribuições que são devidas por tais segurados obrigatórios, descontando os valores da respectiva remuneração. No caso das contribuições incidentes sobre a receita bruta proveniente da comercialização da produção rural, o consignatário, que é o comerciante a quem a produção rural é entregue para que seja comercializada, segundo instruções do fornecedor[527], é que está obrigado ao pagamento, cujo recolhimento é presumido, nos termos do § 5º deste artigo e do art. 30, III e IV.

O § 5º do artigo em comento trata da presunção legal de a empresa ter procedido ao desconto da contribuição ou consignação, atribuindo-lhe a responsabilidade direta pela "importância que deixou de receber ou arrecadou em desacordo com o disposto nesta Lei". A responsabilidade será direta do retentor ou consignatário apenas em relação às importâncias retidas e não recolhidas. Neste caso, justifica-se a responsabilidade exclusiva do retentor porque o retido sofreu o ônus, já que dele foi descontado o valor relativo à contribuição. Por conseguinte, se não houver a retenção, a fiscalização poderá exigir de qualquer deles a contribuição. O que não poderá ocorrer é o lançamento simultâneo na pessoa do retentor, pela contribuição que deveria ter retido, e na pessoa do retido pela contribuição integral por este devida.

---

526 Vide comentários ao art. 30.

527 Art. 146, VII, da IN n.º 2.110/22.

12. OMISSÃO DE RECEITAS

Por fim, o DL n.º 1.598/77 presume ter acontecido omissão no registro de receita o fato de a escrituração indicar saldo credor de caixa ou a manutenção, no passivo, de obrigações já pagas, sendo cabível o arbitramento[528]. As presunções legais acerca da omissão de receitas, previstas nos artigos 40, 41 e 42, da Lei n.º 9.430/96[529], são aplicadas às contribui-

---

528 Art. 12, §§2º e 3º, do DL 1.598/77.

529 Lei n.º 9.430/96: "Art. 40. A falta de escrituração de pagamentos efetuados pela pessoa jurídica, assim como a manutenção, no passivo, de obrigações cuja exigibilidade não seja comprovada, caracterizam, também, omissão de receita". "Art. 41. A omissão de receita poderá, também, ser determinada a partir de levantamento por espécie das quantidades de matérias-primas e produtos intermediários utilizados no processo produtivo da pessoa jurídica.§ 1º Para os fins deste artigo, apurar-se-á a diferença, positiva ou negativa, entre a soma das quantidades de produtos em estoque no início do período com a quantidade de produtos fabricados com as matérias-primas e produtos intermediários utilizados e a soma das quantidades de produtos cuja venda houver sido registrada na escrituração contábil da empresa com as quantidades em estoque, no final do período de apuração, constantes do livro de Inventário.

§ 2º Considera-se receita omitida, nesse caso, o valor resultante da multiplicação das diferenças de quantidades de produtos ou de matérias-primas e produtos intermediários pelos respectivos preços médios de venda ou de compra, conforme o caso, em cada período de apuração abrangido pelo levantamento. § 3º Os critérios de apuração de receita omitida de que trata este artigo aplicam-se, também, às empresas comerciais, relativamente às mercadorias adquiridas para revenda." "Art. 42. Caracterizam-se também omissão de receita ou de rendimento os valores creditados em conta de depósito ou de investimento mantida junto a instituição financeira, em relação aos quais o titular, pessoa física ou jurídica, regularmente intimado, não comprove, mediante documentação hábil e idônea, a origem dos recursos utilizados nessas operações. § 1º O valor das receitas ou dos rendimentos omitido será considerado auferido ou recebido no mês do crédito efetuado pela instituição financeira. § 2º Os valores cuja origem houver sido comprovada, que não houverem sido computados na base de cálculo dos impostos e contribuições a que estiverem sujeitos, submeter-se-ão às normas de tributação específicas, previstas na legislação vigente à época em que auferidos ou recebidos. § 3º Para efeito de determinação da receita omitida, os créditos serão analisados individualizadamente, observado que não serão considerados: I – os decorrentes de transferências de outras contas da própria pessoa física ou jurídica; II – no caso de pessoa física, sem prejuízo do disposto no inciso anterior, os de valor individual igual ou inferior a R$ 1.000,00 (mil reais), desde que o seu somatório, dentro do ano-calendário, não ultrapasse o valor de R$ 12.000,00 (doze mil reais). § 4º Tratando-se de pessoa física, os rendimentos omitidos serão tributados no mês em que considerados recebidos, com base na tabela progressiva vigente à época em que tenha sido efetuado o crédito pela instituição

ções previdenciárias (§ 8º), impactando as contribuições da pessoa jurídica que incidem sobre a receita, incluindo a contribuição substitutiva.

13. ATRASO OU FALTA DE PAGAMENTO

O atraso ou a falta de pagamento, no prazo previsto em lei, das contribuições devidas ou declaradas, ensejará a incidência de juros de mora pela taxa SELIC e multa de mora, limitada a 20%, na forma prevista no art. 35.

A falta de entrega da declaração, ou entrega com incorreções ou omissões, acarretará a aplicação da multa prevista no art. 32-A.

O lançamento de ofício implicará incidência da multa do art. 44 da Lei 9.430/96, consoante dispõe o art. 35-A.

ART. 34.

(Revogado pela Lei n.º 11.941, de 2009)

ART. 35.

Os débitos com a União decorrentes das contribuições sociais previstas nas alíneas a, b e c do parágrafo único do art. 11 desta Lei, das contribuições instituídas a título de substituição e das contribuições devidas a terceiros, assim entendidas outras entidades e fundos, não pagos nos prazos previstos em legislação, serão acrescidos de multa

---

financeira. § 5º Quando provado que os valores creditados na conta de depósito ou de investimento pertencem a terceiro, evidenciando interposição de pessoa, a determinação dos rendimentos ou receitas será efetuada em relação ao terceiro, na condição de efetivo titular da conta de depósito ou de investimento. § 6º Na hipótese de contas de depósito ou de investimento mantidas em conjunto, cuja declaração de rendimentos ou de informações dos titulares tenham sido apresentadas em separado, e não havendo comprovação da origem dos recursos nos termos deste artigo, o valor dos rendimentos ou receitas será imputado a cada titular mediante divisão entre o total dos rendimentos ou receitas pela quantidade de titulares".

de mora e juros de mora, nos termos do art. 61 da Lei n.º 9.430, de 27 de dezembro de 1996. (Redação dada pela Lei n.º 11.941, de 2009)

I - (revogado): (Redação dada pela Lei n.º 11.941, de 2009).

a) (revogada); (Redação dada pela Lei n.º 11.941, de 2009)

b) (revogada); (Redação dada pela Lei n.º 11.941, de 2009)

c) (revogada); (Redação dada pela Lei n.º 11.941, de 2009)

II - (revogado): (Redação dada pela Lei n.º 11.941, de 2009)

a) (revogada); (Redação dada pela Lei n.º 11.941, de 2009)

b) (revogada); (Redação dada pela Lei n.º 11.941, de 2009)

c) (revogada); (Redação dada pela Lei n.º 11.941, de 2009)

d) (revogada); (Redação dada pela Lei n.º 11.941, de 2009)

III - (revogado): (Redação dada pela Lei n.º 11.941, de 2009).

a) (revogada); (Redação dada pela Lei n.º 11.941, de 2009)

b) (revogada); (Redação dada pela Lei n.º 11.941, de 2009)

c) (revogada); (Redação dada pela Lei n.º 11.941, de 2009)

d) (revogada). (Redação dada pela Lei n.º 11.941, de 2009)

§ 1º (Revogado). (Redação dada pela Lei n.º 11.941, de 2009)

§ 2º (Revogado). (Redação dada pela Lei n.º 11.941, de 2009)

§ 3º (Revogado). (Redação dada pela Lei n.º 11.941, de 2009)

§ 4º (Revogado). (Redação dada pela Lei n.º 11.941, de 2009)

1. SANÇÕES PECUNIÁRIAS PELA FALTA DE PAGAMENTO

O sujeito passivo que não paga as contribuições previdenciárias e as dos terceiros nos prazos previstos na legislação incide em mora junto à Fazenda Pública. Em razão disso, é penalizado com juros de mora e multa de mora, previstas neste preceito. A multa de ofício é regulada pelo artigo seguinte.

1.1. JUROS DE MORA

Os juros de mora são calculados pela taxa SELIC e incidem a partir do primeiro dia do mês subsequente ao do vencimento do prazo até o mês anterior ao do pagamento, e de 1% no mês do pagamento[530]. Se o

---

[530] Art. 61, §§ 1º, 2º e 3º, da Lei n.º 9.430/96.

pagamento ocorrer no próprio mês de vencimento, o tributo não ficará sujeito aos juros de mora, mas apenas à multa de mora.

Os juros de mora não incidem sobre a multa de mora, frente ao disposto no art. 2º, parágrafo único, do DL n.º 1.736/79.

1.2. MULTA DE MORA

A multa de mora é calculada a partir do primeiro dia útil subsequente ao do vencimento do prazo para o pagamento até o dia em que o mesmo ocorrer. A multa de mora é de 0,33% ao dia, limitada a 20%. Se o valor da multa diária for maior que 20%, o saldo remanescente deve ser desprezado, uma vez que a lei limita a multa de mora a 20%.

ART. 35-A.

> **Nos casos de lançamento de ofício relativos às contribuições referidas no art. 35 desta Lei, aplica-se o disposto no art. 44 da Lei n.º 9.430, de 27 de dezembro de 1996. (Incluído pela Lei n.º 11.941, de 2009)**

1. MULTAS DE OFÍCIO

A lavratura do auto de infração materializa o lançamento de ofício das contribuições e encargos previstos no artigo anterior, acrescidas da denominada multa de ofício[531], descrita no art. 44, da Lei n.º 9.430/96[532].

Frente ao princípio da especialidade, as multas previstas no art. 44, da Lei nº 9.430/96, incidem apenas nas hipóteses do lançamento de ofício e para as infrações e sanções que não sejam reguladas por esta Lei nº 8.212/91.

A Lei nº 14.689/23 trouxe importantes alterações às multas tributárias previstas no art. 44, da Lei nº 9.430/96.

---

[531] Vide comentários aos arts. 37 e 45-A.

[532] Vide os comentários ao art. 89, §10 acerca da multa isolada por compensação indevida, quando comprovada a falsidade da declaração.

A multa de ofício pode ser classificada em ordinária, majorada e qualificada, a depender da natureza da infração, do dolo e reincidência do contribuinte, segundo a previsão contida no art. 44, da Lei n.º 9.430/96:

	Multa ordinária	Multa majorada	Multa qualificada
Infração	Falta de pagamento ou recolhimento, de falta de declaração e nos de declaração inexata.	Sonegação, fraude ou conluio.	Reincidência do sujeito passivo na sonegação, fraude ou conluio.
Sanção	75% sobre a totalidade ou diferença de contribuição.	100% sobre a totalidade ou diferença de contribuição.	150% sobre a totalidade ou diferença de contribuição.
Capitulação legal	Art. 44, I, da Lei nº 9.430/96.	Art. 44, §1º, VI, da Lei nº 9.430/96, com a redação dada pela Lei nº 14.689/23.	Art. 44, §1º, VII, da Lei nº 9.430/96, com a redação dada pela Lei nº 14.689/23.
Causas especiais de aumento da penalidade em 50%	112,50%	150%	225%

As multas ordinária, majorada e qualificada ficarão sujeitas às causas especiais de aumento em 50% se o sujeito passivo não atender, no prazo estipulado, à intimação para prestar esclarecimentos, apresentar arquivos magnéticos e digitais e sistemas de processamento eletrônico de dados ou a documentação técnica a que se refere o art. 38 da Lei n.º 9.430/96[533].

1.1. MULTA ORDINÁRIA

A multa ordinária incide com o percentual de 75% sobre a totalidade ou diferença de contribuição, nos casos de "falta de pagamento ou recolhimento, de falta de declaração e nos de declaração inexata", conforme previsto no inciso I do art. 44, da Lei nº 9.430/96.

A falta de entrega ou inexatidão da declaração de que trata o art. 32, IV, por força do princípio da especialidade, ficará sujeita à multa prevista no art. 32-A e não à multa de ofício do art. 44, I, da Lei nº 9.430/96.

A infração sancionada com a multa simples de 75% é de natureza objetiva. Não cabe sindicar a culpa ou o dolo do sujeito passivo.

---

[533] Art. 44, § 2º, da Lei n.º 9.430/96.

1.2. MULTA MAJORADA

Quando a fiscalização constatar sonegação, fraude ou conluio, previstos nos artigos 71, 72 e 73 da Lei n.º 4.502/64, a multa de ofício de 75% será majorada para 100% sobre a totalidade ou diferença de contribuição[534].

A Lei n.º 4.502/64 tipifica como sonegação "toda ação ou omissão dolosa tendente a impedir ou retardar, total ou parcialmente, o conhecimento por parte da autoridade fazendária: I - da ocorrência do fato gerador da obrigação tributária principal, sua natureza ou circunstâncias materiais; II - das condições pessoais de contribuinte, suscetíveis de afetar a obrigação tributária principal ou o crédito tributário correspondente". A fraude é " toda ação ou omissão dolosa tendente a impedir ou retardar, total ou parcialmente, a ocorrência do fato gerador da obrigação tributária principal, ou a excluir ou modificar as suas características essenciais, de modo a reduzir o montante do imposto devido a evitar ou diferir o seu pagamento", enquanto o conluio é o ajuste doloso entre duas ou mais pessoas naturais ou jurídicas para a prática de sonegação ou fraude.

A majoração para 100% justifica-se tendo em vista o dolo do contribuinte na prática da sonegação, fraude ou conluio. Trata-se de infração de natureza subjetiva, devendo ser individualizada e comprovada conduta dolosa que autoriza o agravamento da penalidade.

Na redação anterior à imposta pela Lei n.º 14.689/23 ao art. 44, da Lei n.º 9.430/96, quando a fiscalização constatasse a prática de sonegação, fraude ou conluio, a multa de ofício era aplicada em dobro, ou seja, de 150%. Com a lei nova, a multa foi reduzida para 100%, exceto nos casos de reincidência. Por força do art. 106, II, "c", do CTN, como se trata de penalidade menos severa do que a prevista na lei vigente ao tempo da prática da infração, a multa de 100% deve ser aplicada retroativamente. Assim, estando pendentes de julgamento os processos administrativos ou judiciais[535] que têm por objeto da multa qualificada de 150% pela prática de sonegação, fraude ou conluio, impõe-se a aplicação retroativa da lei nova para que a multa de ofício seja reduzida para 100%.

No caso de haver parcelamento da multa em curso, sobrevindo lei mais benéfica, há precedentes do STJ no sentido de que não existe

---

534 Art. 44, §1º, VI, da Lei nº 9.430/96, com a redação conferida pela Lei nº 14.689/23.

535 STJ, RESP 295.762.

óbice à sua aplicação retroativa[536], inclusive em embargos à execução, enquanto não definitivamente julgados[537]. A jurisprudência do STJ é até mesmo a de que é irrelevante a existência dos embargos à execução para efeito de aplicação da lei mais benigna, uma vez que o CTN admite a aplicação retroativa desde que não se trate de ato definitivamente julgado, sendo que a execução fiscal é considerada extinta após a arrematação, adjudicação ou remição[538].

1.3. MULTA QUALIFICADA

Nos casos em que a fiscalização constatar a reincidência do sujeito passivo, a multa será qualificada para 150% sobre a totalidade ou diferença de contribuição lançada de ofício. O legislador dispôs que a reincidência é verificada quando, "no prazo de dois anos, contado do ato de lançamento em que tiver sido imputada a ação ou omissão tipificada nos arts. 71, 72 e 73 da Lei nº 4.502, de 30 de novembro de 1964, ficar comprovado que o sujeito passivo incorreu novamente em qualquer uma dessas ações ou omissões"[539].

A reincidência, enquanto causa qualificadora da infração e, portanto, da multa, resta configurada quando o contribuinte incorrer nas mesmas ações ou omissões de sonegação, fraude ou conluio, dentro do limite temporal de dois anos, contados do lançamento anterior. Essa inovação legislativa acerca da reincidência não é norma meramente procedimental em matéria de lançamento, de modo a permitir a aplicação da multa qualificada de 150% com base em sonegação, fraude ou conluio, anteriores à Lei n.º 14.689/23. O preceito é de natureza material porque recai sobre elemento essencial da tipificação do ilícito tributário. A qualificadora da multa não incide para as infrações pretéritas, mas para as futuras, praticadas e comprovadas por lançamentos posteriores à Lei n.º 14.689/23. A multa qualificada de 150% é legítima quando a reincidência for detectada dentro de dois anos do lançamento anterior em que identificado o ato ilícito doloso posterior à Lei nº 14.689/23. Ultrapassado o prazo de dois anos do lançamento primitivo, apaga-se o passado do

---

536 STJ, RESP 1.056.371, RESP 1.185.421.

537 STJ, AgRg no REsp 1223123, AgRg no AREsp 188843.

538 STJ, RESP 1.121.230, RESP 950.143, RESP 492.875.

539 Art. 44, §1º-A, da Lei nº 9.430/96, com a redação conferida pela Lei nº 14.689/23.

ilícito doloso gerador da reincidência e o contribuinte volta a ser infrator primário, sujeito à multa de ofício majorada de 100%.

Os problemas acerca da reincidência vão surgir diante daqueles casos em que a fiscalização identifica nova sonegação, fraude ou conluio, mas o lançamento anterior ainda não é definitivo pelo fato de ser objeto de impugnação no âmbito administrativo. Até que o lançamento seja definitivo paira a incerteza da infração, o que afastaria a caracterização da reincidência. Porém, a lei dispõe que o prazo de dois anos é "contado do ato de lançamento" em que tiver sido imputada a ação ou omissão tipificada nos arts. 71, 72 e 73 da Lei nº 4.502/64. Caso a fiscalização tenha de aguardar o encerramento do processo administrativo, o lançamento de ofício para a imposição da multa qualificada poderá ter sido atingido pelo prazo decadencial, regulado, nesta hipótese, pelo art. 173, I, do CTN. Assim, para prevenir o prazo decadencial, o auto de infração deve ser lavrado dentro de dois anos do lançamento anterior que constatou a ocorrência dolosa de sonegação, fraude ou conluio, suspendendo-se a exigibilidade do crédito até que seja decidida de forma definitiva a impugnação anterior. Caso assim não se entenda, sendo admitido o novo lançamento dentro de dois anos do lançamento anterior – ainda que este não seja definitivo – a segurança jurídica e a verdade material que regem o ato de lançamento restariam comprometidas, tomando-se por inequívoca uma infração dolosa ainda incerta.

A qualificação da multa impõe ao Fisco o ônus de individualizar a conduta e comprovar que o contribuinte agiu com dolo na sonegação, fraude ou conluio[540]. A presunção de boa fé milita em favor do contribuinte, de maneira que a qualificação da multa impõe à fiscalização o ônus de elidir tal presunção, mediante a produção de prova em contrário.

Caso a mesma infração tenha desencadeado ação penal, a lei dispõe que a sentença penal absolutória, cujo mérito tenha sido apreciado, afastará a qualificação da multa[541]. O CPP dispõe que o juiz absolverá o réu, desde que reconheça: I - estar provada a inexistência do fato; II - não haver prova da existência do fato; III - não constituir o fato infração penal; IV – estar provado que o réu não concorreu para a infração penal; V – não existir prova de ter o réu concorrido para a infração penal; VI – existirem circunstâncias que excluam o crime ou isentem o réu de

---

540 Art. 44, §1º-C, I, da Lei nº 9.430/96, com a redação conferida pela Lei nº 14.689/23.

541 Art. 44, §1º-C, II, da Lei nº 9.430/96, com a redação conferida pela Lei nº 14.689/23.

pena (arts. 20, 21, 22, 23, 26 e § 1º do art. 28, todos do Código Penal), ou mesmo se houver fundada dúvida sobre sua existência; VII – não existir prova suficiente para a condenação". Ao lado das discussões a respeito de quais os fundamentos da absolvição dizem respeito ao mérito apreciado e da independência das instâncias civil, penal e administrativa, como a sentença absolutória afasta a multa qualificada de 150%, a existência da ação penal sobre o mesmo fato poderá implicar a suspensão do processo administrativo ou judicial até a definição criminal.

Não sendo paga a multa de ofício no prazo fixado, incidem juros de mora pela taxa SELIC, mas a multa de mora não é exigida.

O Supremo Tribunal Federal, considerando o caráter pedagógico da multa de ofício, que procura desestimular a prática de infração à legislação tributária, tem admitido que incida com percentuais mais rigorosos[542]. A Corte pondera que o valor da obrigação principal deve funcionar como limitador da penalidade, de maneira que a natureza confiscatória da sanção é evidenciada nos percentuais superiores a 100%. O STF tem precedentes admitindo a redução da multa tributária, a fim de impedir que extrapole o valor do tributo[543] e vai decidir, com base no princípio da vedação de confisco, se é possível fixar a multa punitiva, não qualificada pela sonegação, fraude ou conluio, em montante superior a 100%[544].

2. REDUÇÕES DAS MULTAS

O preceito dispõe que sejam aplicadas às multas tratadas neste artigo as reduções previstas no art. 6º da Lei n.º 8.218/91 e no art. 60 da Lei n.º 8.383/91, por força do § 3º do art. 44 da Lei n.º 9.430/96.

O art. 6º, da Lei n.º 8.218/91, prevê reduções da multa de ofício em percentuais variáveis entre 50% a 20%, dependendo de ocorrer o pagamento, a compensação ou o parcelamento em determinado prazo nas situações ali especificadas.

O art. 60 da Lei n.º 8.383/91 foi revogado pela Lei n.º 11.941/09.

---

542 Vide comentários ao art. 89, § 10º.

543 STF, ARE 776273, AI 727872, RE 833.106.

544 Tema 1.195, do STF. RE 1335293.

ART. 36.

(Revogado pela Lei n° 8.218, de 29.8.91).

ART. 37.

Constatado o não recolhimento total ou parcial das contribuições tratadas nesta Lei, não declaradas na forma do art. 32 desta Lei, a falta de pagamento de benefício reembolsado ou o descumprimento de obrigação acessória, será lavrado auto de infração ou notificação de lançamento. (Redação dada pela Lei n.º 11.941, de 2009).

§ 1° (Revogado). (Redação dada pela Lei n.º 11.941, de 2009).

§ 2° (Revogado) (Redação dada pela Lei n.º 11.941, de 2009).

1. AUTO DE INFRAÇÃO

Inicialmente, recorde-se que a declaração autoconstitutiva dos créditos deve ser entregue ainda que não ocorram fatos geradores das contribuições previdenciárias e que a falta de entrega da declaração é sancionada com a multa prevista no art. 32-A.

O preceito trata da lavratura do auto de infração em três hipóteses: a) contribuições não declaradas e não pagas, total ou parcialmente; b) falta de pagamento de benefício reembolsado; c) descumprimento de obrigação acessória.

Na hipótese de as contribuições não terem sido declaradas na forma prevista no art. 32, e não houver o pagamento, total ou parcial, será lavrado auto de infração para constituir os créditos, com os juros de mora, multa de mora e a multa de ofício prevista no art. 32-A[545].

Por outro lado, alguns benefícios previdenciários, como o salário-família e o salário-maternidade, são pagos pela empresa e depois reembolsados pela União. O reembolso pode ocorrer mediante a dedução

---

[545] Vide comentários ao art. 32-A e ao art. 33 acerca do prazo decadencial.

das contribuições previdenciárias, correspondentes ao mês de competência do pagamento do benefício ao segurado, ou mediante requerimento administrativo. Constatado que a empresa não pagou o benefício cujo reembolso foi efetuado, deverá haver o lançamento de ofício, com os juros e as multas de mora e de ofício.

A lavratura do auto de infração deverá observar o disposto no Decreto n.º 70.235/72. O descumprimento dos preceitos que regulam o processo administrativo tributário, notadamente a supressão do direito de defesa do contribuinte, acarretam a nulidade formal do crédito tributário. O vício é de forma e não contamina o elemento material da obrigação. Por isso, permanecendo hígida a obrigação tributária, novo lançamento de ofício poderá ser efetuado dentro de cinco anos, contados da data em que se tornar definitiva a decisão, administrativa ou judicial, que houver anulado, por vício formal, o lançamento anterior[546].

ART. 38.

(Revogado pela Lei n.º 11.941, de 2009).

ART. 39.

O débito original e seus acréscimos legais, bem como outras multas previstas em lei, constituem dívida ativa da União, promovendo se a inscrição em livro próprio daquela resultante das contribuições de que tratam as alíneas a, b e c do parágrafo único do art. 11 desta Lei. (Redação dada pela Lei n.º 11.457, de 2007) (Vigência)

§ 1º (Revogado pela Lei n.º 11.501, de 2007).

§ 2º É facultado aos órgãos competentes, antes de ajuizar a cobrança da dívida ativa de que trata o caput deste artigo, promover o protesto de título dado em garantia, que será recebido pro solvendo. (Redação dada pela Lei n.º 11.457, de 2005) (Vigência)

---

546 Vide comentários ao art. 45-A.

> **§ 3° Serão inscritas como dívida ativa da União as contribuições que não tenham sido recolhidas ou parceladas resultantes das informações prestadas no documento a que se refere o inciso IV do art. 32 desta Lei.** (Redação dada pela Lei n.° 11.457, de 2007) (Vigência)

1. INSCRIÇÃO EM DÍVIDA ATIVA E EXECUÇÃO FISCAL

Os débitos das contribuições previdenciárias, com os juros pela taxa SELIC e multas, devem ser inscritos em dívida ativa da União. Embora a norma em comento faça referência às contribuições que estão previstas nas alíneas "a", "b" e "c" do art. 11, ou seja, das empresas, incidentes sobre a remuneração paga aos segurados a seu serviço, dos trabalhadores e dos empregadores domésticos, os débitos de todas as contribuições previdenciárias devem ser inscritos em dívida ativa da União, extraindo-se a respectiva certidão de dívida ativa[547], que é o título executivo extrajudicial apto a instruir a execução fiscal[548].

Os créditos tributários regularmente constituídos por auto de infração, observado o devido processo legal, regulado pelo Decreto n.° 70.235/72, ou mediante autolançamento, nos termos do art. 33, § 7°, uma vez não pagos na forma prevista em lei, é claro que devem ser inscritos em dívida ativa da União pela Procuradoria da Fazenda Nacional, passando a gozar da presunção relativa de certeza e liquidez, sendo exigidos por execução fiscal, regulada pela Lei n.° 6.830/80[549].

2. ENCARGO LEGAL E EXCLUSÃO DOS HONORÁRIOS ADVOCATÍCIOS

Inscritos em dívida ativa, os créditos ficarão sujeitos ao acréscimo do encargo legal de 20%, previsto no DL n.° 1.025/69[550]. Se o débito for pago antes do ajuizamento da execução fiscal, ocorrerá redução do encargo le-

---

[547] Art. 201, do CTN.

[548] Art. 784, IX, do CPC.

[549] Vide comentários ao art. 53.

[550] Art. 1°, do DL n.° 1.025/69: "É declarada extinta a participação de servidores públicos na cobrança da Dívida da União, a que se referem os artigos 21 da Lei n.° 4.439, de 27 de outubro de 1964, e 1°, inciso II, da Lei n.° 5.421, de 25 de abril de 1968, passando a taxa, no total de 20% (vinte por cento), paga pelo executado, a ser recolhida aos cofres públicos, como renda da União".

gal para 10%, consoante previsto no art. 3 do DL n.º 1.569/77. O encargo legal incide sobre a totalidade do débito, incluindo juros e multa[551].

Nas execuções fiscais da União, este encargo legal substitui a condenação do devedor em honorários advocatícios. Por isto, na hipótese de julgamento de improcedência de embargos à execução fiscal, não cabe a condenação do executado no pagamento de honorários advocatícios.

3. PROTESTO DA CDA E OUTRAS MEDIDAS ADMINISTRATIVAS

As certidões de dívida ativa da Fazenda Pública da União, Estados, DF e Municípios, correspondentes aos créditos inscritos na forma da lei, são consideradas títulos executivos extrajudiciais[552] e estão sujeitos a protesto, nos termos do art. 25 da Lei n.º 12.767/12.

O STF afastou a alegação de que o protesto da certidão de dívida ativa seria uma sanção política[553], não aceitando o argumento de que existiria restrição aos direitos fundamentais do contribuinte de forma desproporcional e irrazoável. Para a Corte, a circunstância de a execução fiscal ser o instrumento típico para a cobrança dos créditos tributários não exclui a adoção de mecanismos extrajudiciais, como o protesto, o qual também não obstaculiza o acesso, pelo devedor, ao Poder Judiciário[554]. A Tese firmada foi a seguinte:

"O protesto das Certidões de Dívida Ativa constitui mecanismo constitucional e legítimo, por não restringir de forma desproporcional quaisquer direitos fundamentais garantidos aos contribuintes e, assim, não constituir sanção política".

Além do protesto da certidão de dívida ativa, uma vez inscrito o crédito em dívida ativa, o legislador instituiu medidas administrativas para compelir o sujeito passivo ao adimplemento da obrigação antes da propositura da execução fiscal. Se não houver o pagamento da dívida após a notificação do devedor[555], a Fazenda poderá "comunicar a inscrição em dívida ativa aos órgãos que operam bancos de dados e cadastros relativos a consumidores e aos serviços de proteção ao crédito e congêneres"

---

551 Art. 57, § 2º, da Lei n.º 8.383/91.

552 Art. 784, IX, do CPC.

553 Vide comentários ao art.95.

554 ADI 5.135, do STF.

555 Art. 20-B, da Lei n.º 10.522/02.

e "averbar, inclusive por meio eletrônico, a certidão de dívida ativa nos órgãos de registro de bens e direitos sujeitos a arresto ou penhora, tornando-os indisponíveis"[556]. Trata-se de ferramentas extrajudiciais instituídas em favor da Fazenda Pública com o objetivo de tornar mais ágil e efetivo o recebimento de seus créditos, evitando que a execução fiscal seja o único caminho na perseguição do crédito tributário.

O art. 782, § 3º, do CPC, que autoriza o juiz, a requerimento da parte, determinar a inclusão do nome do executado em cadastros de inadimplentes, também se aplica às execuções fiscais. A inclusão independe do esgotamento de outras medidas executivas e deve ser adotado, salvo se o juiz tiver razoável dúvida sobre a existência da dívida, conforme tem entendido o STJ[557]:

"O art. 782, § 3º, do CPC, é aplicável às execuções fiscais, devendo o magistrado deferir o requerimento de inclusão do nome do executado em cadastros de inadimplentes, preferencialmente pelo sistema SERASAJUD, independentemente do esgotamento prévio de outras medidas executivas, salvo se vislumbrar alguma dúvida razoável à existência do direito ao crédito previsto na Certidão de Dívida Ativa – CDA."

4. AUTOLANÇAMENTO

Os débitos declarados pelo próprio contribuinte são autolançados, nos termos do inciso IV do art. 32. Ou seja, os créditos tributários são considerados constituídos[558]. Assim, a falta de pagamento autoriza a imediata inscrição em dívida ativa, dispensada qualquer outra providência a cargo da fiscalização.

O Superior Tribunal de Justiça sumulou o entendimento no sentido de que "a entrega de declaração pelo contribuinte reconhecendo débito fiscal constitui o crédito tributário, dispensada qualquer outra providência por parte do fisco"[559]. Eventual diferença, por força da declaração e pagamento de valores inferiores aos devidos, deverá ser

---

556 Art. 20-B, § 3º, I e II, da Lei n.º 10.522/02.

557 Tema 1.026, do STJ.

558 Vide comentários ao art. 33.

559 Súmula 436, do STJ.

objeto de lançamento de ofício[560], observando-se o prazo decadencial do art. 150, § 4º, do CTN.

ART. 40.

(VETADO).

ART. 41.

(Revogado pela Lei n.º 11.941, de 2009).

ART. 42.

Os administradores de autarquias e fundações públicas, criadas e mantidas pelo Poder Público, de empresas públicas e de sociedades de economia mista sujeitas ao controle da União, dos Estados, do Distrito Federal ou dos Municípios, que se encontrarem em mora, por mais de 30 (trinta) dias, no recolhimento das contribuições previstas nesta Lei, tornam-se solidariamente responsáveis pelo respectivo pagamento, ficando ainda sujeitos às proibições do art. 1º e às sanções dos arts. 4º e 7º do Decreto-lei n.º 368, de 19 de dezembro de 1968.

1. RESPONSABILIDADE DE ADMINISTRADORES DE ÓRGÃOS PÚBLICOS

O preceito atribui a responsabilidade solidária aos administradores das autarquias, fundações públicas, empresas públicas e sociedades de economia mista controladas pelas entidades políticas que estive-

---

[560] Vide comentários aos arts. 33, 37 e 45-A.

rem em mora, por mais de 30 dias, no recolhimento das contribuições previdenciárias.

O sujeito passivo das contribuições previdenciárias são as entidades públicas, equiparadas à empresa. A falta de recolhimento das contribuições previdenciárias autorizará o lançamento de ofício contra a respectiva entidade. A solidariedade prevista neste artigo deve ser compatibilizada com os preceitos do CTN, de modo que a simples mora por mais de 30 dias não acarreta a responsabilidade solidária dos administradores. A falta de pagamento do tributo não é considerada infração à lei, de maneira a permitir o deslocamento da responsabilidade solidária para o administrador[561].

A existência de débitos previdenciários das entidades mencionadas no preceito legal acarreta sanções de natureza administrativa previstas no art. 1º do DL n.º 368/68. Havendo débitos, a entidade não poderá: a) pagar honorários, gratificação, "pro labore" ou qualquer outro tipo de retribuição ou retirada a seus diretores, sócios ou gerentes; b) distribuir quaisquer lucros, bonificações, dividendos ou interesses a seus sócios, titulares, acionistas, ou membros de órgãos dirigentes, fiscais ou consultivos; c) ser dissolvida[562]. O descumprimento dos itens "a" e "b" acarreta a infração penal capitulada no art. 4º do DL n.º 368/68 e multa.

ART. 43.

Nas ações trabalhistas de que resultar o pagamento de direitos sujeitos à incidência de contribuição previdenciária, o juiz, sob pena de responsabilidade, determinará o imediato recolhimento das importâncias devidas à Seguridade Social. (Redação dada pela Lei n° 8.620, de 5.1.93).

§ 1º Nas sentenças judiciais ou nos acordos homologados em que não figurarem, discriminadamente, as parcelas legais relativas às contribuições sociais, estas incidirão sobre o valor total apurado em liquidação de sentença ou sobre o valor do acordo homologado. (Incluído pela Lei n.º 11.941, de 2009)

§ 2º Considera-se ocorrido o fato gerador das contribuições sociais na data da prestação do serviço. (Incluído pela Lei n.º 11.941, de 2009)

---

561 Súmula 430, do STJ: "O inadimplemento da obrigação tributária pela sociedade não gera, por si só, a responsabilidade solidária do sócio-gerente".

562 Vide comentários ao art. 93 acerca das sanções políticas e a posição do STF.

> **§ 3° As contribuições sociais serão apuradas mês a mês, com referência ao período da prestação de serviços, mediante a aplicação de alíquotas, limites máximos do salário-de-contribuição e acréscimos legais moratórios vigentes relativamente a cada uma das competências abrangidas, devendo o recolhimento ser efetuado no mesmo prazo em que devam ser pagos os créditos encontrados em liquidação de sentença ou em acordo homologado, sendo que nesse último caso o recolhimento será feito em tantas parcelas quantas as previstas no acordo, nas mesmas datas em que sejam exigíveis e proporcionalmente a cada uma delas.** (Incluído pela Lei n.° 11.941, de 2009)
>
> **§ 4° No caso de reconhecimento judicial da prestação de serviços em condições que permitam a aposentadoria especial após 15 (quinze), 20 (vinte) ou 25 (vinte e cinco) anos de contribuição, serão devidos os acréscimos de contribuição de que trata o § 6° do art. 57 da Lei n.° 8.213, de 24 de julho de 1991.** (Incluído pela Lei n.° 11.941, de 2009)
>
> **§ 5° Na hipótese de acordo celebrado após ter sido proferida decisão de mérito, a contribuição será calculada com base no valor do acordo.** (Incluído pela Lei n.° 11.941, de 2009)
>
> **§ 6° Aplica-se o disposto neste artigo aos valores devidos ou pagos nas Comissões de Conciliação Prévia de que trata a Lei n.° 9.958, de 12 de janeiro de 2000.** (Incluído pela Lei n.° 11.941, de 2009)

1. CONTRIBUIÇÕES PREVIDENCIÁRIAS NAS RECLAMATÓRIAS TRABALHISTAS

O preceito disciplina as contribuições previdenciárias que são devidas nas reclamatórias trabalhistas, concretizando o disposto no art. 114, VIII, da CF, que atribui à Justiça do Trabalho executar, de ofício, as contribuições previdenciárias da empresa sobre a folha de salários e ao seguro-acidente do trabalho e as contribuições dos empregados e demais segurados da previdência social[563].

De acordo com o STF, a "competência da Justiça do Trabalho prevista no art. 114, VIII, da Constituição Federal alcança a execução de ofício das contribuições previdenciárias relativas ao objeto da condenação constante das sentenças que proferir e acordos por ela homologados"[564]. Assim como ocorre na entrega de declaração pelo contribuin-

---

[563] Art. 114, VIII, da CF: "Art. 114. Compete à Justiça do Trabalho processar e julgar: VIII – a execução, de ofício, das contribuições sociais previstas no art. 195, I, a, e II, e seus acréscimos legais, decorrentes das sentenças que proferir".

[564] STF, Súmula Vinculante n.° 53.

te, que é constitutiva do crédito tributário[565], o ato judicial dispensa o lançamento, conferindo eficácia ao preceito constitucional previsto no inciso VIII do art. 114. A execução é limitada ao objeto da condenação da sentença e não às contribuições relativas ao vínculo de trabalho reconhecido na decisão, mas sem condenação ou acordo. A Justiça do Trabalho não tem competência para executar as contribuições previdenciárias que incidem sobre parcelas que não tenham sido objeto da condenação ou do acordo.

O cálculo do crédito das contribuições previdenciárias é apurado na liquidação e executado na própria reclamatória trabalhista[566]. Trata-se de procedimento especial, que dispensa a inscrição em dívida ativa e o ajuizamento de execução fiscal, na forma prevista na CLT[567].

Na hipótese de não haver na sentença ou no acordo homologado judicialmente a discriminação das parcelas, a lei dispõe que a contribuição recairá sobre o valor total. Na verdade, valor total é quanto à contribuição da empresa porque, em relação ao empregado, deverá ser observado o limite máximo do salário de contribuição. É importante que o juiz discrimine no acordo o título da rubrica que está sendo paga, não bastando que as partes façam referência genérica à "indenização", o que burlaria não apenas a incidência das contribuições previdenciárias, mas também o imposto de renda. Aliás, a CLT dispõe que as decisões devem sempre indicar a natureza jurídica das parcelas da condenação ou do acordo homologado, inclusive a responsabilidade de cada parte pelo recolhimento da contribuição previdenciária[568]. Nos termos da CLT, a União deve ser intimada da sentença e dos acordos homologados, podendo interpor recurso quanto à discriminação das parcelas[569].

Em relação às contribuições da empresa, a apuração deverá considerar a base de cálculo e as alíquotas previstas no art. 22, I e II, e o acréscimo de 12%, 9% ou 6% sobre o seguro acidente do trabalho, na hipótese de a decisão judicial reconhecer que o trabalhador prestava

---

565 Súmula 436, do STJ.

566 Art. 879, § 1º-A, da CLT.

567 Art. 880, "caput", da CLT.

568 Art. 831, § 3º, da CLT.

569 Art. 832, §§ 4º, 5º e 6º, da CLT.

serviços em condições que lhe outorgariam o direito à aposentadoria especial aos 15, 20 ou 25 anos, respectivamente[570].

Em relação ao trabalhador, a base de cálculo e a alíquota são as definidas no art. 28, I, respeitando o limite máximo do salário de contribuição e as exclusões previstas no § 9º do art. 28. As contribuições do próprio empregado devem ser descontadas do valor que lhe é devido, conforme dispõe o art. 30, I, alínea "a".

Quanto ao empregador doméstico, o cálculo deve tomar por base o disposto no art. 24. Em relação ao empregado doméstico, a base de cálculo e alíquota são as definidas no art. 28, II, também devendo ser observado o limite máximo do salário de contribuição, assim como as exclusões previstas no § 9º do art. 28. A contribuição do empregado deve ser descontada do salário que lhe for pago.

Nas situações em que o trabalhador já contribuía pelo valor máximo do salário de contribuição, não deverá incidir a contribuição previdenciária sobre as verbas salariais auferidas na reclamatória. O limite máximo do salário de contribuição deve ser sempre respeitado.

A CLT também dispõe que, ressalvada a hipótese de o pedido da reclamatória dizer respeito exclusivamente a verbas indenizatórias, as parcelas remuneratórias não podem ter como base de cálculo valor inferior: a) ao salário mínimo, para as competências que integram o vínculo empregatício reconhecido na decisão cognitiva ou homologatória; ou b) à diferença entre a remuneração reconhecida como devida na decisão cognitiva ou homologatória e a efetivamente paga pelo empregador, cujo valor total referente a cada competência não será inferior ao salário mínimo[571]. Caso haja piso salarial da categoria definido por acordo ou convenção coletiva de trabalho, o seu valor deverá ser utilizado como base de cálculo[572].

1.1. ASPECTO TEMPORAL DO FATO GERADOR

Nos termos do art. 7º, XXIX, da Constituição Federal, o prazo prescricional para o ajuizamento da reclamatória é de dois anos, contados da extinção do contrato de trabalho[573]. Ajuizada a ação no prazo, a

---

570 Vide comentários ao art. 22.

571 Art. 831, § 3º-A, I e II, da CLT.

572 Art. 831, § 3º-B, da CLT.

573 O art. 11, da CLT, repete o comando constitucional.

prescrição atinge os créditos anteriores a cinco anos, contados do ajuizamento da reclamação[574]. O mesmo prazo é previsto para o trabalhador doméstico[575] e para o avulso[576].

No entanto, sendo o direito tributário de sobreposição, não há o transcurso do prazo decadencial para apurar as contribuições previdenciárias enquanto não resolvida a reclamatória. A ação trabalhista é uma prejudicial interna que obsta o fluxo do prazo decadencial. Resolvida a reclamatória, os créditos previdenciários corresponderão aos respectivos créditos trabalhistas dos cinco anos anteriores ao ajuizamento da ação, apurados mês a mês da prestação do serviço, observadas as alíquotas, limites do salário de contribuição e os respectivos acréscimos moratórios de cada competência, nos termos do § 2º, acrescido pela MP n.º 449/08, convertida na Lei n.º 11.941/09. Adotou-se, portanto, o regime de competência.

No período anterior à MP n.º 449/08, o fato gerador das contribuições previdenciárias devidas na reclamatória seguia o regime de caixa, correspondendo à data do efetivo pagamento das verbas trabalhistas. Com isso, o acréscimo de juros de mora e multa de mora incidiam a partir do seguinte ao do prazo fixado para o pagamento.

O pagamento das contribuições previdenciárias das reclamatórias deve ser efetuado no mesmo prazo em que devem ser pagos os créditos ao trabalhador. Existindo acordo para pagamento parcelado, o recolhimento seguirá em "tantas parcelas quantas as previstas no acordo, nas mesmas datas em que sejam exigíveis proporcionalmente a cada uma delas" (§ 3º). No caso de o acordo ser celebrado depois da sentença, as contribuições serão apuradas com base no valor do acordo (§ 5º).

Na hipótese de conciliação resultante da mediação pela Comissão de Conciliação Prévia, "deverão ser recolhidas as contribuições inci-

---

574 Súmula 308, do TST: "I. Respeitado o biênio subsequente à cessação contratual, a prescrição da ação trabalhista concerne às pretensões imediatamente anteriores a cinco anos, contados da data do ajuizamento da reclamação e, não, às anteriores ao quinquênio da data da extinção do contrato.

II. A norma constitucional que ampliou o prazo de prescrição da ação trabalhista para 5 (cinco) anos é de aplicação imediata e não atinge pretensões já alcançadas pela prescrição bienal quando da promulgação da CF/88".

575 Art. 43, da LC n.º 150/15.

576 Art. 37, § 4º, da Lei n.º 12.815/13, embora tenha particularidades quanto ao início do prazo bienal por envolver o OGMO. O preceito foi reputado constitucional pelo STF na ADI 5.132.

dentes sobre as remunerações cujo pagamento seja estipulado, bem como sobre os períodos de prestação de serviços em relação aos quais se reconheça o vínculo empregatício"[577]. "Comissão de Conciliação Prévia é aquela instituída na forma da Lei n.º 9.958, de 12 de janeiro de 2000, no âmbito da empresa ou do sindicato representativo da categoria, podendo ser constituída por grupos de empresas ou ter caráter intersindical, com o objetivo de promover a conciliação preventiva do ajuizamento de demandas de natureza trabalhista"[578].

ART. 44.

(Revogado pela Lei n.º 11.501, de 2007).

ART. 45.

(Revogado pela Lei Complementar n.º 128, de 2008).

Art. 45-A. O contribuinte individual que pretenda contar como tempo de contribuição, para fins de obtenção de benefício no Regime Geral de Previdência Social ou de contagem recíproca do tempo de contribuição, período de atividade remunerada alcançada pela decadência deverá indenizar o INSS. (Incluído pela Lei Complementar n.º 128, de 2008)

§ 1º O valor da indenização a que se refere o caput deste artigo e o § 1º do art. 55 da Lei n.º 8.213, de 24 de julho de 1991, corresponderá a 20% (vinte por cento): (Incluído pela Lei Complementar n.º 128, de 2008)

I - da média aritmética simples dos maiores salários-de-contribuição, reajustados, correspondentes a 80% (oitenta por cento) de todo o período contributivo decorrido desde a competência julho de 1994; ou (Incluído pela Lei Complementar n.º 128, de 2008)

II - da remuneração sobre a qual incidem as contribuições para o regime próprio de previdência social a que estiver filiado o interessado, no caso de indenização para fins da contagem recíproca de que tratam

---

577 Art. 79, "caput", da IN n.º 2.110/22.

578 Art. 79, § 1º, da IN n.º 2.110/22.

os arts. 94 a 99 da Lei n.º 8.213, de 24 de julho de 1991, observados o limite máximo previsto no art. 28 e o disposto em regulamento. (Incluído pela Lei Complementar n.º 128, de 2008)

§ 2º Sobre os valores apurados na forma do § 1º deste artigo incidirão juros moratórios de 0,5% (cinco décimos por cento) ao mês, capitalizados anualmente, limitados ao percentual máximo de 50% (cinquenta por cento), e multa de 10% (dez por cento). (Incluído pela Lei Complementar n.º 128, de 2008)

§ 3º O disposto no § 1º deste artigo não se aplica aos casos de contribuições em atraso não alcançadas pela decadência do direito de a Previdência constituir o respectivo crédito, obedecendo-se, em relação a elas, as disposições aplicadas às empresas em geral. (Incluído pela Lei Complementar n.º 128, de 2008)

1. LEI COMPLEMENTAR PARA REGULAR DECADÊNCIA E PRESCRIÇÃO

O art. 45, que foi revogado pela LC n.º 128/08, tratava do prazo decadencial para a constituição dos créditos previdenciários, como também da sistemática de apuração do valor da indenização a ser paga pelo segurado que pretendesse contar o tempo de contribuição, para fins de obtenção de benefício ou contagem recíproca, ao passo que o art. 46 disciplinava o prazo de prescrição para a cobrança das contribuições previdenciárias.

No campo tributário, a decadência e prescrição devem ser objeto de lei de natureza complementar, consoante exige o art. 146, III, "b", da CF.

O CTN, que tem força de lei de natureza complementar, regula o prazo de decadência nos artigos 150 e 173 e a prescrição no art. 174. Ambos os prazos foram fixados em cinco anos[579].

O artigo 45 desta lei fixava o prazo de decadência em 10 anos, enquanto o artigo 46 estabelecia o mesmo prazo de 10 anos para a prescrição relativa à cobrança das contribuições previdenciárias. Como a matéria deve ser regulada por lei de natureza complementar, o STF declarou a inconstitucionalidade dos preceitos, expedindo a Súmula Vinculante n.º 8:

---

[579] Vide comentários ao art. 33.

"São inconstitucionais o parágrafo único do artigo 5º do Decreto-Lei n.º 1.569/1977 e os artigos 45 e 46 da Lei n.º 8.212/1991, que tratam de prescrição e decadência de crédito tributário".

A LC n.º 128/08 acabou por revogar os artigos 45 e 46 e acrescentou este art. 45-A, passando a disciplinar apenas o cálculo do valor da indenização do contribuinte individual que pretenda contar o tempo de contribuição, para fins de obtenção de benefício no RGPS ou de contagem recíproca, abaixo comentado.

2.   INDENIZAÇÃO DO TEMPO DE CONTRIBUIÇÃO

Acerca da indenização do tempo de contribuição, o segurado contribuinte individual, previsto no art. 12, V, da Lei n.º 8.212/91, que abrange o extinto empresário, autônomo e equiparado a autônomo, pode ter interesse em computar o tempo de contribuição em que foi exercida a sua atividade remunerada no passado, sem que tenha havido o recolhimento das contribuições, a fim de obter benefício no Regime Geral de Previdência Social, ou utilizá-lo no regime próprio, mediante a contagem recíproca prevista no art. 201, § 9º, da CF[580], com a redação conferida pela EC n.º 103/19, e art. 94, da Lei n.º 8.213/91[581]. Para tanto, deverá indenizar o INSS.

A indenização prevista no *caput* refere-se apenas ao contribuinte individual, uma vez que cabe a este recolher a sua contribuição por

---

[580] Art. 201, § 9º, da CF, com a redação conferida pela EC n.º 103/19: "Para fins de aposentadoria, será assegurada a contagem recíproca do tempo de contribuição entre o Regime Geral de Previdência Social e os regimes próprios de previdência social, e destes entre si, observada a compensação financeira, de acordo com os critérios estabelecidos em lei".

[581] Art. 94, da Lei n.º 8.213/91: "Para efeito dos benefícios previstos no Regime Geral de Previdência Social ou no serviço público é assegurada a contagem recíproca do tempo de contribuição na atividade privada, rural e urbana, e do tempo de contribuição ou de serviço na administração pública, hipótese em que os diferentes sistemas de previdência social se compensarão financeiramente. § 1º A compensação financeira será feita ao sistema a que o interessado estiver vinculado ao requerer o benefício pelos demais sistemas, em relação aos respectivos tempos de contribuição ou de serviço, conforme dispuser o Regulamento. § 2º Não será computado como tempo de contribuição, para efeito dos benefícios previstos em regimes próprios de previdência social, o período em que o segurado contribuinte individual ou facultativo tiver contribuído na forma do § 2º do art. 21 da Lei n.º 8.212, de 24 de julho de 1991, salvo se complementadas as contribuições na forma do § 3º do mesmo artigo".

iniciativa própria, nos termos do art. 30, II, e é relativa ao período atingido pela decadência (§ 3º).

Como dito, a decadência é o prazo que o Fisco dispõe para constituir o crédito tributário, o qual é de cinco anos, regulado, nesta hipótese, pelo art. 173, I, do CTN. Ademais, se o cômputo do tempo de contribuição disser respeito a período não atingido pela decadência, não será o caso de indenização, mas sim de mero recolhimento com atraso, hipótese em que caberá o pagamento das contribuições ou o seu lançamento de ofício, mediante a lavratura de auto de infração, apuradas, em qualquer caso, com juros de mora e multa de mora, nos termos do art. 35, o qual remete ao art. 61 da Lei n.º 9.430/96[582].

De outra parte, quando atingido o prazo decadencial, a relação jurídica perde a sua natureza tributária. Afastado o caráter compulsório que marca as relações tributárias, o contribuinte individual, caso tenha interesse em computar o tempo de serviço pretérito, espontaneamente poderá indenizar o RGPS, a fim de que possa obter o respectivo cômputo do tempo de contribuição. A relação passa a ser de caráter exclusivamente previdenciário, de cunho contraprestacional. Só há benefício se existir contribuição ou indenização. O cômputo do tempo do exercício da atividade, portanto, para a obtenção de benefício no RGPS ou contagem recíproca, fica subordinado ao pagamento da indenização. A conjunção da prova do exercício da atividade e o pagamento da indenização é que forma a aquisição do direito ao cômputo do tempo de contribuição no Regime Geral ou no Regime Próprio, mediante a denominada contagem recíproca (art. 201, § 9º, a CF e art. 94 da Lei n.º 8.213/901). A indenização também pode ser exigida para averbar tempo de serviço durante o qual o exercício da atividade não determinava filiação obrigatória ao anterior regime de previdência urbana, tal como dispõe o art. 55, § 1º, da Lei n.º 8.213/91.

---

582 Art. 61, da Lei n.º 9.430/96: "Os débitos para com a União, decorrentes de tributos e contribuições administrados pela Secretaria da Receita Federal, cujos fatos geradores ocorrerem a partir de 1º de janeiro de 1997, não pagos nos prazos previstos na legislação específica, serão acrescidos de multa de mora, calculada à taxa de trinta e três centésimos por cento, por dia de atraso. § 1º A multa de que trata este artigo será calculada a partir do primeiro dia subsequente ao do vencimento do prazo previsto para o pagamento do tributo ou da contribuição até o dia em que ocorrer o seu pagamento. § 2º O percentual de multa a ser aplicado fica limitado a vinte por cento. § 3º Sobre os débitos a que se refere este artigo incidirão juros de mora calculados à taxa a que se refere o § 3º do art. 5º, a partir do primeiro dia do mês subsequente ao vencimento do prazo até o mês anterior ao do pagamento e de um por cento no mês de pagamento".

No caso do trabalhador rural, cujo tempo de serviço for anterior ao advento da Lei n.º 8.213/91, é admitido o cômputo no RGPS independentemente do recolhimento das contribuições previdenciárias, exceto para fins de carência, nos termos do § 2º do art. 55 da Lei n.º 8.213/91. Mesmo que o preceito não admita o cômputo do tempo rural anterior à Lei n.º 8.213/91 para fins de carência, o STJ, em julgamento de recurso repetitivo, decidiu que "não ofende o § 2º do art. 55 da Lei n.º 8.213/91 o reconhecimento do tempo de serviço exercido por trabalhador rural registrado em carteira profissional para efeito de carência, tendo em vista que o empregador rural, juntamente com as demais fontes previstas na legislação de regência, eram os responsáveis pelo custeio do fundo de assistência e previdência rural (FUNRURAL)"[583].

O tempo de serviço rural exercido anteriormente à Lei n.º 8.213/91 também pode ser computado no RGPS independentemente do recolhimento das contribuições para o segurado especial, incluindo os membros do seu grupo familiar que tenham exercido atividade rural em regime de economia familiar, razão por que é despicienda a indenização.

A indenização é devida, na hipótese do exercício da atividade rural, para fins de contagem recíproca, por força do art. 96, IV, da Lei n.º 8.213/91[584], ainda que o período seja anterior à obrigatoriedade de filiação[585]. No entanto, as Turmas que compõem a 1ª Seção do Superior Tribunal de Justiça têm entendido que neste caso apenas podem ser exigidos os juros e a multa quando o período a ser indenizado for posterior à edição da MP n.º 1.523/96[586]. Acontece que a MP n.º 1.523/96, transformada na Lei n.º 9.528/97, é que acrescentou o § 4º ao art. 45 da Lei n.º 8.212/91, na sua redação originária, prevendo a incidência de juros de mora de 1% ao mês e multa de 10% sobre o valor da indenização. Todavia, se o período indenizado for anterior a 14 de outubro de 1996, não cabem juros de mora ou multa por falta de previsão legal.

---

583 STJ, RESP 1.352.971.

584 Art. 96, da Lei n.º 8.213/91: "O tempo de contribuição ou de serviço de que trata esta Seção será contado de acordo com a legislação pertinente, observadas as normas seguintes: ... IV – o tempo de serviço anterior ou posterior à obrigatoriedade de filiação à Previdência Social só será contado mediante indenização da contribuição correspondente ao período respectivo, com acréscimo de juros moratórios de zero vírgula cinco por cento ao mês, capitalizados anualmente, e multa de dez por cento".

585 STJ, AgRg nos EDcl no RESP 1.089.413.

586 STJ, RESP 1.325.977, RESP 1.348.027.

Posteriormente, a Lei n.º 9.876, de 26 de novembro de 1999, deu nova redação ao § 4º do artigo 45 desta lei, reduzindo os juros de mora para 0,5% ao mês, capitalizados anualmente, e multa de 10%. A LC n.º 123, de 14 de dezembro de 2006, tornou a dar nova redação ao § 4º ("Sobre os valores apurados na forma dos §§ 2º e 3º deste artigo incidirão juros moratórios de 0,5% (zero vírgula cinco por cento) ao mês, capitalizados anualmente, limitados ao percentual máximo de 50% (cinquenta por cento), e multa de 10% (dez por cento"). Por fim, a LC n.º 128/08 revogou todo o art. 45 e acrescentou este art. 45-A, cujo § 2º manteve os juros de mora em 0,5% ao mês, capitalizados anualmente, limitados ao percentual máximo de 50%, e multa de 10%.

O elemento comum do cômputo do tempo de contribuição está na comprovação do exercício da atividade, na via administrativa ou judicial, baseada em prova material, não se admitindo a prova exclusivamente testemunhal (§ 3º do art. 55 da Lei n.º 8.213/91). O cálculo da indenização é que varia em função do regime ao qual o mesmo será aproveitado.

No sistema atual, a indenização do tempo de contribuição, para fins de benefício no RGPS, corresponde a 20% (vinte por cento) da média aritmética simples dos maiores salários-de-contribuição, reajustados, correspondentes a 80% (oitenta por cento) de todo o período contributivo decorrido desde a competência julho de 1994 (inciso I).

O valor da indenização do tempo de contribuição para fins de contagem recíproca, corresponde a 20% da remuneração sobre a qual incidem as contribuições para o regime próprio de previdência social a que estiver filiado o interessado, observados o limite máximo previsto no art. 28 e o disposto em regulamento (inciso II). Ou seja, para fins de contagem recíproca, embora o cálculo tome por base a remuneração do segurado no regime próprio, deve ser observado o limite máximo do salário de contribuição do RGPS, regulado no art. 28.

Outrossim, a partir da EC n.º 103/19, que incluiu o § 14º ao art. 195 da CF, o tempo de contribuição ao RGPS somente será reconhecido em relação à competência cuja contribuição seja igual ou superior à contribuição mínima mensal exigida para a sua categoria, assegurado o agrupamento de contribuições. Ou seja, para garantir a contagem recíproca deve haver paridade entre as contribuições do RGPS e do regime próprio. O texto constitucional veda a contagem de tempo de contribuição fictício para efeito de contagem recíproca, de acordo com o § 14º do art. 201, incluído pela EC n.º 103/19, tendo mantido o cômputo do tempo de contribuição fictício no RGPS até a data em vigor da EC n.º 103/19, consoante previsto no "caput" do art. 25 da Emenda. A EC n.º 103/19 também passou a prever a nulidade da aposentadoria concedida por regime próprio de previdência social com contagem recíproca do Regime Geral sem a correspondente indenização pelo segurado, conforme prevê o § 3º do seu art. 25[587].

O valor da indenização do tempo de contribuição no RGPS ou para contagem recíproca, ficará sujeito à incidência de juros de mora de 0,5% ao mês, capitalizados anualmente, limitados ao percentual máximo de 50%, e multa de 10% (§ 2º).

3.   DIREITO INTERTEMPORAL

Quanto ao direito intertemporal, o cálculo da indenização deverá observar a lei vigente por ocasião do requerimento administrativo do interessado. No caso do cálculo dos juros de mora e da multa há precedente do STJ no sentido de que deve ser observada a legislação vigente aos meses a que se referem as contribuições. No período anterior à MP n.º 1.523/96, não há juros de mora e multa. Após essa data, incidirão juros de mora de 1% ao mês de multa de 10% até a vigência da Lei n.º 9.876/99. A partir da Lei n.º 9.876/99 em diante, os juros devem ser reduzidos para 0,5% ao mês, capitalizados anualmente, e multa de 10%. A partir da vigência da LC n.º 123/06 os juros de mora continuaram fixados em 0,5% ao mês, capitalizados anualmente, mas limitados ao percentual máximo de 50%, e multa de 10%, situação que foi mantida pela LC n.º 128/08.

ART. 46.

(Revogado pela Lei Complementar n.º 128, de 2008)

---

587 O dispositivo é questionado no STF porque viola a segurança jurídica e o ato jurídico perfeito de aposentadorias já concedidas, sendo objeto da ADI 6.289.

CAPÍTULO XI
DA PROVA DE INEXISTÊNCIA
DE DÉBITO

ART. 47.

É exigida Certidão Negativa de Débito-CND, fornecida pelo órgão competente, nos seguintes casos: (Redação dada pela Lei n.º 9.032, de 28.4.95)

I - da empresa:

a) na contratação com o Poder Público e no recebimento de benefícios ou incentivo fiscal ou creditício concedido por ele; (Vide Medida Provisória n.º 958, de 2020) (Vide Lei n.º 13.999, de 2020) (Vide Medida Provisória n.º 975, de 2020) (Vide Medida Provisória n.º 1.028, de 2021) (Vide Lei n.º 14.179, de 2021)

b) na alienação ou oneração, a qualquer título, de bem imóvel ou direito a ele relativo;

c) na alienação ou oneração, a qualquer título, de bem móvel de valor superior a Cr$ 2.500.000,00 (dois milhões e quinhentos mil cruzeiros) incorporado ao ativo permanente da empresa;

d) no registro ou arquivamento, no órgão próprio, de ato relativo a baixa ou redução de capital de firma individual, redução de capital social, cisão total ou parcial, transformação ou extinção de entidade ou sociedade comercial ou civil e transferência de controle de cotas de sociedades de responsabilidade limitada; (Redação dada pela Lei n.º 9.528, de 10.12.97)

II - do proprietário, pessoa física ou jurídica, de obra de construção civil, quando de sua averbação no registro de imóveis, salvo no caso do inciso VIII do art. 30.

§ 1º A prova de inexistência de débito deve ser exigida da empresa em relação a todas as suas dependências, estabelecimentos e obras de construção civil, independentemente do local onde se encontrem, ressalvado aos órgãos competentes o direito de cobrança de qualquer débito apurado posteriormente.

§ 2° A prova de inexistência de débito, quando exigível ao incorporador, independe da apresentada no registro de imóveis por ocasião da inscrição do memorial de incorporação.

§ 3° Fica dispensada a transcrição, em instrumento público ou particular, do inteiro teor do documento comprobatório de inexistência de débito, bastando a referência ao seu número de série e data da emissão, bem como a guarda do documento comprobatório à disposição dos órgãos competentes.

§ 4° O documento comprobatório de inexistência de débito poderá ser apresentado por cópia autenticada, dispensada a indicação de sua finalidade, exceto no caso do inciso II deste artigo.

§ 5° O prazo de validade da certidão expedida conjuntamente pela Secretaria Especial da Receita Federal do Brasil e pela Procuradoria-Geral da Fazenda Nacional do Ministério da Economia, referente aos tributos federais e à dívida ativa da União por elas administrados, será de até 180 (cento e oitenta) dias, contado da data de emissão da certidão, prorrogável, excepcionalmente, pelo prazo determinado em ato conjunto dos referidos órgãos. (Redação dada pela Lei n.º 14.148, de 2021)

§ 6° Independe de prova de inexistência de débito:

a) a lavratura ou assinatura de instrumento, ato ou contrato que constitua retificação, ratificação ou efetivação de outro anterior para o qual já foi feita a prova;

b) a constituição de garantia para concessão de crédito rural, em qualquer de suas modalidades, por instituição de crédito pública ou privada, desde que o contribuinte referido no art. 25, não seja responsável direto pelo recolhimento de contribuições sobre a sua produção para a Seguridade Social;

c) a averbação prevista no inciso II deste artigo, relativa a imóvel cuja construção tenha sido concluída antes de 22 de novembro de 1966.

d) o recebimento pelos Municípios de transferência de recursos destinados a ações de assistência social, educação, saúde e em caso de calamidade pública. (Incluído pela Lei n.º 11.960, de 2009)

e) a averbação da construção civil localizada em área objeto de regularização fundiária de interesse social, na forma da Lei n.º 11.977, de 7 de julho de 2009. (Incluído pela Lei n.º 12.424, de 2011)

§ 7° O condômino adquirente de unidades imobiliárias de obra de construção civil não incorporada na forma da Lei n.º 4.591, de 16 de dezembro de 1964, poderá obter documento comprobatório de inexistência de débito, desde que comprove o pagamento das contribuições relativas à sua unidade, conforme dispuser o regulamento.

§ 8° (Revogado pela Lei n.º 11.941, de 2009)

1. CERTIDÃO DE REGULARIDADE FISCAL

O artigo em comento trata dos casos em que é exigida a certidão de regularidade fiscal da empresa e do proprietário de obra de construção civil, pessoa física ou jurídica, assim como de situações em que o documento é dispensado.

O direito de obtenção de certidões junto às repartições públicas é garantia fundamental aos cidadãos brasileiros e estrangeiros residentes no País. "O direito à certidão traduz prerrogativa jurídica, de extração constitucional, destinada a viabilizar, em favor do indivíduo ou de uma determinada coletividade (como a dos segurados do sistema de previdência social), a defesa (individual ou coletiva) de direitos ou o esclarecimento de situações", nas palavras do Min. Celso de Mello[588].

A certidão negativa de débitos é o documento oficial que atesta a regularidade fiscal do contribuinte, cuja exigência é condição indispensável para a prática de diversos atos jurídicos.

O texto constitucional proíbe que a pessoa jurídica em débito com o sistema de Seguridade Social celebre contratos com o poder público ou dele receba benefícios ou incentivos fiscais ou creditícios[589], o que é reforçado pelo art. 193, do CTN[590].

A regularidade fiscal do sujeito passivo é também afirmada pela denominada certidão positiva, com efeito de negativa, prevista no art. 206 do CTN. Tal certidão tem exatamente o mesmo efeito da certidão negativa de débitos e estampa que o contribuinte está com a sua situação fiscal regular junto à Fazenda Pública nas seguintes hipóteses: a) existência de créditos tributários ainda não vencidos; b) créditos objeto de cobrança por execução fiscal em que tenha sido efetivada a penhora; c) créditos cuja exigibilidade esteja suspensa.

Se o crédito tributário, regularmente constituído, não está vencido, é claro que a situação fiscal do contribuinte é regular. Ultrapassada a

---

588 STF, RE 472.489.

589 Art. 195, § 3º, da CF.

590 Art. 193, do CTN: "Salvo quando expressamente autorizado por lei, nenhum departamento da administração pública da União, dos Estados, do Distrito Federal, ou dos Municípios, ou sua autarquia, celebrará contrato ou aceitará proposta em concorrência pública sem que o contratante ou proponente faça prova da quitação de todos os tributos devidos à Fazenda Pública interessada, relativos à atividade em cujo exercício contrata ou concorre".

data do vencimento, a falta de pagamento implica inscrição em dívida ativa e o ajuizamento da execução fiscal. Entretanto, sendo garantida a execução fiscal na forma prevista no art. 9º da Lei 6.830/80, como os interesses da Fazenda estão resguardados, o contribuinte terá direito à obtenção da certidão positiva, com efeito de negativa. É a penhora suficiente para garantir integralmente o crédito tributário que dá origem ao direito à certidão e não a simples propositura da execução fiscal.

A legislação não prevê a expedição da certidão de regularidade fiscal nos casos em que já houve a regular constituição do crédito tributário, mas a execução fiscal ainda não foi ajuizada. Para solucionar esta lacuna, o STJ, em julgamento de recurso repetitivo, acabou admitindo que o contribuinte, em ação judicial, pode garantir o crédito tributário com caução de bens suficientes. Para o STJ, "o contribuinte pode, após o vencimento da sua obrigação e antes da execução, garantir o juízo de forma antecipada, para o fim de obter certidão positiva, com efeito de negativa"[591]. Em regra, a garantia consiste no oferecimento de bens penhoráveis, preferencialmente imóveis, integrantes do ativo imobilizado da empresa. Evidente, por fim, que a ação judicial para a caução não suspende a exigibilidade do crédito tributário porque o seu objetivo é justamente o de servir de penhora para a execução fiscal que será intentada.

O CTN também assegura a obtenção da certidão positiva, com efeito de negativa, nas hipóteses em que o crédito tributário estiver com a sua exigibilidade suspensa, previstas no art. 151: a) moratória; b) o depósito do seu montante integral; c) as reclamações e os recursos, nos termos das leis reguladoras do processo tributário administrativo; d) a concessão de medida liminar em mandado de segurança; e) a concessão de medida liminar ou de tutela antecipada, em outras espécies de ação judicial; f) o

---

591 STJ, RESP 1.123.669. O STJ considera "viável a antecipação dos efeitos que seriam obtidos com a penhora no executivo fiscal, através de caução de eficácia semelhante. A percorrer-se entendimento diverso, o contribuinte que contra si tenha ajuizada ação de execução fiscal ostenta condição mais favorável do que aquele contra o qual o Fisco não se voltou judicialmente ainda não pode ser imputado ao contribuinte solvente, isto é, aquele em condições de oferecer bens suficientes à garantia da dívida, prejuízo pela demora do Fisco em ajuizar a execução fiscal para a cobrança do débito tributário. Raciocínio inverso implicaria em que o contribuinte que contra si tenha ajuizada ação de execução fiscal ostenta condição mais favorável do que aquele contra o qual o Fisco ainda não se voltou judicialmente instigada a Fazenda pela caução oferecida, pode ela iniciar a execução, convertendo-se a garantia prestada por iniciativa do contribuinte na famigerada penhora que autoriza a expedição da certidão".

parcelamento. Em qualquer destas situações, o contribuinte terá direito à certidão positiva, com efeito de negativa. Deve ser sublinhado que a simples propositura de qualquer ação judicial promovida pelo sujeito passivo para questionar a legitimidade da obrigação tributária ou do respectivo crédito não confere o direito à obtenção da certidão de regularidade fiscal. A ação judicial, por si só, não suspende a exigibilidade do crédito tributário. Há necessidade da concessão de tutela antecipada ou liminar no mandado de segurança, ou que a ação judicial seja acompanhada do depósito, desde que este seja integral e em dinheiro, conforme Súmula 112 do STJ[592]. A fiança bancária ou o seguro-garantia não suspendem a exigibilidade do crédito tributário e, portanto, não conferem o direito à obtenção da certidão positiva, com efeito de negativa.

A prova da regularidade fiscal do contribuinte é necessária para a prática de vários atos ou negócios jurídicos. O órgão competente para fornecer a certidão negativa de débitos, ou a certidão positiva, com efeito de negativa, que prova a regularidade fiscal do contribuinte, pessoa física ou jurídica, é a Secretaria da Receita Federal do Brasil. A certidão é conjunta com a Procuradoria-Geral da Fazenda Nacional e apanha todos os créditos tributários federais, inclusive contribuições previdenciárias, e também os créditos que já tenham sido inscritos em dívida ativa. A Lei n.º 14.148/21 conferiu nova redação ao § 5º do artigo em comento, estendendo o prazo de validade da certidão de regularidade expedida conjuntamente pela SRFB e pela PGFN, para até 180 dias, mas este prazo pode ser prorrogado por ato conjunto dos mencionados órgãos. A expedição do documento é regulamentada pela Portaria Conjunta PGFN/RFB n.º 1.751, de 2 de outubro de 2014.

No caso da pessoa física, a certidão é emitida pelo CPF. No caso de pessoa jurídica, é emitida pelo CNPJ da matriz, sendo válida para todos os estabelecimentos. Como o CTN considera, para fins de domicílio tributário, a autonomia de cada estabelecimento, a jurisprudência do STJ tem entendido que as pendências tributárias da matriz não obstam o direito da filial, que possui CNPJ próprio, à obtenção da certidão de regularidade fiscal. De acordo com a Corte, "para fins tributários, a situação de regularidade fiscal deve ser considerada de forma individualizada", segundo a jurisprudência de ambas as Turmas que compõem a Primeira Seção[593].

---

592 Súmula 112, do STJ: "O depósito somente suspende a exigibilidade do crédito tributário se for integral e em dinheiro".

593 STJ, AgRg no RESP 1.235.407, AgRg no Ag 1.413.153.

A empresa, em relação às contribuições previdenciárias incidentes sobre a folha de pagamento, está obrigada a apresentar a GFIP, tal como visto nos comentários ao art. 32, IV, ainda que não ocorram fatos geradores, sob pena de multa, como prevê o § 9º do art. 32. A falta da sua apresentação impede a expedição da certidão de regularidade fiscal, como previsto no § 10º do mencionado artigo. O STJ firmou tese no sentido de que o descumprimento da obrigação acessória de informar, mensalmente, ao INSS, dados relacionados aos fatos geradores da contribuição previdenciária, é condição impeditiva para expedição da prova de inexistência de débito[594].

Entregue a declaração, como o crédito está autoconstituído, a falta de pagamento não autoriza a expedição da certidão de regularidade. Consoante o entendimento sumulado do STJ, "a entrega de declaração pelo contribuinte reconhecendo débito fiscal constitui o crédito tributário, dispensada qualquer outra providência por parte do fisco"[595], razão por que, declarado e não pago o débito tributário pelo contribuinte, é legítima a recusa na expedição de certidão negativa ou positiva com efeito de negativa"[596]. Da mesma forma, em recurso repetitivo, o STJ também tem entendido que a divergência entre os valores declarados em GFIP e os efetivamente recolhidos impede a concessão da certidão de regularidade fiscal[597].

Por outro lado, se o crédito foi declarado e pago em valor inferior ao devido, não é legítima a recusa na expedição da certidão de regularidade fiscal. É que o valor que não foi declarado e nem pago deve ser objeto de lançamento de ofício, a fim de que seja constituído o crédito tributário[598].

2. REGULARIDADE FISCAL DAS EMPRESAS

A alínea "a" do inciso I regula a exigência da regularidade fiscal para as empresas, a qual é necessária na contratação com o poder público e no recebimento de benefício ou incentivo fiscal ou creditício por este concedido.

---

594 Tema 358, do STJ.

595 Súmula 436, do STJ.

596 Súmula 446, do STJ.

597 Tema 402, do STJ.

598 STJ, RESP 1.123.557.

O art. 10 da Lei n.º 8.870/94 exige a apresentação de CND pelas pessoas jurídicas e equiparados na contratação de operações de crédito junto a instituições financeiras, e liberações de parcelas previstas no contrato, que envolvam: I – recursos públicos, inclusive provenientes de fundos constitucionais e de incentivo ao desenvolvimento regional (FNO, FNE, FCO, Finam e Finor); II – recursos do Fundo de Garantia do Tempo de Serviço (FGTS), do Fundo de Amparo do Trabalhador (FAT) e do Fundo Nacional de Desenvolvimento da Educação (FNDE).

A Lei n.º 14.179/21, a fim de facilitar o acesso ao crédito e para mitigar os impactos econômicos decorrentes da pandemia da COVID-19 dispensou temporariamente as instituições financeiras, públicas e privadas, incluindo as suas subsidiárias, da apresentação da certidão de regularidade fiscal nas contratações e renegociações de operações de crédito realizadas diretamente ou por meio de agentes financeiros.

A alínea "b" do inciso I evidencia a exigência de regularidade fiscal no caso de alienação ou oneração, a qualquer título, de bem imóvel ou direito a ele relativo. Trata-se da exigência de regularidade fiscal nas operações de venda ou gravame de imóvel com direitos reais.

A necessidade de regularidade fiscal para alienar ou onerar bem móvel incorporado ao ativo permanente é prevista na alínea "c" do inciso I. O documento é necessário apenas se o bem móvel estiver incorporado ao ativo permanente e o seu valor seja superior ao estabelecido periodicamente por Portaria do Ministério da Previdência Social.

O registro ou arquivamento, em órgãos próprios, dos atos relativos à baixa ou redução de capital de firma individual, de redução de capital social, cisão total ou parcial, transformação ou extinção de entidade ou sociedade civil ou comercial, assim como a transferência do controle de cotas, exigem a prova de regularidade fiscal, tal como previsto na alínea "d" do inciso I.

A firma individual é a empresa individual de responsabilidade limitada, regulada pelo art. 980-A do Código Civil. É constituída por uma única pessoa titular da totalidade do capital social, devidamente integralizado, que não pode ser inferior a 100 (cem) vezes o maior salário mínimo vigente no País. É a pessoa física que exerce em nome próprio a atividade empresarial e está sujeita a registro na Junta Comercial. A baixa ou redução do capital da firma individual depende da prova da sua regularidade fiscal.

As antigas sociedades comerciais e civis são as sociedades simples ou empresárias reguladas no Código Civil (art. 982). De acordo com Carlos Roberto Gonçalves, "as sociedades simples têm fim econômico e visam lucro, que deve ser distribuído entre os sócios. São constituídas, em geral, por profissionais de uma mesma área (escritórios de engenharia, de advocacia etc.) ou por prestadores de serviços técnicos. As sociedades empresárias também visam ao lucro. Distinguem-se das sociedades simples porque têm por objeto o exercício de atividade própria de empresário sujeito ao registro previsto no art. 967 do Código Civil"[599]. Os atos de redução do capital social, a cisão total ou parcial, a transformação ou extinção destas sociedades, ou de entidades, assim como a transferência do controle de cotas das sociedades por responsabilidade limitada, dependem da certidão negativa de débito.

A sociedade pode reduzir o seu capital social, mediante modificação do contrato[600]. A cisão é a operação pela qual a companhia transfere parcelas de seu patrimônio para uma ou mais sociedades. A cisão será total se houver a extinção da companhia cindida com a versão de todo o seu patrimônio. Com a divisão do capital, a versão será parcial[601]. A transformação é a operação pela qual a sociedade passa de um tipo para outro[602]. Os sócios podem alienar ou ceder as suas cotas sociais, como também poderá a sociedade ser extinta após sua regular liquidação e dissolução, nos termos da legislação aplicável. A mera "baixa" da sociedade na Junta Comercial, sem o regular processo de liquidação, não extingue os créditos tributários devidos pela pessoa jurídica e desloca a responsabilidade aos sócios. O objetivo do legislador, ao exigir a prova de regularidade fiscal para as mencionadas operações societárias, é o de evitar que contribuintes em débito pratiquem atos que acabem por frustrar ou dificultar a responsabilização tributária.

3. OPTANTES DO SIMPLES

No caso de empresário ou pessoa jurídica optante pelo Simples Nacional, nos termos da LC n.º 123/06, o registro dos atos constitutivos,

---

599 GONÇALVES, Carlos Roberto. Direito Civil Brasileiro; Parte Geral. 13ª ed. São Paulo: Saraiva, 2013. p. 231.

600 Art. 1.082, do Código Civil.

601 Art. 229, "caput", da Lei n.º 6.404/76.

602 Art. 220, "caput", da Lei n.º 6.404/76.

de suas alterações e extinções (baixas), ocorrerá independentemente da regularidade de obrigações tributárias do empresário, da sociedade, dos sócios, dos administradores ou de empresas de que participem, sem prejuízo das responsabilidades do empresário, dos titulares, dos sócios ou dos administradores por tais obrigações, apuradas antes ou após o ato de extinção[603].

O arquivamento, nos órgãos de registro, dos atos constitutivos de empresários, de sociedades empresárias e de demais equiparados que se enquadrarem como microempresa ou empresa de pequeno porte, bem como o arquivamento de suas alterações, são dispensados da prova de quitação dos tributos. Todavia, a baixa não impede que os tributos sejam lançados e implica responsabilidade solidária dos empresários, dos titulares, dos sócios e dos administradores no período da ocorrência dos respectivos fatos geradores[604].

De outra parte, atente-se para o fato de que deve ser exigida a prova de regularidade fiscal das microempresas e empresas de pequeno para participar em certames licitatórios e por ocasião da assinatura do contrato nas licitações públicas[605].

4. OBRA DE CONSTRUÇÃO CIVIL

O proprietário de obra de construção civil, seja pessoa física ou jurídica, é obrigado a apresentar a certidão negativa de débito por ocasião da averbação da obra no registro de imóveis, como prevê o inciso II, desde que a construção tenha sido concluída depois de 22 de novembro de 1966 (alínea "c" do § 6°)[606].

A averbação de obra de construção civil localizada em área objeto de regularização fundiária de interesse social, na forma da Lei n.º 11.977/09, independe da apresentação da CND (alínea "e" do § 6°), assim como a construção de casas populares, executadas sem mão de obra assalariada, uma vez que nenhuma contribuição previdenciária é devida, nos termos do inciso VIII do art. 30.

---

603 Art. 9°, "caput", da LC n.º 123/06.

604 Art. 9°, §§ 1°, 4° e 5°, da LC n.º 123/06.

605 Arts. 42 e 43, da LC n.º 123/06.

606 Vide comentários aos arts. 30, 49 e 50.

A obra de construção civil deve ser matriculada no Cadastro Nacional de Obras junto à RFB, consoante comentários ao artigo 49, sendo que a certidão de regularidade fiscal da obra de construção civil é regulada pela IN n.º 2.021/21.

A certidão negativa de débitos da obra de construção civil refere-se aos segurados que prestam serviços na obra e é vinculada ao CPF ou CNPJ do responsável pela obra. A prova de inexistência de débito deve ser exigida da empresa em relação a todas as suas dependências, estabelecimentos e obras de construção civil, independentemente do local onde se encontrem (§ 1º).

Não há necessidade de transcrever, na escritura pública de compra e venda, ou contrato, o inteiro teor do documento de regularidade, bastando seja efetuada a referência ao seu número de série e data de emissão (§ 3º), guardando-se o documento comprobatório original (§ 4º).

No caso de aquisição de unidade imobiliária de obra de construção civil não incorporada na forma da Lei n.º 4.591/64, o condômino adquirente poderá obter a certidão de regularidade desde que comprove o pagamento das contribuições relativas à sua unidade, nos termos do disposto no Regulamento (§ 7º).

O incorporador de imóveis, por ocasião da inscrição do memorial de incorporação no Registro de Imóveis, deve apresentar certidão negativa de débito. Esta certidão independe da que deve ser apresentada por ocasião da averbação da obra no registro imobiliário (§ 2º).

A alínea "a" do § 6º, além de algumas hipóteses antes mencionadas, dispensa da prova de regularidade fiscal a lavratura ou assinatura de instrumento, ato ou contrato que constitua retificação, ratificação ou efetivação de outro anterior para o qual já foi feita a prova, bem como para a constituição de garantia para concessão de crédito rural, em qualquer de suas modalidades, por instituição de crédito pública ou privada, desde que o produtor rural pessoa física do art. 25 não seja responsável direto pelo recolhimento das contribuições sobre a sua produção para a Seguridade Social. Como regra, o produtor rural pessoa física não é o responsável direto pelo recolhimento das suas contribuições previdenciárias, mas sim a empresa adquirente, consumidora, consignatária, ou cooperativa, as quais ficam obrigadas ao pagamento, segundo o disposto nos incisos III e IV do art. 30.

5. RECEBIMENTO DE RECURSOS PELO MUNICÍPIO

O Município, ao figurar como o destinatário da transferência de recursos destinados às ações de assistência social, educação, saúde e calamidade pública, não está obrigado a apresentar certidão de regularidade fiscal, como previsto na alínea "d" do § 6º. Essas transferências não dizem respeito às transferências dos Fundos de Participação dos Municípios, para as quais há necessidade da apresentação da certidão negativa de débito, consoante comentários ao art. 56.

6. FRAUDE À EXECUÇÃO FISCAL

Apesar das garantias e privilégios de que goza o crédito tributário, a exigência da certidão de regularidade fiscal evita que o devedor aliene ou onere os seus bens, inviabilizando ou dificultando o recebimento do crédito pela Fazenda Pública. A alienação ou oneração de bens após a inscrição do crédito tributário em dívida ativa, e não restando bens suficientes para o pagamento da dívida, caracteriza fraude à execução, nos termos do art. 185 do CTN, além de implicar responsabilidade tributária a terceiros e nulidade do próprio ato, conforme comentários ao artigo 48.

A certidão de regularidade fiscal do vendedor confere segurança jurídica à operação de alienação de bens, impedindo que o terceiro adquirente de boa-fé venha a ser privado da propriedade por dívidas tributárias do alienante[607].

ART. 48.

A prática de ato com inobservância do disposto no artigo anterior, ou o seu registro, acarretará a responsabilidade solidária dos contratantes e do oficial que lavrar ou registrar o instrumento, sendo o ato nulo para todos os efeitos.

§ 1º Os órgãos competentes podem intervir em instrumento que depender de prova de inexistência de débito, a fim de autorizar sua lavratura, desde que o débito seja pago no ato ou o seu pagamento fique

---

607 Vide comentários ao art. 53.

> assegurado mediante confissão de dívida fiscal com o oferecimento de garantias reais suficientes, na forma estabelecida em regulamento.
>
> § 2º Em se tratando de alienação de bens do ativo de empresa em regime de liquidação extrajudicial, visando à obtenção de recursos necessários ao pagamento dos credores, independentemente do pagamento ou da confissão de dívida fiscal, o Instituto Nacional do Seguro Social-INSS poderá autorizar a lavratura do respectivo instrumento, desde que o valor do crédito previdenciário conste, regularmente, do quadro geral de credores, observada a ordem de preferência legal. (Parágrafo acrescentado pela Lei n.º 9.639, de 25.5.98)
>
> § 3º O servidor, o serventuário da Justiça, o titular de serventia extrajudicial e a autoridade ou órgão que infringirem o disposto no artigo anterior incorrerão em multa aplicada na forma estabelecida no art. 92, sem prejuízo da responsabilidade administrativa e penal cabível. (Parágrafo renumerado e alterado pela Lei n.º 9.639, de 25.5.98)

1. RESPONSABILIDADE SOLIDÁRIA RELACIONADA À CERTIDÃO DE REGULARIDADE FISCAL

No artigo anterior, foram arrolados diversos atos jurídicos praticados pelas empresas, ou proprietários de obra de construção civil, que precisam de prova da regularidade fiscal, tanto por meio da certidão negativa de débito quanto da certidão positiva, com efeito de negativa.

O descumprimento da exigência nos casos previstos na lei acarreta graves consequências jurídicas. Os atos praticados serão nulos, incluindo o seu registro, e acarretará a responsabilidade solidária dos contratantes e do oficial que lavrar ou registrar o instrumento sem exigir a prova da regularidade fiscal, sem prejuízo da multa ao titular da serventia extrajudicial, prevista no § 3º.

Na área da responsabilidade, o CTN dispõe que são solidariamente obrigadas ao pagamento do crédito tributário as pessoas expressamente designadas por lei (art. 124, II). Sendo a obrigação solidária no polo passivo, o credor tem direito a exigir e receber de um ou de alguns dos devedores, parcial ou totalmente, a dívida comum[608]. Na relação de natureza tributária, o CTN dispõe que são solidariamente obrigadas as pessoas que tenham interesse comum na situação que constitua o fato gerador da obrigação principal[609], denominada solidariedade de fato. A

---

[608] Art. 275, do Código Civil.

[609] Art. 124, I, do CTN.

lei pode expressamente designar as pessoas solidariamente obrigadas, caso em que a solidariedade é de direito[610]. Em matéria tributária, a solidariedade não comporta benefício de ordem[611], ou seja, o devedor demandado pelo pagamento não tem o direito de exigir que antes seja executado o devedor principal.

No preceito em comento, a responsabilidade, de forma solidária, é atribuída ao contratante e ao oficial de registro. O pressuposto de fato para o deslocamento da responsabilidade é a prática de ato omissivo: não exigir, nos casos em que a lei prevê, a prova da regularidade fiscal.

Acontece que a previsão acerca da atribuição de responsabilidade tributária situa-se no campo das normas gerais de Direito Tributário. Os preceitos do CTN, que têm força normativa de lei complementar, regulam a responsabilidade, nos termos do art. 146, III, "b", da CF.

No que se refere à responsabilidade solidária do contratante, o art. 128 do CTN permite que a lei atribua a responsabilidade pelo crédito tributário a terceira pessoa, desde que esteja vinculada ao fato gerador. Não é, pois, qualquer terceiro, mas sim o terceiro que tenha relação com o pressuposto de fato que dá origem à obrigação. O contratante é um terceiro que está envolvido com o negócio jurídico praticado com sujeito passivo devedor de contribuições previdenciárias, mas não tem relação com os fatos geradores da obrigação por este inadimplida. A circunstância de figurar na relação jurídica negocial, por si só, não é capaz de atribuir-lhe a responsabilidade solidária. Neste aspecto, o preceito conflita com o art. 146, III, "b", da CF e com o art. 128, do CTN. O negócio é que poderá ser ineficaz, consoante comentário abaixo, mas isto não deslocará a responsabilidade solidária ao contratante.

Quanto à responsabilidade solidária atribuída ao oficial que lavrar ou registrar o instrumento, o art. 134, VI, do CTN, disciplina a responsabilidade solidária dos "tabeliães, escrivães e demais serventuários de ofício, pelos tributos devidos sobre os atos praticados por eles, ou perante eles, em razão do seu ofício". Na verdade, tal responsabilidade não é solidária, mas sim de natureza subsidiária, o que se extrai do próprio *caput* do art. 134. De fato, o preceito do Código dispõe que existirá responsabilidade solidária "nos casos de impossibilidade de exigência do cumprimento da obrigação principal pelo contribuinte...". Significa dizer que o débito previdenciário deverá antes ser exi-

---

610 Art. 124, II, do CTN.

611 Art. 124, parágrafo único, do CTN.

gido do próprio contribuinte originário. Esgotada tal possibilidade, ou seja, sendo impossível a exigência do cumprimento da obrigação pelo contribuinte, é que se poderá cogitar do deslocamento da responsabilidade ao oficial, uma vez provado que tenha sido omisso no seu dever, imposto pela lei, de exigir a prova de quitação dos tributos, atraindo o art. 135, I, do CTN.

No caso em que ocorrer a dispensa da certidão de regularidade fiscal por servidor público, serventuário da Justiça, titular de serventia extrajudicial, ou por qualquer outra autoridade ou órgão, a lei prevê a aplicação de multa, sem prejuízo de apuração da responsabilidade administrativa e penal (§ 3º). Vale frisar que tanto o oficial quanto o tabelião são titulares da serventia extrajudicial e estão sujeitos à multa pelo descumprimento da obrigação acessória em exigir a apresentação da certidão de regularidade fiscal prevista no art. 47 para a prática de atos de sua competência, pouco importando os efeitos que a sua omissão vier a produzir no campo da responsabilidade. A multa sempre será devida, nos termos do art. 92, independentemente da apuração da responsabilidade tributária, administrativa ou penal.

2. NULIDADE DE ATOS JURÍDICOS

Além dessas consequências no campo da responsabilidade, a lei comina de nulidade o negócio jurídico praticado sem a apresentação do documento de regularidade fiscal nos casos exigidos no artigo anterior.

O Código Civil dispõe que é nulo o ato jurídico quando a lei taxativamente o declarar nulo (art. 166, VII). A nulidade, para Maria Helena Diniz, "vem a ser a sanção, imposta pela norma jurídica, que determina a privação dos efeitos jurídicos do negócio praticado em desobediência ao que prescreve"[612]. Ou seja, o ato nulo impede que o negócio produza os efeitos que lhe são próprios. Mesmo com a literalidade do preceito, não teria nenhum sentido reconhecer a nulidade da venda de um imóvel de uma empresa, por exemplo, pela simples falta de apresentação da CND. O que se quer evitar é que o devedor se desfaça do seu patrimônio, causando prejuízos à Fazenda. Por isto, há precedente do STJ no sentido de que a venda ou oneração não será nula, mas ineficaz perante a Fazenda Pública, que poderá penhorar o

---

612 DINIZ, Maria Helena. Curso de Direito Civil Brasileiro, v. 1; São Paulo: Saraiva, 2002. p. 447.

imóvel para o pagamento dos seus créditos, como se não tivesse ocorrido a alienação ou oneração[613]. Tanto assim é que a alienação pode ser autorizada sem a apresentação da prova de regularidade fiscal se o débito for pago no ato ou confessada a dívida, mediante a apresentação de garantia suficiente (§ 1º).

3. LIQUIDAÇÃO EXTRAJUDICIAL

A liquidação extrajudicial é uma espécie de falência administrativa. É uma execução que expropria o patrimônio do devedor, decretada por órgãos administrativos a quem a lei atribui a competência para promover-lhe. No caso de instituições financeiras, a Lei n.º 6.024/74 atribui esta competência ao Banco Central do Brasil. Outros órgãos da administração pública, de natureza autárquica, como a ANS – Agência Nacional de Saúde[614], a Superintendência Nacional de Previdência Complementar – PREVIC[615] e SUSEP – Superintendência de Seguros Privados[616], têm a atribuição de proceder à liquidação extrajudicial das instituições sob sua responsabilidade. Neste caso, por ocasião da alienação dos bens do ativo para obtenção dos recursos necessários ao pagamento dos credores, independentemente do pagamento ou da confissão da dívida previdenciária, a Fazenda Nacional poderá autorizar a lavratura do documento de alienação, desde que o valor do crédito previdenciário conste no quadro geral de credores, observada a ordem de preferência legal (§ 2º).

---

613 STJ, RESP 140.252.

614 Art. 24, da Lei n.º 9.656/98.

615 LC n.º 109/01 e Decreto n.º 8.992/17.

616 DL n.º 73/66.

TÍTULO VII
DAS DISPOSIÇÕES GERAIS

ART. 49.

A matrícula da empresa será efetuada nos termos e condições estabelecidos pela Secretaria da Receita Federal do Brasil. (Redação dada pela Lei n.º 11.941, de 2009)

I - (revogado); (Redação dada pela Lei n.º 11.941, de 2009)

II - (revogado). (Redação dada pela Lei n.º 11.941, de 2009)

§ 1º No caso de obra de construção civil, a matrícula deverá ser efetuada mediante comunicação obrigatória do responsável por sua execução, no prazo de 30 (trinta) dias, contado do início de suas atividades, quando obterá número cadastral básico, de caráter permanente. (Redação dada pela Lei n.º 11.941, de 2009)

a) (revogada); (Redação dada pela Lei n.º 11.941, de 2009)

b) (revogada) (Redação dada pela Lei n.º 11.941, de 2009)

§ 2º (Revogado) (Redação dada pela Lei n.º 11.941, de 2009)

§ 3º O não cumprimento do disposto no § 1º deste artigo sujeita o responsável a multa na forma estabelecida no art. 92 desta Lei. (Redação dada pela Lei n.º 11.941, de 2009)

§ 4º O Departamento Nacional de Registro do Comércio (DNRC), por intermédio das Juntas Comerciais, e os Cartórios de Registro Civil de Pessoas Jurídicas prestarão, obrigatoriamente, ao Ministério da Economia, ao INSS e à Secretaria da Receita Federal do Brasil todas as informações referentes aos atos constitutivos e alterações posteriores relativos a empresas e entidades neles registradas. (Redação dada pela Lei n.º 13.846, de 2019)

§ 5º A matrícula atribuída pela Secretaria da Receita Federal do Brasil ao produtor rural pessoa física ou segurado especial é o documento de inscrição do contribuinte, em substituição à inscrição no Cadastro Nacional de Pessoa Jurídica - CNPJ, a ser apresentado em suas relações com o Poder Público, inclusive para licenciamento sanitário de produtos de origem animal ou vegetal submetidos a processos de beneficiamento ou industrialização artesanal, com as instituições financeiras, para fins de contratação de operações de crédito, e com os adquirentes de

> sua produção ou fornecedores de sementes, insumos, ferramentas e demais implementos agrícolas. (Incluído pela Lei n.º 11.718, de 2008)
>
> **§ 6º O disposto no § 5º deste artigo não se aplica ao licenciamento sanitário de produtos sujeitos à incidência de Imposto sobre Produtos Industrializados ou ao contribuinte cuja inscrição no Cadastro Nacional de Pessoa Jurídica - CNPJ seja obrigatória.** (Incluído pela Lei n.º 11.718, de 2008)

1. IDENTIFICAÇÃO DOS SUJEITOS PASSIVOS

A Receita Federal mantém cadastro, contendo banco de dados com as informações de identificação dos sujeitos passivos na Previdência Social, regulado pela IN n.º 2.110/22[617] e atos normativos específicos. Cada sujeito passivo é identificado por uma matrícula ou inscrição. A matrícula poderá ser o número de inscrição no Cadastro Nacional de Pessoa Jurídica (CNPJ), no Cadastro Específico do INSS (CEI), no Cadastro de Atividade Econômica da Pessoa Física (CAEPF) ou o Cadastro Nacional de Obra (CNO). A inscrição do segurado é confirmada por meio do Número de Identificação do Trabalhador (NIT) perante a Previdência Social, sendo regulada por ato do INSS.

As empresas são identificadas pela matrícula correspondente à inscrição no CNPJ. Caso não esteja obrigada à inscrição no CNPJ, deve obter a inscrição no Cadastro Específico do INSS (CEI), assim como o produtor rural contribuinte individual, segurado especial, titular de cartório, adquirente de produção rural e empregador doméstico.

Os segurados são inscritos pelo Número de Identificação do Trabalhador (NIT) junto à Previdência Social.

As pessoas físicas que exercem atividade econômica devem se inscrever no Cadastro de Atividade Econômica da Pessoa Física (CAEPF), regulado pela IN n.º 1.828/18. O número da inscrição é necessário para que o produtor rural pessoa física ou o segurado especial postulem o licenciamento sanitário de produtos de origem animal ou vegetal submetidos a processos de beneficiamento ou industrialização artesanal. A produção dos alimentos decorrentes está sujeita à fiscalização sanitária por meio da ANVISA (Agência Nacional de Vigilância Sanitária) e do Ministério da Agricultura, além dos órgãos estaduais e municipais. O número da inscrição é obrigatório para que estes segurados contratem

---

[617] Art. 15, da IN n.º 2.110/22.

operações de crédito com instituições financeiras, incluindo negócios com os adquirentes da sua produção ou com fornecedores de sementes, insumos, ferramentas e implementos agrícolas.

Caso os produtos de origem animal ou vegetal estejam sujeitos à incidência do IPI, na forma prevista na legislação específica, a inscrição do produtor rural pessoa física e do segurado especial não será suficiente para a obtenção do licenciamento sanitário, uma vez que o contribuinte do IPI deve ser cadastrado no CNPJ.

2. OBRAS DE CONSTRUÇÃO CIVIL

As obras de construção civil devem ser efetuadas no Cadastro Nacional de Obras (CNO), consoante previsto no art. 15, II, d, da IN n.º 2.110/22. O cadastro armazena as informações sobre as obras de construção civil e do seu responsável e é regulado pela IN n.º 2.061/21[618]. O número no Cadastro Nacional de Obras substituiu a matrícula da obra no Cadastro Específico do INSS (CEI).

3. COMPARTILHAMENTO DE DADOS

Com base nos comentários acerca do art. 65, a Lei n.º 13.846/19 autorizou a integração e o compartilhamento da base de dados entre diversos órgãos da administração pública. O cruzamento dos dados, observadas as cautelas legais, possibilita a checagem da autenticidade e veracidade das informações, servindo não apenas como instrumento de análise e execução de políticas públicas na área social, mas sobretudo como medida de fiscalização, evitando o pagamento de benefícios indevidos ou fraudulentos. Ademais, o intercâmbio possibilita à Fazenda Nacional, nos casos previstos em lei, o conhecimento das alterações societárias que trazem consequências no campo da responsabilidade tributária.

Neste sentido é que o § 4º deste preceito, com a redação que lhe foi atribuída pela Lei n.º 13.846/19, impõe às Juntas Comerciais e aos Cartórios de Registro Civil das Pessoas Naturais a obrigação de informar ao Ministério da Economia, Receita Federal e INSS os atos constitutivos e alterações de empresas e entidades. Trata-se de obrigação de natureza acessória, cujo descumprimento autoriza a imposição da multa prevista no art. 92.

---

618 Vide comentários aos arts. 30 e 47.

ART. 50.

> **Para fins de fiscalização do INSS, o Município, por intermédio do órgão competente, fornecerá relação de alvarás para construção civil e documentos de "habite-se" concedidos.** (Redação dada pela Lei n.º 9.476, de 1997)

1. RELAÇÃO DE ALVARÁS DE HABITE-SE

As obrigações de natureza acessória muitas vezes são impostas a terceiros com o objetivo de auxiliar e facilitar a fiscalização e arrecadação dos tributos. No caso, ao impor ao Município a obrigação acessória de fornecer à RFB a relação de alvarás para construção civil e habite-se, o legislador atribui ao ente político o dever de colaborar com a fiscalização do cumprimento das obrigações principais e acessórias que são impostas ao dono da obra de construção civil.

A obra de construção civil, consoante comentado no artigo anterior, deve ser matriculada junto ao INSS. A averbação da obra de construção civil junto ao Registro de Imóveis depende da apresentação de certidão negativa de débito da obra.

ART. 51.

> **O crédito relativo a contribuições, cotas e respectivos adicionais ou acréscimos de qualquer natureza arrecadados pelos órgãos competentes, bem como a atualização monetária e os juros de mora, estão sujeitos, nos processos de falência, concordata ou concurso de credores, às disposições atinentes aos créditos da União, aos quais são equiparados.**
>
> **Parágrafo único. O Instituto Nacional do Seguro Social-INSS reivindicará os valores descontados pela empresa de seus empregados e ainda não recolhidos.**

1. CONCURSO DE CREDORES

Os créditos das contribuições previdenciárias nos processos de falência, recuperação judicial ou concurso de credores, estão submetidos aos mesmos preceitos que regem os créditos tributários da União, ou seja, às preferências previstas nos artigos 186 a 188 do CTN.

A recuperação judicial e extrajudicial, assim como a falência do empresário e da sociedade empresária é regulada pela Lei n.º 11.101/05, alterada pela Lei n.º 14.112/20.

A recuperação judicial tem por objetivo viabilizar a superação da situação de crise econômico-financeira do devedor, a fim de permitir a manutenção da fonte produtora, do emprego dos trabalhadores e dos interesses dos credores, preservando a existência da empresa, já que desempenha uma função social e serve de estímulo à atividade econômica[619].

A recuperação extrajudicial consiste na possibilidade de o devedor, desde que preencha os requisitos para a recuperação judicial, propor e negociar um plano de recuperação extrajudicial, requerendo a sua homologação em juízo[620].

A falência, por sua vez, promove o afastamento do devedor de suas atividades e busca: a) preservar e otimizar a utilização produtiva de bens, ativos e recursos produtivos, inclusive os intangíveis, da empresa; b) permitir a liquidação célere das empresas inviáveis, com vistas à realocação eficiente de recursos na economia; c) fomentar o empreendedorismo, inclusive por meio da viabilização do retorno célere do empreendedor falido à atividade econômica[621].

Os créditos previdenciários, uma vez inscritos em dívida, deverão ser objeto de execução fiscal intentada pela Fazenda Nacional.

2. EXECUÇÃO FISCAL E RECUPERAÇÃO JUDICIAL

A execução fiscal não é suspensa pelo deferimento da recuperação judicial[622]. Não obstante, a jurisprudência vinha entendendo que a prática de atos constritivos contra o devedor, como a penhora de bens, inclusive sobre o faturamento ou recursos depositados junto às institui-

---

619 Art. 47, da Lei n.º 11.101/05.

620 Art. 161, da Lei n.º 11.101/05.

621 Art. 75, da Lei n.º 11.101/05.

622 Art. 5º, § 7º-B, da Lei n.º 11.101/05.

ções financeiras, comprometia o plano de recuperar economicamente o devedor. A matéria era polêmica e o STJ tinha determinado a suspensão de todos os processos que tivessem por objeto execução fiscal que envolvia atos constritivos de empresas em recuperação judicial, sendo objeto do Tema 987. Ocorre que, em decorrência da alteração legislativa promovida pela Lei n.º 14.112, de 2020, que conferiu nova redação ao art. 6º da Lei n.º 11.101/05, o Tema 987 do STJ foi cancelado.

Por força da Lei n.º 14.112/20, que incluiu o § 7º-B no art. 6º da Lei n.º 11.101/05, a decretação da recuperação judicial não suspende as execuções fiscais. Cabe ao juízo da execução fiscal determinar os atos de penhora do devedor em recuperação judicial. O devedor, se entender que a medida é lesiva ao plano de recuperação judicial, tem o ônus de alegar e requerer no juízo da recuperação a substituição dos bens penhorados por outros que indicar, nos termos do art. 805, parágrafo único, do CPC. É do juízo da recuperação judicial a competência para examinar se os atos constritivos e expropriatórios contra o patrimônio da empresa comprometem a eficácia do plano de recuperação judicial, tendo em vista o princípio da preservação da empresa. Por sua vez, a cooperação judicial, prevista no art. 69, § 2º, IV, do CPC, efetiva-se com a comunicação da autorização para manter, substituir ou tornar sem efeito a penhora, decidida pelo juízo da recuperação, ao juízo da execução fiscal, a quem caberá atender a decisão[623]. Em resumo, a constrição segue as seguintes etapas: "Primeira etapa: Ato de constrição do patrimônio pelo juízo da execução fiscal; Segunda etapa: Comunicação do ato de constrição ao juízo da recuperação judicial; Terceira etapa: Deliberação sobre o ato de constrição pelo juízo da recuperação judicial; Quarta etapa: possibilidade substituição do ato constritivo pelo juízo da recuperação"[624].

3. EXECUÇÃO FISCAL E FALÊNCIA

No caso de falência, se já existir penhora quando decretada a quebra, os bens penhorados ou eventuais recursos obtidos com o leilão dos bens penhorados deverão ser colocados à disposição do juízo falimentar. É que a lei falimentar dispõe que o produto dos bens penhorados

---

623 STJ, AgInt no CC 177164; AgInt no CC 182741; AgInt no CC 182740; AgInt no CC 182745.

624 STJ, ARESP 2028386.

ou por outra forma apreendidos deve entrar para a massa[625]. Justifica-se que não seja apropriado para o pagamento do crédito tributário porque na falência existem outros credores que possuem preferência de pagamento, em detrimento do crédito tributário, como previsto no art. 186, parágrafo único, do CTN[626].

Os créditos relativos às contribuições previdenciárias não estão sujeitos a concurso de credores ou habilitação no processo falimentar e nem na recuperação judicial[627]. Todavia, o STJ, em interpretação sistemática dos arts. 5º, 29 e 38 da Lei n.º 6.830/80, do art. 187 do CTN e do art. 76 da Lei n.º 11.101/05, firmou o entendimento de que a execução fiscal e o pedido de habilitação do crédito no juízo falimentar coexistem, de maneira que a Fazenda Pública pode habilitar o seu crédito no juízo falimentar, desde que não tenha pedido a penhora na execução fiscal[628].

Na falência, pode acontecer disputa interna entre as próprias pessoas jurídicas de direito público. O CTN dispõe que os créditos deveriam ser pagos na seguinte ordem: primeiro os créditos da União, depois os créditos dos Estados, Distrito Federal e Territórios, em conjunto e "pro rata" e por último os créditos dos Municípios, em conjunto e "pro rata"[629]. Entretanto, o STF decidiu que essa definição de hierarquia na cobrança judicial dos créditos da dívida pública das referidas entidades

---

625 Art. 108, § 3º, da Lei n.º 11.101/05: "Art. 108. Ato contínuo à assinatura do termo de compromisso, o administrador judicial efetuará a arrecadação dos bens e documentos e a avaliação dos bens, separadamente ou em bloco, no local em que se encontrem, requerendo ao juiz, para esses fins, as medidas necessárias... § 3º O produto dos bens penhorados ou por outra forma apreendidos entrará para a massa, cumprindo ao juiz deprecar, a requerimento do administrador judicial, às autoridades competentes, determinando sua entrega".

626 Art. 186, do CTN: "O crédito tributário prefere a qualquer outro, seja qual for sua natureza ou o tempo de sua constituição, ressalvados os créditos decorrentes da legislação do trabalho ou do acidente de trabalho. Parágrafo único. Na falência: I – o crédito tributário não prefere aos créditos extraconcursais ou às importâncias passíveis de restituição, nos termos da lei falimentar, nem aos créditos com garantia real, no limite do valor do bem gravado; II – a lei poderá estabelecer limites e condições para a preferência dos créditos decorrentes da legislação do trabalho; e III – a multa tributária prefere apenas aos créditos subordinados".

627 Art. 187, "caput", do CTN.

628 Tema 1.092, do STJ: "É possível a Fazenda Pública habilitar em processo de falência crédito objeto de execução fiscal em curso, mesmo antes da vigência da Lei n. 14.112/2020 e desde que não haja pedido de constrição no juízo executivo".

629 Art. 187, parágrafo único, I a III, do CTN.

políticas contraria o princípio federativo, considerando não recepcionadas pela CF/88 as normas do parágrafo único do art. 187 do CTN[630].

Contra a massa falida, se o ativo não for suficiente para o pagamento dos credores subordinados, não são exigíveis os juros vencidos após a decretação da quebra[631]. Assim, os juros pela taxa SELIC que incidem sobre as contribuições previdenciárias não recolhidas no prazo legal são devidos apenas até a data em que decretada a falência. Os juros posteriores à decretação da quebra estão na última posição da classificação dos créditos e serão devidos apenas se o ativo comportar o pagamento[632].

As multas de mora, punitivas ou de ofício, embora sejam devidas na falência, não possuem a mesma classificação dos créditos tributários. As multas serão pagas depois dos credores quirografários, gozando de preferência apenas em relação aos denominados créditos subordinados[633].

Diante da falência do devedor, também devem ser distinguidos os créditos previdenciários relativos aos fatos geradores anteriores e posteriores à decretação da quebra. Não importa a data do vencimento ou da que houve o lançamento, mas sim a data do fato que deu origem à obrigação tributária. Para os anteriores, como, por exemplo, os relativos às contribuições da empresa sobre a folha de salários, deve ser observado o parágrafo único do art. 186 do CTN, combinado com o art. 83, III[634], da Lei Falimentar. Sendo posteriores, são considerados extraconcursais, regulando-se pelo art. 188 do CTN, juntamente com

---

630 STF, ADPF 357.

631 Art. 124, da Lei n.º 11.101/05: "Contra a massa falida não são exigíveis juros vencidos após a decretação da falência, previstos em lei ou em contrato, se o ativo apurado não bastar para o pagamento dos credores subordinados. Parágrafo único. Excetuam-se desta disposição os juros das debêntures e dos créditos com garantia real, mas por eles responde, exclusivamente, o produto dos bens que constituem a garantia".

632 Art. 83, IX, da Lei n.º 11.101/05: "A classificação dos créditos na falência obedece à seguinte ordem: IX – os juros vencidos após a decretação da falência, conforme previsto no art. 124 desta Lei."

633 Art. 83, VII, da Lei n.º 11.101/05: "A classificação dos créditos na falência obedece à seguinte ordem:.VII – as multas contratuais e as penas pecuniárias por infração das leis penais ou administrativas, incluídas as multas tributárias;".

634 Art. 83, da Lei n.º 11.101/05: "A classificação dos créditos na falência obedece à seguinte ordem: III – os créditos tributários, independentemente da sua natureza e do tempo de constituição, exceto os créditos extraconcursais e as multas tributárias;".

o art. 84, V, da Lei de Falências[635] e devem ser pagos com preferência sobre os créditos mencionados no art. 83 da lei falimentar.

3.1. PEDIDO DE RESTITUIÇÃO NA FALÊNCIA

No caso das contribuições previdenciárias descontadas pela empresa dos seus empregados, assim como das contribuições retidas pela fonte pagadora, como na retenção do contribuinte individual de que trata o art. 4º da Lei n.º 10.666/03 ou no caso da sub-rogação do inciso IV do art. 30 desta lei, a Fazenda Nacional deverá reivindicar os valores. O pedido de restituição abrange todos os tributos passíveis de retenção na fonte, de desconto de terceiros ou de sub-rogação, conforme prevê o inciso IV do art. 86 da Lei de Falências[636].

No Superior Tribunal de Justiça, é pacífico o entendimento de que a Fazenda tem o direito de recuperar as contribuições previdenciárias descontadas dos empregados, e não recolhidas, anteriormente a qualquer outro crédito, inclusive os trabalhistas[637], porque se trata de bens que não integram o patrimônio do falido[638].

ART. 52.

Às empresas, enquanto estiverem em débito não garantido com a União, aplica-se o disposto no art. 32 da Lei n.º 4.357, de 16 de julho de 1964. (Redação dada pela Lei n.º 11.941, de 2009)

I - (revogado); (Redação dada pela Lei n.º 11.941, de 2009).

II - (revogado). (Redação dada pela Lei n.º 11.941, de 2009).

---

635 Art. 84, V, da Lei n.º 11.101/05: "Serão considerados créditos extraconcursais e serão pagos com precedência sobre os mencionados no art. 83 desta Lei, na ordem a seguir, aqueles relativos: V – aos tributos relativos a fatos geradores ocorridos após a decretação da falência, respeitada a ordem estabelecida no art. 83 desta Lei.".

636 Art. 86, IV, da Lei n.º 11.101/05: "Proceder-se-á à restituição em dinheiro: IV – às Fazendas Públicas, relativamente a tributos passíveis de retenção na fonte, de descontos de terceiros ou de sub-rogação e a valores recebidos pelos agentes arrecadadores e não recolhidos aos cofres públicos.".

637 RESP 631.658/RS, RESP 557.373/RS.

638 RESP 284.276/PR.

COMENTÁRIOS À LEI DE CUSTEIO DA SEGURIDADE SOCIAL **337**

> **Parágrafo único. (Revogado).** (Redação dada pela Lei n.º 11.941, de 2009).

1. SANÇÕES PARA EMPRESAS COM DÉBITOS TRIBUTÁRIOS

Nos termos do art. 32 da Lei n.º 4.357/64, as pessoas jurídicas que estiverem em débito sem garantia junto à União, decorrente da falta de recolhimento das contribuições previdenciárias, não poderão distribuir quaisquer bonificações a seus acionistas ou dar ou distribuir participação de lucros aos seus sócios ou quotistas, bem a como a dirigentes e demais membros de órgãos dirigentes, fiscais ou consultivos.

O descumprimento deste preceito sujeita a pessoa jurídica à multa correspondente a 50% das remunerações distribuídas ou pagas indevidamente, limitada a 50% do valor do débito não garantido. Esta multa é de caráter punitivo e não se confunde com a multa de mora imposta à pessoa jurídica que deixar de recolher as contribuições previdenciárias no prazo legal.

Os diretores e demais membros da administração superior que receberem as importâncias indevidas também ficam sujeitos à multa punitiva de 50% do valor recebido, incidindo a mesma limitação de 50% do valor do débito não garantido da pessoa jurídica, nos termos do § 1º, inciso I e II, e § 2º do art. 32 da Lei n.º 4.357/64.

Embora o preceito trate da proibição de distribuir lucros no caso de débito sem garantia[639], as causas que suspendem a exigibilidade do crédito tributário, previstas no art. 151 do CTN, também afastam as restrições antes mencionadas. Se o Fisco não pode cobrar o crédito cuja exigibilidade esteja suspensa, circunstância que também confere ao contribuinte o direito à obtenção de certidão positiva, com efeito de negativa[640], atestando sua regularidade fiscal, não se justifica a restrição de impedi-lo a distribuir lucros ou bonificações. Os efeitos da suspensão da exigibilidade do crédito tributário prevista no CTN são amplos e devem afastar todas as consequências legais que podem decorrer do crédito tributário regularmente constituído e que não foi pago. O STJ tem precedente no sentido de que, ocorrendo parcelamento regular, a pessoa jurídica não pode ser impedida de distribuir lucros e dividendos a sócios e acionistas[641].

---

639 O preceito é objeto da ADI 5.161, no STF.

640 Art. 206, do CTN.

641 STJ, RESP 1.115.136.

2. SANÇÕES POLÍTICAS

A mera existência de débitos tributários não garantidos não pode obstar a distribuição de bonificações ou lucros porque isso nada mais é do que uma forma indireta de compelir o contribuinte ao pagamento, constituindo-se em sanção política.

As sanções políticas[642] são restrições estatais impostas ao contribuinte devedor da Fazenda Pública e que acabam inviabilizando o livre exercício da atividade econômica ao exigir o tributo de maneira indireta[643], o que não tem sido admitido pelo STF[644].

ART. 53.

Na execução judicial da dívida ativa da União, suas autarquias e fundações públicas, será facultado ao exequente indicar bens à penhora, a qual será efetivada concomitantemente com a citação inicial do devedor.

§ 1º Os bens penhorados nos termos deste artigo ficam desde logo indisponíveis.

§ 2º Efetuado o pagamento integral da dívida executada, com seus acréscimos legais, no prazo de 2 (dois) dias úteis contados da citação, independentemente da juntada aos autos do respectivo mandado, poderá ser liberada a penhora, desde que não haja outra execução pendente.

§ 3º O disposto neste artigo aplica-se também às execuções já processadas.

§ 4º Não sendo opostos embargos, no caso legal, ou sendo eles julgados improcedentes, os autos serão conclusos ao juiz do feito, para determinar o prosseguimento da execução.

---

642 Vide comentários ao art. 95.

643 Tema 732, do STF: "É inconstitucional a suspensão realizada por conselho de fiscalização profissional do exercício laboral de seus inscritos por inadimplência de anuidades, pois a medida consiste em sanção política em matéria tributária".

644 Tema 31, do STF: "É inconstitucional o uso de meio indireto coercitivo para pagamento de tributo – 'sanção política' –, tal qual ocorre com a exigência, pela Administração Tributária, de fiança, garantia real ou fidejussória como condição para impressão de notas fiscais de contribuintes com débitos tributários".

1. INSCRIÇÃO EM DÍVIDA ATIVA E EXECUÇÃO FISCAL

A inscrição em dívida ativa confere aos créditos tributários presunção relativa de certeza e liquidez, possuindo o efeito de prova pré-constituída. O ônus da prova em sentido contrário é do sujeito passivo[645].

A certidão de dívida ativa (CDA) é extraída do termo de inscrição em dívida ativa e constitui-se no título necessário para aparelhar a execução fiscal a ser intentada pela Fazenda Pública[646].

Ajuizada a execução fiscal, a Fazenda Pública poderá seguir o procedimento previsto no artigo em comento ou de acordo com o rito disciplinado na lei de execuções fiscais, com aplicação subsidiária do CPC[647].

2. RITO DA EXECUÇÃO FISCAL

A competência para a propositura da execução fiscal é a do domicílio do executado[648]. A mudança do domicílio após a propositura da execução não desloca a competência, conforme tem entendido o STJ[649].

Nos termos da lei de execução fiscal, o despacho inicial da execução fiscal importa em ordem para citação, penhora, arresto, registro e avaliação dos bens[650], possuindo o executado o prazo de cinco dias para pagar a dívida ou garantir a execução[651]. Em garantia da execução, o executado poderá efetuar depósito em dinheiro, oferecer fiança bancária ou seguro garantia, nomear bens à penhora ou indicar à penhora bens oferecidos por terceiros e aceitos pela Fazenda Pública[652].

O executado pode nomear bens à penhora, na ordem estabelecida no art. 11 da LEF[653]. A penhora dos bens do executado, na lei de execução

---

645 Art. 204 e seu parágrafo único, do CTN.

646 Vide comentários ao art. 39.

647 Art. 1º, da Lei n.º 6.830/80.

648 Art. 578, VI, do CPC.

649 Súmula 58, do STJ: "Proposta a execução fiscal, a posterior mudança de domicílio do executado não desloca a competência já fixada".

650 Art. 7º, da Lei n.º 6.830/80.

651 Art. 8º, da Lei n.º 6.830/80.

652 Art. 9º, da Lei n.º 6.830/80.

653 Art. 9º, III, da Lei n.º 6.830/80.

fiscal, ocorre se não houver o pagamento e nem a garantia da execução[654]. Neste aspecto, há inovação da Lei de Custeio porque o artigo em comento permite que o exequente indique na própria petição inicial da execução os bens passíveis de penhora, cujo ato deve ser efetivado juntamente com a citação. A pretensão do legislador foi a de tentar imprimir maior celeridade às execuções fiscais, garantindo o crédito tributário desde o início da execução, gravando com a penhora os bens no mesmo momento da citação. É claro que o preceito apenas será efetivo se a citação for efetuada por Oficial de Justiça e não pelo correio, com aviso de recebimento, como previsto na lei de execução fiscal[655].

Mesmo que o executado tenha o direito de nomear bens à penhora, a jurisprudência do STJ tem entendido que a execução deve ser feita no interesse do credor, de maneira que pode desde logo ser efetuada a penhora do bem indicado pela Fazenda, não se suprimindo, porém, o direito do devedor de substituir o bem por outro indicado no art. 11, da LEF, uma vez comprovado que a restrição é onerosa ou excessiva[656].

Nos termos do § 1º deste artigo, a penhora torna os bens indisponíveis e deve ser liberada se houver o pagamento do débito dentro de dois dias úteis, contados da citação. A indisponibilidade do bem decorre da penhora e não deve ser confundida com a indisponibilidade dos bens prevista no art. 185-A do CTN. A indisponibilidade prevista no CTN trata dos casos em que o devedor foi citado, não pagou, não ofereceu bens à penhora e não foram localizados bens penhoráveis. Nesta hipótese é que o juiz está autorizado a determinar a indisponibilidade dos bens e direitos e comunicar a decisão aos órgãos competentes. No caso dos §§ 1º e 2º deste artigo comentado, a penhora é efetuada com a citação, sendo liberada se houver o pagamento da dívida dentro de dois dias, contados da citação, e desde que não exista outra execução pendente, ressalvando ao devedor a possibilidade de substituição do bem.

---

654 Vide comentários ao art. 55 acerca da impenhorabilidade dos bens de hospitais filantrópicos e Santas Casas de Misericórdia.

655 Art. 8º, II, da Lei n.º 6.830/80.

656 STJ, RESP 1.287.915 e RESP 1.166.842.

3. PENHORA DE ATIVOS E PARCELAMENTO

No caso da penhora de ativos financeiros e parcelamento do débito, existiam discussões acerca da manutenção ou liberação da penhora. A orientação firmada pelo STJ foi a seguinte: "(i) será levantado o bloqueio se a concessão é anterior à constrição; e (ii) fica mantido o bloqueio se a concessão ocorre em momento posterior à constrição, ressalvada, nessa hipótese, a possibilidade excepcional de substituição da penhora online por fiança bancária ou seguro garantia, diante das peculiaridades do caso concreto, mediante comprovação irrefutável, a cargo do executado, da necessidade de aplicação do princípio da menor onerosidade"[657]

4. EMBARGOS À EXECUÇÃO FISCAL E GARANTIA DO JUÍZO

A 1ª Seção do STJ, em julgamento de recurso repetitivo, decidiu que o art. 736 do CPC/73, atual art. 914, "caput", do CPC/15, que permite que o executado, independentemente de penhora, depósito ou caução, se oponha à execução por meio de embargos, não se aplica às execuções fiscais e que o juiz, nos termos do art. 739-A, § 1º, do CPC/73, atual art. 919, § 1º, do CPC/15, aplicado subsidiariamente, poderá atribuir-lhes efeito suspensivo quando houver relevância na fundamentação e perigo de dano irreparável ou de difícil reparação[658].

É claro que, não sendo opostos os embargos, ou sendo eles julgados improcedentes, a execução deverá prosseguir (§ 4º) na forma prevista na lei de execução fiscal, com aplicação subsidiária do CPC. A sentença que julga improcedentes os embargos à execução produz efeitos imediatamente, tal como prevê o art. 1.012, § 1º, III, do CPC. Entretanto, frente ao disposto no art. 32, § 2º, da LEF[659], tem-se entendido que apenas depois do trânsito em julgado será possível a conversão de eventual depósito em renda ou o seu levantamento[660]. No caso de seguro-garantia, a jurisprudência no âmbito da 4ª Região ainda não está

---

[657] Tema 1.012, do STJ.

[658] STJ, RESP 1.272.827.

[659] Art. 32, da Lei n.º 6.830/80: "Os depósitos judiciais em dinheiro serão obrigatoriamente feitos: ... § 2º – Após o trânsito em julgado da decisão, o depósito, monetariamente atualizado, será devolvido ao depositante ou entregue à Fazenda Pública, mediante ordem do Juízo competente".

[660] STJ, ERESP 748.831.

firme. Há julgados que entendem, com fundamento no art. 19, II, da LEF, que a seguradora deve ser intimada para liquidar a garantia, mas o valor apenas pode ser convertido em pagamento, ou levantado pelo devedor, depois do trânsito em julgado dos embargos[661]. Por outro lado, há decisões no sentido de que a liquidação equivale à conversão em renda dos depósitos, medida que seria possível apenas do trânsito em julgado da sentença proferida nos embargos à execução ou em ação de conhecimento[662].

5. REDIRECIONAMENTO DA EXECUÇÃO FISCAL

O art. 135, III, do CTN, autoriza que sejam responsabilizados os diretores, gerentes ou representantes de pessoas jurídicas de direito privado, quando praticarem atos com excesso de poderes ou infração à lei, contrato social ou estatutos. A jurisprudência do STJ está pacificada no sentido de que a simples falta de pagamento do tributo, pela pessoa jurídica, não acarreta a responsabilidade solidária do sócio[663].

Os casos mais corriqueiros do redirecionamento da execução fiscal ocorrem quando há dissolução irregular da pessoa jurídica executada. Quando a empresa deixa de funcionar no seu domicílio fiscal, não comunica a mudança para os órgãos administrativos competentes, e não são localizados bens passíveis de penhora, há presunção de que foi dissolvida de forma irregular, cuja infração legitima o redirecionamento da execução fiscal para o sócio-gerente[664]. A infração é a dissolução irregular. Por isto, não podem ser responsabilizados o sócio ou terceiro não sócio que, embora exercessem poderes de gerência ao tempo do fato gerador, não deram causa à dissolução irregular, como decidido pelo STJ[665]. Logo, é cabível o redirecionamento da execução fiscal ao

---

661 TRF4, Processos n.ºs 5018160-33.2023.4.04.0000, 5003229-75.2022.4.04.7205, 5003229-75.2022.4.04.7205, 5044027-62.2022.4.04.0000

662 TRF4, Processos n.ºs 5016805-56.2021.4.04.0000, 5005514-88.2023.4.04.0000, 5026040-13.2022.4.04.0000 e 5002486-49.2022.4.04.0000

663 STJ, Súmula 430: "O inadimplemento da obrigação tributária pela sociedade não gera, por si só, a responsabilidade solidária do sócio-gerente".

664 Súmula 435, do STJ: "Presume-se dissolvida irregularmente a empresa que deixar de funcionar no seu domicílio fiscal, sem comunicação aos órgãos competentes, legitimando o redirecionamento da execução fiscal para o sócio-gerente".

665 Tema 962, do STJ: "O redirecionamento da execução fiscal, quando fundado na dissolução irregular da pessoa jurídica executada ou na presunção de sua ocor-

sócio ou terceiro não sócio que administravam a empresa na data em que configurada ou presumida a dissolução irregular, ainda que não tenham exercido os poderes de gerência na data do fato gerador[666].

Em relação ao termo inicial da prescrição de cinco anos para o redirecionamento da execução fiscal contra os sócios-gerentes, a jurisprudência do STJ pacificou-se no sentido de que, se o ato ilícito da dissolução irregular tiver ocorrido antes da citação da pessoa jurídica, o prazo deve ser contado desta citação, interruptiva da prescrição. Se o ato ilícito for praticado depois da citação da pessoa jurídica, este ato processual não provoca o início do prazo de prescrição contra os sócios porque na data da citação o Fisco ainda não tinha pretensão contra os sócios-gerentes infratores. Neste caso, o termo inicial do prazo de prescrição para cobrar o crédito dos aludidos responsáveis "é a data da prática de ato inequívoco indicador do intuito de inviabilizar a satisfação do crédito tributário já em curso de cobrança executiva promovida contra a empresa contribuinte, a ser demonstrado pelo Fisco, nos termos do art. 593 do CPC/1973 (art. 792 do novo CPC – fraude à execução), combinado com o art. 185 do CTN (presunção de fraude contra a Fazenda Pública)". Ainda de acordo com o STJ, em qualquer hipótese, "a decretação da prescrição para o redirecionamento impõe seja demonstrada a inércia da Fazenda Pública, no lustro que se seguiu à citação da empresa originalmente devedora (REsp 1.222.444/RS) ou ao ato inequívoco mencionado no item anterior (respectivamente, nos casos de dissolução irregular precedente ou superveniente à citação da empresa), cabendo às instâncias ordinárias o exame dos fatos e provas atinentes à demonstração da prática de atos concretos na direção da cobrança do crédito tributário no decurso do prazo prescricional"[667].

---

rência, não pode ser autorizado contra o sócio ou o terceiro não sócio que, embora exercesse poderes de gerência ao tempo do fato gerador, sem incorrer em prática de atos com excesso de poderes ou infração à lei, ao contrato social ou aos estatutos, dela regularmente se retirou e não deu causa à sua posterior dissolução irregular, conforme art. 135, III, do CTN".

666 Tema 981, do STJ: "O redirecionamento da execução fiscal, quando fundado na dissolução irregular da pessoa jurídica executada ou na presunção de sua ocorrência, pode ser autorizado contra o sócio ou o terceiro não sócio, com poderes de administração na data em que configurada ou presumida a dissolução irregular, ainda que não tenha exercido poderes de gerência quando ocorrido o fato gerador do tributo não adimplido, conforme art. 135, III, do CTN".

667 Tema 444, do STJ.

No caso de incorporação empresarial, se o ato não foi comunicado ao Fisco, é legítimo que o lançamento de fatos geradores posteriores à incorporação ocorra em nome da incorporada e que a execução fiscal seja redirecionada contra a incorporadora, visto que a sucessora, nos termos do art. 132, do CTN, responde pelo passivo tributário da sucedida, não havendo necessidade de emendar ou substituir a certidão de dívida ativa para que ocorra o redirecionamento[668]. Contudo, se o ato de incorporação tiver sido regularmente comunicado antes de ocorrido o fato gerador, é nulo o lançamento em nome da incorporada, já extinta, não sendo admitida a substituição da certidão de dívida ativa para incluir a sucessora[669].

6. FRAUDE À EXECUÇÃO

O reconhecimento de fraude à execução de dívidas tributárias com base em presunção, nos termos previstos no art. 185, do CTN, possui dois marcos temporais: a) se a alienação foi efetivada antes da entrada em vigor da LC 118/2005 (09.06.2005), presume-se a fraude à execução quando o negócio jurídico sucede a citação válida do devedor; b) se a alienação é posterior a 09.06.2005, considera-se fraudulenta a alienação realizada após a inscrição do crédito tributário em dívida ativa.

Apenas é possível levar em conta o ato de alienação como fraude à execução se não tiverem sido reservados, pelo devedor, bens ou rendas suficientes para o pagamento do crédito executado, nos termos do parágrafo único do art. 185 do CTN[670]. Trata-se de fraude de natureza objetiva, pouco importando a intenção das partes ao celebrarem o ne-

---

[668] Tema 1.049, do STJ: "A execução fiscal pode ser redirecionada em desfavor da empresa sucessora para cobrança de crédito tributário relativo a fato gerador ocorrido posteriormente à incorporação empresarial e ainda lançado em nome da sucedida, sem a necessidade de modificação da Certidão de Dívida Ativa, quando verificado que esse negócio jurídico não foi informado oportunamente ao fisco".

[669] Súmula 392, do STJ: "A Fazenda Pública pode substituir a certidão de dívida ativa (CDA) até a prolação da sentença de embargos, quando se tratar de correção de erro material ou formal, vedada a modificação do sujeito passivo da execução".

[670] Art. 185, do CTN: "Presume-se fraudulenta a alienação ou oneração de bens ou rendas, ou seu começo, por sujeito passivo em débito para com a Fazenda Pública, por crédito tributário regularmente inscrito como dívida ativa. (Redação dada pela Lcp n.º 118, de 2005). Parágrafo único. O disposto neste artigo não se aplica na hipótese de terem sido reservados, pelo devedor, bens ou rendas suficientes ao total pagamento da dívida inscrita. (Redação dada pela Lcp n.º 118, de 2005)".

gócio. Alegações atinentes à boa-fé na realização do negócio jurídico não são aptas a obstar o reconhecimento da fraude, pois a presunção do art. 185, do CTN, é de caráter absoluto. Tutela-se o interesse público em detrimento do privado. A alienação do bem é ineficaz perante a Fazenda Pública.

O Superior Tribunal de Justiça, em julgamento de recurso repetitivo, entendeu que a Súmula 375, que dispõe que o reconhecimento da fraude de execução depende do registro da penhora do bem alienado ou da prova de má-fé do terceiro adquirente, não é aplicável às execuções fiscais, considerando que a lei especial (CTN) prevalece sobre a geral (CPC)[671]. Ademais, no mesmo julgado o STJ decidiu que a presunção de fraude à execução prevista no art. 185 do CTN é absoluta ("jure et de jure"), sendo irrelevante a boa-fé do adquirente.

O entendimento do STJ acerca da caracterização da fraude à execução também se aplica às hipóteses de alienações sucessivas, considerando fraudulenta a alienação, mesmo quando há transferências sucessivas do bem, feita após a inscrição do débito em dívida ativa, sendo desnecessário comprovar a má-fé do terceiro adquirente[672].

No caso de redirecionamento da execução fiscal contra o sócio-gerente, quando este aliena o bem para terceiro, os julgados têm reconhecido a fraude à execução[673], levando em conta a data da citação do sócio como marco para caracterizá-la[674].

---

671 STJ, RESP 1.141.990: "a) a natureza jurídica tributária do crédito conduz a que a simples alienação ou oneração de bens ou rendas, ou seu começo, pelo sujeito passivo por quantia inscrita em dívida ativa, sem a reserva de meios para quitação do débito, gera presunção absoluta (jure et de jure) de fraude à execução (lei especial que se sobrepõe ao regime do direito processual civil); (b) a alienação engendrada até 08.06.2005 exige que tenha havido prévia citação no processo judicial para caracterizar a fraude de execução; se o ato translativo foi praticado a partir de 09.06.2005, data de início da vigência da Lei Complementar n.º 118/2005, basta a efetivação da inscrição em dívida ativa para a configuração da figura da fraude; (c) a fraude de execução prevista no artigo 185 do CTN encerra presunção jure et de jure, conquanto componente do elenco das "garantias do crédito tributário"; (d) a inaplicação do artigo 185 do CTN, dispositivo que não condiciona a ocorrência de fraude a qualquer registro público, importa violação da Cláusula Reserva de Plenário e afronta à Súmula Vinculante n.º 10, do STF".

672 STJ, RESP 1.833.644. Também no TRF4: AC 5003783-25.2013.4.04.7205.

673 TRF4: AC 5001520-67.2019.4.04.9999, AC 5001520-67.2019.4.04.9999.

674 TRF4: AC 5007055-58.2021.4.04.7104, AC 5026705-11.2018.4.04.7100, AC 5053132-54.2018.4.04.7000.

ART. 54.

> **Os órgãos competentes estabelecerão critério para a dispensa de constituição ou exigência de crédito de valor inferior ao custo dessa medida.**

1. REMISSÃO DE CRÉDITOS

O legislador tributário pode, mediante lei ordinária, conceder remissão do crédito tributário[675], que é uma das formas de sua extinção[676], atendendo, entre outras causas, à diminuta importância do crédito tributário[677]. Depois da EC n.º 103/19, em relação às contribuições previdenciárias da empresa, previstas no art. 22, e às contribuições dos trabalhadores e demais segurados, o legislador constitucional atribuiu à lei complementar a competência para regular a concessão de remissão ou anistia[678]. Ao exigir lei de natureza complementar para a remissão e anistia, o legislador constitucional procurou dificultar a outorga destes benefícios tributários, impedindo, por exemplo, que viessem a ser concedidos por medida provisória[679].

A pretensão de cobrança de créditos tributários de valores baixos, muitas vezes inferiores ao próprio custo dispendido para tal finalidade, é contrária ao princípio da economicidade. Por isto, por exemplo, débitos de valor consolidado igual ou inferior a R$ 100,00 (cem reais) foram perdoados pelo § 1º do art. 18 da Lei n.º 10.522/02. Para débitos maiores e de valor consolidado igual ou inferior àquele estabelecido em ato do Procurador-Geral da Fazenda Nacional, o art. 20 da Lei n.º 10.522/02 determinou o arquivamento dos autos da execução fiscal. Não se trata de remissão, mas de arquivamento judicial, sem baixa na

---

675 Vide comentários ao art. 55 acerca da remissão dos créditos de entidades imunes.

676 Art. 156, IV, do CTN.

677 Art. 172, III, do CTN.

678 Art. 195, § 11º, da CF: São vedados a moratória e o parcelamento em prazo superior a 60 (sessenta) meses e, na forma de lei complementar, a remissão e a anistia das contribuições sociais de que tratam a alínea "a" do inciso I e o inciso II do caput. Vide comentários ao art. 33.

679 Art. 62, § 1º, III, da CF

distribuição, o que não impede o fluxo da prescrição quinquenal inter-corrente, autorizada pelo art. 40 da Lei de Execução Fiscal.

Com a finalidade de racionalizar a constituição e a cobrança de créditos tributários, em determinados temas especificados em lei, os artigos 19-A e 19-B da Lei n.º 10.522/02 dispensaram a administração de promover os lançamentos e a respectiva cobrança.

Ademais, a fim de atender aos critérios de racionalidade, de economicidade e de eficiência, a Procuradoria-Geral da Fazenda Nacional poderá dispensar a prática de atos processuais, inclusive poderá desistir de recursos interpostos, e autorizar a realização de acordos em fase de cumprimento de sentença, consoante parâmetros de valor que vier a fixar[680].

ART. 55.

(Revogado pela Lei n.º 12.101, de 2009)

1. IMUNIDADE DAS CONTRIBUIÇÕES DE SEGURIDADE SOCIAL

A imunidade das contribuições de Seguridade Social não está mais regulada neste preceito, mas sim na LC n.º 187/21, razão por que faremos breve referência ao assunto.

O art. 195, § 7º da CF dispõe que são "isentas" de contribuição para a Seguridade Social as entidades beneficentes de assistência social que atendam às exigências estabelecidas em lei. Mesmo que o texto constitucional faça referência à isenção, o preceito trata de imunidade: "A cláusula inscrita no art. 195, § 7º, da Carta Política – não obstante se referir impropriamente à isenção de contribuição para a Seguridade Social –, contemplou as entidades beneficentes de assistência social com o favor constitucional da imunidade tributária, desde que por elas preenchidos os requisitos fixados em lei. A jurisprudência constitucional do Supremo Tribunal Federal já identificou, na cláusula inscrita no art. 195, § 7º, da Constituição da República, a existência de uma típica garantia de imunidade (e não de simples isenção) estabelecida em fa-

---

680 Art. 19-C, da Lei n.º 10.522/02.

vor das entidades beneficentes de assistência social"[681]. Além disso, o STF tem entendido que a imunidade abrange também as entidades de saúde e educação porque entidade de assistência social é toda aquela destinada a assegurar os meios de vida aos carentes[682].

A imunidade outorgada no art. 195, § 7º da Constituição Federal objetiva estimular e auxiliar as entidades beneficentes que prestam serviços nas áreas de assistência social, saúde ou educação. São instituições ou organizações que trabalham sem finalidade lucrativa ao lado e em auxílio do Estado, existindo necessidade de que "a assistência social e a atividade educacional sejam exercidas desinteressadamente pelas instituições imunes. Desinteresse, aí, significa gratuidade. Imprescindível que a educação e a assistência sejam gratuitas para os necessitados. A gratuidade, aliás, é característica essencial – e constitucionalmente declarada – do sistema das prestações de assistência social (art. 203) e de educação (art. 206, IV e 208, I e II) entregues pelo poder público e deve se estender à ação das entidades imunes, substitutiva da estatal. Mas, quanto às entidades imunes, a gratuidade não pode ser interpretada no sentido absoluto, a abranger todas as prestações; porém, é necessário que parcela substancial do atendimento se faça sem contraprestação pecuniária e que não se negue a ação quase-pública a pretexto da impossibilidade de pagamento pelo assistido"[683].

Os requisitos para a fruição da imunidade das contribuições previdenciárias das entidades beneficentes de assistência social são cercados de polêmicas.

Originariamente, os requisitos foram estabelecidos neste art. 55, o qual foi alterado pela Lei n.º 9.732/98 e objeto da ADI 2.028. As controvérsias giravam em torno da inconstitucionalidade formal, visto que a imunidade, sendo uma limitação ao poder de tributar, dependeria de lei complementar[684] e inconstitucionalidade material, porque estaria sendo desvirtuado o conceito constitucional de entidade beneficente de assistência social, limitando a lei a própria extensão do benefício. No julgamento definitivo da ADI 2.028[685], o STF decidiu que "aspectos

---

681 STF, RMS 22192-9.

682 STF, ADI 2028.

683 TORRES, Ricardo Lobo. Tratado de Direito Constitucional, Financeiro e Tributário. vol. III. Rio de Janeiro: Renovar, 1999. p. 264.

684 Art. 146, II, da CF.

685 Na ADI 2.028, estavam apensadas as ADIs 2.036, 2.228 e 2.621.

procedimentais referentes à certificação, fiscalização e controle administrativo são passíveis de definição em lei ordinária, somente exigível a lei complementar para a definição do modo beneficente de atuação das entidades de assistência social contempladas no art. 195, § 7º, da Lei Maior, especialmente no que se refere à instituição de contrapartidas a serem por ela observadas"[686].

A Lei n.º 12.101/09 revogou este art. 55, passando a regular a certificação das entidades beneficentes e os requisitos que deveriam ser atendidos para que pudessem fazer jus à imunidade. No entanto, houve a propositura da ADI 4.480 contra diversos preceitos da Lei n.º 12.101/09, alegando-se inconstitucionalidade formal e material. No seu julgamento, o STF reafirmou o entendimento quanto à matéria, assentando a validade constitucional do art. 29, "caput" e incisos I a V, VII e VIII, da Lei n.º 12.101/2009, por entender que se amoldam aos limites previamente estabelecidos em lei complementar, a saber: os incisos I e V do art. 29 ajustam-se ao art. 14, I, do CTN; o inciso II ao art. 14, II, do CTN e os incisos III, IV, VII e VIII ao art. 14, III, do CTN. No julgamento dos embargos de declaração opostos à ADI 4.480, em 08.02.2021, o STF conferiu-lhes efeitos infringentes, a fim de declarar a inconstitucionalidade formal do inciso VI do art. 29. Logo, para fazer jus à imunidade, a entidade deveria ser portadora do CEBAS e atender aos requisitos fixados pela Lei n.º 12.101/09, observados os efeitos da decisão do STF na ADI 4.480.

Por sua vez, a Lei n.º 12.101/09 também acabou sendo revogada pela LC n.º 187/21.

A LC n.º 187/21 dispõe que entidade beneficente é a pessoa jurídica de direito privado, sem fins lucrativos, que presta serviço nas áreas de assistência social, de saúde e de educação, quando obtida a certificação de entidade beneficente. O legislador faz referência à pessoa jurídica de direito privado, pondo fim às discussões acerca da extensão do benefício às pessoas jurídicas de direito público, como autarquias ou fundações públicas, que muitas vezes prestam serviços de saúde. Uma vez portadora do certificado e cumpridos cumulativamente os requisitos fixados no seu art. 3º, a pessoa jurídica de direito privado passará a usufruir da imunidade das contribuições previdenciárias do art. 195, I, III e IV, e do

---

[686] Tema 32, do STF: "A lei complementar é forma exigível para a definição do modo beneficente de atuação das entidades de assistência social contempladas pelo art. 195, § 7º, da CF, especialmente no que se refere à instituição de contrapartidas a serem por elas observadas".

art. 239, da CF. A imunidade, portanto, apanha as contribuições do art. 22, incisos I, II e III, e do art. 26, ambos desta lei, assim como o PIS/CO-FINS-Importação e a contribuição ao PIS sobre a folha de salários.

2. REMISSÃO DAS CONTRIBUIÇÕES PREVIDENCIÁRIAS DAS ENTIDADES IMUNES

O art. 41 da LC n.º 187/21 concedeu remissão para os "créditos decorrentes de contribuições sociais lançadas contra instituições sem fins lucrativos que atuam nas áreas de saúde, de educação ou de assistência social, expressamente motivados por decisões derivadas de processos administrativos ou judiciais com base em dispositivos da legislação ordinária declarados inconstitucionais, em razão dos efeitos da inconstitucionalidade declarada pelo Supremo Tribunal Federal no julgamento das Ações Diretas de Inconstitucionalidade n.º 2.028 e 4.480 e correlatas".

O perdão dos créditos constituídos foi necessário porque havia muita controvérsia na doutrina e na jurisprudência acerca dos requisitos que deveriam ser cumpridos pelas entidades beneficentes de saúde, educação e assistência social, para que pudessem fazer jus à imunidade.

Os créditos previdenciários perdoados referem-se àqueles que foram constituídos com fundamento nos preceitos declarados inconstitucionais pelo STF nas mencionadas ações diretas de inconstitucionalidade, incluindo os seus acessórios, como os juros e as multas de mora. O perdão incide a partir da publicação da LC n.º 187/21 e recai sobre os créditos em discussão no âmbito administrativo e na via judicial, não importando a natureza da ação judicial. Remido o crédito da obrigação principal, eventual multa de ofício imposta pelo descumprimento de obrigação acessória vinculada, como no caso de falta de entrega da GFIP ou apresentação com erros[687], perderão o seu fundamento de validade e deverão ser extintas, visto que o acessório, nesta situação específica, segue o principal.

Por outro lado, os eventuais pagamentos já efetuados, antes da vigência da LC n.º 187/21, extinguiram os créditos e não comportarão restituição porque ao tempo da extinção não eram reputados indevidos.

---

[687] Vide comentários ao art. 32-A.

3. IMPENHORABILIDADE DE BENS DE HOSPITAIS FILANTRÓPICOS E SANTAS CASAS DE MISERICÓRDIA

A Lei n.º 14.334/22 instituiu a impenhorabilidade dos bens de hospitais filantrópicos e Santas Casas de Misericórdia mantidos por entidades que sejam portadoras da certificação de entidade beneficente, na forma prevista na LC n.º 187/21.

A impenhorabilidade decorre do próprio dever estatal de promoção e proteção do direito fundamental à saúde, tendo em vista que a expropriação dos bens das entidades hospitalares beneficentes restringe ou inviabiliza os direitos que o próprio Estado tem a obrigação de respeitar[688].

Trata-se de norma de natureza processual, de ordem pública, pois não se sujeitam à execução os bens que a lei considera impenhoráveis[689]. O preceito incide de imediato, alcançando as execuções fiscais em tramitação, e desconstitui as penhoras efetuadas, inclusive as anteriores à vigência da lei, a exemplo do que ocorreu em relação à lei que instituiu a impenhorabilidade do bem de família[690].

A impenhorabilidade é ampla e inclui os imóveis sobre os quais se assentam as construções, as benfeitorias de qualquer natureza e todos os equipamentos, inclusive os de uso profissional, ou móveis que guarneçam o bem, desde que quitados[691]. As obras de arte e os adornos suntuosos estão excluídos da impenhorabilidade[692].

Nos termos da lei, a impenhorabilidade não pode ser oposta, entre outras hipóteses, no caso de execução fiscal relativa às contribuições previdenciárias dos trabalhadores, isto é, às contribuições que o empregador desconta dos salários dos seus empregados[693].

---

[688] TRF4. AI 5038621-02.2018.4.04.0000, AI 5051418-73.2019.4.04.0000.

[689] Art. 832, do CPC.

[690] STJ, Súmula 205: "A Lei 8.009/90 aplica-se à penhora realizada antes de sua vigência".

[691] Art. 2º, parágrafo único, da Lei n.º 14.334/22.

[692] Art. 3º, da Lei n.º 14.334/22.

[693] Art. 4º, III, da Lei n.º 14.334/22.

ART. 56.

A inexistência de débitos em relação às contribuições devidas ao Instituto Nacional do Seguro Social-INSS, a partir da publicação desta Lei, é condição necessária para que os Estados, o Distrito Federal e os Municípios possam receber as transferências dos recursos do Fundo de Participação dos Estados e do Distrito Federal-FPE e do Fundo de Participação dos Municípios-FPM, celebrar acordos, contratos, convênios ou ajustes, bem como receber empréstimos, financiamentos, avais e subvenções em geral de órgãos ou entidades da administração direta e indireta da União.

§ 1º (Revogado pela Medida Provisória no 2187-13, de 2001) (Renumerado do parágrafo único e Incluído pela Lei n.º 12.810, de 2013).

§ 2º Os recursos do FPE e do FPM não transferidos em decorrência da aplicação do caput deste artigo poderão ser utilizados para quitação, total ou parcial, dos débitos relativos às contribuições de que tratam as alíneas a e c do parágrafo único do art. 11 desta Lei, a pedido do representante legal do Estado, Distrito Federal ou Município. (Incluído pela Lei n.º 12.810, de 2013)

1. REGULARIDADE FISCAL DAS PESSOAS POLÍTICAS

O preceito disciplina a necessidade da regularidade fiscal das contribuições previdenciárias por parte dos Estados, Distrito Federal e Municípios, a fim de que possam receber os repasses constitucionais dos Fundos de Participação, assim como para celebrar acordos, contratos, convênios ou ajustes, receber empréstimos, financiamentos, avais e subvenções em geral de órgãos ou entidades da administração direta e indireta da União.

O texto constitucional regula a repartição das receitas tributárias na Seção VI do Título relativa à Tributação e Orçamento. As transferências dos recursos ocorrem por intermédio dos Fundos de Participação dos Estados e Distrito Federal (FPE) e dos Fundos de Participação dos Municípios (FPM)[694].

---

694 O cálculo, a entrega e o controle das liberações dos recursos do FPE e do FPM é regulado pela LC n.º 62/89, alterada pela LC n.º 143/13.

A Constituição Federal dispõe que a União deverá entregar 49% do produto da arrecadação do imposto de renda e do IPI para os Estados, Distrito Federal e Municípios. Do produto da arrecadação do IPI, 10% será entregue aos Estados e Distrito Federal, proporcionalmente ao valor das respectivas exportações de produtos industrializados[695]. Também prevê a partilha do produto da arrecadação da contribuição de intervenção no domínio econômico prevista no art. 177, § 4º, denominada de CIDE sobre petróleo[696], cabendo aos Estados e ao Distrito Federal 29% do produto da sua arrecadação[697], sendo que os Estados devem repassar aos Municípios 25% do valor recebido[698]. As transferências têm o objetivo de diminuir as desigualdades regionais e promover o equilíbrio socioeconômico das unidades federativas[699].

O Tesouro Nacional faz a transferência destes recursos por intermédio dos Fundos de Participação dos Estados/DF e o dos Municípios. O Tribunal de Contas da União (TCU), no exercício da competência prevista no art. 161, parágrafo único, da Constituição Federal, fixa os coeficientes do Fundo de Participação dos Estados – FPE e do Fundo de Participação dos Municípios – FPM, com base em dados populacionais e de renda per capita fornecidos pelo IBGE, conforme critérios definidos em lei complementar.

A Constituição Federal proíbe a retenção ou qualquer restrição à entrega e ao emprego dos recursos atribuídos aos Estados, ao Distrito Federal e aos Municípios, neles compreendidos adicionais e acréscimos relativos a impostos[700]. A vedação não impede a União e os Estados de condicionarem a entrega de recursos: I – ao pagamento de seus créditos, inclusive de suas autarquias; II – ao cumprimento do disposto no art. 198, § 2º, incisos II e III. Com isso, existindo os débitos das contribuições previdenciárias incidentes sobre a folha de salários ou da contribuição descontada dos servidores, sujeitos ao Regime Geral de Previdência Social, a União poderá obstar a transferência dos recur-

---

695 Art. 159, II, da CF.

696 A contribuição de intervenção no domínio econômico relativa às atividades de importação ou comercialização de petróleo e seus derivados, gás natural e seus derivados e álcool combustível foi instituída pela Lei n.º 10.336/01.

697 Art. 159, III, da CF.

698 Art. 159, § 4º, da CF.

699 Art. 161, II, da CF.

700 Art. 160, "caput", da CF.

sos, os quais poderão ser utilizados para quitação, total ou parcial, dos débitos, a pedido do representante legal do Estado, Distrito Federal ou Município. A União está obrigada ao repasse dos Fundos de Participação, assumindo o polo passivo da obrigação. Ao mesmo tempo, é credora das contribuições previdenciárias devidas pelas outras pessoas políticas. Estas, por sua vez, são credoras dos Fundos e devedoras das contribuições. A lei previu a compensação, permitindo que a União retenha os repasses e compense os valores com os débitos de responsabilidade das demais pessoas políticas. Não teria nenhum sentido que a União ou suas autarquias, mesmo não recebendo os seus créditos, continuasse obrigada a efetuar os repasses.

A regularidade com o pagamento das contribuições previdenciárias não é necessária apenas para que os Estados, DF e Municípios possam receber os recursos dos Fundos de Participação. A mesma exigência é feita para que tais entidades possam celebrar acordos, contratos, convênios ou ajustes, como também receber empréstimos, financiamentos, avais e subvenções em geral de órgãos ou entidades da administração direta e indireta da União.

ART. 57.

> Os Estados, o Distrito Federal e os Municípios serão, igualmente, obrigados a apresentar, a partir de 1º de junho de 1992, para os fins do disposto no artigo anterior, comprovação de pagamento da parcela mensal referente aos débitos com o Instituto Nacional do Seguro Social-INSS, existentes até 1º de setembro de 1991, renegociados nos termos desta Lei.

1. DÉBITOS RENEGOCIADOS

Os débitos das contribuições previdenciárias dos Estados/DF e Municípios que existiam até 1º de setembro de 1991 foram parcelados em até 240 meses, nos termos do art. 58[701].

---

[701] Vide comentários ao artigo seguinte.

Trata-se de preceito transitório e que exigia a comprovação do pagamento das parcelas mensais do parcelamento para que houvesse o repasse dos Fundos de Participação.

ART. 58.

> **Os débitos dos Estados, do Distrito Federal e dos Municípios para com o Instituto Nacional do Seguro Social-INSS, existentes até 1° de setembro de 1991, poderão ser liquidados em até 240 (duzentos e quarenta) parcelas mensais.**
>
> **§ 1° Para apuração dos débitos será considerado o valor original atualizado pelo índice oficial utilizado pela Seguridade Social para correção de seus créditos.** (Renumerado pela Lei n.° 8.444, de 20.7.92)
>
> **§ 2° As contribuições descontadas até 30 de junho de 1992 dos segurados que tenham prestado serviços aos Estados, ao Distrito Federal e aos Municípios poderão ser objeto de acordo para parcelamento em até doze meses, não se lhes aplicando o disposto no § 1° do artigo 38 desta Lei.** (Parágrafo acrescentado pela Lei n.° 8.444, de 20.7.92)

1. PARCELAMENTO DOS DÉBITOS DAS PESSOAS POLÍTICAS

O parcelamento de créditos tributários depende de lei específica (art. 155-A do CTN). Cabe, portanto, ao legislador indicar os débitos passíveis de parcelamento, o sujeito passivo beneficiado, o número de prestações, a forma de atualização monetária, as garantias etc.

No caso, o preceito legal outorgou o parcelamento dos débitos previdenciários de responsabilidade dos Estados, do Distrito Federal e dos Municípios, existentes em 1° de setembro de 1991. Foi fixado o prazo de pagamento em 240 parcelas, atualizando-se os débitos pelos mesmos critérios aplicados para a correção monetária dos créditos da Seguridade Social.

Excepcionalmente, também foi admitido o parcelamento das contribuições previdenciárias descontadas até 30 de junho de 1992 dos segurados que prestaram serviços aos Estados, Distrito Federal e Municípios, em doze meses.

O parcelamento das contribuições previdenciárias de responsabilidade dos Estados, do Distrito Federal, dos Municípios e das respectivas autarquias e fundações públicas, é disciplinado pela Lei n.º 13.485/17. O parcelamento é amplo e apanhou as contribuições vencidas até 30 de abril de 2017, sendo o prazo fixado em 200 parcelas a serem retidas do Fundo de Participação dos Estados e Fundo de Participação dos Municípios. A lei disciplina a sistemática de cálculo das prestações, tomando por base a média mensal da receita corrente líquida.

A EC n.º 103/19, por sua vez, proibiu a concessão de moratória ou parcelamento em prazo superior a 60 meses para as contribuições previdenciárias sobre a folha de salários e sobre a receita ou faturamento[702], mas o seu art. 31 manteve os parcelamentos previstos na legislação vigente até a data da sua entrada em vigor, proibindo a reabertura ou prorrogação do prazo para sua adesão.

A EC n.º 113/21[703] voltou a autorizar o parcelamento dos débitos decorrentes de contribuições previdenciárias dos Municípios, incluídas suas autarquias e fundações, com o Regime Geral de Previdência Social, com vencimento até 31 de outubro de 2021, ainda que em fase de execução fiscal ajuizada, inclusive os decorrentes do descumprimento de obrigações acessórias e os parcelados anteriormente, no prazo máximo de 240 (duzentos e quarenta) prestações mensais. O parcelamento contempla a redução das multas de mora, de ofício e isoladas, dos juros legais, do encargo-legal e dos honorários advocatícios.

ART. 59.

> **O Instituto Nacional do Seguro Social-INSS implantará, no prazo de 90 (noventa) dias a contar da data da publicação desta Lei, sistema próprio e informatizado de cadastro dos pagamentos e débitos dos Governos Estaduais, do Distrito Federal e das Prefeituras Municipais, que viabilize o permanente acompanhamento e fiscalização do disposto nos arts. 56, 57 e 58 e permita a divulgação periódica dos devedores da Previdência Social.**

---

702 Art. 195, § 11º, da CF: "São vedados a moratória e o parcelamento em prazo superior a 60 (sessenta) meses e, na forma de lei complementar, a remissão e a anistia das contribuições sociais de que tratam a alínea "a" do inciso I e o inciso II do caput".

703 Art. 2º, ao dar nova redação ao art. 116 dos ADCT.

1. CONTROLE INFORMATIZADO

O preceito impôs a obrigação de haver um controle informatizado acerca dos débitos previdenciários dos Estados, Distrito Federal e Municípios, como também dos respectivos pagamentos.

O controle é necessário para fiscalizar o regular pagamento das parcelas do parcelamento previsto no art. 58, tal como os repasses dos Fundos de Participação e a compensação referida no § 2º do art. 56.

O dispositivo também prevê que o controle informatizado desenvolva ferramentas para permitir a divulgação periódica dos devedores da Previdência Social. O Código Tributário Nacional, por sua vez, resguarda o sigilo fiscal, mas não proíbe a divulgação de informações relativas à inscrição em dívida ativa ou à concessão de parcelamento ou moratória[704].

ART. 60.

> **O pagamento dos benefícios da Seguridade Social será realizado por intermédio da rede bancária ou por outras formas definidas pelo Ministério da Previdência Social.** (Redação dada pela Lei n.º 11.941, de 2009)
>
> **Parágrafo único.** (Revogado pela Medida Provisória n.º 2.170-36, de 2001)

1. PAGAMENTO DE BENEFÍCIOS

O preceito não tem relação com as prestações de custeio para a manutenção do sistema de Seguridade Social, mas sim com os benefícios aos quais os segurados têm direito e que estão previstos na Lei n.º 8.213/91.

---

[704] Art. 198, §3º, III, do CTN.

ART. 61.

As receitas provenientes da cobrança de débitos dos Estados e Municípios e da alienação, arrendamento ou locação de bens móveis ou imóveis pertencentes ao patrimônio do Instituto Nacional do Seguro Social-INSS, deverão constituir reserva técnica, e longo prazo, que garantirá o seguro social estabelecido no Plano de Benefícios da Previdência Social.

Parágrafo único. É vedada a utilização dos recursos de que trata este artigo, para cobrir despesas de custeio em geral, inclusive as decorrentes de criação, majoração ou extensão dos benefícios ou serviços da Previdência Social, admitindo-se sua utilização, excepcionalmente, em despesas de capital, na forma da lei de orçamento.

1. RESERVA TÉCNICA

Os débitos previdenciários cobrados dos Estados e dos Municípios geram receitas que deverão compor uma reserva técnica de longo prazo. A mesma reserva técnica deverá ser integrada com as receitas decorrentes da alienação, arrendamento ou locação de bens móveis ou imóveis do INSS.

A reserva técnica nada mais é do que o aprovisionamento de valores necessários para o pagamento de eventuais contingências. No caso, o montante dos recursos obtidos com a reserva técnica servirá para garantir o pagamento dos benefícios previstos na Lei n.º 8.213/91.

O legislador proíbe a utilização dos recursos da reserva técnica para cobrir despesas de custeio, incluindo as despesas de criação, majoração ou extensão de benefícios previdenciários. A Lei 4.320/64 classifica como "Despesas de Custeio as dotações para manutenção de serviços anteriormente criados, inclusive as destinadas a atender a obras de conservação e adaptação de bens imóveis" (art. 12, § 1º). Excepcionalmente, a sua utilização é permitida para as despesas de capital, assim consideradas as despesas com aquisição de equipamentos e material permanente, realização de obras públicas etc., conforme dispuser a lei orçamentária.

COMENTÁRIOS À LEI DE CUSTEIO DA SEGURIDADE SOCIAL **359**

ART. 62.

> A contribuição estabelecida na Lei n.º 5.161, de 21 de outubro de 1966, em favor da Fundação Jorge Duprat Figueiredo de Segurança e Medicina do Trabalho-FUNDACENTRO, será de 2% (dois por cento) da receita proveniente da contribuição a cargo da empresa, a título de financiamento da complementação das prestações por acidente do trabalho, estabelecida no inciso II do art. 22.
>
> **Parágrafo único.** Os recursos referidos neste artigo poderão contribuir para o financiamento das despesas com pessoal e administração geral da Fundação Jorge Duprat Figueiredo de Segurança e Medicina do Trabalho-Fundacentro. (Parágrafo acrescentado pela Lei n.º 9.639, de 25.5.98)

1. CONTRIBUIÇÃO PARA A FUNDACENTRO

A FUNDACENTRO é uma fundação de Direito Público, instituída pela Lei n.º 5.161/66, vinculada ao Ministério do Trabalho e Emprego. A FUNDACENTRO tem por finalidade realizar estudos e pesquisas relacionadas aos problemas de segurança, higiene, meio ambiente e medicina do trabalho.

O art. 5º da Lei n.º 5.161/67 dispõe que "as entidades seguradoras públicas e privadas são consideradas mantenedoras obrigatórias da Fundação, para a qual contribuirão com importância correspondente a 1% (um por cento) do valor dos prêmios, endossos, reajustes e correções pagos nos contratos de seguro contra acidentes do trabalho". Depois, esta contribuição foi alterada para 0,5% do produto da contribuição adicional para custear as prestações por acidente do trabalho, a cargo exclusivo das empresas (art. 13, parágrafo único, da Lei n.º 5.316/67). Posteriormente, a Lei n.º 6.367/76, que dispôs sobre o seguro acidente do trabalho, revogou a Lei n.º 5.316/67 e manteve a contribuição de 0,5% para a FUNDACENTRO (art. 16), depois elevada pela Lei n.º 6.617/78 para 1% da receita adicional do seguro de acidentes do trabalho, prevista no art. 15, da Lei n.º 6.367/76.

Com a Lei n.º 8.212/91, este artigo tornou a aumentar a contribuição, desta vez para 2%, permitindo-se ainda que os recursos pudessem contribuir com as despesas com pessoal e administração geral da FUNDACENTRO.

Desde a Lei n.º 5.316/67, a contribuição para a FUNDACENTRO constituía-se de uma parcela da contribuição adicional, a cargo das empresas, para custear os acidentes de trabalho. Não se tratava de uma obrigação tributária autônoma. A FUNDACENTRO era mera destinatária de uma parcela do produto da arrecadação da contribuição destinada a custear o seguro acidente do trabalho.

Ocorre que o inciso XI do art. 167 da CF, incluído pela EC 20/98, proíbe "a utilização dos recursos provenientes das contribuições sociais de que trata o art. 195, I, a, e II, para a realização de despesas distintas do pagamento de benefícios do regime geral de previdência social de que trata o art. 201". Como a contribuição para o seguro acidentes do trabalho, agora prevista no art. 22, II, desta Lei, encontra fundamento de validade justamente no art. 195, I, "a", da CF, tem-se uma incompatibilidade material deste art. 62 e seu respectivo parágrafo único, com o inciso XI do art. 167, da CF, razão por que o preceito é considerado revogado.

TÍTULO VIII
DAS DISPOSIÇÕES FINAIS E TRANSITÓRIAS
CAPÍTULO I
DA MODERNIZAÇÃO DA PREVIDÊNCIA SOCIAL

ART. 63.

(Revogado pela Medida Provisória n.º 2.216-37, de 2001).

ART. 64.

(Revogado pela Medida Provisória n.º 2.216-37, de 2001).

ART. 65.

(Revogado pela Medida Provisória n.º 2.216-37, de 2001).

ART. 66.

(Revogado pela Medida Provisória n.º 2.216-37, de 2001).

ART. 67.

Até que seja implantado o Cadastro Nacional do Trabalhador-CNT, as instituições e órgãos federais, estaduais, do Distrito Federal e municipais, detentores de cadastros de empresas e de contribuintes em geral, deverão colocar à disposição do Instituto Nacional do Seguro Social-INSS, mediante a realização de convênios, todos os dados necessários à permanente atualização dos cadastros da Previdência Social.

1. CADASTRO NACIONAL DE INFORMAÇÕES SOCIAIS (CNIS)

O Cadastro Nacional do Trabalhador (CNT) foi instituído pelo Decreto n.º 97.936/89 com o objetivo de registrar informações de interesse do trabalhador, do Ministério do Trabalho e da Caixa Econômica Federal. O cadastro compreende os trabalhadores já inscritos no PIS/PASEP, os cadastrados no sistema de contribuinte individual do INSS e os que vierem a ser cadastrados no CNT. O trabalhador é identificado pelo Número de Identificação do Trabalhador (NIT).

Posteriormente, com esta Lei n.º 8.212/91, o CNT foi denominado de Cadastro Nacional de Informações Sociais (CNIS). Assim, quando o cidadão se cadastra no INSS recebe um número identificador que é o Número de Inscrição do Trabalhador (NIT).

Nos termos do Decreto n.º 3.048/99, no CNIS constam dados relativos a vínculos, remunerações e contribuições. As informações do cadastro são relevantes porque valem como prova de filiação à previdência social, tempo de contribuição e respectivos salários de contribuição[705]. Não constando do CNIS informações sobre contribuições ou remunerações, ou havendo dúvida sobre a regularidade do vínculo,

---

[705] Art. 19, do Decreto n.º 3.048/99.

COMENTÁRIOS À LEI DE CUSTEIO DA SEGURIDADE SOCIAL **363**

motivada por divergências ou insuficiências de dados relativos ao empregador, ao segurado, à natureza do vínculo, ou a procedência da informação, esse período respectivo somente será confirmado mediante a apresentação pelo segurado da documentação comprobatória solicitada pelo INSS[706].

A articulação entre os órgãos da administração pública e o compartilhamento das informações do CNIS é regulada pelo Decreto n.º 10.047/19.

ART. 68.

O Titular do Cartório de Registro Civil de Pessoas Naturais remeterá ao INSS, em até 1 (um) dia útil, pelo Sistema Nacional de Informações de Registro Civil (Sirc) ou por outro meio que venha a substituí-lo, a relação dos nascimentos, dos natimortos, dos casamentos, dos óbitos, das averbações, das anotações e das retificações registradas na serventia. (Redação dada pela Lei n.º 13.846, de 2019)

§ 1º Para os Municípios que não dispõem de provedor de conexão à internet ou de qualquer meio de acesso à internet, fica autorizada a remessa da relação em até 5 (cinco) dias úteis. (Redação dada pela Lei n.º 13.846, de 2019)

§ 2º Para os registros de nascimento e de natimorto, constarão das informações, obrigatoriamente, a inscrição no Cadastro de Pessoas Físicas (CPF), o sexo, a data e o local de nascimento do registrado, bem como o nome completo, o sexo, a data e o local de nascimento e a inscrição no CPF da filiação. (Redação dada pela Lei n.º 13.846, de 2019)

§ 3º Para os registros de casamento e de óbito, constarão das informações, obrigatoriamente, a inscrição no CPF, o sexo, a data e o local de nascimento do registrado, bem como, acaso disponíveis, os seguintes dados: (Redação dada pela Lei n.º 13.846, de 2019)

I - número do cadastro perante o Programa de Integração Social (PIS) ou o Programa de Formação do Patrimônio do Servidor Público (Pasep); (Incluído pela Lei n.º 13.846, de 2019)

II - Número de Identificação do Trabalhador (NIT); (Incluído pela Lei n.º 13.846, de 2019)

---

706 Art. 19, § 5º, do Decreto n.º 3.048/99.

> **III** - número de benefício previdenciário ou assistencial, se a pessoa falecida for titular de qualquer benefício pago pelo INSS; (Incluído pela Lei n.º 13.846, de 2019)
>
> **IV** - número de registro da Carteira de Identidade e respectivo órgão emissor; (Incluído pela Lei n.º 13.846, de 2019)
>
> **V** - número do título de eleitor; (Incluído pela Lei n.º 13.846, de 2019)
>
> **VI** - número e série da Carteira de Trabalho e Previdência Social (CTPS). (Incluído pela Lei n.º 13.846, de 2019)
>
> **§ 4º** No caso de não haver sido registrado nenhum nascimento, natimorto, casamento, óbito ou averbações, anotações e retificações no mês, deverá o Titular do Cartório de Registro Civil de Pessoas Naturais comunicar este fato ao INSS até o 5º (quinto) dia útil do mês subsequente. (Redação dada pela Lei n.º 13.846, de 2019)
>
> **§ 5º** O descumprimento de qualquer obrigação imposta neste artigo e o fornecimento de informação inexata sujeitarão o Titular do Cartório de Registro Civil de Pessoas Naturais, além de outras penalidades previstas, à penalidade prevista no art. 92 desta Lei e à ação regressiva proposta pelo INSS, em razão dos danos sofridos. (Incluído pela Lei n.º 13.846, de 2019)

1. INTEGRAÇÃO E COMPARTILHAMENTO DE DADOS

A MP n.º 871/19, convertida na Lei n.º 13.846/19, instituiu dois programas voltados ao controle dos benefícios previdenciários concedidos, alterando o artigo em comento, o § 4º do art. 49 e o art. 69 desta lei, assim como diversos outros preceitos da Lei n.º 8.213/91. Inicialmente, os programas eram temporários, até 31 de dezembro de 2020, mas poderiam ser prorrogados até 31 de dezembro de 2022.

O programa voltado para analisar os processos que apresentem indícios de irregularidade e potencial risco de realização de gastos indevidos na concessão, no recurso ou na revisão de benefícios foi denominado de Programa Especial para Análise de Benefícios com Indícios de Irregularidade (Programa Especial)[707].

O outro programa foi criado para revisar os benefícios por incapacidade (Programa de Revisão), tendo por escopo revisar: a) os benefícios por incapacidade mantidos sem perícia pelo INSS por prazo superior a seis meses e que não possuam data de cessação ou indicação de reabilitação profissional; b) outros benefícios de natureza previdenciária, assistencial, trabalhista ou tributária.

---

[707] Art. 1º, inciso I, da Lei n.º 13.846/19.

As alterações legislativas foram efetuadas com o escopo de garantir maior eficiência e controle na concessão e manutenção de benefícios, combatendo fraudes que drenam os recursos destinados ao sistema de Seguridade Social.

A Lei de Benefícios prevê que o INSS terá acesso aos dados necessários para a análise, a concessão, a revisão e a manutenção de benefícios por ele administrados, incluindo registros e prontuários eletrônicos do SUS e documentos médicos mantidos por entidades públicas e privadas, e movimentação das contas do FGTS[708]. A lei impõe a necessidade de ser observada a integridade e o sigilo dos dados acessados pelo INSS, observando-se o disposto na Lei n.º 13.709/18, que é a Lei Geral da Proteção de Dados.

O intercâmbio de informações entre os diversos órgãos da administração pública, não apenas no plano horizontal, dentro da própria entidade federativa, mas também no plano vertical, compreendendo a troca dos dados de todas as pessoas naturais e pessoas jurídicas, de direito público ou privado, é fundamental para a formação de um cadastro que represente ao máximo, e de forma autêntica, o retrato socioeconômico dos trabalhadores e das empresas.

O compartilhamento dos dados, observadas as cautelas legais, atua como importante instrumento de execução de políticas públicas, sobretudo na área social. A integração entre as diversas bases de dados atenua os riscos e as inconformidades nos pagamentos de benefícios previdenciários e assistenciais, contribuindo no combate às fraudes[709].

As bases de dados e informações do INSS podem ser acessadas pelo Ministério da Economia e compartilhadas com os regimes próprios de previdência social para que sejam utilizadas nas atribuições relacionadas à recepção, à análise, à concessão, à revisão e à manutenção de benefícios por eles administrados, preservados a integridade dos dados e o sigilo eventualmente existente[710]. As solicitações de acesso aos dados hospedados por entidades privadas possuem característica de requisição, dispensados a celebração de convênio, acordo de cooperação técnica ou instrumentos congêneres para a efetivação do acesso aos dados de que trata o caput deste artigo e o ressarcimento de eventuais custos, vedado o compartilhamento dos dados com demais entidades de direito privado[711].

---

708 Art. 124-B, "caput", da Lei n.º 8.213/91.

709 Art. 124-D, da Lei n.º 8.213/91.

710 Art. 124-B, § 3º, da Lei n.º 8.213/91.

711 Art. 124-B, § 5º, da Lei n.º 8.213/91.

2. OBRIGAÇÕES DO TITULAR DO CARTÓRIO DE REGISTRO CIVIL

Diante deste contexto de integração e compartilhamento de dados, o titular do cartório do registro civil deve comunicar ao INSS a relação dos nascimentos, natimortos, casamentos, óbitos e de todas as averbações, anotações e retificações.

O art. 39 da Lei n.º 11.977/09[712] passou a prever a inserção em sistema de registro eletrônico de atos registrais. A comunicação é efetuada em meio digital, em até um dia útil, por meio do Sistema Nacional de Informações de Registro Civil. A plataforma digital conecta os cartórios aos ambientes governamentais eletrônicos. Se não existirem os serviços de internet, a comunicação deve ser efetuada em formulário de papel, em até 5 dias úteis.

Os registros de nascimento e de natimorto devem ser acompanhados do CPF, sexo, data e local de nascimento do registrado, assim como do nome completo, sexo, data e local de nascimento e o CPF da filiação.

Na hipótese de registros de casamento e óbito devem obrigatoriamente constar das informações o CPF, sexo, data e local de nascimento do registrado, como também, se estiverem disponíveis, os seguintes dados: a) número do PIS/PASEP; b) número de identificação do trabalhador (NIT); c) número do benefício previdenciário ou assistencial, se a pessoa falecida for titular de algum benefício pago pelo INSS; d) número da carteira de identidade e órgão emissor; e) número do título de eleitor; f) número e série da Carteira de Trabalho (CTPS).

Mesmo no caso de não haver sido registrado nenhum nascimento, natimorto, casamento, óbito ou averbações, anotações e retificações no mês, ainda o titular do cartório deverá efetuar a comunicação ao INSS.

A obrigação imposta ao titular do Registro Civil é de natureza acessória e o seu descumprimento acarreta a imposição da multa prevista no art. 92.

O compartilhamento das informações permite o controle do sistema previdenciário e coíbe fraudes na concessão de benefícios previdenciários, sobretudo de pensão por morte e amparo assistencial. O compartilhamento eletrônico, que também envolve o cadastro das pessoas físicas gerido pela Receita Federal, é um avanço legislativo no combate às notórias fraudes criminosas, que desestabilizam o sistema de Seguridade Social, sobretudo no que se refere ao pagamento indevido de benefícios.

---

[712] O Sistema Nacional de Informações de Registro Civil é regulado pelo Decreto n.º 9.929/19.

3. AÇÃO REGRESSIVA

O preceito prevê a responsabilidade civil do titular do Cartório de Registro Civil de pessoas naturais pelo descumprimento das obrigações previstas neste artigo ou por informações inexatas.

Na hipótese de descumprimento da obrigação de efetuar as comunicações previstas na lei, sobretudo no que se refere aos óbitos, o titular ficará sujeito à ação regressiva a ser promovida pelo INSS. Significa que o pagamento indevido de benefício previdenciário de aposentadoria pago a segurado já falecido, por exemplo, cujo óbito não foi comunicado pelo Oficial do registro civil ao INSS, será buscado pelo INSS junto ao titular do cartório, em ação de regresso.

No entanto, o STF tem entendido que os serviços notariais e de registro são exercidos em caráter privado, por delegação do poder público, cujos titulares qualificam-se como agentes públicos. Com isto, a Corte decidiu que é o Estado que deve responder, objetivamente, pelos atos dos tabeliães e registradores que, no exercício da função, causem danos a terceiros, assegurado ao Estado o direito de regresso contra o responsável, nos casos de dolo ou culpa[713]:

"O Estado responde, objetivamente, pelos atos dos tabeliães e registradores oficiais que, no exercício de suas funções, causem dano a terceiros, assentado o dever de regresso contra o responsável, nos casos de dolo ou culpa, sob pena de improbidade administrativa".

Frente ao precedente do STF, cabe o direito de regresso do INSS diretamente contra o Estado. Por sua vez, o Estado terá o direito de regresso contra o titular do cartório que, por dolo ou culpa, se omitiu no seu dever de efetuar as comunicações previstas neste artigo.

ART. 68-A.

A lavratura de procuração pública e a emissão de sua primeira via para fins exclusivos de recebimento de benefícios previdenciários ou assistenciais administrados pelo INSS são isentas do pagamento das custas e dos emolumentos. (Incluído pela Lei n.º 14.199, de 2021)

---

[713] Tema 777, do STF.

1. ISENÇÃO DE CUSTAS E EMOLUMENTOS

As custas e emolumentos dos cartórios extrajudiciais possuem a natureza jurídica de tributo, qualificando-se como taxas pela prestação de serviços públicos. A outorga de isenção, que é uma das causas de exclusão do crédito tributário, depende de lei específica, como previsto no art. 150, § 6º, da CF.

Este preceito prevê a isenção de custas e emolumentos para a lavratura de procuração por instrumento público e respectiva emissão da primeira via com a finalidade exclusiva para recebimento de benefícios previdenciários ou assistenciais[714]. Todavia, conflita com o art. 151, III, da CF, pois esta lei, sendo federal, não pode conceder isenção das taxas que são de competência dos Estados.

ART. 69.

> **O INSS manterá programa permanente de revisão da concessão e da manutenção dos benefícios por ele administrados, a fim de apurar irregularidades ou erros materiais.** (Redação dada pela Lei n.º 13.846, de 2019).
>
> **§ 1º Na hipótese de haver indícios de irregularidade ou erros materiais na concessão, na manutenção ou na revisão do benefício, o INSS notificará o beneficiário, o seu representante legal ou o seu procurador para apresentar defesa, provas ou documentos dos quais dispuser, no prazo de:** (Redação dada pela Lei n.º 13.846, de 2019)
>
> **I - 30 (trinta) dias, no caso de trabalhador urbano;** (Incluído pela Lei n.º 13.846, de 2019)
>
> **II - 60 (sessenta) dias, no caso de trabalhador rural individual e avulso, agricultor familiar ou segurado especial.** (Incluído pela Lei n.º 13.846, de 2019)
>
> **§ 2º A notificação a que se refere o § 1º deste artigo será feita:** (Redação dada pela Lei n.º 13.846, de 2019)
>
> **I - preferencialmente por rede bancária ou por meio eletrônico, conforme previsto em regulamento;** (Incluído pela Lei n.º 13.846, de 2019)
>
> **II - por via postal, por carta simples, considerado o endereço constante do cadastro do benefício, hipótese em que o aviso de recebimento**

---

714 Vide comentários ao art. 76.

será considerado prova suficiente da notificação; (Incluído pela Lei n.º 13.846, de 2019)

III - pessoalmente, quando entregue ao interessado em mãos; ou (Incluído pela Lei n.º 13.846, de 2019)

IV - por edital, nos casos de retorno com a não localização do segurado, referente à comunicação indicada no inciso II deste parágrafo. (Incluído pela Lei n.º 13.846, de 2019)

§ 3º A defesa poderá ser apresentada pelo canal de atendimento eletrônico do INSS ou na Agência da Previdência Social do domicílio do beneficiário, na forma do regulamento. (Redação dada pela Lei n.º 13.846, de 2019)

§ 4º O benefício será suspenso nas seguintes hipóteses: (Redação dada pela Lei n.º 13.846, de 2019)

I - não apresentação da defesa no prazo estabelecido no § 1º deste artigo; (Incluído pela Lei n.º 13.846, de 2019)

II - defesa considerada insuficiente ou improcedente pelo INSS. (Incluído pela Lei n.º 13.846, de 2019)

§ 5º O INSS deverá notificar o beneficiário quanto à suspensão do benefício de que trata o § 4º deste artigo e conceder-lhe prazo de 30 (trinta) dias para interposição de recurso. (Incluído pela Lei n.º 13.846, de 2019)

§ 6º Decorrido o prazo de 30 (trinta) dias após a suspensão a que se refere o § 4º deste artigo, sem que o beneficiário, o seu representante legal ou o seu procurador apresente recurso administrativo aos canais de atendimento do INSS ou a outros canais autorizados, o benefício será cessado. (Incluído pela Lei n.º 13.846, de 2019).

§ 7º Para fins do disposto no caput deste artigo, o INSS poderá realizar recenseamento para atualização do cadastro dos beneficiários, abrangidos os benefícios administrados pelo INSS, observado o disposto no § 8º deste artigo. (Redação dada pela Lei n.º 14.199, de 2021).

§ 8º Aquele que receber benefício realizará anualmente, no mês de aniversário do titular do benefício, a comprovação de vida, preferencialmente por meio de atendimento eletrônico com uso de biometria, ou outro meio definido pelo INSS que assegure a identificação inequívoca do beneficiário, implementado pelas instituições financeiras pagadoras dos benefícios, observadas as seguintes disposições: (Redação dada pela Lei n.º 14.199, de 2021)

I - a prova de vida e a renovação de senha serão efetuadas pelo beneficiário, preferencialmente no mesmo ato, mediante identificação por funcionário da instituição financeira responsável pelo pagamento, quando não realizadas por atendimento eletrônico com uso de biometria; (Redação dada pela Lei n.º 14.199, de 2021)

II - a prova de vida poderá ser realizada por representante legal ou por procurador do beneficiário, legalmente cadastrado no INSS; (Redação dada pela Lei n.º 14.199, de 2021)

III - (revogado); (Redação dada pela Lei n.º 14.199, de 2021).

IV - os órgãos competentes deverão dispor de meios alternativos que garantam a realização da prova de vida do beneficiário com idade igual ou superior a 80 (oitenta) anos ou com dificuldade de locomoção, inclusive por meio de atendimento domiciliar quando necessário; (Redação dada pela Lei n.º 14.199, de 2021)

IV-A - as instituições financeiras deverão, obrigatoriamente, envidar esforços a fim de facilitar e auxiliar o beneficiário com idade igual ou superior a 80 (oitenta) anos ou com dificuldade de locomoção, de forma a evitar ao máximo o seu deslocamento até a agência bancária e, caso isso ocorra, dar-lhe preferência máxima de atendimento, para diminuir o tempo de permanência do idoso no recinto e evitar sua exposição a aglomeração; (Incluído pela Lei n.º 14.199, de 2021)

IV-B - a instituição financeira, quando a prova de vida for nela realizada, deverá enviar as informações ao INSS, bem como divulgar aos beneficiários, de forma ampla, todos os meios existentes para efetuar o procedimento, especialmente os remotos, a fim de evitar o deslocamento dos beneficiários; e (Incluído pela Lei n.º 14.199, de 2021)

V - o INSS poderá bloquear o pagamento do benefício encaminhado às instituições financeiras até que o beneficiário realize a prova de vida, permitida a liberação do pagamento automaticamente pela instituição financeira. (Redação dada pela Lei n.º 14.199, de 2021).

§ 9º O recurso de que trata o § 5º deste artigo não terá efeito suspensivo. (Incluído pela Lei n.º 13.846, de 2019).

§ 10º Apurada irregularidade recorrente ou fragilidade nos procedimentos, reconhecida na forma prevista no caput deste artigo ou pelos órgãos de controle, os procedimentos de análise e concessão de benefícios serão revistos, de modo a reduzir o risco de fraude e concessão irregular. (Incluído pela Lei n.º 13.846, de 2019)

§ 11º Para fins do disposto no § 8º deste artigo, preservados a integridade dos dados e o sigilo eventualmente existente, o INSS: (Incluído pela Lei n.º 13.846, de 2019)

I - terá acesso a todos os dados biométricos mantidos e administrados pelos órgãos públicos federais; e (Incluído pela Lei n.º 13.846, de 2019)

II - poderá ter, por meio de convênio, acesso aos dados biométricos: (Incluído pela Lei n.º 13.846, de 2019)

a) da Justiça Eleitoral; e (Incluído pela Lei n.º 13.846, de 2019)

b) de outros entes federativos. (Incluído pela Lei n.º 13.846, de 2019)

1. PROGRAMA PERMANENTE DE REVISÃO DA CONCESSÃO E DA MANUTENÇÃO DOS BENEFÍCIOS.

Este artigo regula medidas de caráter administrativo e permanente, destinadas a evitar irregularidades ou erros materiais na concessão, manutenção ou revisão de benefícios indevidos. A matéria, na verdade, estaria tecnicamente melhor disposta na Lei n.º 8.213/91, já que refere com exclusividade aos benefícios.

De qualquer forma, havendo indícios de irregularidades na concessão, manutenção ou revisão de benefício, a administração deve tomar as providências necessárias para restaurar a legalidade que deve reger os atos administrativos de benefícios previdenciários.

A ocorrência de erro de natureza material, que afete os elementos essenciais que geram o direito aos benefícios previdenciários, também enseja a revisão do ato concessório e respectiva manutenção, observados o contraditório e o princípio da ampla defesa do segurado ou beneficiário, aplicando-se subsidiariamente os preceitos que regulam o processo administrativo previstos na Lei n.º 9.784/99.

Antes de qualquer medida de suspensão de pagamento do benefício, o beneficiário deverá ser regularmente notificado. A notificação também poderá ser direcionada ao seu representante legal ou seu procurador. A notificação prévia garante o contraditório e a ampla defesa.

A notificação deverá ocorrer sob uma das quatro modalidades previstas no § 2º, na ordem ali prevista e que está regulada pela IN do INSS n.º 101/19. A notificação por edital, prevista no inciso IV, é ficta, de maneira que é cabível apenas se resultarem improfícuas as demais modalidades. Preferencialmente, uma vez que confere agilidade ao procedimento, a notificação poderá ocorrer pela rede bancária ou meio eletrônico. Como os benefícios são pagos pela rede bancária, a notificação poderá ser efetuada de modo concomitante ao pagamento. O meio eletrônico poderá ser utilizado quando o órgão administrativo tiver em seus cadastros o endereço eletrônico do beneficiário. O beneficiário também poderá ser notificado pelos Correios, mediante carta com aviso de recebimento remetida ao endereço constante no cadastro do beneficiário junto ao INSS. A remessa da carta ao endereço do beneficiário pressupõe a regular notificação, não havendo necessidade da assinatura do próprio segurado, seu representante legal ou procurador. Nada impede também que a notificação ocorra de modo pessoal como, por exemplo, nos casos em que o beneficiário espontaneamente comparece na agência do INSS e ali poderá ter ciência da notificação, provada com a sua assinatura.

O legislador fixou prazo de defesa que é diverso entre os trabalhadores urbanos e aqueles que estão envolvidos com a atividade rural. Há uma presunção legal de que os trabalhadores envolvidos na atividade rural encontram maior dificuldade para exercer o seu direito de defesa, tanto por conta muitas vezes das limitações de transporte para o deslocamento para as agências do INSS que estão situadas em zonas urbanas, como também por restrições técnicas de acesso a sistemas informatizados por meio da internet. O prazo de defesa para os trabalhadores urbanos é de 30 dias, sendo o dobro, 60 dias, para o trabalhador rural contribuinte individual e avulso, agricultor familiar ou segurado especial (incisos I e II do § 1º). Os prazos começam a correr a partir da data da notificação, excluindo-se da contagem o dia do começo e incluindo-se o do vencimento. Se o vencimento cair em dia que não houver expediente ou este for encerrado antes da hora normal, o prazo é prorrogado até o primeiro dia útil seguinte[715].

A defesa do beneficiário pode ser apresentada em papel, por meio físico, na agência da Previdência Social do domicílio do beneficiário, ou mediante canal de atendimento eletrônico disponibilizado pelo INSS.

Interposta a defesa, o benefício deve ser mantido ativo, mesmo porque o ato administrativo presume-se válido e eficaz até que venha a ser desfeito.

2. SUSPENSÃO E CESSAÇÃO DO BENEFÍCIO

A falta de apresentação de defesa no prazo previsto na lei ou a sua improcedência pelo órgão julgador implicará suspensão do pagamento do benefício (§ 4º, I e II).

O beneficiário deverá ser notificado da decisão que suspende o benefício, a fim de que possa interpor recurso administrativo no prazo de 30 dias (§ 5º).

O recurso não tem efeito suspensivo, tal como dispõe o § 9º. Da mesma forma, o art. 61, "caput", da Lei n.º 9.784/99 prevê que o recurso administrativo, salvo disposição legal em contrário, não possui efeito suspensivo. Como a lei não prevê efeito suspensivo, a decisão adminis-

---

[715] Art. 66, da Lei n.º 9.784/99.

trativa desfavorável ao beneficiário produz os seus efeitos, acarretando a suspensão do pagamento. O benefício será cessado após a decisão final da administração, devendo ser dada ciência ao interessado.

É claro que a ausência de interposição de recurso administrativo no prazo de 30 dias também acarretará a cessação do pagamento do benefício (§ 6º).

3. PROVA DE VIDA

Apesar dos esforços legislativos voltados ao compartilhamento de dados para evitar o pagamento de benefícios para o segurado falecido, ainda assim ocorrem pagamentos indevidos. Por isto, a necessidade de o titular de benefício previdenciário, no mês de seu aniversário, fazer prova de vida.

A prova de vida deve ser realizada preferencialmente por meio eletrônico com uso de biometria ou outro meio que garanta a inequívoca identificação do segurado. Como os benefícios são pagos pelas instituições financeiras, mediante senha cadastrada pelo beneficiário, a prova de vida e a renovação da senha devem ser efetuadas pelo beneficiário no mesmo ato, devidamente identificado pelo funcionário da instituição financeira. A identificação pela instituição financeira é necessária para evitar que terceiros com acesso à senha do beneficiário façam a prova de vida do titular já falecido. Efetuada a prova de vida, a instituição financeira tem a obrigação de enviar as informações ao INSS, a fim de que seja mantido ou cessado o pagamento do benefício.

A lei permite que a prova de vida possa ser realizada por representante legal ou por procurador do beneficiário cadastrado no INSS.

A lei dedica atenção ao beneficiário com idade igual ou superior a 80 anos ou com dificuldade de locomoção, estabelecendo que os órgãos competentes deverão dispor de meios alternativos para a realização de prova de vida. A lei não esclarece quais seriam esses meios alternativos, fazendo referência apenas ao atendimento domiciliar quando necessário. A prova de vida destes segurados idosos deve evitar o seu deslocamento até a agência bancária, mas se isto ocorrer gozarão de preferência de atendimento.

A lei autoriza que o INSS bloqueie o pagamento do benefício encaminhado às instituições financeiras até que o beneficiário realize a prova de vida. Como a prova de vida pode ser efetuada junto à instituição financeira, esta tem autorização para liberar o pagamento. O bloqueio do pagamento é medida acautelatória, mas não dispensa a necessidade do devido processo legal, mediante notificação do beneficiário para que exerça o seu direito de defesa.

4. INTERCÂMBIO DE INFORMAÇÕES

O INSS, preservados a integridade dos dados e eventual sigilo, deve ter acesso aos dados biométricos mantidos e administrados por órgãos públicos federais, como da carteira de habilitação e de trabalho, por exemplo. Mediante convênio, poderá acessar os dados biométricos da Justiça Eleitoral e de outros entes federativos (§ 11º).

O compartilhamento de dados biométricos na administração pública tem por base o federalismo cooperativo. Observadas as cautelas legais, constitui moderno sistema de prevenção e detecção de fraudes na concessão e manutenção de benefícios mantidos com recursos do sistema de Seguridade Social.

ART. 70.

> Os beneficiários da Previdência Social, aposentados por invalidez, ficam obrigados, sob pena de sustação do pagamento do benefício, a submeterem-se a exames médico-periciais, estabelecidos na forma do regulamento, que definirá sua periodicidade e os mecanismos de fiscalização e auditoria.

1. OBRIGAÇÕES DOS APOSENTADOS POR INVALIDEZ

O preceito não tem relação com o custeio do sistema, mas sim com os benefícios concedidos e previstos na Lei n.º 8.213/91.

Mesmo que seja feita referência à obrigação de o segurado da aposentadoria por invalidez se submeter a exames médicos-periciais, sob pena de sustação do pagamento, a necessidade de perícia ou exame médico também se aplica para o segurado em gozo de auxílio-doença e para o pensionista inválido[716].

---

[716] Art. 101, da Lei n.º 8.213/91.

A aposentadoria por invalidez é devida ao segurado que for considerado incapaz e insuscetível de reabilitação para o exercício de atividade que lhe garanta a subsistência, sendo que o benefício deve ser pago enquanto permanecer nesta condição[717]. Ou seja, cessada a incapacidade ou reabilitado, o segurado perde o direito ao benefício, daí a necessidade de reavaliação periódica por médico do INSS, a fim de verificar se persistem as condições de saúde que conferem direito ao benefício.

O auxílio-doença é devido ao segurado que ficar incapacitado para o trabalho ou para a sua atividade habitual por mais de 15 dias[718]. O auxílio-acidente é devido como indenização ao segurado que, após a consolidação das lesões decorrentes de acidente do trabalho, ficar com sequelas que impliquem redução da capacidade para o trabalho[719]. Como são benefícios pagos diante de condições de saúde adversas, que comprometem o desempenho da atividade laboral, há necessidade de o segurado submeter-se a revisões médicas periódicas, sob pena de suspensão do benefício, observando-se o devido processo legal.

A lei de benefícios traz outras hipóteses em que o segurado deve se submeter à perícia médica para que seja mantido o pagamento do benefício auferido.

ART. 71.

O Instituto Nacional do Seguro Social-INSS deverá rever os benefícios, inclusive os concedidos por acidente do trabalho, ainda que concedidos judicialmente, para avaliar a persistência, atenuação ou agravamento da incapacidade para o trabalho alegada como causa para a sua concessão.

Parágrafo único. Será cabível a concessão de liminar nas ações rescisórias e revisional, para suspender a execução do julgado rescindendo ou revisando, em caso de fraude ou erro material comprovado. (Parágrafo acrescentado pela Lei n.º 9.032, de 28 4.95).

---

[717] Art. 42, da Lei n.º 8.213/91.

[718] Art. 59, "caput", da Lei n.º 8.213/91.

[719] Art. 86, "caput", da Lei n.º 8.213/91.

1. REVISÃO DE BENEFÍCIOS PREVIDENCIÁRIOS

O preceito não relação com o custeio do sistema, mas sim com a concessão dos benefícios.

Todos os benefícios previdenciários são passíveis de revisão, de ofício. O direito da Previdência Social de anular os atos administrativos de que decorram efeitos favoráveis para os seus beneficiários decai em dez anos, contados da data em que foram praticados, salvo comprovada má-fé[720].

A Lei de Benefício prevê que o INSS deve facilitar a concessão, manutenção e revisão dos benefícios por meio eletrônico, prevendo mecanismos de controle preventivos de fraudes e de identificação segura do cidadão[721].

Na hipótese de o benefício ter sido concedido judicialmente, constatado ter havido fraude ou erro material, caberá ação rescisória, nos termos previstos no art. 966, do CPC, cabendo ao órgão julgador determinar liminarmente a suspensão da execução do julgado.

ART. 72.

> **O Instituto Nacional do Seguro Social-INSS promoverá, no prazo de 180 (cento e oitenta) dias a contar da publicação desta Lei, a revisão das indenizações associadas a benefícios por acidentes do trabalho, cujos valores excedam a Cr$ 1.700.000,00 (um milhão e setecentos mil cruzeiros).**

1. REVISÃO DE BENEFÍCIOS ACIDENTÁRIOS

Os benefícios pagos em decorrência de acidentes de trabalho, antes da vigência da Lei n.º 8.213/91, eram previstos na Lei n.º 6.367/76. Em determinadas situações, os valores poderiam exceder àqueles calculados e pagos de acordo com a Lei n.º 8.213/91, razão por que foi determinada a revisão para os benefícios que excedessem ao valor fixado no preceito.

---

[720] Art. 103-A, da Lei n.º 8.212/91.

[721] Art. 124-A, § 3º, da Lei n.º 8.213/91.

ART. 73.

> **O setor encarregado pela área de benefícios no âmbito do Instituto Nacional do Seguro Social-INSS deverá estabelecer indicadores qualitativos e quantitativos para acompanhamento e avaliação das concessões de benefícios realizadas pelos órgãos locais de atendimento.**

1. CONTROLE ADMINISTRATIVO DE BENEFÍCIOS

Trata-se de preceito destinado ao controle administrativo dos benefícios concedidos.

Os estudos de indicadores qualitativos e quantitativos, baseados nos locais de atendimento do INSS, permitem uma radiografia nacional para acompanhar a evolução dos benefícios concedidos, fornecendo os elementos necessários para o desenvolvimento de políticas públicas na área social e previdenciária.

ART. 74.

> **Os postos de benefícios deverão adotar como prática o cruzamento das informações declaradas pelos segurados com os dados de cadastros de empresas e de contribuintes em geral quando da concessão de benefícios.**

1. CRUZAMENTO DE INFORMAÇÕES

Nos comentários ao art. 68 foram examinados os preceitos da Lei de Benefícios no que se referem à integração entre as diversas bases de dados e o compartilhamento das informações, a fim de atenuar os riscos e as inconformidades nos pagamentos de benefícios previdenciários e assistenciais, contribuindo no combate às fraudes[722].

---

722 Art. 124-D, da Lei n.º 8.213/91.

ART. 75.

> (Revogado pela Lei n.º 9.711, de 1998).

ART. 76.

> O Instituto Nacional do Seguro Social-INSS deverá proceder ao recadastramento de todos aqueles que, por intermédio de procuração, recebem benefícios da Previdência Social.
>
> § 1º O documento de procuração deverá ser revalidado, anualmente, nos termos de norma definida pelo INSS. (Incluído pela Lei n.º 14.199, de 2021)
>
> § 2º Na hipótese de pagamento indevido de benefício a pessoa não autorizada, ou após o óbito do titular do benefício, a instituição financeira é responsável pela devolução dos valores ao INSS, em razão do descumprimento das obrigações a ela impostas por lei ou por força contratual. (Incluído pela Lei n.º 14.199, de 2021)

1. RECADASTRAMENTO DOS BENEFICIÁRIOS

Os benefícios previdenciários, como regra, devem ser pagos ao próprio beneficiário, mediante depósito em conta corrente ou autorização de pagamento[723].

O mandato ocorre quando alguém recebe de outrem poderes para, em seu nome, praticar atos ou administrar interesses, sendo a procuração o instrumento do mandato[724]. Assim, diante das situações em que o segurado, por ausência, moléstia ou impossibilidade de locomoção, não possui condições de receber o benefício, poderá constituir mandatário, outorgando-lhe procuração. O mandatário receberá o benefício em nome do segurado. O mandato não pode ter prazo superior a 12 meses e pode ser renovado[725]. O estabelecimento do prazo de validade

---

[723] Art. 113, da Lei n.º 8.213/91.

[724] Art. 653, do Código Civil.

[725] Art. 109, da Lei n.º 8.213/91.

do mandato é necessário para evitar que o procurador, na hipótese, por exemplo, da interdição ou morte do segurado mandante, as quais são causas de extinção do mandato[726], continue recebendo o benefício indevidamente. Por isto, são importantes as comunicações que o titular do registro civil deve fazer ao INSS acerca dos óbitos ou anotações no registro civil, na forma prevista no art. 68.

A lei de benefício proíbe a outorga de procuração com poderes irrevogáveis ou em causa própria para o recebimento dos benefícios[727].

Se o benefício for devido ao segurado ou dependente civilmente incapaz, não se cogita de mandato, uma vez que este deve ser outorgado apenas por pessoas que gozam de capacidade civil[728]. Nestes casos, o pagamento deverá ao efetuado ao cônjuge, pai, mãe, tutor ou curador, admitindo-se, na sua falta e por período não superior a 6 (seis) meses, o pagamento a herdeiro necessário, mediante termo de compromisso firmado no ato do recebimento[729].

A Lei de Benefícios exclui da condição de dependente quem tiver sido condenado criminalmente por sentença com trânsito em julgado, como autor, coautor ou partícipe de homicídio doloso, ou de tentativa desse crime, cometido contra a pessoa do segurado, ressalvados os absolutamente incapazes e os inimputáveis[730]. Prevê também, quando existirem fundados indícios de autoria, coautoria ou participação de dependente, ressalvados os absolutamente incapazes e os inimputáveis, em homicídio, ou em tentativa desse crime, cometido contra a pessoa do segurado, a suspensão provisória de sua parte no benefício de pensão por morte, mediante processo administrativo próprio, respeitados a ampla defesa e o contraditório, e serão devidas, em caso de absolvição, todas as parcelas corrigidas desde a data da suspensão, bem como a reativação imediata do benefício[731]. A pensão por morte é devida ao conjunto dos dependentes do segurado que falecer, aposentado ou não[732]. O dependente que perdeu o direito à pensão por morte, o dependente excluído ou o

---

726 Art. 682, II, do Código Civil.

727 Art. 114, da Lei n.º 8.213/91.

728 Art. 654, "caput", do Código Civil.

729 Art. 110, da Lei n.º 8.213/91.

730 Art. 16, § 7º, da Lei n.º 8.213/91.

731 Art. 77, § 7º, da Lei n.º 8.213/91.

732 Art. 74, "caput", da Lei n.º 8.213/91.

pensionista suspenso, não podem representar o outro dependente para fins de recebimento e percepção do benefício[733].

2. RESPONSABILIDADE DAS INSTITUIÇÕES FINANCEIRAS

As instituições financeiras, nos termos do § 8º do art. 69, como pagadoras dos benefícios, possuem a responsabilidade pela prova de vida do beneficiário. Desse modo, se houver o pagamento de benefício a pessoa não autorizada, ou após o óbito do titular, a lei atribui à instituição financeira a responsabilidade pela devolução dos valores ao INSS. A responsabilidade decorre da omissão do dever legal de a instituição implementar a prova de vida e identificação do beneficiário, nos termos previstos na lei, a ser apurada mediante regular processo administrativo, observados o contraditório e a ampla defesa da instituição financeira.

ART. 77.

(Revogado pela Medida Provisória n.º 2.216-37, de 2001).

ART. 78.

O Instituto Nacional do Seguro Social-INSS, na forma da legislação específica, fica autorizado a contratar auditorias externas, periodicamente, para analisar e emitir parecer sobre demonstrativos econômico-financeiros e contábeis, arrecadação, cobrança e fiscalização das contribuições, bem como pagamento dos benefícios, submetendo os resultados obtidos à apreciação do Conselho Nacional da Seguridade Social.

1. CONTROLE DAS CONTAS DO INSS

As contas do INSS estão sujeitas ao Sistema de Controle Interno do Poder Executivo, na forma prevista na Lei n.º 10.180/01, regulamenta-

---

[733] Art. 110, §§ 2º e 3º, da Lei n.º 8.213/91.

da pelo Decreto n.º 3.591/00, assim como ao controle do Tribunal de Contas da União. Anualmente, são elaborados Relatórios de Atividades de Auditoria Interna, regulados por atos normativos. Os trabalhos mostram as atividades realizadas, fortalecendo a gestão no âmbito operacional, gerencial e estratégico, a fim de demonstrar o desempenho da autarquia previdenciária nos seus objetivos e metas.

Não obstante os controles internos, o INSS também é autorizado a contratar auditorias externas para a fiscalização das contas, envolvendo receitas com as contribuições e despesas com o pagamento de benefícios.

Os resultados obtidos com a auditoria devem ser submetidos à apreciação do Conselho Nacional de Previdência Social[734]. É um órgão superior, de natureza colegiada, com membros do Governo Federal e da sociedade civil[735]. Entre outras atribuições, o Conselho tem a competência para apreciar a prestação de contas anual a ser remetida ao Tribunal de Contas da União, podendo, se for necessário, contratar auditoria externa[736].

ART. 79.

(Revogado pela Lei n.º 9.711, de 1998).

ART. 80.

Fica o Instituto Nacional do Seguro Social-INSS obrigado a:

I - enviar às empresas e aos seus segurados, quando solicitado, extrato relativo ao recolhimento das suas contribuições; (Redação pela Lei n.º 12.692, de 2012).

II - (Revogado pela Lei n.º 11.941, de 2009).

III - emitir e enviar aos beneficiários o Aviso de Concessão de Benefício, além da memória de cálculo do valor dos benefícios concedidos;

---

734 Vide comentários aos arts. 82 e 85.

735 Art. 295, do Decreto n.º 3.048/99.

736 Art. 296, VII, do Decreto n.º 3.048/99.

IV - reeditar versão atualizada, nos termos do Plano de Benefícios, da Carta dos Direitos dos Segurados;

V - divulgar, com a devida antecedência, através dos meios de comunicação, alterações porventura realizadas na forma de contribuição das empresas e segurados em geral;

VI - descentralizar, progressivamente, o processamento eletrônico das informações, mediante extensão dos programas de informatização de postos de atendimento e de Regiões Fiscais.

VII - disponibilizará ao público, inclusive por meio de rede pública de transmissão de dados, informações atualizadas sobre as receitas e despesas do regime geral de previdência social, bem como os critérios e parâmetros adotados para garantir o equilíbrio financeiro e atuarial do regime. (Incluído pela Lei n.º 10.887, de 2004)

§ 1º O Ministério do Trabalho e Previdência divulgará, mensalmente, o resultado financeiro do Regime Geral de Previdência Social, no qual considerará: (Incluído pela Lei n.º 14.360, de 2022)

I - para fins de aferição do equilíbrio financeiro do regime, as renúncias previdenciárias em adição às receitas realizadas; e (Incluído pela Lei n.º 14.360, de 2022)

II - para os demais fins, apenas as receitas efetivamente arrecadadas e as despesas orçamentárias e financeiras efetivamente liquidadas e pagas. (Incluído pela Lei n.º 14.360, de 2022).

§ 2º Para fins de apuração das renúncias previdenciárias de que trata o inciso I do § 1º deste artigo, serão consideradas as informações prestadas pela Secretaria Especial da Receita Federal do Brasil do Ministério da Economia. (Incluído pela Lei n.º 14.360, de 2022).

1. OBRIGAÇÕES ATRIBUÍDAS AO INSS

O preceito regula obrigações impostas ao INSS para conferir transparência dos dados previdenciários, mediante disponibilização na internet de informações atualizadas sobre as receitas e despesas do regime geral de previdência social, assim como dos critérios adotados para garantir o equilíbrio financeiro e atuarial do regime.

O segurado, por conseguinte, tem o direito de solicitar ao órgão previdenciário extrato relativo ao recolhimento das suas contribuições previdenciárias, bem assim como ser comunicado acerca da concessão ou indeferimento do benefício requerido, com a memória de cálculo.

São medidas, como as previstas nos incisos IV, V e VI, que procuram conferir efetividade ao controle e transparência do sistema previdenciário, sobretudo no que se refere ao seu equilíbrio financeiro.

Nos termos do § 1º, I e II, e § 2º, acrescentados pela Lei n.º 14.360/22, o Ministério do Trabalho e Previdência Social deve divulgar mensalmente o resultado financeiro do Regime Geral de Previdência Social. Na divulgação, devem ser levadas em conta as renúncias previdenciárias, com base em informações prestadas pela SRF, em adição às receitas realizadas, com a finalidade de aferir o equilíbrio financeiro do regime. Para outras finalidades, a divulgação deve ponderar apenas as receitas efetivamente arrecadadas e as despesas orçamentárias e financeiras efetivamente liquidadas e pagas.

ART. 81.

(Revogado pela Lei n.º 11.941, de 2009).

ART. 82.

A Auditoria e a Procuradoria do Instituto Nacional do Seguro Social-INSS deverão, a cada trimestre, elaborar relação das auditorias realizadas e dos trabalhos executados, bem como dos resultados obtidos, enviando-a a apreciação do Conselho Nacional da Seguridade Social.

1. AUDITORIAS INTERNAS

O Conselho Nacional da Seguridade Social era previsto no art. 6º desta lei, mas o artigo foi revogado pela MP n.º 2.216-37/01.

A Lei n.º 8.213/91, por sua vez, instituiu o Conselho Nacional de Previdência Social. É um órgão superior, de deliberação colegiada, e que possui como membros representantes do governo federal e da sociedade civil, nomeados pelo Presidente da República[737].

A auditoria e a Procuradoria do INSS devem elaborar relatórios trimestrais das auditorias e respectivos resultados, enviando-os à apreciação do Conselho Nacional de Previdência Social, nos termos da Lei n.º 8.213/91 e Decreto n.º 3.048/99.

O Decreto n.º 3.048/99 estabelece as competências do Conselho Nacional de Previdência Social[738]:

I – estabelecer diretrizes gerais e apreciar as decisões de políticas aplicáveis à previdência social;

II – participar, acompanhar e avaliar, sistematicamente, a gestão previdenciária;

III – apreciar e aprovar os planos e programas da previdência social;

IV – apreciar e aprovar as propostas orçamentárias da previdência social, antes de sua consolidação na proposta orçamentária da Seguridade Social, a qual deve ser-lhe encaminhada com antecedência mínima de 2 meses do seu envio ao Congresso Nacional[739];

V – acompanhar e apreciar, mediante relatórios gerenciais por ele definidos, a execução dos planos, programas e orçamentos no âmbito da previdência social;

VI – acompanhar a aplicação da legislação pertinente à previdência social;

VII – apreciar a prestação de contas anual a ser remetida ao Tribunal de Contas da União, podendo, se for necessário, contratar auditoria externa;

VIII – estabelecer os valores mínimos em litígio, acima dos quais será exigida a anuência prévia do Procurador-Geral ou do Presidente do Instituto Nacional do Seguro Social para formalização de desistência ou transigência judiciais, conforme o disposto no art. 353 do Decreto 3.04/99;

IX – elaborar e aprovar seu regimento interno;

X – aprovar os critérios de arrecadação e de pagamento dos benefícios por intermédio da rede bancária ou por outras formas; e

---

737 Art. 3º, da Lei n.º 8.213/91.

738 Art. 296, do Decreto n.º 3.048/99.

739 Art. 297, II, do Decreto n.º 3.048/99.

XI – acompanhar e avaliar os trabalhos de implantação e manutenção do Cadastro Nacional de Informações Sociais.

O Conselho Nacional de Previdência foi descentralizado, criando-se os Conselhos da Previdência Social, que funcionam junto às Gerências-Executivas do INSS[740].

ART. 83.

> **O Instituto Nacional do Seguro Social-INSS deverá implantar um programa de qualificação e treinamento sistemático de pessoal, bem como promover a reciclagem e redistribuição de funcionários conforme as demandas dos órgãos regionais e locais, visando à melhoria da qualidade do atendimento e o controle e a eficiência dos sistemas de arrecadação e fiscalização de contribuições, bem como de pagamento de benefícios.**

1. PROGRAMA DE QUALIFICAÇÃO DE SERVIDORES

A norma é direcionada aos servidores do INSS, responsáveis pela análise da documentação e instrução dos procedimentos administrativos de concessão dos benefícios previdenciários.

O objetivo do legislador é o de que a autarquia forneça ao seu corpo de pessoal instrumentos materiais destinados a controlar e fiscalizar os sistemas de custeio e de benefícios, como também qualificação e treinamento para melhorar a qualidade do atendimento aos beneficiários.

ART. 84.

> **(Revogado pela Medida Provisória n.º 2.216-37, de 2001).**

---

[740] Art. 296-A, do Decreto n.º 3.048/99.

CAPÍTULO II
DAS DEMAIS DISPOSIÇÕES

ART. 85.

O Conselho Nacional da Seguridade Social será instalado no prazo de 30 (trinta) dias após a promulgação desta Lei.

1. INSTALAÇÃO DO CNSS

Segundo comentários ao art. 82, o Conselho Nacional de Seguridade Social deixou de existir com a revogação do art. 6º pela MP n.º 2.216-37/01.

ART. 85-A.

Os tratados, convenções e outros acordos internacionais de que Estado estrangeiro ou organismo internacional e o Brasil sejam partes, e que versem sobre matéria previdenciária, serão interpretados como lei especial. (Incluído pela Lei n.º 9.876, de 1999)

1. TRATADOS INTERNACIONAIS

O preceito não regula os efeitos das disposições normativas dos tratados sobre a relação jurídica de custeio da Seguridade Social, mas sim a de natureza previdenciária, envolvendo o sistema de proteção aos beneficiários.

O tratado, nas palavras de Celso D. de Albuquerque Mello, "é utilizado para os acordos solenes; a convenção "é o tratado que cria normas gerais, por exemplo, convenção sobre mar territorial" e o acordo "é geralmente usado para os tratados de cunho econômico, financeiro, comercial e cultural"[741].

A incorporação, no direito interno, das normas veiculadas nos tratados, é um ato complexo porque envolve o Presidente da República e o Congresso Nacional. O Presidente da República celebra os tratados, o Congresso aprova o ato mediante Decreto Legislativo e depois é expedido Decreto, pelo Presidente da República, para promulgar o ato internacional[742].

Os tratados em matéria previdenciária devem ser interpretados como lei especial, razão por que os seus preceitos, ao estabelecerem um regime jurídico diverso, devem prevalecer sobre a lei interna.

ART. 86.

(Revogado pela Medida Provisória n.º 2.216-37, de 2001).

ART. 87.

Os orçamentos das pessoas jurídicas de direito público e das entidades da administração pública indireta devem consignar as dotações necessárias ao pagamento das contribuições da Seguridade Social, de modo a assegurar a sua regular liquidação dentro do exercício.

1. LEI ORÇAMENTÁRIA ANUAL

A Lei Orçamentária Anual estima as receitas e despesas que a administração está autorizada a realizar em um determinado exercício financeiro[743].

---

741 Ob. cit.; p. 212.

742 Art. 84, VIII, da CF.

743 Vide comentários ao art. 11.

A Lei n.º 14.535/23 é a lei orçamentária para o exercício financeiro de 2023. Os Anexos à lei trazem a discriminação da receita estimada do orçamento da Seguridade Social e a respectiva despesa.

Nos termos da Constituição Federal, com o objetivo de assegurar recursos para o pagamento dos benefícios concedidos pelo regime geral de previdência social, em adição aos recursos de sua arrecadação, a União poderá constituir fundo integrado por bens, direitos e ativos de qualquer natureza, mediante lei que disporá sobre a natureza e administração desse fundo[744].

O fundo foi criado pelo art. 68 da LC n.º 101/00, sendo denominado de Fundo do Regime Geral de Previdência Social. É gerido pelo INSS e foi instituído com a finalidade de prover recursos para o pagamento dos benefícios do regime geral de Previdência Social.

ART. 88.

Os prazos de prescrição de que goza a União aplicam-se à Seguridade Social, ressalvado o disposto no art. 46.

1.   PRESCRIÇÃO TRIBUTÁRIA E ADMINISTRATIVA

O preceito alude à prescrição de que goza a União de forma genérica, razão por que é necessária a abordagem do instituto em matéria tributária e administrativa.

No campo tributário, a prescrição deve ser objeto de lei de natureza complementar, consoante exige o art. 146, III, "b", da CF.

O CTN, que tem força de lei de natureza complementar, regula o prazo de prescrição para a Fazenda Pública cobrar o crédito tributário no art. 174. Logo, o prazo de prescrição para a cobrança dos créditos tributários da Seguridade Social é de cinco anos, contados da data da sua constituição definitiva, nos termos do art. 174 do CTN[745].

---

[744] Art. 250, da CF.

[745] Vide comentários aos arts. 33 e 45-A.

No âmbito administrativo, a prescrição das dívidas passivas da União é regulada pelo Decreto n.º 20.910/32, que também fixa o prazo de cinco anos[746].

ART. 89.

As contribuições sociais previstas nas alíneas a, b e c do parágrafo único do art. 11 desta Lei, as contribuições instituídas a título de substituição e as contribuições devidas a terceiros somente poderão ser restituídas ou compensadas nas hipóteses de pagamento ou recolhimento indevido ou maior que o devido, nos termos e condições estabelecidos pela Secretaria da Receita Federal do Brasil. (Redação dada pela Lei n.º 11.941, de 2009).

§ 1º (Revogado). (Redação dada pela Lei n.º 11.941, de 2009)

§ 2º (Revogado). (Redação dada pela Lei n.º 11.941, de 2009)

§ 3º (Revogado). (Redação dada pela Lei n.º 11.941, de 2009)

§ 4º O valor a ser restituído ou compensado será acrescido de juros obtidos pela aplicação da taxa referencial do Sistema Especial de Liquidação e de Custódia - SELIC para títulos federais, acumulada mensalmente, a partir do mês subsequente ao do pagamento indevido ou a maior que o devido até o mês anterior ao da compensação ou restituição e de 1% (um por cento) relativamente ao mês em que estiver sendo efetuada. (Redação dada pela Lei n.º 11.941, de 2009)

§ 5º (Revogado). (Redação dada pela Lei n.º 11.941, de 2009)

§ 6º (Revogado). (Redação dada pela Lei n.º 11.941, de 2009)

§ 7º (Revogado). (Redação dada pela Lei n.º 11.941, de 2009)

§ 8º Verificada a existência de débito em nome do sujeito passivo, o valor da restituição será utilizado para extingui-lo, total ou parcialmente, mediante compensação. (Incluído pela Lei n.º 11.196, de 2005)

---

746 Decreto n.º 20.910/32: "Art. 1º – As dívidas passivas da União, dos Estados e dos Municípios, bem assim todo e qualquer direito ou ação contra a Fazenda federal, estadual ou municipal, seja qual for a sua natureza, prescrevem em cinco anos contados da data do ato ou fato do qual se originarem. Art. 2º Prescrevem igualmente no mesmo prazo todo o direito e as prestações correspondentes a pensões vencidas ou por vencerem, ao meio soldo e ao montepio civil e militar ou a quaisquer restituições ou diferenças".

> **§ 9º** Os valores compensados indevidamente serão exigidos com os acréscimos moratórios de que trata o art. 35 desta Lei. (Incluído pela Lei n.º 11.941, de 2009)
>
> **§ 10º** Na hipótese de compensação indevida, quando se comprove falsidade da declaração apresentada pelo sujeito passivo, o contribuinte estará sujeito à multa isolada aplicada no percentual previsto no inciso I do caput do art. 44 da Lei n.º 9.430, de 27 de dezembro de 1996, aplicado em dobro, e terá como base de cálculo o valor total do débito indevidamente compensado. (Incluído pela Lei n.º 11.941, de 2009).
>
> **§ 11º** Aplica-se aos processos de restituição das contribuições de que trata este artigo e de reembolso de salário-família e salário-maternidade o rito previsto no Decreto no 70.235, de 6 de março de 1972. (Incluído pela Lei n.º 11.941, de 2009)
>
> **§ 12º** O disposto no § 10º deste artigo não se aplica à compensação efetuada nos termos do art. 74 da Lei n.º 9.430, de 27 de dezembro de 1996. (Incluído pela Lei n.º 13.670, de 2018)

1. PAGAMENTO INDEVIDO: RESTITUIÇÃO E COMPENSAÇÃO

O preceito disciplina a restituição e a compensação das contribuições previdenciárias mencionadas no art. 11, parágrafo único, alíneas "a", "b" e "c", as "contribuições instituídas a título de substituição" e as "contribuições devidas a terceiros".

Assim, estão abrangidas pelo artigo em comento as contribuições da empresa incidentes sobre a remuneração paga aos segurados a seu serviço (contribuições previstas no art. 22), as contribuições do empregador doméstico e as contribuições dos trabalhadores e demais segurados do sistema (empregados, avulsos, contribuintes individuais, segurado especial e domésticos). As contribuições instituídas a título de substituição são as contribuições que deveriam incidir sobre a folha de salários, mas que são substituídas por contribuições sobre a receita ou faturamento. A título de exemplo, a contribuição da agroindústria, que deveria incidir sobre a folha de salários dos seus empregados, é substituída por uma contribuição sobre a receita bruta da comercialização da sua produção (art. 22-A). A contribuição da associação desportiva de futebol profissional que deveria incidir sobre a folha de salários dos seus empregados é substituída pela contribuição correspondente a 5% da receita bruta decorrente dos espetáculos desportivos de que participem em todo o território nacional (art. 22, § 6º).

Além dessas contribuições substitutivas previstas nesta Lei de Custeio, a Lei n.º 12.546/11, amparada pelo § 13º do art. 195, da CF, e prorrogada pela Lei n.º 14.288/21, com o objetivo de desonerar a folha de pagamento, também autorizou que empresas que explorassem certos setores da atividade econômica, substituíssem a contribuição sobre a folha de salários prevista nos incisos I e III do art. 22 por uma contribuição sobre a receita bruta (arts. 7º e 8º).

As contribuições devidas a terceiros são as recolhidas para outras entidades ou fundos, como a contribuição ao INCRA, ao salário-educação e as contribuições destinadas ao "Sistema S" que não sejam diretamente recolhidas por tais entidades, na forma prevista no art. 3º da Lei n.º 11.457/07.

Além destas contribuições mencionadas, todas as demais contribuições para o Sistema de Seguridade Social que tenham sido pagas indevidamente também comportam restituição ou compensação, consoante autorizado pelo art. 165 do CTN, art. 66 da Lei n.º 8.383/91 e art. 74 da Lei n.º 9.430/96.

1.1. RESTITUIÇÃO DO INDÉBITO

Nos termos do art. 165 do CTN, o sujeito passivo tem direito à restituição total ou parcial do tributo quando houver: (I) "cobrança ou pagamento espontâneo de tributo indevido ou maior que o devido em face da legislação tributária aplicável, ou da natureza ou circunstâncias materiais do fato gerador efetivamente ocorrido"; (II) "erro na edificação do sujeito passivo, na determinação da alíquota aplicável, no cálculo do montante do débito ou na elaboração ou conferência de qualquer documento relativo ao pagamento" e (III) "reforma, anulação, revogação ou rescisão de decisão condenatória".

O direito à restituição das contribuições previdenciárias surge diante do pagamento indevido, pouco importando a razão pela qual isto tenha ocorrido. A repetição do indébito nada mais é do que a ação judicial para a devolução do tributo indevidamente pago. A restituição do tributo dá lugar à restituição na mesma proporção, dos juros de mora e das penalidades pecuniárias, salvo as referentes a infrações de caráter formal não prejudicadas pela causa da restituição[747].

---

[747] Art. 167, do CTN.

Além da restituição, este artigo 89 serve para amparar a compensação, que é uma das formas de extinção do crédito tributário[748], a qual depende de lei, como será explicado.

1.2. COMPENSAÇÃO

A compensação é encontro de contas entre credor e devedor. Neste caso, as obrigações extinguem-se até onde se compensarem. No Direito Tributário, cabe à lei prever e fixar os requisitos e condições pela qual a compensação deverá ser efetuada[749].

Na hipótese em que o sujeito passivo é devedor e ao mesmo tempo credor da Fazenda Pública, porque pagou tributo indevido ou maior que o devido, a lei pode autorizar o encontro de contas. A lei que regula a compensação é a vigente na data do encontro de contas, entre créditos e débitos[750].

Nos termos do art. 170-A do CTN, é proibida a compensação mediante o aproveitamento de tributo, objeto de contestação judicial pelo sujeito passivo, antes do trânsito em julgado da respectiva decisão judicial. Portanto, a compensação não pode ser deferida por medida liminar ou antecipatória.

A compensação das contribuições previdenciárias antes referidas é tratada neste artigo 89, o qual remete o encontro de contas aos termos e condições estabelecidos pela Secretaria da Receita Federal do Brasil. A IN n.º 2.055/21 regula a compensação, restituição, ressarcimento e reembolso dos tributos administrados pela Receita Federal do Brasil.

A respeito das contribuições abrangidas por este art. 89 e das contribuições substitutivas, incluindo a contribuição previdenciária substitutiva sobre a receita bruta, o regime de compensação possui um regramento próprio, distinguindo-se os regimes compensatórios em função do sujeito passivo utilizar ou não o Sistema de Escrituração Digital das Obrigações Fiscais, Previdenciárias e Trabalhistas (eSocial), para apuração das referidas contribuições[751]. Para o sujeito passivo que utilizar o e-Social, a lei permite uma compensação mais ampla, embora ainda

---

[748] Art. 156, II, do CTN.

[749] Art. 170, do CTN.

[750] STJ, 1ª Seção, Resp n.º 1.164.452.

[751] Vide comentários ao art. 32-C.

existam restrições estão especificadas em lei[752]. Essa compensação é denominada de compensação cruzada, uma vez que os créditos das contribuições previdenciárias indevidamente pagas podem ser utilizados, observadas as limitações legais, na compensação de débitos próprios, vencidos ou vincendos, relativos a tributos administrados pela Receita Federal, mediante entrega da declaração de compensação por meio do programa PER/DCOMP, na forma prevista no art. 74 da Lei n.º 9.430/96 e art. 64 da IN n.º 2.055/21. Se o sujeito passivo não utilizar o e-Social a compensação é mais restrita porque o crédito do contribuinte apenas pode ser utilizado na compensação com as próprias contribuições previdenciárias correspondentes a períodos subsequentes, sendo declarada em GFIP, consoante regulado pelos arts. 84 a 89 da IN n.º 2.055/21.

A IN n.º 2.055/21 proíbe a compensação das contribuições destinadas a outras entidades ou fundos[753], ou seja, das contribuições destinadas a terceiros e que também incidem sobre a folha de salários[754]. Entretanto, há precedentes no STJ no sentido de que o ato normativo exorbitou o seu poder regulamentar porque a compensação das contribuições destinadas aos terceiros encontra fundamento neste art. 89 e no art. 66 da Lei n.º 8.383/66[755].

A jurisprudência tem admitido que o sujeito passivo, na petição inicial, faça pedido alternativo de restituição ou compensação do tributo indevidamente pago, exceto quando se tratar de mandado de segurança, que é restrito para a compensação. O mandado de segurança constitui ação hábil para a declaração do direito à compensação[756]. O contribuinte, com base na eficácia declaratória da sentença que declarou o direito à compensação no mandado de segurança, não poderá optar pela restituição do indébito no âmbito administrativo, conforme Tema 1.262, do STF:

"Não se mostra admissível a restituição administrativa do indébito reconhecido na via judicial, sendo indispensável a observância do regime constitucional de precatórios, nos termos do art. 100 da Constituição Federal".

---

[752] Art. 26-A, da Lei n.º 11.457/07.

[753] Art. 88, da IN n.º 2.055/21.

[754] Art. 2º, da Lei n.º 11.457/07. São as contribuições ao FNDE, INCRA, SEBRAE, SESI, SENAI, SENAC, SESC, APEX, ABDI.

[755] STJ, RESP 1.603.575, AgInt no AgInt no REsp 1527548, AgInt no RESP 1.598.050, RESP 1.657.164.

[756] STJ, Súmula 213.

De outra parte, frente à Súmula 460 do STJ, é incabível o mandado de segurança para convalidar a compensação realizada pelo contribuinte, ou seja, não se admite que o contribuinte efetue por sua conta própria a compensação e depois ajuíze mandado de segurança para convalidá-la.

Acerca da necessidade de comprovar o recolhimento indevido para fins de declaração do direito à compensação em mandado de segurança, a jurisprudência do STJ firmou-se no seguinte sentido: a) se o objetivo é o de declarar o direito à compensação, tomando por base a ilegalidade ou inconstitucionalidade do tributo, basta ao impetrante comprovar a condição de credor, uma vez que os comprovantes dos valores envolvidos serão exigidos posteriormente no âmbito administrativo, por ocasião da homologação da compensação; b) se o objetivo do impetrante é o de obter juízo específico sobre os valores compensados, em que há necessidade de ser verificada a certeza e liquidez dos créditos, ou nos casos em que os efeitos da sentença supõem a efetiva homologação da compensação a ser realizada, como existe a necessidade de quantificar os créditos do contribuinte, a petição inicial deve estar acompanhada de prova pré-constituída dos valores indevidamente recolhidos[757].

Na ação pelo procedimento comum o autor pode pedir a condenação na restituição do indébito ou para que seja declarado o direito à compensação com outros tributos administrados pela RFB, observados os termos da lei que autoriza a compensação. Neste sentido, o STJ sumulou o entendimento de que "o contribuinte pode optar por receber, por meio de precatório ou por compensação, o indébito tributário certificado por sentença declaratória transitada em julgado"[758]. Transitando em julgado a sentença que declarou o direito à compensação, o controle de contas, entre créditos e débitos, deve ser efetuado pela Receita Federal. Para tanto, o sujeito passivo deve informar a compensação na GFIP ou transmitir a declaração de compensação, por intermédio do programa PER/DCOMP[759].

O § 9° deste artigo dispõe que os valores compensados indevidamente serão exigidos com os acréscimos moratórios de que trata o art. 35, ou seja, com juros de mora pela taxa SELIC e multa de mora de 20%.

---

757 STJ, Resp n.° 1.715.294.

758 Súmula 461, do STJ.

759 Arts. 64 e 85, da IN n.° 2.055/21.

1.2.1. MULTA PELA FALSIDADE DA DECLARAÇÃO

O § 10º trata da sanção que deve ser aplicada na hipótese de compensação indevida quando for comprovada a falsidade da declaração apresentada pelo sujeito passivo. Trata-se de falsidade ideológica e que requer o dolo do contribuinte na inserção de créditos inexistentes ou falsos, imprestáveis para a compensação. Nesta hipótese, uma vez comprovado pelo Fisco o dolo do contribuinte na prática da infração, haverá a imposição em dobro da multa de ofício de 75%, prevista no inciso I do art. 44 da Lei n.º 9.430/96. Ou seja, será aplicada multa qualificada de 150%, incidente sobre o valor total do débito indevidamente compensado. A multa é qualificada pela falsidade da declaração e aqui é denominada de isolada porque não está acompanhada do lançamento do tributo[760]. Meros erros de natureza formal, destituídos da intenção de fraude, compensação antes do trânsito em julgado de créditos e débitos existentes[761], interpretações divergentes acerca dos limites legais à compensação ou critérios para a aferição de créditos ou débitos, não autorizam a imposição da multa qualificada.

O Supremo Tribunal Federal tem entendido que o princípio constitucional que veda tributo com caráter confiscatório[762] deve ser aplicado no caso das multas tributárias[763], razão pela qual considera inconstitucionais as multas fixadas em índices de 100% ou mais do valor do tributo devido[764]. A Corte tem precedentes no sentido de que as multas punitivas possuem um caráter pedagógico, de maneira que a sua aplicação em percentuais mais rigorosos, de 50% ou 75%, justifica-se para desestimular a burla à atuação da administração tributária[765]. O STF vai decidir, com base no princípio da vedação de confisco, se é possível fixar a multa punitiva, não qualificada pela sonegação, fraude ou conluio, em montante superior a 100%[766].

De outra parte, o STF reputou inconstitucional a multa isolada que incide diante da mera negativa de homologação de compensação, obje-

---

[760] Vide os comentários ao art. 35-A.

[761] TRF4, Processo n.º 5011934-65.2017.4.04.7002.

[762] Art. 150, IV, da CF.

[763] STF, ADI 1.075, ADI 551 e ARE 637.717.

[764] STF, RE 657.372.

[765] STF, ARE 787.564 e RE 602.686.

[766] Tema 1.195, do STF, RE 1335293.

to do Tema 736[767]. O precedente refere-se à multa isolada de 50% sobre o valor do débito da compensação não homologada, que é regulada pelo § 17º do art. 74, da Lei n.º 9.403/96. Neste caso, o STF decidiu que o pedido de compensação é legítimo exercício do direito de petição do contribuinte, de maneira que a não homologação da compensação não configura ato ilícito que autorize a incidência automática da multa de ofício. O caso julgado não diz respeito à multa qualificada prevista neste artigo, quando comprovado o dolo e a falsidade da declaração que ensejou a compensação indevida[768].

1.3. LEGITIMIDADE PARA POSTULAR A RESTITUIÇÃO OU COMPENSAÇÃO

O direito à restituição ou compensação é assegurado ao sujeito passivo. O sujeito passivo poderá ser o contribuinte ou o responsável. Na condição de contribuinte, nenhuma dúvida existe acerca da sua legitimidade para a causa destinada à restituição ou compensação. Sendo responsável, segundo comentários anteriores acerca das técnicas de recolhimento das contribuições previdenciárias, deve ser identificado no caso concreto quem sofreu o ônus econômico do pagamento indevido.

Nas diversas situações em que a lei prevê a retenção das contribuições previdenciárias, o responsável tributário possui legitimidade para discutir a validade da obrigação tributária da qual decorre o seu dever de proceder à retenção e respectivo pagamento. Afinal, ninguém pode ser chamado à responsabilidade pelo cumprimento de uma obrigação tributária que não encontra amparo na ordem jurídica. Contudo, o responsável carece de legitimidade obter a restituição ou compensação, uma vez que não sofreu o ônus econômico da imposição tributária.

Na retenção da contribuição do contribuinte individual que prestar serviços à empresa, por exemplo, esta atua como substituta legal tributária e deve reter e recolher o tributo. No entanto, o ônus é do substituído: o contribuinte individual que recebeu valor menor que o contratado por força da retenção efetuada pela empresa. Logo, o con-

---

767 Tema 736, do STF: "É inconstitucional a multa isolada prevista em lei para incidir diante da mera negativa de homologação de compensação tributária por não consistir em ato ilícito com aptidão para propiciar automática penalidade pecuniária".

768 Vide comentários ao art. 35-A.

tribuinte individual é que está legitimado a postular a restituição ou compensação se tiver havido pagamento indevido.

As contribuições previdenciárias não são tributos destacados em documentos fiscais, que se agregam ao preço de produtos, mercadorias ou serviços, e que acabam sendo suportados economicamente pelo consumidor final. Como se qualificam como tributos diretos[769], suportados pelo sujeito passivo previsto na lei, não há que se invocar a regra do art. 166 do CTN, que se refere à restituição de tributos que, pela sua natureza, comportem transferência do respectivo encargo financeiro, hipótese em que a restituição será efetuada àquele que provar que assumiu o referido encargo ou, no caso de tê-lo transferido a terceiro, deverá estar por este expressamente autorizado a recebê-la[770].

1.4. PRAZO PARA A RESTITUIÇÃO OU COMPENSAÇÃO

No caso das contribuições previdenciárias pagas indevidamente, seja qual for o motivo que determinou o pagamento indevido ou maior do que o devido, o contribuinte dispõe do prazo prescricional de cinco anos para requerer, no âmbito administrativo ou judicial, a sua restituição ou compensação, juntamente com os juros e penalidades. O prazo deve ser contado a partir da data da extinção do crédito tributário, nos termos do art. 168, I, do CTN[771].

Nos tributos lançados por homologação, a contagem do prazo para a restituição, até a data em que passou a vigorar a LC n.º 118/05, deveria levar em consideração o disposto no art. 150, § 4º e 156, VII do CTN. No lançamento por homologação, o pagamento não extingue o crédito tributário porque depende justamente da homologação, a qual, em regra, é tácita e ocorre dentro de cinco anos, a contar da data do fato gerador. Assim, extinto o crédito pela homologação tácita cinco anos depois do

---

769 STJ, ERESP n.º 168469.

770 CALIENDO, Paulo: "Os tributos indiretos são aqueles em que existe uma operação mercantil, envolvendo uma dualidade de sujeitos de direito e uma translação do encargo econômico ao consumidor final (contribuinte *de facto*). Mais importante, são aqueles estruturados juridicamente em lei para repercutir, ou seja, em que haverá uma repercussão econômica em função do repasse jurídico previsto no modo e na forma estipulada pelo ordenamento jurídico". Curso de Direito Tributário. São Paulo: Saraiva Educação, 2020, 345.

771 Art. 168, I, do CTN: "Art. 168. O direito de pleitear a restituição extingue-se com o decurso do prazo de 5 (cinco) anos, contados: I – nas hipóteses dos incisos I e II do artigo 165, da data da extinção do crédito tributário; …".

fato gerador[772], o contribuinte dispunha do prazo de cinco anos para reaver o indébito[773]. Ou seja, o prazo acabava sendo de dez anos. Entretanto, o art. 3º da LC n.º 118/05[774] acabou com esta interpretação do prazo para a restituição dos tributos lançados por homologação ao dispor que a extinção do crédito ocorre no momento do pagamento antecipado.

No caso das contribuições previdenciárias pagas no lançamento por homologação, como ocorre na hipótese do pagamento dos créditos declarados em GFIP[775], para efeito de restituição ou compensação, a extinção do crédito ocorre no momento do pagamento antecipado, nos termos do art. 3º da LC n.º 118/05. O art. 4º da LC n.º 118/05 pretendeu que o prazo do art. 3º alcançasse os pagamentos anteriores à data da sua vigência, cujos efeitos passaram a vigor a partir de 9 de junho de 2005. O STF, porém, reconheceu a inconstitucionalidade da parte final do art. 4º, e considerou válida a aplicação do prazo de cinco anos para as ações ajuizadas a partir de 9 de junho de 2005[776]. Portanto, para as ações ajuizadas a partir de 09 de junho de 2005, conta-se o prazo prescricional de 5 anos, a contar do pagamento indevido dos tributos lançados por homologação, para o contribuinte reaver o indébito.

Ocorrendo o pagamento indevido de crédito lançado de ofício, o prazo de cinco anos para a restituição ou compensação também é contado a partir do pagamento indevido, aplicando-se o art. 168, I, do CTN.

O inciso II do art. 168 do CTN regula o prazo para a restituição no caso específico de reforma, anulação, revogação ou rescisão de decisão condenatória que tiver determinado o pagamento. O prazo será de cinco anos, contado da data em que se tornar definitiva a decisão administrativa, ou da data do trânsito em julgado da decisão judicial que houver reformado, anulado, revogado ou rescindido a decisão que tiver ordenado o pagamento. Na prática, este preceito é de raríssima aplicação. Ocorre que, se houver impugnação do contribuinte no âm-

---

772 Art. 150, § 4º, do CTN.

773 Art. 168, I, do CTN.

774 Art. 3º, da LC n.º 118/05: "Para efeito de interpretação do inciso I do art. 168 da Lei n.º 5.172, de 25 de outubro de 1966 – Código Tributário Nacional, a extinção do crédito tributário ocorre, no caso de tributo sujeito a lançamento por homologação, no momento do pagamento antecipado de que trata o § 1º do art. 150 da referida Lei.".

775 Art. 32, IV, § 2º.

776 STF, RE 566.621.

bito administrativo, o pagamento dificilmente será realizado porque o crédito ficará com a sua exigibilidade suspensa, conforme previsto no art. 151, III, do CTN. Caso ocorra o pagamento, mas ao final do procedimento administrativo o contribuinte resulte vencedor, sendo anulado o crédito tributário, o prazo para a restituição será de cinco anos, contados da data da intimação da decisão administrativa. Na hipótese de questionamento do crédito tributário na via judicial, é claro que o contribuinte não está obrigado a pagá-lo para depois iniciar a discussão. Ao ajuizar a ação judicial – declaratória de inexistência de relação jurídico tributária ou anulatória do crédito tributário – o contribuinte certamente não efetuará o pagamento, uma vez que tem o direito de efetuar o depósito judicial do montante exigido pelo Fisco, vinculando-o ao processo. O preceito apanha a remota hipótese de o contribuinte, no curso da ação judicial, efetuar o pagamento, mas depois restar vencedor. Ao final, sendo a ação julgada procedente é porque o pagamento não era devido, abrindo-se o prazo de cinco anos para reaver o valor do indébito, contado do trânsito em julgado.

Na via judicial, fica a critério do sujeito passivo ajuizar ação de natureza declaratória, optando por receber, por meio de precatório ou por compensação, o indébito certificado na sentença transitada em julgado[777], ou mandado de segurança para obter a declaração do direito à compensação[778].

No caso de ter sido ajuizado mandado de segurança para obter a declaração do direito à compensação, como a ação mandamental não pode ser utilizada para a devolução do tributo, nem mesmo no âmbito administrativo[779], o sujeito passivo deve ingressar com a ação de restituição do indébito. O STJ tem entendido que o ajuizamento do mandado de segurança interrompe o prazo de prescrição em relação à ação de repetição do indébito. Desse modo, a partir do trânsito em julgado da sentença do mandado de segurança é que inicia o prazo da ação ordinária para obter a devolução[780]. Tal situação acontece naqueles casos em que o contribuinte,

---

[777] Súmula 461, do STJ: "O contribuinte pode optar por receber, por meio de precatório ou por compensação, o indébito tributário certificado por sentença declaratória transitada em julgado".

[778] Súmula 213, do STJ: "O mandado de segurança constitui ação adequada para a declaração do direito à compensação tributária".

[779] STF, Tema 1.262.

[780] STJ, RESP 1.181.834, RESP 1.248.618.

apesar de vencedor na ação mandamental, não possui débitos vincendos para compensar por ter encerrado as suas atividades, por exemplo.

1.5. PEDIDO ADMINISTRATIVO E INTERRUPÇÃO DA PRESCRIÇÃO

O contribuinte pode postular a restituição ou compensação no âmbito administrativo. Porém, o STJ tem posicionamento firmado na Súmula 625, no sentido de que "o pedido administrativo de compensação ou de restituição não interrompe o prazo de prescrição para a propositura da ação de repetição de indébito, previsto no art. 168 do CTN, e nem o da execução do título judicial contra a Fazenda Pública".

O entendimento do STJ deve-se ao fato de que o art. 174, parágrafo único, do CTN, regula apenas a interrupção da prescrição em favor da Fazenda Pública cobrar os seus créditos e não o prazo para o contribuinte reaver o indébito.

1.6. PRAZO PARA A AÇÃO ANULATÓRIA QUE NEGOU A RESTITUIÇÃO OU COMPENSAÇÃO

Caso tenha havido prévia postulação administrativa de restituição ou compensação, sem obtenção de êxito, o prazo que dispõe o contribuinte para ingressar com ação judicial é regulado pelo art. 169, do CTN: dois anos, contados da data da intimação da decisão administrativa que negou o pedido.

Nesta hipótese do art. 169, do CTN, o prazo é para anular a decisão que negou a restituição administrativa, incluindo-se o pedido de compensação que não foi homologado. É claro que, anulada a decisão administrativa, a consequência será a restituição, ou compensação, do indébito não prescrito que estava compreendido no pedido administrativo. Este prazo para anular a decisão administrativa que negou a restituição ou compensação não se confunde com o prazo de prescrição para a restituição do indébito do art. 168, do CTN, e não atrai a Súmula 625, do STJ, já referida. Ou seja, se o contribuinte perder o prazo para a ação anulatória regulada pelo art. 169, do CTN, e ingressar com ação judicial fundada no art. 168, I, do CTN, terá direito à restituição ou compensação dos pagamentos indevidos dos cinco anos anteriores ao seu ajuizamento e não de todo o período que estava compreendido no pedido administrativo, o qual não interrompeu a prescrição.

A prescrição pressupõe inércia do titular do direito. Por isto, durante a tramitação da ação judicial não corre a prescrição. A demora inerente aos mecanismos da justiça não pode implicar perda de direitos do autor da ação exercida no prazo legal, não sendo possível reconhecer a fluência do curso do prazo de prescrição, pela metade, depois do ajuizamento da ação judicial, prevista no parágrafo único do art. 169 do CTN[781].

1.7. CUMPRIMENTO DA SENTENÇA

No caso de o contribuinte não ter obtido êxito no seu pedido administrativo de restituição ou compensação, e posteriormente ajuizado ação judicial fundada no art. 169, do CTN, e que lhe foi favorável, o cumprimento da sentença contra a Fazenda Pública deve ser exercido dentro do prazo de dois anos, uma vez que "prescreve a execução no mesmo prazo de prescrição da ação"[782].

Por outro lado, na hipótese de a ação de restituição estar fundamentada no art. 168, do CTN, o prazo para iniciar o cumprimento de sentença é de cinco anos, contados do trânsito em julgado da sentença que condenou a Fazenda Pública à restituição ou compensação.

O cumprimento da sentença, optando o contribuinte pela devolução, segue o disposto no art. 534 do CPC, expedindo-se precatório ou requisição de pequeno valor, consoante estabelece o art. 100, da Constituição Federal. Sendo o caso de compensação, deve transmitir a respectiva declaração, conforme comentários no item 1.2 acima.

Por oportuno, anote-se que a EC n.º 62/09 impôs várias alterações ao art. 100 da CF, que trata sobre os precatórios e requisições de pequeno valor. O STF, no julgamento das ADIs 4.357 e 4.425, considerou inconstitucional que os precatórios de natureza tributária fiquem sujeitos ao índice oficial de remuneração básica da caderneta de poupança (§ 12º do art. 100 da CF). Entendeu que tais precatórios devem se submeter aos mesmos juros de mora incidentes sobre o crédito tributário.

---

781 Art. 169, parágrafo único, do CTN: "O prazo de prescrição é interrompido pelo início da ação judicial, recomeçando o seu curso, por metade, a partir da data da intimação validamente feita ao representante judicial da Fazenda Pública interessada".

782 Súmula 150, do STF. Vide abaixo o item 1.8 e também a decisão do STF na ACO 408 – embargos à execução – AgR.

Da mesma forma, considerou inconstitucional o regime de compensação previsto nos § 9º[783] e § 10º[784], ambos do art. 100, da CF.

A EC n.º 113/21, por sua vez, conferiu nova redação aos §§ 9º, 11º e 14º, incluindo ainda os §§ 21º e 22º ao art. 100 da CF, estabelecendo um novo regime constitucional para o pagamento de precatórios, admitindo a sua cessão e utilização para a quitação de débitos e amortização de dívidas, vencidas ou vincendas, em casos específicos. Além disso, passou a prever que os créditos de precatório ou RPV em favor do contribuinte devem ficar sujeitos aos juros pela taxa SELIC[785].

1.8. COMPENSAÇÃO DE OFÍCIO

No caso de opção pela restituição na via administrativa, se houver débitos do contribuinte, a Fazenda Nacional procederá à compensação, de forma total ou parcial, antes de efetuar a devolução, nos termos do § 8º do artigo em exame. Trata-se da compensação de ofício com débitos dotados de plena exigibilidade e que é implementada no âmbito administrativo. A compensação de ofício é também prevista no art. 73, da Lei n.º 9.430/96. O STF tem entendido que "a compensação de ofício não viola a liberdade do credor e que o suporte fático da compensação prescinde de anuência ou acordo, perfazendo-se *ex lege*, diante das seguintes circunstâncias objetivas: (i) reciprocidade de dívidas, (ii) liquidez das prestações, (iii) exigibilidade dos débitos e (iv) fungibilidade dos objetos"[786].

Todavia, se os débitos do contribuinte estiverem parcelados, ainda que sem garantia, a compensação de ofício não pode ser efetuada.

---

783 Art. 100, § 9º, da CF: "No momento da expedição dos precatórios, independentemente de regulamentação, deles deverá ser abatido, a título de compensação, valor correspondente aos débitos líquidos e certos, inscritos ou não em dívida ativa e constituídos contra o credor original pela Fazenda Pública devedora, incluídas parcelas vincendas de parcelamentos, ressalvados aqueles cuja execução esteja suspensa em virtude de contestação administrativa ou judicial".

784 Art. 100, § 10º, da CF: "Antes da expedição dos precatórios, o Tribunal solicitará à Fazenda Pública devedora, para resposta em até 30 (trinta) dias, sob pena de perda do direito de abatimento, informação sobre os débitos que preencham as condições estabelecidas no § 9º, para os fins nele previstos".

785 Art. 3º, da EC n.º 113/21.

786 STF, RE 917285.

De fato, como o CTN prevê que o parcelamento suspende a exigibilidade do crédito tributário, não condicionando à existência ou não de garantia, a compensação de ofício com débitos parcelados sem garantia, instituída pela lei ordinária, condicionaria a plena eficácia da suspensão da exigibilidade prevista em lei complementar, razão por que o STF firmou o Tema 874:

"É inconstitucional, por afronta ao art. 146, III, b, da CF, a expressão 'ou parcelados sem garantia', constante do parágrafo único do art. 73 da Lei n.º 9.430/96, incluído pela Lei n.º 12.844/13, na medida em que retira os efeitos da suspensão da exigibilidade do crédito tributário prevista no CTN".

Logo, apenas os débitos não parcelados é que podem ser compensados de ofício com os créditos que o contribuinte tem direito, objeto do pedido de restituição no âmbito administrativo.

O art. 92 da IN n.º 2.055/21 trata da compensação de ofício, dispondo no § 2º, em atenção ao decidido pelo STF no Tema 874, que "não se aplica a compensação de ofício a débito objeto de parcelamento ativo".

1.9. ATUALIZAÇÃO MONETÁRIA NA RESTITUIÇÃO OU COMPENSAÇÃO

O valor a ser restituído ou compensado deve ser acrescido de juros de mora pela taxa SELIC. Os juros pela taxa SELIC incidem a partir do mês subsequente ao do pagamento indevido ou a maior até o mês anterior ao da compensação ou restituição. No mês em que houver a restituição ou compensação os juros são fixados em 1% (§ 4º). Os juros pela taxa SELIC não incidem de forma capitalizada, mas acumulada.

A taxa SELIC abrange juros de mora e atualização monetária, razão por que não é aplicável o parágrafo único do art. 167 do CTN, que dispõe que os juros de mora incidem apenas a partir do trânsito em julgado da sentença. Frente a este preceito legal em comento, também previsto no art. 39, §4º, da Lei n.º 9.250/95 e art. 73, da Lei nº 9.532/97, restam superadas as Súmulas 162[787] e 188[788], do STJ.

---

[787] Súmula 162, do STJ: "Na repetição do indébito, a correção monetária incide a partir do pagamento indevido".

[788] Súmula 188, do STJ: "Os juros moratórios, na repetição do indébito, são devidos a partir do trânsito em julgado da sentença".

1.10. REEMBOLSO DO SALÁRIO-FAMÍLIA E SALÁRIO-MATERNIDADE

Por fim, o § 11º disciplina o reembolso de salário-família e salário-maternidade, o qual se sujeita ao Decreto n.º 70.235/72 e está regulamentado pela IN n.º 2.055/21.

A empresa ou equiparada pode ser reembolsada dos valores correspondentes às quotas do salário-família ou salário-maternidade pagos aos segurados a seu serviço, nos termos da IN n.º 2.055/21[789]. O reembolso é efetuado mediante dedução no ato do pagamento das contribuições previdenciárias, correspondente ao mês de competência do pagamento do benefício ao segurado, e deve ser declarada em GFIP. Se o valor a deduzir for superior às contribuições previdenciárias devidas no mês, o saldo pode ser compensado nos meses subsequentes, ou poderá ser solicitado o reembolso[790].

ART. 90.

O Conselho Nacional da Seguridade Social, dentro de 180 (cento e oitenta) dias da sua instalação, adotará as providências necessárias ao levantamento das dívidas da União para com a Seguridade Social.

1. LEVANTAMENTO DE DÍVIDAS DA UNIÃO

O Conselho Nacional de Seguridade Social, que havia sido instituído pelo art. 6º desta Lei, tinha a atribuição de, entre outras, acompanhar e avaliar a gestão econômica, financeira e social dos recursos e o desempenho dos programas realizados, podendo exigir a prestação de contas (inciso II do art. 7º desta Lei). No entanto, a MP n.º 2.216-37/01 revogou os artigos 6º e 7º desta Lei, extinguindo o CNSS.

O objetivo do legislador era o de que fossem apuradas as dívidas do Tesouro Nacional junto ao Sistema de Seguridade Social, zelando pelo equilíbrio das contas e dos recursos direcionados às ações nas áreas de saúde, assistência e previdência social.

---

[789] Vide os comentários ao art. 28, itens 6.1.1.2 e 6.1.1.5.

[790] Arts. 59 a 63, da IN n.º 2.055/21.

A Lei n.º 8.213/91, por sua vez, instituiu o Conselho Nacional de Previdência Social. É um órgão superior, de deliberação colegiada, e que possui como membros representantes do governo federal e da sociedade civil, nomeados pelo Presidente da República, sendo que suas competências estão previstas no Decreto n.º 3.048/99[791].

ART. 91.

> **Mediante requisição da Seguridade Social, a empresa é obrigada a descontar, da remuneração paga aos segurados a seu serviço, a importância proveniente de dívida ou responsabilidade por eles contraída junto à Seguridade Social, relativa a benefícios pagos indevidamente.**

1. DÍVIDAS DE BENEFÍCIOS IRREGULARES

O preceito regula os descontos de benefícios previdenciários pagos a maior ou indevidamente. É atribuída à empresa – e equiparados – o ônus de descontar da remuneração do segurado a importância que este deve à Seguridade Social. Além do desconto da remuneração que a empresa paga ao segurado, também pode haver o desconto do próprio benefício auferido pelo segurado, hipótese que é regulada pela Lei n.º 8.213/91.

O benefício previdenciário, como regra, não pode ser objeto de penhora, arresto ou sequestro. A intangibilidade do benefício é assegurada pelo art. 114 da Lei n.º 8.213/91, cujo preceito normativo também considera nula de pleno direito a venda ou cessão do benefício, ou a constituição de qualquer ônus sobre o mesmo.

No entanto, a intangibilidade do benefício previdenciário não é absoluta. O art. 115 da Lei n.º 8.213/91, regulado pelo art. 154, do Decreto n.º 3.048/99[792], permite que sejam descontados do benefício:

I – contribuições devidas pelo segurado à Previdência Social.

II – pagamento administrativo ou judicial de benefício previdenciário ou assistencial indevido, ou além do devido, inclusive na hipótese de cessação do benefício pela revogação de decisão judicial, em valor que

---

791 Vide comentários ao art. 82.

792 Art. 154, do Decreto n.º 3.048/99.

não exceda trinta por cento da importância da renda mensal do benefício, nos termos do disposto no Regulamento. O segurado que recebeu benefício indevido tem o dever de ressarcir o sistema previdenciário ou assistencial, uma vez que é princípio de Direito que ninguém pode enriquecer sem causa. Não importa se o benefício foi pago por má-fé ou erro do segurado ou da autarquia. A administração tem o dever de anular ou rever seus atos quando eivados de vícios que os tornam ilegais, uma vez que eles não originam direitos[793]. O desconto deve ser efetuado em parcelas, cuja prestação não poderá exceder a 30%

III – Imposto de Renda retido na fonte. O benefício previdenciário pago em valor que supere o limite de isenção do imposto de renda ficará sujeito à retenção do imposto pelo INSS.

IV – pensão de alimentos decretada em sentença judicial. As decisões judiciais que condenam ao pagamento de alimentos podem ser cumpridas, mediante desconto do benefício previdenciário do valor correspondente à pensão fixada judicialmente.

V – mensalidades de associações e de demais entidades de aposentados ou pensionistas legalmente reconhecidas, constituídas e em funcionamento, desde que autorizadas por seus filiados, observado o disposto nos § 1º ao § 1º-I do art. 154 do Decreto n.º 3.048/99. Os aposentados podem filiar-se de modo voluntário a associação ou entidades que representam os seus interesses, caso em que poderá autorizar que as mensalidades a eles pagas sejam descontadas diretamente do seu benefício. A autorização pode ser revogada a qualquer tempo, mas deverá ser revalidada a cada três anos, a partir de 31 de dezembro de 2021. Cabe ao INSS estabelecer requisitos adicionais para a efetivação desses descontos, observados critérios de conveniência administrativa, segurança das operações, interesse dos beneficiários e interesse público[794].

VI – pagamento de empréstimos, financiamentos, cartões de crédito e operações de arrendamento mercantil concedidos por instituições financeiras e sociedades de arrendamento mercantil ou por entidades fechadas ou abertas de previdência complementar, públicas e privadas, quando expressamente autorizado pelo beneficiário, até o limite de trinta e cinco por cento do valor do benefício, dos quais cinco por cento serão destinados exclusivamente para amortizar as despesas contraídas por meio de cartão de crédito ou utilizadas para saque pelo

---

793 Súmula 473, do STF.

794 Art. 154, §§ 1º, § 1º-A, § 1º-B e § 1º-C, do Decreto n.º 3.048/99.

cartão de crédito. Tais instituições podem conceder crédito aos beneficiários da previdência, geralmente com taxas menores porque o pagamento é descontado diretamente do benefício, eliminando o risco da inadimplência. No entanto, a lei limita os pagamentos até o valor correspondente a 35% do benefício, sendo que 5% deve ser destinado exclusivamente para amortizar despesas contraídas por meio de cartão de crédito ou para utilizar com a finalidade de saque por meio do cartão de crédito.

O benefício previdenciário ou assistencial pago indevidamente ou além do devido, inclusive na hipótese de cessação do benefício pela revogação de decisão judicial, deve ser constituído em crédito pelo INSS e inscrito em dívida ativa pela Procuradoria-Geral Federal, na forma prevista na Lei n.º 9.784/99, e cobrado por execução fiscal[795].

ART. 92.

> A infração de qualquer dispositivo desta Lei para a qual não haja penalidade expressamente cominada sujeita o responsável, conforme a gravidade da infração, a multa variável de Cr$ 100.000,00 (cem mil cruzeiros) a Cr$ 10.000.000,00 (dez milhões de cruzeiros), conforme dispuser o regulamento.

1. MULTAS PELO DESCUMPRIMENTO DE OBRIGAÇÕES ACESSÓRIAS

A lei traz uma série de obrigações tributárias de natureza acessória. Alguns dos preceitos que estabelecem as obrigações também desde logo fixam a sanção pecuniária a ser imposta no caso descumprimento, como, por exemplo, na hipótese do art. 32-A. Em outros casos, a norma estabelece a obrigação acessória, mas a sanção é remetida à multa fixada neste artigo 92 (por exemplo, § 3º do art. 49).

A multa deve ser exigida mediante a lavratura de auto de infração ou notificação de lançamento, assegurando-se ao contribuinte o direito de

---

[795] Art. 115, §§ 3º, 4º e 5º, da Lei n.º 8.213/91.

impugnar a exigência na esfera administrativa, no prazo de 30 dias[796]. O mesmo auto de infração também poderá conter o lançamento do crédito tributário, acrescido de multa e juros pela taxa SELIC, correspondente à obrigação principal.

As multas pelo descumprimento de obrigações acessórias foram atualizadas e são variáveis, dependendo da infração, nos termos do art. 283 do Decreto n.º 3.048/99.

A tendência do STF, no caso de multas isoladas, em razão do descumprimento de obrigação acessória, quando houver obrigação principal subjacente, é a de não admitir a multa em percentual superior a 20% do valor do tributo devido[797].

ART. 93.

> **(Revogado o caput pela Lei n.º 9.639, de 25.5.98)**
> **Parágrafo único. (Revogado pela Lei n.º 11.941, de 2009)**

ART. 94.

> **(Revogado pela Lei n.º 11.501, de 2007)**

ART. 95.

> **Caput. Revogado. (Redação dada pela Lei n.º 9.983, de 2000)**
> **a) revogada; (Redação dada pela Lei n.º 9.983, de 2000)**
> **b) revogada; (Redação dada pela Lei n.º 9.983, de 2000)**

---

796 Art. 243, do Decreto 3.048/99.

797 STF, provável Tese 487, ainda não definida (RE 640452).

c) revogada; (Redação dada pela Lei n.º 9.983, de 2000)

d) revogada; (Redação dada pela Lei n.º 9.983, de 2000)

e) revogada; (Redação dada pela Lei n.º 9.983, de 2000)

f) revogada; (Redação dada pela Lei n.º 9.983, de 2000)

g) revogada; (Redação dada pela Lei n.º 9.983, de 2000)

h) revogada; (Redação dada pela Lei n.º 9.983, de 2000)

i) revogada; (Redação dada pela Lei n.º 9.983, de 2000)

j) revogada. (Redação dada pela Lei n.º 9.983, de 2000)

§ 1º Revogado. (Redação dada pela Lei n.º 9.983, de 2000)

§ 2º A empresa que transgredir as normas desta Lei, além das outras sanções previstas, sujeitar-se-á, nas condições em que dispuser o regulamento:

a) à suspensão de empréstimos e financiamentos, por instituições financeiras oficiais;

b) à revisão de incentivos fiscais de tratamento tributário especial;

c) à inabilitação para licitar e contratar com qualquer órgão ou entidade da administração pública direta ou indireta federal, estadual, do Distrito Federal ou municipal;

d) à interdição para o exercício do comércio, se for sociedade mercantil ou comerciante individual;

e) à desqualificação para impetrar concordata;

f) à cassação de autorização para funcionar no país, quando for o caso.

§ 3º Revogado. (Redação dada pela Lei n.º 9.983, de 2000).

§ 4º Revogado. (Redação dada pela Lei n.º 9.983, de 2000).

§ 5º Revogado. (Redação dada pela Lei n.º 9.983, de 2000).

1. SANÇÕES ADMINISTRATIVAS

A empresa que deixar de cumprir as obrigações tributárias, principais ou acessórias, está sujeita às sanções pecuniárias já estabelecidas nos diversos artigos antes comentados.

Além destas sanções, o § 2º do artigo em comento prevê a imposição de sanções administrativas destituídas de caráter pecuniário e que são denominadas de sanções políticas. São restrições que constrangem o contribuinte, de forma indireta, ao pagamento do tributo.

O preceito dispõe que a empresa que "transgredir as normas desta lei, além das outras sanções previstas" ficará sujeita a um série de penalidades que não tem caráter pecuniário: a) suspensão de empréstimos e financiamentos, por instituições financeiras oficiais; b) revisão de incentivos fiscais de tratamento tributário especial; c) inabilitação para licitar e contratar com qualquer órgão ou entidade da administração pública direta ou indireta federal, estadual, do Distrito Federal ou municipal; d) interdição para o exercício do comércio, se for sociedade mercantil ou comerciante individual; e) desqualificação para impetrar concordata; f) cassação de autorização para funcionar no país, quando for o caso.

A lei não especificou quais seriam as normas transgredidas que ensejariam as sanções previstas, remetendo às "condições em que dispuser o regulamento". O regulamento por sua vez, apenas repetiu o comando legal, dispondo que "a empresa que transgredir as normas deste Regulamento, além de outras sanções previstas, sujeitar-se-á às seguintes restrições"[798]. Ora, o princípio da legalidade, em matéria de penalidades, não é atendido apenas pela lei em sentido formal, tal como previsto no art. 97, V, do CTN, havendo necessidade de que materialmente seja descrita com precisão qual é o ilícito que dá causa à sanção. A tipicidade e a segurança jurídica não toleram que a menção genérica à "transgressão das normas desta lei" autorize a imposição das sanções políticas, sobretudo as que restringem de modo desproporcional o livre exercício da atividade econômica ao preverem a "interdição para o exercício do comércio" ou a "cassação de autorização para funcionar no país".

Além disso, os próprios preceitos que preveem as inúmeras obrigações, de natureza principal ou acessória, ou já trazem as sanções ou ficarão sujeitas à multa prevista no art. 92.

A jurisprudência do Supremo Tribunal Federal está consolidada no sentido de não tolerar a imposição de "sanções políticas". A Corte não admite que o Poder Público imponha restrições ao exercício da atividade econômica ou profissional com o objetivo de compelir o contribuinte inadimplente ao pagamento do tributo. Existem vários julgados do STF no sentido de que a mera inadimplência do contribuinte não autoriza, ainda que prevista em lei, a aplicação de restrições de caráter político, assim consideradas as penalidades que apreendem mercado-

---

798 Art. 279, do Decreto n.º 3.048/99.

rias[799], interditam estabelecimentos[800], proíbem a emissão de notas ou documentos fiscais, sempre com o propósito de exigir, pela via transversa, o pagamento de tributos[801].

ART. 96.

O Poder Executivo enviará ao Congresso Nacional, anualmente, acompanhando a Proposta Orçamentária da Seguridade Social, projeções atuariais relativas à Seguridade Social, abrangendo um horizonte temporal de, no mínimo, 20 (vinte) anos, considerando hipóteses alternativas quanto às variáveis demográficas, econômicas e institucionais relevantes.

1. PROJEÇÕES ATUARIAIS

A lei orçamentária anual compreende também o orçamento da Seguridade Social[802]. A administração, por sua vez, tem o dever de executar as programações orçamentárias, adotando os meios e as medidas necessários, com o propósito de garantir a efetiva entrega de bens e serviços à sociedade[803].

A Lei de Responsabilidade Fiscal dispõe que a lei de diretrizes orçamentárias deve conter Anexo com demonstrativo das metas anuais, instruído com memória e metodologia de cálculo que justifiquem os resultados pretendidos, assim como a avaliação da situação financeira e atuarial do Regime Geral de Previdência Social[804].

---

799 Súmula 323, do STF: "É inadmissível a apreensão de mercadorias como meio coercitivo para pagamento de tributos"

800 Súmula 70, do STF: "É inadmissível a interdição de estabelecimento como meio coercitivo para a cobrança de tributo".

801 Súmula 547, do STF: "Não é lícito à autoridade proibir que o contribuinte em débito adquira estampilhas, despache mercadorias nas alfândegas e exerça suas atividades profissionais".

802 Art. 165, § 5º, III, da CF. Vide comentários ao art. 11.

803 Art. 165, § 10º, da CF.

804 Art. 4º, § 2º, II e IV, "a", da LC n.º 101/00.

ART. 97.

> Fica o Instituto Nacional do Seguro Social-INSS autorizado a proceder a alienação ou permuta, por ato da autoridade competente, de bens imóveis de sua propriedade considerados desnecessários ou não vinculados às suas atividades operacionais. (Redação dada pela Lei n.º 9.528, de 10.12.97)
>
> § 1º Na alienação a que se refere este artigo será observado o disposto no art. 18 e nos incisos I, II e III do art. 19, da Lei n.º 8.666, de 21 de junho de 1993, alterada pelas Leis n.º 8.883, de 8 de junho de 1994, e 9.032, de 28 de abril de 1995. (Parágrafo acrescentado pela Lei n.º 9.528, de 10.12.97)
>
> § 2º (VETADO na Lei n.º 9.528, de 10.12.97)

1. GESTÃO DE IMÓVEIS DO INSS

Este preceito refere-se à gestão dos imóveis de propriedade do INSS. Não é objetivo do INSS manter imóveis desnecessários ou que não atendam às suas finalidades operacionais. Estes imóveis, em que pese a autarquia gozar de imunidade tributária de impostos sobre o seu patrimônio, nos termos do art. 150, VI, "a", da Constituição Federal, geram despesas de manutenção e conservação. Por isto, uma vez considerados inúteis, poderão ser alienados ou permutados, observando-se a Lei n.º 8.666/93. A Lei n.º 14.133/21 revogou a Lei n.º 8.666/93, a partir de 01 de abril de 2023.

O § 1º do artigo em comento faz referência expressa apenas ao art. 18 e aos incisos I, II e III do art. 19, da Lei 8.666/93, de modo que há necessidade de prévia autorização legislativa para a alienação dos imóveis que não decorram de aquisição em procedimento judicial ou de dação em pagamento, nos termos do disposto no art. 17, I, da Lei n.º 8.666/93[805].

Os imóveis também poderão ser permutados por outro imóvel[806]. A permuta poderá ocorrer com outro imóvel que seja de interesse do INSS e necessário às suas finalidades, levando-se em conta as instala-

---

[805] Vide comentários ao art. 99.

[806] Art. 17, I, "c", da Lei n.º 8.666/93.

ções e a localização do imóvel a ser recebido, o qual deverá ser avaliado e ter o preço compatível com o valor de mercado.

A alienação dos bens adjudicados em execuções fiscais ou recebidos em dação em pagamento é regulada pelo art. 99.

ART. 98.

Nas execuções fiscais da dívida ativa do INSS, o leilão judicial dos bens penhorados realizar-se-á por leiloeiro oficial, indicado pelo credor, que procederá à hasta pública: (Redação dada pela Lei n.º 9.528, de 10.12.1997)

I - no primeiro leilão, pelo valor do maior lance, que não poderá ser inferior ao da avaliação; (Incluído pela Lei n.º 9.528, de 10.12.1997)

II - no segundo leilão, por qualquer valor, excetuado o vil. (Incluído pela Lei n.º 9.528, de 10.12.1997)

§ 1º Poderá o juiz, a requerimento do credor, autorizar seja parcelado o pagamento do valor da arrematação, na forma prevista para os parcelamentos administrativos de débitos previdenciários. (Incluído pela Lei n.º 9.528, de 10.12.1997)

§ 2º Todas as condições do parcelamento deverão constar do edital de leilão. (Incluído pela Lei n.º 9.528, de 10.12.1997)

§ 3º O débito do executado será quitado na proporção do valor de arrematação. (Incluído pela Lei n.º 9.528, de 10.12.1997)

§ 4º O arrematante deverá depositar, no ato, o valor da primeira parcela. (Incluído pela Lei n.º 9.528, de 10.12.1997)

§ 5º Realizado o depósito, será expedida carta de arrematação, contendo as seguintes disposições: (Incluído pela Lei n.º 9.528, de 10.12.1997)

a) valor da arrematação, valor e número de parcelas mensais em que será pago; (Incluído pela Lei n.º 9.528, de 10.12.1997)

b) constituição de hipoteca do bem adquirido, ou de penhor, em favor do credor, servindo a carta de título hábil para registro da garantia; (Incluído pela Lei n.º 9.528, de 10.12.1997)

c) indicação do arrematante como fiel depositário do bem móvel, quando constituído penhor; (Incluído pela Lei n.º 9.528, de 10.12.1997)

d) especificação dos critérios de reajustamento do saldo e das parcelas, que será sempre o mesmo vigente para os parcelamentos de débitos previdenciários. (Incluído pela Lei n.º 9.528, de 10.12.1997)

§ 6° Se o arrematante não pagar, no vencimento, qualquer das parcelas mensais, o saldo devedor remanescente vencerá antecipadamente, que será acrescido em cinquenta por cento de seu valor a título de multa, e imediatamente inscrito em dívida ativa e executado. (Incluído pela Lei n.° 9.528, de 10.12.1997)

§ 7° Se no primeiro ou no segundo leilões a que se refere o caput não houver licitante, o INSS poderá adjudicar o bem por cinquenta por cento do valor da avaliação. (Incluído pela Lei n.° 9.528, de 10.12.1997)

§ 8° Se o bem adjudicado não puder ser utilizado pelo INSS, e for de difícil venda, poderá ser negociado ou doado a outro órgão ou entidade pública que demonstre interesse na sua utilização. (Incluído pela Lei n.° 9.528, de 10.12.1997)

§ 9° Não havendo interesse na adjudicação, poderá o juiz do feito, de ofício ou a requerimento do credor, determinar sucessivas repetições da hasta pública. (Incluído pela Lei n.° 9.528, de 10.12.1997)

§ 10° O leiloeiro oficial, a pedido do credor, poderá ficar como fiel depositário dos bens penhorados e realizar a respectiva remoção. (Incluído pela Lei n.° 9.528, de 10.12.1997)

§ 11° O disposto neste artigo aplica-se às execuções fiscais da Dívida Ativa da União. (Incluído pela Lei n.° 10.522, de 2002)

1. REGRAS ESPECIAIS NA EXECUÇÃO FISCAL

O art. 784, IX, do CPC, arrola entre os títulos executivos extrajudiciais a certidão de dívida ativa da Fazenda Pública da União, dos Estados, do Distrito Federal, dos Territórios e dos Municípios, correspondente aos créditos inscritos na forma da lei.

A Lei de Execução Fiscal[807] regula o procedimento para a cobrança judicial dos créditos tributários e não tributários, aplicando-se subsidiariamente o CPC[808].

O preceito legal em comento é de natureza especial e, portanto, prevalece frente à Lei de Execução Fiscal e ao CPC.

Os créditos tributários das contribuições de Seguridade Social, depois de constituídos definitivamente, devem ser inscritos em dívida ativa da União, extraindo-se a certidão de dívida ativa. A inscrição é

---

[807] Lei n.° 6.830/80.

[808] Art. 1°, da Lei 6.830/80: "A execução judicial para cobrança da Dívida Ativa da União, dos Estados, do Distrito Federal, dos Municípios e respectivas autarquias será regida por esta Lei e, subsidiariamente, pelo Código de Processo Civil".

efetuada pela Procuradoria da Fazenda Nacional. Uma vez inscrito em dívida ativa, o crédito tributário passa a gozar da presunção de certeza e liquidez. A presunção é relativa e pode ser afastada por prova em sentido contrário, cujo ônus é do sujeito passivo[809].

O termo de inscrição em dívida ativa e respectiva certidão de dívida ativa devem conter os requisitos previstos no art. 202 do CTN, sob pena de nulidade: 1. O nome do devedor e, sendo caso, o dos corresponsáveis, bem como o domicílio ou a residência de um e de outros; 2. A quantia devida e a maneira de calcular os juros de mora; 3. A origem e natureza do crédito, mencionada especificamente a disposição da lei em que seja fundado; 4. A data em que a dívida foi inscrita, o que é importante para que se possa examinar eventual fraude à execução; 5. Sendo o caso, o número do processo administrativo de que se originar o crédito, recordando que nem sempre haverá processo administrativo por conta do autolançamento. A certidão de dívida ativa também deverá trazer a indicação do livro e da folha da inscrição.

A omissão ou erro no termo ou na certidão são causas de nulidade da inscrição e do processo de cobrança. A nulidade pode ser resolvida se, até a decisão de primeira instância, houver a substituição da certidão nula. Nesta hipótese, deve ser devolvido ao sujeito passivo o prazo para o oferecimento de embargos, que somente poderá versar sobre a parte modificada[810] (art. 203 do CTN).

A Fazenda Pública pode substituir a certidão de dívida ativa (CDA) até a prolação da sentença de embargos, quando se tratar de correção de erro material ou formal, vedada a modificação do sujeito passivo da execução[811]. Não é possível alterar a certidão para modificar a norma legal que fundamentou o lançamento, uma vez que se trata de elemento material essencial. O erro estará no ato de lançamento e não no título que apenas representou o crédito já constituído. Neste caso, haverá necessidade da revisão do próprio ato de lançamento, desde que não ultrapassado o prazo decadencial, nos termos do art. 149, IX e parágrafo único, do CTN.

Promovida a execução fiscal, o executado é citado para pagar a dívida ou garantir a execução, observada a ordem legal prevista no art. 9º da Lei de Execução Fiscal. O STJ tem entendido que, em princípio,

---

809 Art. 204, do CTN.

810 Art. 203, do CTN.

811 Súmula 392, do STJ.

cumpre ao executado nomear bens à penhora, sendo dele o ônus de afastar a ordem legal, de maneira que não é suficiente a alegação de que deve ser observado o princípio da menor onerosidade e de sua prevalência abstrata sobre a efetiva tutela executiva[812]. A Corte também tem posição firmada no sentido de que a Fazenda Pública pode recusar a substituição do bem penhorado por precatório[813].

O artigo em comento procura conferir maior efetividade às execuções fiscais dos créditos previdenciários. Além do preceito do art. 53 desta lei, uma vez penhorados e avaliados os bens, na forma disciplinada pela Lei n.º 6.830/80 e aplicação subsidiária do CPC, o credor poderá indicar leiloeiro oficial para venda em hasta pública em dois leilões.

No primeiro leilão, a arrematação poderá ocorrer pelo maior lance, desde que não seja inferior ao da avaliação (inciso I). No segundo leilão, a arrematação pode ser efetuada por qualquer valor, excetuado o preço vil (inciso II), cabendo ao juiz fixar o preço mínimo, o qual deverá constar no edital de leilão[814].

O CPC não aceita lance que ofereça preço vil[815]. Nos termos do CPC, considera-se vil o preço inferior ao mínimo estipulado pelo juiz e constante no edital. Não sendo fixado preço mínimo, considera-se vil o preço inferior a 50% do valor da avaliação[816].

Caso haja interesse do credor, o juiz poderá autorizar o parcelamento da arrematação, nos mesmos termos do parcelamento administrativo. O parcelamento de créditos tributários depende de lei específica, consoante prevê o art. 155-A do CTN. Existem leis específicas que preveem o parcelamento de créditos tributários de natureza previdenciária, de

---

812 STJ, RESP 1.337.790.

813 Súmula 406, do STJ: "A Fazenda Pública pode recusar a substituição do bem penhorado por precatório".

814 Arts. 880, § 1º, 885 e 886, II, do CPC.

815 ASSIS, Araken: "Em virtude de sua condição de conceito jurídico indeterminado, inexiste critério econômico apriorístico do que seja, afinal, 'preço vil'. Deve o executado comprovar que, na data da hasta pública, a coisa penhorada valia bem mais do que do oferecido, não bastando o simples decurso de tempo desde a avaliação. Fora disto, e considerando que, ao fim e ao cabo, o sistema tolera arrematação por preço inferior ao justo, por definição o do edital, se abre margem à discrição judicial. Tudo isso reforça a ideia de que a presidência da arrematação compete ao órgão judiciário". Manual do Processo de Execução. 6ª edição. São Paulo: Editora Revista dos Tribunais.

816 Art. 891, "parágrafo único", do CPC

maneira que o parcelamento da arrematação deve seguir os mesmos preceitos da lei concessiva do parcelamento do crédito tributário quanto ao número de parcelas e respectivo valor mínimo. No edital de leilão deverão constar as condições do parcelamento (§ 2º), sendo o débito quitado na proporção do valor da arrematação (§ 3º).

Arrematado o bem, o arrematante deverá depositar o valor da primeira parcela, expedindo-se a carta de arrematação com as seguintes disposições: a) valor da arrematação, valor e número de parcelas mensais em que será pago; b) constituição de hipoteca do bem adquirido, ou de penhor, em favor do credor, servindo a carta de título hábil para registro da garantia; c) indicação do arrematante como fiel depositário do bem móvel, quando constituído penhor; d) especificação dos critérios de reajustamento do saldo e das parcelas, que será sempre o mesmo vigente para os parcelamentos de débitos previdenciários.

No caso de arrematação de bem imóvel, a carta de arrematação não transfere desde logo o domínio. A propriedade será transferida por ocasião do registro do título no Registro de Imóveis (art. 1.245 do CC). A carta de arrematação servirá de título hábil para o registro da garantia hipotecária.

Na hipótese de arrematação de bem móvel, o próprio bem ficará em garantia por penhor, ficando o arrematante como fiel depositário. A propriedade será transferida com a tradição da coisa (art. 1.267 do CC). Se o arrematante não pagar a parcela a que se obrigou, haverá vencimento antecipado do saldo. Como penalidade, incidirá multa de 50% sobre o valor do saldo. Esse débito apurado deverá ser inscrito em dívida ativa e alvo de nova execução (§ 6º).

Não havendo licitantes em ambos os leilões, a Fazenda Nacional poderá adjudicar o bem penhorado em favor do INSS pela metade do valor da avaliação. A adjudicação não é obrigatória e poderá ser efetuada se a propriedade for de interesse do INSS, inclusive para que possa posteriormente ser alienada, nos termos do art. 99, cujo negócio deverá vantajoso para a administração, sobretudo porque a adjudicação ocorre pela metade do valor da avaliação. O STJ tem precedente no sentido de que, havendo interesse do INSS na adjudicação, esta deverá ocorrer pela metade do valor da avaliação, tendo em vista que que a faculdade prevista no § 7º se refere à possibilidade de adjudicação e não ao percentual do valor da avaliação do bem[817].

---

[817] STJ, RESP 1.013.256.

Se o bem adjudicado não tiver utilidade, poderá ser negociado ou doado a outro órgão ou entidade pública que tenha interesse (§ 8º), observando-se o disposto na Lei de Licitações[818].

Raramente a Fazenda Nacional adjudica os bens, de maneira que o juiz deve determinar sucessivas repetições da hasta pública (§ 9º). Não existe, porém, um direito subjetivo da Fazenda à designação de infindáveis leilões, se vários deles resultaram infrutíferos. O STJ tem entendido que a designação de novos leilões deve ser feita de modo razoável, visto que o credor pode satisfazer a sua pretensão pela adjudicação e posterior venda do bem, como também requerer a substituição do bem por ausência de liquidez[819].

ART. 99.

> **O Instituto Nacional do Seguro Social-INSS poderá contratar leiloeiros oficiais para promover a venda administrativa dos bens, adjudicados judicialmente ou que receber em dação de pagamento. (Redação dada pela Lei n.º 9.528, de 10.12.97)**
>
> **Parágrafo único. O INSS, no prazo de sessenta dias, providenciará alienação do bem por intermédio do leiloeiro oficial. (Incluído pela Lei n.º 9.528, de 10.12.1997)**

1. VENDA ADMINISTRATIVA DE BENS DO INSS

O preceito regula a venda administrativa dos bens, móveis ou imóveis, que a União receber em pagamento de dívidas previdenciárias e que não são úteis para as suas atividades. Trata da gestão patrimonial, a exemplo do que ocorre com o art. 97. Mas neste caso, a aquisição da propriedade ocorreu mediante a adjudicação, prevista no artigo anterior, ou dação em pagamento.

A adjudicação judicial poderá recair sobre bens móveis ou imóveis e deverá ser feita pela metade do valor da avaliação, conforme previsto no § 7º do art. 98.

---

[818] Lei n.º 8.666/93 e Lei n.º 14.133/21.

[819] STJ, RESP 752.984.

Na dação em pagamento, o credor pode consentir em receber prestação diversa da que lhe é devida[820]. O CTN autoriza que o credor receba em dação em pagamento do crédito tributário bens imóveis, na forma e condições estabelecidas em lei[821].

O STF entende que as modalidades de extinção do crédito tributário previstas no art. 156, do CTN, não formam um rol exaustivo[822], de maneira que a União está autorizada a instituir, por lei, modalidade de extinção do crédito tributário não prevista no CTN. Assim, embora o CTN contemple apenas a dação em pagamento com bens imóveis, a lei também está autorizada a instituir como modalidade de extinção dos créditos previdenciárias a dação em pagamento com bens móveis.

A Lei n.º 13.259/16 instituiu a dação em pagamento de bens imóveis como forma de extinção do crédito tributário inscrito em dívida ativa da União, exceto dos créditos relativos ao Simples, regulado pela LC n.º 123/06. A lei impõe as seguintes condições: a) a dação deve ser precedida de avaliação do bem ou dos bens ofertados, os quais devem estar livres e desembaraçados de quaisquer ônus, nos termos de ato do Ministério da Fazenda; b) a dação deve abranger a totalidade do crédito que se pretende liquidar com atualização, juros, multa e encargos legais, sem desconto de qualquer natureza, assegurando-se ao devedor a possibilidade de complementação em dinheiro de eventual diferença entre os valores da totalidade da dívida e o valor do bem ou dos bens ofertados em dação.

A Lei n.º 14.011/20 acrescentou o art. 4º-A à Lei 13.259/16, prevendo que, nas hipóteses de estado de calamidade pública oficialmente reconhecida, o crédito tributário inscrito em dívida ativa da União poderá ser extinto mediante dação em pagamento de bens imóveis que possuam valor histórico, cultural, artístico, turístico ou paisagístico, desde que estejam localizados nas áreas descritas nas informações de desastre natural ou tecnológico e as atividades empresariais do devedor legítimo proprietário do bem imóvel decorram das áreas afetadas pelo desastre.

Arremate-se que os créditos tributários também poderão ser extintos por transação, na forma prevista na Lei n.º 13.988/20, com as alterações impostas pela Lei nº 14.689/23.

---

[820] Art. 356, do Código Civil.

[821] Art. 156, XI, do CTN.

[822] STF, ADI 2.405.

Por fim, a Lei n.º 8.666/93, que institui as normas para licitações e contratos da Administração Pública, prevê que os bens imóveis, cuja aquisição tenha derivado de procedimentos judiciais ou de dação em pagamento, podem ser alienados sob a modalidade de concorrência ou leilão, depois de avaliados e comprovada a necessidade ou utilidade da alienação[823], cuja habilitação ficará limitada à comprovação do recolhimento do valor correspondente a 5% da avaliação[824].

ART. 100.

(Revogado pela Lei n.º 9.528, de 10.12.97)

ART. 101.

(Revogado pela Medida Provisória n.º 2.187-13, de 2001)

ART. 102.

Os valores expressos em moeda corrente nesta Lei serão reajustados nas mesmas épocas e com os mesmos índices utilizados para o reajustamento dos benefícios de prestação continuada da Previdência Social. (Redação dada pela Medida Provisória n.º 2.187-13, de 2001)

§ 1º O disposto neste artigo não se aplica às penalidades previstas no art. 32-A desta Lei. (Incluído pela Lei n.º 11.941, de 2009).

§ 2º O reajuste dos valores dos salários de contribuição em decorrência da alteração do salário mínimo será descontado por ocasião da aplicação dos índices a que se refere o caput deste artigo. (Incluído pela Lei n.º 11.941, de 2009).

---

[823] Art. 19, I a III, da Lei n.º 8.666/93.

[824] Art. 18, da Lei n.º 8.666/93.

1. REAJUSTE DOS BENEFÍCIOS

Os benefícios previdenciários previstos na Lei n.º 8.212/91 são reajustados anualmente, na mesma data do reajuste do salário mínimo, com base na variação do INPC, consoante dispõe o art. 41 da Lei n.º 8.213/91.

2. REAJUSTE DO SALÁRIO DE CONTRIBUIÇÃO

O salário de contribuição definido no art. 28, que é a base de cálculo das contribuições previdenciárias, segue o mesmo critério de atualização dos benefícios do Regime Geral de Previdência Social, ou seja, de acordo com variação anual do INPC, consoante dispõe o § 2º do art. 28 da EC n.º 103/19[825]. O reajuste é efetuado por portaria do Ministério da Economia, devendo ser observados os limites mínimo e máximo do salário de contribuição.

3. MULTAS RELACIONADAS À GFIP

As multas relativas à GFIP, previstas no art. 32-A, não estão sujeitas ao reajuste nas mesmas épocas e com os mesmos índices dos benefícios de prestação continuada, ou seja, de acordo com a variação anual do INPC.

ART. 103.

> **O Poder Executivo regulamentará esta Lei no prazo de 60 (sessenta) dias a partir da data de sua publicação.**

1. REGULAMENTO DA LEI

Compete privativamente ao Presidente da República expedir decretos e regulamentos para fiel execução da lei, conforme dispõe o inciso IV do art. 84 da Constituição Federal.

Esta lei está regulamentada pelo Decreto n.º 3.048/99.

---

[825] Vide comentários ao art. 20.

ART. 104.

> **Esta Lei entrará em vigor na data de sua publicação.**

1. DATA DE VIGÊNCIA DA LEI

A lei passou a vigorar a partir da data da sua publicação no Diário Oficial da União, em 25 de julho de 2001.

No caso das contribuições que foram instituídas ou aumentadas pela lei, devem ser observados os princípios da irretroatividade e o da anterioridade nonagesimal, previstos nos artigos 150, III, "a" e 195, § 6º, da Constituição Federal.

ART. 105.

> **Revogam-se as disposições em contrário.**

1. REVOGAÇÃO DAS LEIS EM CONTRÁRIO

A lei posterior revoga a anterior quando expressamente o declare, quando seja com ela incompatível ou quando regule inteiramente a matéria de que tratava a lei anterior, conforme estabelece o art. 2º, § 1º, do Decreto-Lei n.º 4.657/42.

Brasília, em 24 de julho de 1991; 170º da Independência e 103º da República.

BIBLIOGRAFIA

AMARO, Luciano. Direito Tributário Brasileiro. 2. ed. São Paulo: Saraiva, 1998.

ANCELES, Pedro Einstein dos Santos; ANCELES, Otília Denise Jesus Ribeiro. Santa Maria: Drape Editora, 2020.

ASSIS, Araken de. Manual do Processo de Execução. 6. ed. São Paulo: Editora Revista dos Tribunais.

ATALIBA, Geraldo. Hipótese de Incidência Tributária. 5. ed. São Paulo: Malheiros, 1992.

AZEVEDO, Marcel Citro. Sujeição Passiva na Tributação dos Grupos Societários. São Paulo: Thomson Reuters Brasil, 2021.

BECKER, Alfredo Augusto. Teoria Geral do Direito Tributário. 2. ed. São Paulo: Saraiva, 1972.

CALIENDO, Paulo. Curso de Direito Tributário. São Paulo: Saraiva Educação, 2020.

CASTRO, Alberto Pereira de; LAZZARI, João Batista. Manual de Direito Previdenciário. 3. ed. São Paulo: LTR, 2002.

DINIZ, Maria Helena. Curso de Direito Civil Brasileiro, v. 1; São Paulo: Saraiva, 2002.

EIRIZICK, Nelson. A Lei das S/A Comentada. Volume III. São Paulo: Ed. Quartier Latin, 2015.

FALCÃO, Amílcar de Araújo. Fato Gerador da Obrigação Tributária. São Paulo: Forense, 1984.

FERREIRA NETO, Arthur Maria. Fundamentos Filosóficos da Responsabilidade Tributária. In NICHELE, Rafael (Coord.). Curso Avançado de Substituição Tributária: Modalidades e Direitos do Contribuinte à Luz da Atual Jurisprudência do STF. São Paulo: Malheiros, 2020.

FORTES, Simone Barbisan; PAULSEN, Leandro. Direito da Seguridade Social. Porto Alegre: Livraria do Advogado, 2005.

GARCIA, Gustavo Filipe Barbosa. Curso de Direito do Trabalho. 17ª ed. Saraiva Jur: São Paulo, 2022.

GONÇALVES, Carlos Roberto. Direito Civil Brasileiro; Parte Geral. 13ª ed. São Paulo: Saraiva, 2013.

editoraletramento
editoraletramento.com.br
editoraletramento
company/grupoeditorialletramento
grupoletramento
contato@editoraletramento.com.br
editoraletramento

editoracasadodireito.com.br
casadodireitoed
casadodireito
casadodireito@editoraletramento.com.br

LOUBET, Leonardo Furtado. Tributação Federal no Agronegócio. São Paulo: Noeses, 2017.

MARTINEZ, Wladimir Novaes. Comentários à Lei Básica da Previdência Social. Plano de Custeio. Tomo I. São Paulo: LTR Editora, 2010.

MARTINS, Fran. Comentários à Lei da S/A. São Paulo: Forense, 2010.

MARTINS, Sérgio Pinto. Direito da Seguridade Social. 38ª ed. São Paulo: Saraiva, 2019.

MASINA, Gustavo. Sanções Tributárias. Definições de Limites. São Paulo: Malheiros, 2016.

MEDEIROS, Rafael de Souza. Responsabilidade Tributária de Grupo Econômico. Porto Alegre: Livraria do Advogado, 2019.

MELLO, Celso D. de Albuquerque. Curso de Direito Internacional Público. Rio de Janeiro: Renovar, 2004.

MENKE, Cassiano. Irretroatividade tributária material: definição, conteúdo e eficácia. São Paulo: Malheiros, 2015.

MODESTO, Carvalhosa. Tratado de Direito Empresarial, Volume III, Sociedades Anônimas. São Paulo: RT, 2016.

NABAIS, José Casalta. Direito Fiscal. 8ª ed. Coimbra: Almedina, 2015.

PANDOLFO, Rafael. Jurisdição Constitucional Tributária. São Paulo: Noeses, 2020.

PAULSEN, Leandro: Constituição e Código Tributário Comentados. São Paulo: Saraiva, 2017.

RIZZARDO ARNALDO. Direito do Agronegócio. Rio de Janeiro: Forense, 2022.

SABBAG, Eduardo. Manual de Direito Tributário. São Paulo: Saraiva, 2009.

TESAURO, Francesco. Instituições de Direito Tributário. São Paulo: IBDT, 2017.

VAZ, Paulo e PAULSEN, Leandro. Org. Curso Modular de Direito Tributário: Florianópolis: Editora Conceito Editorial, 2008.

VELLOSO, Andrei Pitten; ROCHA, Daniel Machado da; PAULSEN, Leandro. Comentários à Lei de Custeio da Seguridade Social. Porto Alegre: Livraria do Advogado, 2005.